Kriegsschiffe der Welt 1860 bis 1905 (Bd. 2) · USA, Japan und Rußland

Kriegsschiffe der Welt 1860 bis 1905

Band 1: Großbritannien und Deutschland
Band 3: Frankreich, Italien, Österreich-Ungarn
und übrige Marinen

Kriegsschiffe der Welt 1860 bis 1905

Herausgegeben von Roger Chesneau und Eugene M. Kolesnik

Band 2: USA, Japan und Rußland

Bernard & Graefe Verlag Koblenz

Skizze und Foto auf dem Schutzumschlag zeigen das amerikanische Großkampfschiff *Texas*.

Übersetzung: Gerhard Koop, Wilhelmshaven

Die engl. Originalausgabe erschien 1979 im Verlag
Conway Maritime Press Ltd., 2 Nelson Road, Greenwich,
London SE 10 9 JB, unter dem Titel
»Conways All The Worlds Fighting Ships 1860–1905«

Redaktionelle Leitung: Robert Gardiner
Herausgeber: Roger Chesneau, Eugene M. Kolesnik

Mitarbeiter: N. J .M. Campbell (USA, Rußland, Frankreich, Schweden, Dänemark)
Aldo Fraccaroli (Italien)
David Lyon (Britische Torpedoboote, Deutschland)
Hugh Lyon (Spanien, Türkei, China, Argentinien,
Brasilien, Chile und die kleinen Marinen außer
Bulgarien und Rumänien)
John Roberts (Großbritannien, außer Kreuzer und Torpedoboote)
Erwien Sieche (Österreich-Ungarn), in Zusammenarbeit
mit Ferdinand Bilzer
H. C. Timewell (Britische Kreuzer)
A. J. Watts (Japan)
Skizzen: John Roberts

Umfang: 233 Seiten

Satz, Druck und Bindung: Sulzberg-Druck GmbH, Sulzberg
Herstellung: Walter Amann, München
Printed in Germany
ISBN 3-7637-5403-2

Inhalt

Vorbemerkung des Verlages

Die deutsche Ausgabe erscheint in drei Bänden.
Der erste Band behandelt Großbritannien und Deutschland, der zweite die USA, Japan und Rußland. Der dritte Band schließt mit Frankreich, Italien, Österreich-Ungarn, den Küstenmarinen und allen anderen Kleinen Marinen.
Alle nach Erscheinen der englischen Originalausgabe eingegangenen Zuschriften wurden, soweit es sich um Berichtigungen und Ergänzungen handelt, in die deutsche Ausgabe eingearbeitet.
Der Deutschland-Teil wurde noch mit Fotos ergänzt, da er bei der Originalausgabe zu wenig bebildert war.

Bernard & Graefe Verlag

Vorwort

Die Zeit zwischen 1860 und 1905 war gekennzeichnet von einem gewaltigen Fortschritt im Kriegsschiffbau. Aber das Interesse an dieser Entwicklung wurde immer wieder durch das Fehlen verläßlicher Quellen gehemmt. In der Tat existiert nur wenig Gedrucktes, und es gibt nicht einmal eine zugängliche Klassenliste. Erst gegen Ende der hier behandelten Periode erschienen die ersten guten Jahrbücher. Aber auch sie waren vielfach ungenau, lückenhaft und wenig aussagekräftig hinsichtlich der Wertbestimmung der Schiffskonstruktionen.

Um hier eine Lücke zu füllen, wurde *Conway's Kriegsschiffe der Welt 1860–1905* ursprünglich als grundlegende Auflistung der Schiffsklassen mit ihren Besonderheiten begonnen. Bald schon wurde klar, daß weit mehr Informationen als erwartet zur Verfügung standen. Mit dem heute vorhandenem Dokumentarmaterial war es möglich, für viele Schiffskonstruktionen erstmalig genauere Angaben zu machen. Außerdem konnten die wechselnden Technologien damit in einen historischen Zusammenhang gebracht werden.

Anders als in den vergleichbaren Marinealmanachen wurde in diesem Werk die Behandlung der einzelnen Klassen nach der Schiffsgröße und Bedeutung der Marine vorgenommen, der sie angehörten. Des weiteren wurde jedes Schiff skizzenhaft beschrieben, auf seine Form und Gestaltung wurde Bezug genommen. Wir sind der Meinung, das Ergebnis stellt ein gründliches Nachschlagewerk dar.

Der Umfang

Conway's Kriegsschiffe der Welt 1860–1905 ist ein anspruchsvoller Titel für ein Nachschlagewerk. Wir glauben aber, er ist gerechtfertigt. Es ist zwar unmöglich, jedes Marinefahrzeug dieser Zeit als eigenes Kapitel zu behandeln; wie der Titel jedoch schon andeutet, befaßt sich das Werk nur mit Kampfschiffen. Die Herausgeber legten den Umfang fest. Die beschriebenen Schiffe mußten:

1. hochseefähig sein. Länder mit Patrouillenfahrzeugen auf Binnengewässern sind keine Seemächte. Aus diesem Grunde wurden auch bei den Seemächten die meisten Fluß- und Binnenseefahrzeuge weggelassen.
2. Schiffe und durften keine Boote sein. Wir hatten die Absicht, bis hinunter zu 400 t alle Fahrzeuge einzubeziehen, aber auch noch kleinere, sofern von ihnen Unterlagen verfügbar sind. Immerhin gewannen zu dieser Zeit die Torpedoboote zunehmend an Bedeutung. Obgleich sie

mit ihren Abmessungen völlig aus dem üblichen Rahmen fallen, räumten wir ihnen einen angemessenen Platz ein. Das Fehlen der Unterseeboote mag der Leser als Mangel ansehen. Es gab jedoch vor 1905 nur wenige Exemplare, die man jedoch noch nicht als echte Kampfschiffe ansprechen konnte. Ihre Entwicklung gehört in eine spätere Periode. Alle frühen Unterseeboote werden daher in dem geplanten Band 1906–1921 mitbehandelt.

3. echte Kriegsschiffe sein. Das schließt nicht nur Hilfsschiffe und Handelsschiffumbauten aus, sondern auch Fahrzeuge anderer Waffengattungen und Behörden, wie Heer, Küstenwache, Fischereischutz, Post, Zoll und Polizei, auch wenn einige dieser Schiffe bewaffnet waren. Dieser Ausschluß ist nicht so gravierend, wie es scheint, denn nahezu alle diese Fahrzeuge erfüllen nicht die Qualifikation der Größe; sie hatten keinen Kampfwert. Natürlich gibt es hier auch Ausnahmen, weil die geschichtliche Rolle dieser Fahrzeuge eine Besprechung verlangte.

Die Periode

Dieses Werk umfaßt die Zeit des Panzerschiffs und der Vor-Dreadnought-Schlachtschiffe. Zwar war die französische hölzerne *Gloire* das erste Schiff dieser Art; das erste *hochseefähige* und wirkliche Panzerschiff ist die 1860 vom Stapel gelaufene *HMS Warrior*. Sie machte alle hölzernen Schlachtflotten der Welt wertlos. Für Kreuzer ist dieses Datum weniger bedeutend, daher sind einige Vor-1860-Klassen – soweit es sich als erforderlich erwies – mit aufgenommen worden. Der nächste Wendepunkt in der Kriegsschiffkonstruktion war 1905/06 der Bau des ersten »All-Big-Gun-Dreadnoughts«. Dieser Zeitpunkt ist der passende Abschluß dieses Werkes. Natürlich wurden viele Vor-Dreadnought-Schlachtschiffe und Panzerkreuzer erst sehr viel später fertiggestellt. Wenn eine solche Konstruktion in die frühere Periode hineingehört, wurde sie mit aufgenommen.

Gliederung

In der Reihenfolge und Einteilung der Länder mußten die Verfasser heute veralteten Vorstellungen folgen. Die Einteilung: Große Seemächte, Küstenverteidigungsmarinen und Kleine Marinen wurde in den Jahrbüchern des 19. Jahrhunderts vielfach verwendet, und diese zeitbezogene Praxis schien auch für dieses Werk angebracht. Die Großmächte besaßen Hochseeflotten. Aus Traditionsgründen hätten sie nach ihrer Größe geordnet werden müssen, was sich aus technischen Gründen jedoch als unmöglich erwies. Die Küstenverteidigungsmarinen (geographisch geordnet in der Reihenfolge Nordeuropa, Mittelmeer, Fernost, Südamerika) besaßen gewöhnlich einige Panzerschiffe, die jedoch selten erstklassig waren. Kleine Marinen (alphabetisch geordnet) waren solche mit nur wenigen Schiffen, die gewöhnlich nicht größer als Kleine Kreuzer waren.

Die Seestreitkräfte der Kolonien und Dominien des Britischen Empire sind bei Großbritannien aufgeführt, allgemein innerhalb der entsprechenden britischen Klasse, zu der die meisten »Kolonial«-Schiffe gehörten. Viele kanadische Fahrzeuge und die meisten der Königlich-Indischen Marine sind nicht erfaßt. Hier gilt das zuvor gesagte. Viele Marinen hatten ihre besonderen Probleme, sie konnten daher nicht alle nach demselben Schema abgehandelt werden. Die US Navy wurde in die »alte« und »neue« Zeit eingeteilt. Hingegen gibt es bei den meisten Ländern (ausgenommen die Kleinen Marinen) eine einheitliche Einführung in den historischen Hintergrund der Marineentwicklung. Für einige Großmächte werden weiterführende Informationen über wichtige Aspekte der Marinetechnologie und die Einführung bestimmter Schiffstypen gegeben.

Obwohl das Werk die Schiffe behandelt, die ab 1860 gebaut wurden, schließt jede Einleitung eine Übersicht über die Stärke der Marine zu dieser Zeit ein. Dadurch ist der Leser in die Lage versetzt, Vergleiche zu ziehen und das tatsächliche Anwachsen einer Marine zu erkennen.

Innerhalb der einzelnen Nationen sind die verschiedenen Klassen in ihrer normalen Typeinteilung chronologisch aufgebaut: Gepanzerte Schiffe oder Großkampfschiffe, Kreuzer, Kanonenboote und Torpedoboote. Es gibt noch weitere Unterteilungen. Das Problem der Klassifikation in dieser Periode ist nach wie vor akut. Speziell bei den Kreuzern ist es nicht ganz einfach, immer die passende Bezeichnung zu finden. In vielen Fällen schließt ein Untertitel wie »Masted Cruisers« (Bemastete Kreuzer, vielfach auch »Getakelte Kreuzer« genannt) oder »Ungeschützte Kreuzer« Schiffe ein, die als Fregatten oder gar Korvetten bzw. Sloops bezeichnet werden. Diese weiteren Unterteilungen beziehen sich dann auf die Bezeichnung hinter dem Namen des Schiffes oder der Schiffsklasse.

In einigen Fällen sind Schiffe nach ihrer Tonnage zusammengefaßt. Die US Navy benutzte nie die Bezeichnung Korvette. Folglich erfolgte eine Einteilung der Sloops in solche von mehr als 1500 t und die darunter. Diese Form wurde auch an einigen anderen Stellen gewählt.

Die Klassenlisten erklären sich überwiegend selbst. Einige wenige Anmerkungen sind trotzdem zu machen. In vielen Fällen, bei denen die Untertitel nicht exakt den Typ angeben, wurden die Schiffe innerhalb des Komplexes kurz beschrieben. Dabei handelt es sich dann um keine offizielle Klassifikation. Einige kleinere Fahrzeuge wurden aus Platzgründen in Tabellen zusammengefaßt. Bei den Torpedobooten kann das eine Überschrift sein, die die Nummern, Bauwerft oder das Stapelaufdatum enthält.

Quellen

Es ist unmöglich, alle benutzten Quellen anzugeben. Allgemein wurden Originalunterlagen benutzt, in einigen Fällen auch solche aus zweiter Hand. Die meisten älteren Schiffe werden hier erstmals beschrieben. Außerdem sind viele der hier erscheinenden Daten auch für weitere Schiffe erstmals publiziert. Sie stimmen daher auch nicht mit den Standard-Nachschlagejahrbüchern dieser Zeit überein.

Bilder

Wir haben uns bemüht, für jede Hauptklasse ein Foto oder eine Skizze zu bringen. Wo beides zur Verfügung stand, waren wir bestrebt, beides zu zeigen, auch jedes unterschiedliche Schwesterschiff oder ein Schiff zu verschiedenen Zeiten. Das wechselnde Aussehen ist schwerpunktmäßig in die Bildtexte eingearbeitet. Die Bilder sind so genau wie möglich beschriftet. Die Herkunft der Aufnahmen kann jeweils am Ende einer Klasse bzw. direkt hinter dem Text entnommen werden[1].

Danksagung

Für die Verwendung von Bildern aus seiner Spezialsammlung alter und seltener Schiffsaufnahmen sind wir Arrigo Barilli verpflichtet, desgleichen Aldo Fraccaroli für die freizügige Benutzung seines großartigen Bildarchivs. Wir danken aber auch W. Pym Trotter, dem Leiter des Naval Photographic-Club-Archivs und Norman Polmar für die offiziellen Aufnahmen der US Navy. Ein ganz besonderer Dank geht an John Campbell. Er schrieb nicht nur den größten Teil dieses Werkes selbst, sondern verstand es, sein bemerkenswertes Wissen und seine Begeisterung auf die Herausgeber zu übertragen. Wenn die Arbeit einmal stockte, sprang er ein und bewahrte das Werk vor einer Reihe ernster Schwierigkeiten.

Es wäre anmaßend zu behaupten, in einem Werk wie diesem gäbe es keine Fehler oder Auslassungen. Wo keine Informationen erhältlich waren, entschlossen wir uns, Lücken zu lassen – sonst hätte man auf das Erscheinen verzichten müssen. Daher begrüßen wir nachträgliches Material und auch Berichtigungen von seiten der Leser. Alle Informationen werden erbeten an Conway's Maritime Press bzw. Bernard & Graefe-Verlag, wo sie für eine überarbeitete 2. Auflage in deutscher Sprache gesammelt werden. Jede Hilfe wird dankbar anerkannt.

Conway's Kriegsschiffe der Welt 1860–1905 ist ein Erstlingswerk, ein notwendiger Anfang in Richtung auf ein besseres Verständnis des Panzerschiffzeitalters.

Robert Gardiner

---

1 Anmerkung des Übersetzers: Mit Ausnahme der Bilder, bei denen der volle Name Auskunft über die Quelle gibt, gelten folgende Abkürzungen: NPC = Naval Photographic Club Archiv; IWM = Imperial War Museum; NMM = National Marine Museum; Bilder ohne Bezeichnung = CPL (Conway's Picture Library).

Abkürzungen

Abbr.   Abbruch

Adm   Admiral

atü   Atmosphäre, Überdruck

B   Breite

Bb   Backbord

BL   breech loader/Hinterlader (Geschütz)

BLR   breech loading rifle/Hinterlader mit gezogenem Lauf

bm   Builders measurement/alte Angabe über die Größe eines Schiffes. Bis ~ 1873 die übliche Angabe der Schiffswerft. Diese Vermessungsart stammt aus dem 15. Jahrhundert und basiert auf der Kalkulation, wieviele Weinfässer ein Schiff tragen konnte.
Nach 1873 erfolgte die Angabe in Tonnen (t), ab 1926 ging man zur Standardverdrängung über.
Berechnung: Lpp (in ft/Fuß) minus $^3/_5$ der Schiffsbreite. Der Überschuß wurde mit der ganzen Breite multipliziert. Das Produkt daraus multiplizierte man nochmals mit der halben Breite. Das letzte Produkt wurde dann durch 94 dividiert.

Board   Kurzbezeichnung für die Britische Admiralität. Sie setzte sich nach ihrer endgültigen Organisation zusammen aus dem Ersten Lord, dem 1., 2., 3. und 4. Seelord. Hinzu kam ein Zivillord. Der 3. Seelord führte in der Zeit von 1860 bis 1905 auch die Bezeichnungen Controller bzw. Surveyor/Aufseher.

BRT   Brutto-Register-Tonne. Vermessung eines Schiffsraumes bis zum obersten durchlaufenden Deck zuzüglich der geschlossenen Aufbauten in englischen Registertonnen (1 RT ≙ 2,83 Kubikmeter).

Co   Company/Gesellschaft

DNC   Director of Naval Construction/Chef des Marinekonstruktionsamtes

Dockyard   Bezeichnung für eine Königliche Werft/Marinewerft, z.B. Großbritannien:

Woolwich	ab 1520, zuvor private Schiffswerft, ab 1701 vergrößert, ab 1869 geschlossen und nur noch für die Waffenherstellung in Betrieb.	
Deptford	von König Heinrich VIII gegründet, 1869 geschlossen.	
Portsmouth	1540 gegründet	
Chatham	1588 gegründet	
Sheerness	1667 gegründet, 1960 geschlossen.	
Plymouth	1691 gegründet	
Milford	1794 gegründet, ab 1814 Pembroke, 1926 als Werft geschlossen.	

EMeßGerät   Entfernungsmeßgerät

Flak   Flugzeugabwehrkanone

Fla   Flugzeugabwehr

HD   Hochdruck

H-Deck   Hauptdeck

HMS   Vorangesetzte Kennung bei Schiffen, die einer Marine angehören, deren Staatsoberhaupt ein Monarch ist. Her/His Majesty Ship//Ihrer/Seiner Majestät Schiff. In Deutschland stand dafür SMS, in Österreich-Ungarn K.u.K.

HN   Harvey-Nickel (Stahl)

hon.   honorable/ehrenwert. Britische Bezeichnung als Teil einer Anrede, z.B. bei einem Parlamentarier.

KAdm   Konteradmiral

KC   Krupp-zementiert, Bezeichnung für einen Panzerstahl.

kg/PSi   Verbrauchsmaß für Brennstoff, Kilogramm pro indizierte Leistung

Kmdt   Kommandant

kn   Knoten, Geschwindigkeitsmaß für Seemeilen pro Stunde

KNC   Krupp-nicht zementiert, Bezeichnung für einen Panzerstahl

Kptlt   Kapitänleutnant

K.u.K.   Kaiserlich und Königlich

kW   Kilowatt, Leistungsgröße

KptzS   Kapitän zur See

L   Länge

Lcwl   Länge in der Konstruktionswasserlinie

Lpp   Länge zwischen den Perpendikeln (Loten). Sie ist der Schnittpunkt der Konstruktionswasserlinie mit dem Vorsteven bis zum Schnittpunkt mit der Senkrechten durch die Mitte des Ruderschaftes.

Lüa   Länge über alles

L/..   Länge des Geschützrohres in Kalibern. Ein 38,1-cm-Geschütz/L 42 hat z.B. eine Rohrlänge von 38,1 mal 42 = 1600,2 cm.

M..   Modell. Die französischen Geschütze führten stets zur Kalibergröße auch die Modellangabe. Diese bestand aus dem Buchstaben M und dem Konstruktions- bzw. Einführungsjahr.

MA   Mittelartillerie

max   maximal

Mark/Mk   Mark-Angabe. Diese Bezeichnung ist in der britischen und amerikanischen Marine üblich. Während die Briten jedoch hinter dem Mark oder auch Mk römische Ziffern stehen haben, sind es bei den Amerikanern arabische.

MG	Maschinengewehr(e). Seinerzeit waren alle vom Urtyp »Mitrailleuse«. Hersteller: Gardner, Gatling, Nordenfeldt, Hotchkiss, Maxim u. a. m.	Tg	Tiefgang
Mio	Millionen	TL	Torpedolanciergerät. Das konnte sowohl eine Art Rohr sein – Vorläufer des echten Torpedorohrs – oder eine Art Abwurfgerät in Form eines Davits, mit dem man die Torpedos aussetzte.
ML	muzzle loader/Vorderlader (Geschütz)		
MLR (RML)	muzzle loading rifle/Vorderlader mit gezogenem Lauf	TR	Torpedorohr(e)
m/sek	Geschwindigkeitsmaß, Meter pro Sekunde	ts	englische tons, normalerweise 1 ts = 1,016 t

ND	Niederdruck	USN/US Navy	United States Navy, Marine der USA
nPS	Leistungsmaß, nominelle Pferdestärken. Sie wurde insbesondere von ausländischen Marinen angegeben. Um die Jahrhundertwende setzte sich die Angabe in → PSi durch. (1 nPS ≙ 5–6 PS)	UTR	Unterwassertorpedorohr(e)
		VAdm	Vizeadmiral
		V_0	V-Null, übliche Bezeichnung für die Mündungsgeschwindigkeit eines Geschosses in → m/sek
NRT	Nettoregistertonne, nutzbarer Rauminhalt eines Schiffes.		
NS	Nickelstahl	WPS	Wellenleistung in → PS. Im Gegensatz zu Schiffen, die mit Kolbenmaschinen getrieben werden, wird bei mit Turbinenantrieb ausgerüsteten Fahrzeugen die Leistung in WPS angegeben.
OLtzS	Oberleutnant zur See		
om	→ bm		

Sonstiges:

Pdr	Angabe für die Größe eines Geschützes, die sich nach dem Geschoßgewicht richtete.[1]	†	gesunken, versenkt
PS	Pferdestärke, 1 PS = 75 kgm/s. Altes Leistungsmaß. Heute wird die Leistung in → kW angegeben. Beachte: In der deutschen Übersetzung wurde die Bezeichnung hp (horsepower) als PS übernommen. Die Umrechnung wäre: 1 hp = 1,0138 PS.	(†)	selbstversenkt
		×	das Mehrfache
		ex	ehemals
		?	fraglich
		·	keine Angabe(n)
		−	nicht bekannt
PSi	Indizierte Pferdestärke(n)	..°	Grad
		~	in etwa, ungefähr
QF	Quickfire/Schnellfeuer (Geschütz)	(I)	Kennzeichnung, wenn es sich um Schiffe gleichen Namens handelt. Nicht zum Namen gehörig.
QFC	Quickfire converted/Schnellfeuergeschütze, die aus alten Kanonen zu diesen umgebaut wurden.	1045	Angabe einer Uhrzeit, z. B. 1045 Uhr = morgens 10 Uhr 45 Minuten.
RN	Royal Navy/Königlich-britische Marine	/	Trennstrich. Zwischen Zahlen stehend soviel wie »von – bis«, bei Brennstoffvorratsangaben »Vorrat gemäß Konstruktionsverdrängung/Vorrat bei Einsatzverdrängung«.
SA	Schwere Artillerie		
SB	smoothbore/Glattrohr (Geschütz)	£	Pfund Sterling. Britische Währung
sm	Seemeile(n), nautisches Maß, 1 sm = 1852 m	≙	entsprechend
Stb	Steuerbord	ft	Fuß. Bei der Umrechnung aus dem anglo-amerikanischen Maßsystem von ft in das metrische System wurde als Umrechnungsfaktor 0,3048 (aufgerundet 0,305) gewählt.
t	Tonne, metrisches Gewichtsmaß, 1 t = 1000 kg		
T-Boot	Torpedoboot		

[1] Anmerkung des Übersetzers: In allen Fällen, bei denen das Geschützkaliber in der englischen Originalausgabe in Pdr (Pfünder) angegeben ist, wurde diese Bezeichnung beibehalten.
a) Insbesondere die britische Marine benutzt(e) diese Bezeichnung bis in die 60er Jahre des 20. Jahrhunderts und darüber hinaus bei bestimmten Geschütztypen.
b) Auch in einschlägigen Fach- und Sachbüchern wird sie benutzt.
c) Die Umrechnung in »cm« ist teilweise recht umständlich, da die »Pdr«-Angabe bei den einzelnen Nationen recht unterschiedlich ist, und es ist nicht immer sicher, ob es sich um eine Marinewaffe oder um ein Landgeschütz handelt, das auf eine Bordlafette gesetzt wurde. Außerdem ist zu unterscheiden zwischen einem Glattrohrgeschütz und einem mit gezogenem Lauf.
d) Für Glattrohrgeschütze gilt allgemein: 3 Pdr ≙ 5,9 cm, 6 Pdr ≙ 9,2 cm, 12 Pdr ≙ 11,6 cm. Für gezogene Rohre kann man sagen: 3 Pdr ≙ 4,7 cm, 6 Pdr ≙ 5,7 cm, 12 Pdr ≙ 7,5 cm usw.

III. Vereinigte Staaten von Amerika

Die alte Marine 1860–1882

Für eine Nation mit über 31 Mio Einwohnern und einer Handelsflotte von 5 350 000 NRT, von der über 47 Prozent die Klasse für den Überseeverkehr besaß, stellte die US-Navy von 1860 nur eine kleine Streitmacht dar. Im Gegensatz zur großen Industrieentwicklung befand sie sich in keiner Weise auf dem neuesten Stand, und es gab in den 50er Jahren kein einziges schraubengetriebenes hölzernes Zweideckerschlachtschiff, dem man zu dieser Zeit in Frankreich und Großbritannien bereits den Vorzug gab. Von den fünf großen Fregatten und einer (über)großen Korvette war letztere das einzig bemerkenswerte Schiff, konnte es doch unter Dampfantrieb immerhin 10,5 kn laufen. Die fünf Fregatten erreichten hingegen knapp 9 kn. Anfang 1860 befanden sich nur zwei davon in Dienst, später im gleichen Jahr kam ein drittes Schiff von diesen insgesamt sechs Einheiten hinzu. Dieser Zustand paßte zum »beinahe-Bankrott« der Regierung des Präsidenten Buchanan. Wie aus der Liste vom 1. Januar 1860 zu ersehen ist, fanden die Einheiten dieses kleinen Geschwaders allerdings in aller Welt Verwendung.

Die herausragende Erscheinung im maritimen Bereich dieser Zeit war die Verwendung der eisernen Panzerung, und sowohl Frankreich als auch Großbritannien besaßen zu dieser Zeit bereits sechs bzw. vier hochseefähige gepanzerte Schlachtschiffe unterschiedlicher Konstruktion. Anfangs bevorzugten die USA die längst wieder aufgegebene »Stevens Battery«, ein Projekt, das für unparteiische Augen nicht nur unvollständig, sondern auch unbefriedigend wirkte.

Als der Bürgerkrieg (1861–1865) ausbrach, verhängte Präsident Lincoln am 19. April 1861 über die Südstaaten eine Blockade. Um diese so wirkungsvoll wie möglich und gemäß den internationalen Gesetzen durchzuführen, bedurfte es gewaltiger Anstrengungen. Der Norden besaß zwar den weitaus größeren Anteil an Industriekapazität, seine Bevölkerung zählte jedoch nur 60 Prozent der Gesamtbevölkerung. Das 1861er Programm für ungepanzerte Schiffe umfaßte 14 hölzerne Schraubenfregatten (man bezeichnet sie besser als Kreuzer), 23 Schraubenkanonenboote und 12 Radkanonenboote. Letztere Antriebsart war mit Ausnahme bei Verwendung auf Flüssen völlig veraltet. Die Kreuzer und neun Radschiffe bauten Marinewerften, den Rest der Kanonenboote vergab man an Privatwerften. Die Küstengewässer im Süden waren vielfach sehr flach, und folglich lag der durchschnittliche Tiefgang der Schraubenkanonenboote bei 3,15 m, bei den Radschiffen hingegen um 3,02 m. Die Kreuzer hatten einen Tiefgang von 5,03 m. Letztere bestanden aus der *Kearsarge-, Ossipee-,* *Sacramento- und Ticonderoga*-Klasse, waren mäßig groß und hatten eine zwischen 1457 ts und 2526 ts liegende Verdrängung. Neun dieser 14 Einheiten sowie alle Kanonenboote wurden erst gegen Ende 1862 fertiggestellt. Weitere acht Schraubenkanonenboote wurden auf den Marinewerften gebaut, außerdem nochmals 27 Radfahrzeuge, von denen insgesamt 18 Einheiten wiederum an Privatwerften gingen. Alle hatten einen durchschnittlichen Tiefgang von 3,5 m bzw. 2,59 m, ihre Fertigstellung erfolgte 1863/64.

Weder die Kreuzer noch die Kanonenboote waren besonders kampfkräftige Schiffe, die schnellsten von ihnen – die *Kearsarge*-Klasse – liefen unter Dampf ganze 11–12 kn.

Die Zahl der Kriegsschiffe erhöhte sich durch eine bemerkenswerte Anzahl angekaufter Handelsschiffe, von denen viele einen Radantrieb besaßen und die in einigen Fällen sogar eine relativ starke Bewaffnung hatten. So brauchbar diese, einschließlich der bereits vor Kriegsausbruch vorhandenen, insbesondere bei den vielfältigen Blockadeaufgaben auch waren, das Interesse wandte sich mehr und mehr den gepanzerten Fahrzeugen zu. Diese gehörten in ihrer Mehrzahl einem Typ an, der unter der Bezeichnung »Monitor« bekannt geworden ist.

Eine ernste Schwierigkeit bildete die mangelnde Kapazität jener amerikanischen Werke, die die schweren schmiedeeisernen Platten herstellten. Man sah es als sehr gefährlich an, ihre Fertigung allein britischen Fabriken anzuvertrauen, diese waren größtenteils mit eigenen Aufträgen oder solchen europäischer Staaten ausgelastet. Daher hatten die Monitore eine aus miteinander vernieteten oder verbolzten 25-mm-Platten bestehende Panzerung. Das war immerhin die zweitbeste Alternative, um die Gesamtstärke einer Einzelplatte zu erreichen. Für die Armierung diente als Hauptwaffe das 38,1-cm-Glattrohrgeschütz. Es bestand zwar aus vorzüglichem Gußeisen, war aber angesichts seines Gewichtes von 18,5 ts bis 19 ts zu minderwertig, um Panzer durchschlagen zu können. Das 38,1-cm-Vollgeschoß wog 199,5 kg, das Kerngeschoß 188,4 kg und die Granate 158,8 kg. Weitere wichtige Geschütze auf den gepanzerten Schiffen waren die sieben Tonnen schwere gußeiserne 28-cm-Glattrohrkanone, die 77,1 kg- bzw. 61,7-kg-Geschosse abfeuerte, und der 20,3-cm-Hinterlader vom Typ Parrott mit gezogenem gußeisernen Rohr und schmiedeeisernem eingeschrumpftem Bandeisen über der Verschlußkammer. Dieses Geschütz wog 7,4 ts; es verschoß Granaten von etwa 68 kg.

Das US-Marineministerium litt nach Kriegsausbruch sehr unter dem Rücktritt vieler Sympathisanten der Konföderierten, und daher überrascht es nicht, daß es beim Bau gepanzerter Schiffe zu

Decksaufnahme der berühmten *Kearsarge* nach dem Gefecht mit der *Alabama*. (CPL)

gewissen Verzögerungen kam. Im Oktober 1861 erfolgte jedoch der Auftrag für das Breitseitschiff *New Ironsides*. Ihr folgten *Monitor* und das Kanonenboot *Galena*. Alle drei stellten im August, Februar bzw. April 1862 in Dienst. Das für dieses Jahr vorgesehene Panzerschiffprogramm war wesentlich größer. Indem man die Flußfahrzeuge vernachlässigte, wurden insgesamt Aufträge für zehn verbesserte Monitore der *Passaic*-Klasse, neun der *Canonicus*-Klasse und die noch größeren *Dictator* und *Puritan* vergeben. Außerdem erteilte man den Auftrag für die *Onondaga*, einen Monitor unterschiedlichen Typs, den Umbau der Fregatte *Roanoke*, das große Kasemattschiff *Dunderberg* und das Kanonenboot *Keokuk*. Auf den Marinewerften entstanden die vier großen Monitore der *Miantonomoh*-Klasse. Von diesen insgesamt 29 Schiffen stellten 1862 drei in Dienst, 1863 und 1864 folgten jeweils acht und 1865 nochmals vier. Weitere sechs wurden nicht mehr fertig bzw. erst kurz nach Kriegsende.

Die mit einem niedrigen Freibord versehenen Monitore waren allgemein gut gegen Geschützfeuer geschützt, wegen des schlechten Restauftriebs jedoch minengefährdet. Außer bei gutem Wetter erwiesen sie sich für die Besatzung als ausgesprochen unkomfortabel. Wegen des Einzelturmes hatten sie nur eine langsame Schußfolge. Letzteres besserte sich erst mit der *Onondaga*- und *Miantonomoh*-Klasse, die zwei Türme besaßen. *Roanoke* hatte zwar drei Türme, erwies sich wegen struktureller Schwächen je-

doch als Fehlschlag. Die *Monitor* und *Passaic* hatten den Vorteil eines durchschnittlichen Tiefganges von 3,3 m, bei der *Onondaga*-, *Canonicus*- und *Miantonomoh*-Klasse maß er nicht mehr als 3,97 m, überstieg bei *Dictator*, *Puritan* und *Roanoke* jedoch 6,3 m. Von den übrigen Schiffen kam die *Dunderberg* nie in Dienst, *Galena* und *Keokuk* erwiesen sich als Fehlschlag. Die *New Ironsides* zeigte sich als sehr zufriedenstellend. Die aus 16 Geschützen bestehende Batterie verlieh ihr eine hohe Feuergeschwindigkeit, und ihr durchschnittlicher Tiefgang von 4,58 m in Verbindung mit der Geschwindigkeit von 7 kn waren kein Hinderungsgrund, gegen die Küstenverteidigung der Konföderierten zu operieren.

Das letzte Kriegsprogramm für gepanzerte Schiffe wurde im Juni 1863 beschlossen und sah nicht weniger als 20 Monitore mit geringem Tiefgang vor, die spätere *Casco*-Klasse. Obwohl diese Serie sich als Fehlkonstruktion erwies, stellte eine Einheit davon noch während des Krieges als Monitor in Dienst. Drei weitere dieser Klasse fanden als Spierentorpedofahrzeuge Verwendung. So erging es auch den großen hochseefähigen Monitoren der *Kalamazoo*-Klasse, deren Kiel auf den Marinewerften gestreckt worden war. Sie sollten nie vom Stapel laufen. Darüber hinaus wurden Aufträge für sieben Radkanonenboote mit eisernem Schiffskörper vergeben. Diese gepanzerten Fahrzeuge gehörten zur *Mohongo*-Klasse. 1863/64 wurden außerdem eine große Anzahl hölzerner Schraubenschiffe auf Stapel gelegt. Zu diesen zählten 36 Kreuzer mit einer Verdrängung zwischen 2400 ts und 4500 ts und sechs Sloops. Dieses Programm wies bereits klar hin auf die Zeit nach dem Bürgerkrieg, in der man beabsichtigte, die US-Navy weltweit einzusetzen. Jedenfalls wurden 20 Kreuzer und vier Sloops auf Stapel gelegt. Bis auf zwei Einheiten erfolgte ihr Bau auf den Marinewerften. Anders als bei anderen Marinen hatte man allerdings die Vorräte an abgelagertem Bauholz überschätzt. Die vier Sloops stellten zwischen Ende 1865 und 1869 in Dienst. Zwischen 1866 und 1870 war der Bau von 13 Kreuzern soweit fortgeschritten, daß man mit den Probefahrten beginnen konnte. Hinzu kamen die drei Einheiten der *Wampanoag*-Klasse mit 15 kn bis 17 kn Geschwindigkeit. Von diesen ganzen, ungepanzerten Schiffen wurde schließlich nur ein Radkanonenboot fertiggestellt, das zwischen April und Anfang Mai 1865 noch zum Kriegseinsatz kam.

Der vier Jahre während Bürgerkrieg hatte große Kosten verursacht. Auf jeder Seite waren etwa 300 000 Menschen getötet worden, die Wirtschaft des Südens war zusammengebrochen, die des Nordens mehrfach überansprucht. Der Staatshaushalt des Nordens war von 1861 bis 1866 um mehr als 90 Prozent gestiegen, das Einkommen um etwa 60 Prozent. Die allgemeinen Steuereinnahmen des Nordens lagen zwischen 1858 und 1861 bei etwa 197 Mio Dollar, von 1862 bis 1865 stiegen sie auf 729 Mio Dollar. Auf der anderen Seite lag die Staatsverschuldung des Nordens im August 1865 bei 2846 Mio Dollar – im Jahre 1860 waren es nur 65 Mio Dollar gewesen.

Angesichts dieser Tatsache war – abgesehen von der Fertigstellung einiger im Kriege bestellter Schiffe – das Fehlen neuer Marinebauten zu akzeptieren. Die Vernachlässigung der Marine dauerte bis in die 80er Jahre. Mittlerweile war die Bevölkerungszahl von 38,5 Mio im Jahre 1870 auf über 50 Mio im Jahre 1880 gestiegen. Für die Vernachlässigung der Marine gab es verschiedene Gründe: Einmal konzentrierte sich die Aufmerksamkeit auf die Entwicklung des großen Gebietes zwischen dem Mississippi· und Californien und in Verbindung damit auf die Fertigstellung der beiden großen in Bau befindlichen Eisenbahnlinien. Zum anderen kam es 1873 zu einer Finanzpanik, deren Ursache in einer im September getroffenen Fehlentscheidung des Protektors der Northern Pacific Railway (Jay Cooke) zu suchen war. Der Bahnbau ruhte über fünf Jahre, die Eisenindustrie erlitt schwere Verluste. Ende 1877 waren erst 18 Prozent der Eisenbahnstrecke abgenommen, Geschäftszusammenbrüche in diesen vier Jahren ließen den Schuldenberg auf 775 Mio Dollar anwachsen.

Abgesehen von diesen wirtschaftlichen Gründen wurde auch die große Rolle der US-Navy bei der Niederkämpfung des Südens kaum zur Kenntnis genommen. Sie spielte nach der Armee nur eine zweitrangige Rolle. Hinzu kam, daß die Verluste und Schäden dieser Kämpfe zu einer allgemeinen Ablehnung all dessen geführt hatten, was mit Krieg zu tun hatte. Man glaubte, daß es in einem Notfall ohne weiteres und schnell möglich sei, eine Flotte aufzubauen, so wie es 1861 in einigen Fällen auch geschehen war. Diese Meinung herrschte lange vor. Es scheint aber auch einige höhere Offiziere gegeben zu haben, die dazu neigten, zum Segel-

schiff mit zusätzlichem Dampfantrieb zurückzukehren, und daher verwendete man das benötigte Geld nicht für den Bau moderner und leistungsfähiger Schiffe. Während es zwischen 1865 und 1882 auf dem Gebiet der Schiffsartillerie gewaltige Fortschritte gegeben hatte, vollzog die US-Navy lediglich eine Umrüstung von 28-cm-Glattrohrgeschützen auf 20,3-cm-Vorderlader mit gezogenen Rohren und von 16,2-cm- und kleineren Geschützen des Typs Parrott auf Hinterlader.

Die tatsächlichen Neubauten und Umbauten waren folgende:

1867: Drei Kreuzer der *Alaska*-Klasse, Bau auf Marinewerften, 2394 ts.

1869: Zusätzlicher Einbau eines Oberdecks auf den Kreuzern *Tennessee* (ex *Madawaska*) und *Guerriere* des 1863er Programms.

1872: Fünf Kreuzer der *Galena*-Klasse, Bau auf Marinewerften, 1900 ts. Dazu gehörte auch die *Vandalia* mit 2033 ts.

1873: Kreuzer *Trenton*, Bau auf einer Marinewerft, 3900 ts. Der Bau von drei Sloops der *Alert*-Klasse mit stählernem Schiffskörper auf Privatwerften, 1020 ts. Der Bau der Spierentorpedoramme *Alarm* mit eisernem Schiffskörper auf einer Marinewerft, 800 ts. Der Bau der Spierentorpedoramme *Intrepid* mit eisernem Schiffskörper auf einer Marinewerft, 1150 ts.

1874: Der Bau von fünf Sloops der *Enterprise*-Klasse mit 1375 ts. Drei bauten Marinewerften, zwei Privatwerften.

Die vor den Fahrzeugen stehende Jahreszahl bezieht sich auf den Baubeginn. Mit Ausnahme jener Schiffe, bei denen es angegeben ist, hatten alle hölzerne Schiffskörper. Die *Alarm* unterschied sich von den anderen: Anstelle eines Schraubenantriebs erhielt sie Fowler-Schaufelräder. Kein Schiff war schneller als 13 kn. Von den angeführten Einheiten erwies sich die *Trenton* mit einer Batterie von 10 × 20,3-cm-RML am kampfstärksten, die Mehrzahl war jedoch nicht nur schwach, sondern auch völlig veraltet. 1874/75 versuchte der Marinesekretär Robeson, fünf neue kampfstarke Monitore bauen zu lassen. Das Vorhaben wurde als Reparatur von vier Monitoren der *Miantonomoh*-Klasse getarnt, deren hölzerne Schiffskörper verrottet waren. Hinzu kam noch die *Puritan*, die zwar einen eisernen Schiffskörper besaß, aber noch unvollendet war. Am 23. Juni 1874 genehmigte der Kongreß zwar die Mittel für dieses Vorhaben, erkannte jedoch bald, daß man unter dem Deckmantel der Reparatur neue Schiffe bauen wollte. Aus der Angelegenheit entstand ein großer Skandal, und so währte es noch bis 1891, bis das erste dieser fünf Schiffe fertiggestellt werden konnte.

Abgesehen vom im Umbau befindlichen Spierentorpedoschiff *Intrepid* gab es Ende 1882 nur die restlichen acht gepanzerten Einheiten der *Passaic*-Klasse und sechs gepanzerte Einheiten der *Canonicus*-Klasse. Hinzu kam noch die *Dictator*, die aber 1883 verkauft wurde. Nach wie vor waren die Geschwader über die ganze Welt verteilt, und es ist bemerkenswert, daß die dort ihren Dienst versehenden kampfkräftigsten Schiffe bereits 1858/60 vom Stapel gelaufen waren. Sie verdrängten zwischen 2550 ts und 3290 ts: *Brooklyn, Hartford, Lancaster, Richmond* und *Pensacola*.

Die Marine der Vereinigten Staaten 1860

Schraubenfregatten

Name	Stapellauf	Verdrängung (ts)	Originalbewaffnung	Geschwindig-keit (kn)	Standort am 1. 1. 1860	Schicksal
Franklin	1864	5170	4 × 16,2-cm-RML 1 × 28-cm-SB 34 × 22,8-cm-SB	9	Marinewerft Portsmouth, auf Stapel liegend	Verkauf 1915
Merrimack	1855	4636	2 × 25,4-cm-SB 24 × 22,8-cm-SB 14 × 20,3-cm-SB	8,75	Auf der Reise vom Pazifik nach Norfolk	1862 CSS *Virginia**
Wabash	1855	4774	2 × 25,4-cm-SB 28 × 22,8-cm-SB 14 × 20,3-cm-SB	9	normalerweise in New York	Verkauf 1912
Minnesota	1855	4833	2 × 25,4-cm-SB 28 × 22,8-cm-SB 14 × 20,3-cm-SB	9,25	normalerweise in Boston	Verkauf 1901
Roanoke	1855	4772	2 × 25,4-cm-SB 28 × 22,8-cm-SB 14 × 20,3-cm-SB	9	Aspingwall, in Erwartung einer japanischen Delegation	1862 zum Monitor umgebaut
Colorado	1856	4772	2 × 25,4-cm-SB 28 × 22,8-cm-SB 14 × 20,3-cm-SB	9	normalerweise in Boston	Verkauf 1885
Niagara	1855	5540	12 × 28-cm-SB	10,5	Werftliegezeit in New York	Verkauf 1885

Anmerkung: *Franklin*, Kiellegung 1854, stellte erst 1867 in Dienst. Vom technischen Standpunkt her war *Niagara* eine Korvette (Sloop). Aufgrund ihrer Größe erhielt sie die passendere Bezeichnung Fregatte.

* Anmerkung des Übersetzers: Nachdem das Schiff von der eigenen Besatzung versenkt worden war, hoben es die Streitkräfte der Südstaaten und brachten es wieder in Fahrt. Es stellte unter dem Namen *Virginia* in Dienst.

Schraubenkorvetten (Sloops) – 2200 ts und mehr

Name	Stapellauf	Verdrängung (ts)	Originalbewaffnung	Geschwindig-keit (kn)	Standort am 1. 1. 1860	Schicksal
San Jacinto	1850	2200	12 × 20,3-cm-SB 1 × 25,4-cm-SB 4 × 32-Pdr-SB	8	Afrikageschwader	1865 gestrandet
Brooklyn	1858	2686	1 × 25,4-cm-SB 20 × 22,8-cm-SB	9,25	Heimatgeschwader	Verkauf 1891
Hartford	1858	2550	20 × 22,8-cm-SB	9,5	Flaggschiff des Ostindischen Geschwaders	† 1956 am Liegeplatz
Lancaster	1858	3290	24 × 22,8-cm-SB	10	Flaggschiff des Pazifikgeschwaders	Abbr 1933
Richmond	1860	2604	1 × 16,2-cm-RML 20 × 22,8-cm-SB	9	Marinewerft Norfolk auf Stapel liegend	Verkauf 1919
Pensacola	1859	3000	1 × 28-cm-SB 16 × 22,8-cm-SB	8,75	Zur Fertigstellung in der Marinewerft Washington	† 1912

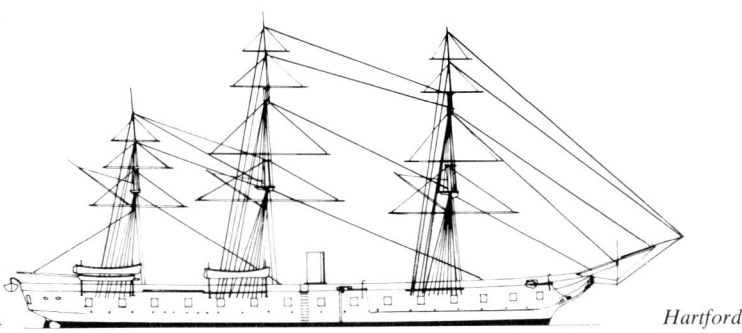
Hartford.

Kleinere Schiffe mit Schraubenantrieb

Name	Stapellauf	Verdrängung (ts)	Originalbewaffnung	Geschwindig-keit (kn)	Standort am 1. 1. 1860	Schicksal
Alleghany	Wiederher-stellung 1851/52	1020	4 × 20,3-cm-SB	6	Stationsschiff in Baltimore	Verkauf 1869
Princeton	1851	1370	4 × 20,3-cm-SB 6 × 32-Pdr-Karronaden	8	Stationsschiff in Philadelphia	Verkauf 1866
Mohican	1859	1461	2 × 28-cm-SB 4 × 32-Pdr-SB	10,5	In Vorbereitung zum Verlegen zum Afrikage-schwader	† 1872 am Ankerplatz
Iroquois	1859	1488	1 × 12,7-cm-RML 4 × 32-Pdr-SB	11	Vorbereitung zum Verlegen ins Mittelmeer	1910 gestrichen
Wyoming	1859	1457	2 × 28-cm-SB 4 × 32-Pdr-SB	9,75	Pazifikküste der USA	Verkauf 1892
Dacotah	1859	1369	1 × 16,2-cm-RML 1 × 25,4-cm-SB 4 × 32-Pdr-SB	11	In der Ausrüstung bei der Marinewerft Norfolk	Verkauf 1873
Narragansett	1859	1235	1 × 28-cm-SB 4 × 32-Pdr-SB	9,5	Ostküste der USA	Verkauf 1883
Seminole	1859	1230	1 × 10,7-cm-RML 1 × 28-cm-SB 6 × 32-Pdr-SB	–	In der Ausrüstung bei der Marinewerft Pensacola	Verkauf 1870
Pawnee	1859	1533	8 × 22,8-cm-SB	10	In der Ausrüstung bei der Marinewerft Philadelphia	Verkauf 1884
Pocahontas	Wiederher-stellung 1859/60	694 om*	1 × 9,4-cm-RML 4 × 32-Pdr-SB	–	In der Ausrüstung bei der Marinewerft Norfolk	Verkauf 1865

Anmerkung: *Alleghany* hatte einen eisernen Schiffskörper. *Pocahontas* war die wiederhergestellte *Despatch* und erhielt ihren neuen Namen am 27. 1. 1860

* Anmerkung des Übersetzers: Siehe → Abkürzungen/Erläuterungen unter → bm

Für die Paraguay-Expedition 1858/59 wurden sechs kleinere Schraubendampfer mit einer zwischen 217 ts und 549 ts liegenden Verdrängung gechartert. 1859 erfolgte ihr Ankauf durch die US-Navy, die ihnen folgende Namen verlieh: *Anacostia, Crusader, Mohawk, Mystic, Sumpter* und *Wyandotte*.

Stevens-Batterie:
Die Stevens-Batterie wurde zuerst 1842 bewilligt und 1845/46 als unvollständiger Bau nach einem neuen Entwurf mit einer Verdrängung von 4683 ts weitergebaut.
Sie hatte einen eisernen Schiffskörper mit 172-mm-Seitenpanzerung. Die veranschlagte Geschwindigkeit lag um 17 kn. 1861 sollte eine weitere Ände-rung erfolgen, aber die US-Navy weigerte sich, weitere Gelder zu bewilligen. Nachdem das Schiff im Jahre 1869/70 an den Staat New Jersey abgegeben wurde, erfolgten weitere Modifizierungen. Trotzdem kam es nie zu einem Stapellauf, 1881 erfolgte der endgültige Abbruch.

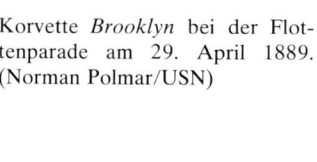

Korvette *Brooklyn* bei der Flot-
tenparade am 29. April 1889.
(Norman Polmar/USN)

Korvette *Hartford* in der Marinewerft »Mare Island«. (CPL)

Pensacola 1886 in Alexandria. (Norman Polmar/USN)

Der Raddampfer *Wolverine* (x *Michigan*) in einem Hafen der Großen Seen, Anfang der 1900er Jahre. (Norman Polmar/USN)

Radfregatten und Sloops

Name	Stapellauf	Verdrängung (ts)	Originalbewaffnung	Geschwindig-keit (kn)	Standort am 1. 1. 1860	Schicksal
Mississippi	1842	3220	2 × 25,4-cm-SB 8 × 20,3-cm-SB	8	In chinesischen Gewässern	† 1863 in Port Hudson
Susquehanna	1850	3824	2 × 64-Pdr-SB 12 × 20,3-cm-SB	10	normalerweise in New York	Verkauf 1883
Powhatan	1850	3765	2 × 64-Pdr-SB 12 × 20,3-cm-SB	10,5	Japan, in Erwartung einer Delegation	Verkauf 1886
Saranac	1848	2200	1 × 64-Pdr-SB 8 × 20,3-cm-SB	9	Westküste der USA	1875 gestrandet

Kleinere Radschiffe

Name	Stapellauf	Verdrängung (ts)	Originalbewaffnung	Geschwindig-keit (kn)	Standort am 1. 1. 1860	Schicksal
Fulton	1837	1200	4 × 32-Pdr-SB	10	Auflieger in Pensacola	1862 verbrannt
Michigan	1843	685	1 × 18-Pdr-SB	8	Auf den Großen Seen	1949 zum Abbruch auseinandergeschnitten

Michigan hatte einen eisernen Schiffskörper und erhielt am 17. 6. 1905 den Namen *Wolverine*.

Es gab noch drei weitere Dampfer mit 378 ts om* bis 453 ts om*: *Water Witch*, *Saginaw* und *Pulaski*. Der letztgenannte wurde für die Paraguay-Expedition gechartert und 1859 angekauft.

* Anmerkung des Übersetzers: Siehe → Abkürzungen/Erläuterungen unter → bm.

Segellinienschiffe

Name	Stapellauf	Verdrängung* (ts om)	Anzahl der Kanonen	Standort am 1. 1. 1860	Schicksal
Columbus	1819	2480	92	normalerweise in Norfolk	1861 verbrannt
Delaware	1820	2633	90	normalerweise in Norfolk	1861 verbrannt
New Hampshire	1864	2633	90	In der Marinewerft Portsmouth auf Stapel liegend	† 1921 an der Pier
New Orleans	keiner	2805	90	In Sacketts Harbor auf Stapel liegend	Verkauf 1883
New York	keiner	2633	90	In der Marinewerft Norfolk auf Stapel liegend	1861 verbrannt
North Carolina	1820	2633	90	Stationsschiff in New York	Verkauf 1867
Ohio	1820	2757	90	Stationsschiff in Boston	Verkauf 1883
Pennsylvania	1837	3105	120	Stationsschiff in Norfolk	1861 verbrannt
Vermont	1848	2633	90	Unfertig in Boston	Verkauf 1902
Virginia	keiner	2633	90	In der Marinewerft Boston auf Stapel liegend	Abbr 1884

New Hampshire führte bis zum 28. 10. 1863 den Namen *Alabama*, wurde am 30. 11. 1904 umbenannt in *Granite State* und als Werkstattschiff fertiggestellt. Gleiches gilt auch für *Vermont*.

Segelfregatten und große Korvetten (Sloops)

Name	Stapellauf	Verdrängung* (ts om)	Anzahl der Kanonen	Standort am 1. 1. 1860	Schicksal
Brandywine	1825	1726	44	normalerweise in New York	1864 verbrannt
Columbia	1836	1726	54	normalerweise in Norfolk	1861 verbrannt
Congress	1841	1867	50	Flaggschiff des Brasilien-Geschwaders	† 1862 durch *Virginia*
Constellation	1855	1265	24	Flaggschiff des Afrika-Geschwaders	1955 gestrichen, Museumschiff
Constitution	1797	1576	38	normalerweise in Portsmouth	gilt noch als in Dienst befindlich
Cumberland	1856 abgeschnitten	1726	24	Heimatgeschwader	† 1862 durch *Virginia*
Independence	1836 abgeschnitten	2243	54	Stationsschiff in Mare Island	Verkauf 1914
Macedonian	1852 abgeschnitten	1341	22	Heimatgeschwader	Verkauf 1875
Potomac	1822	1726	50	normalerweise in New York	Verkauf 1877
Raritan	1843	1726	50	normalerweise in New York	1861 verbrannt
Sabine	1855	1726	50	Heimatgeschwader	Verkauf 1883
St. Lawrence	1848	1726	50	normalerweise in Philadelphia	Verkauf 1875
Santee	1855	1726	50	Auf der Marinewerft Portsmouth in der Ausrüstung	† 1912 vor Anker liegend
Savannah	1842	1726	54	Flaggschiff des Heimatgeschwaders	Verkauf 1883
United States	1798	1576	44	normalerweise in Norfolk	† 1862 als Blockschiff

Constellation, *Cumberland* und *Macedonian* waren Korvetten. Folgende Briggs befanden sich ebenfalls in Dienst: *Bainbridge*, *Dolphin*, *Perry*.

* Anmerkung des Übersetzers: Siehe → Abkürzungen/Erläuterungen unter → bm

1860 waren außerdem noch folgende, vorübergehend in Dienst befindliche Sloops vorhanden: *Cyane, Dale, Decatur, Germantown, Jamestown, John Adams, Levant, Marion, Plymouth, Preble, St. Louis, St. Mary's, Saratoga, Vandalia, Vincennes.*

Breitseitpanzerschiffe

Das Schiff hatte einen hölzernen Schiffskörper und für den See-Einsatz eine Barktakelung ohne Royals. Der Schiffsboden war flach, der Tiefgang europäischem Standard angeglichen und gering, wenngleich er für die Angriffsaktionen gegen Charleston auch als ungewöhnlich groß angesehen werden muß. Die 9,5 kn Vertragsgeschwindigkeit wurde nicht erreicht. Der 114-mm-Seitenpanzer war in einer Stärke gewalzt und reduzierte sich an seiner 1,22 m unter der Wasserlinie befindlichen Unterkante auf 76 mm. Die Schiffsseiten waren um 17° nach innen geneigt, und man spricht oftmals von einem kompletten Gürtelpanzer. Gefechtsberichte erzählen allerdings von ungepanzerten Enden.

Die 20,3-cm-RML und 28-cm-SB befanden sich in der 51,85 m langen Breitseitbatterie, die an den Enden von Schotts und von oben mit einem 25-mm-Oberdeck geschlossen war. Die Geschütze hatten keine Möglichkeit des axialen

New Ironsides   Breitseitpanzerschiff

Verdrängung:	4120 ts
Abmessungen:	Lüa 70,71 m; B 17, 53 m; Tg ~ 4,57 m
Maschinenanlage:	4 Martin-Kessel, 1 Welle, Liegende direkt wirkende Maschine, 700 PSi ≙ 7 kn, 350 ts Kohle
Panzerung:	Eisen: Gürtelpanzer 114−76 mm, Batterie 114 mm, Deck 25 mm
Bewaffnung:	2 × 20,3-cm-RML Typ Parrott, 2 × 13-cm-RML Typ Dahlgren, 14 × 28-cm-SB, 1 × 8,6-cm-RML, 1 × 12-Pdr-SB

Name	Bauwerft	Kiellegung	Stapellauf	Indienst-stellung	Schicksal
New Ironsides	Cramp	Auftrag 15.10 861	10. 5. 1862	21. 8. 1862	16. 12. 1866 verbrannt

Schießens, ihre Pforten erlaubten nur eine Drehung und Rohrerhöhung von etwa 4−4,5°. Die 13-cm-RML standen an Oberdeck. 1864 wurden sie durch 13,5-cm-Geschütze des Typs Parrott ersetzt. Auf dem Oberdeck befand sich auch ein Steuerhaus.

Es stand hinter dem Großmast und wurde durch 114-mm-Wandungen geschützt. Später verstärkte man diese durch 4 × 25-mm-Platten. Trotz dieser angeführten offenkundigen Schwachstellen überstand *New Ironsides* eine Reihe von Beschießungen, ohne ernsthaft

Schaden zu nehmen. Sie widerstand auch einem seitlich der Maschine treffenden 31,7-kg-Spierentorpedo, der die hölzerne Seite in einer Größe von 10−13 cm × 12 m aufriß. Sie fiel in der Marinewerft Philadelphia einem Brand zum Opfer.

Dunderberg   Breitseitpanzerschiff

Mit vorwiegend von Laubbäumen stammendem Holz gebaut. Gegenüber den sehr starken Längshölzern zeigte sich das Spantwerk ziemlich schwach. Die Seiten am Heckknick waren 2,29 m dick. Das Schiff hatte einen niedrigen Schiffskörper mit ausgeprägtem Rammbug. In ihrem Aussehen folgte die Mittschiffskasematte der wohlbekannten *Virginia (Merrimack)*. Der Schiffskörperpanzer war nach außen geneigt, der Kasemattpanzer nach innen. Beide Böschungen hatten einen Winkel von 35°.

Es gab insgesamt 22 Geschützpforten: Sechs in jeder Breitseite, zwei an jeder Ecke und zwei axial. Vier der 28-cm-Geschütze waren so angeordnet, daß sie zu den Endpforten hin quer verschoben werden konnten. Die 38,1-cm-Geschütze standen im vorderen Teil der Breitseite. Die Süllkantenhöhe der Pforten maß nur 1,42 m.

Verdrängung:	7800 ts
Abmessungen:	Lüa 115,01 m; B 22, 19 m; Tg ~ 6,52 m
Maschinenanlage:	6 Kessel mit rückkehrender Flamme, 1 Welle, Maschine mit rückwirkender Pleuelstange, 4500 PSi ≙ 15 kn (gemäß Vertrag), 540 ts bis 1000 ts Kohle
Panzerung:	Eisen: Gürtelpanzer 89−64 mm, Kasematte 114 mm mit 76-mm-Holzhinterlage
Bewaffnung:	4 × 38,1-cm-SB, 12 × 28-cm-SB
Besatzung:	−

Name	Bauwerft	Kiellegung	Stapellauf	Indienst-stellung	Schicksal
Dunderberg	W. H. Webb	Vertrag 3. 7. 1862	22.7.1865	Nicht durch die US-Navy	1867 an Frankreich verkauft

Das Schiff sollte eine leichte Briggschonertakelung erhalten. Obwohl es bei den im Juni 1867 in den Staaten durchgeführten Probefahrten mit 3778 PSi nur eine Geschwindigkeit von 11,7 kn erreichte, behaupteten die Franzosen ein

Jahr später, daß es bei Konstruktionstiefgang und mit 4535 PSi eine maximale Geschwindigkeit von 15,07 kn liefe.
In Frankreich erfolgte die Umbenennung auf den Namen *Rochambeau*. Außerdem erhielt das Schiff

eine neue Armierung: 4 × 27,4-cm- und 10 × 23,8-cm-Geschütze des Modells M 1864 bzw. M 1864/66. Nachdem es sich 1870 für wenige Wochen in Dienst gefunden hatte, erfolgte 1872 die Streichung.

Monitore

Monitor nach Fertigstellung 1862.

Bevor dieser von Ericsson entworfene berühmte Prototyp besprochen wird, muß festgehalten werden, daß das USN-Bureau of Construction and Rapair einem an sich mehr konventionellen Typ den Vorzug gab: Einem Panzerschiff mit niedrigem Freibord und zwei 28-cm-Einzeltürmen, nach dem Prinzip von Coles. Die Türme eines solchen Typs drehten auf einem an der Turmaußenkante sitzenden Walzenkranz und nicht mittels einer Mittelspindel. Letztere Art fand beim Ericsson-Turm Anwendung, und das war – wenn nicht anders angeführt – bei allen Monitoren der »Alten Marine« der Fall. Der Schiffskörper der *Monitor* setzte sich aus gepanzertem Holz und einem eisernen Floß zusammen. Die Größe ist in der Tabelle angegeben. Seine Tiefe lag bei 1,53 m. Hinzu kam ein platter eiserner Unterkörper von 38,43 m × 10,37 m mit einer Bodenbreite von 5,49 m. Der Überhang des Oberteils betrug vorn 4,27 m, hinten 9,76 m und mittschiffs 1,14 m. Er sollte den unteren Schiffskörper, den Propeller und das Ruder insbesondere gegen ein Rammen schützen. Der Anker saß unterhalb des Floßkörpers, das Klüsenrohr gefährlich nahe an der Schiffskörperkante direkt über der Wasserlinie.

Der Vertrag verlangte 8 kn Geschwindigkeit, aber die beste erzielte Geschwindigkeit der *Monitor* lag ein bis zwei kn darunter. Der lange achtere Überhang wirkte sich nachteilig hemmend aus. Bei Einsatzverdrängung betrug das Freibord nur 35,6 cm und die Wellen gingen über den niedrigen Schiffskörper hinweg. Das Schlingern wurde dadurch allerdings begrenzt. Für die Lüftung sorgten zwei Gebläse mit Rohren,

die 1,37 m über Deck endeten. Da sie jedoch zu tief saßen, konnten die Luftklappen nur bei ruhigem Wetter geöffnet werden. Aber auch wenn die Lüfter arbeiteten und die Lüfterklappen geöffnet waren, herrschte im Maschinenraum eine Temperatur von 60°, und in den Unterkünften waren es noch 49°. Diese Temperaturen

wurden im Sommer 1862 gemessen. Die beiden viereckigen Schornsteine erhoben sich nur 1,83 m über das Deck.

Der Originalentwurf von Ericsson sah eine Seitenstärke von 152 mm und eine Decksstärke von 51 mm vor. Diese Gewichte hätten das Schiff zum Sinken gebracht. Wie die Tabelle zeigt, wurde die Panze-

rung stark reduziert: Sie bestand aus 25-mm-Platten oder noch dünnerem Material, die miteinander vernietet oder verbolzt waren. Unter Wasser verdünnte man die Seiten auf 76 mm und schließlich auf 51 mm. Um seine Pforten herum erhielt der Turm 9 × 25-mm-Platten, an allen anderen Stellen waren es 8 × 25-mm-Platten.

Monitor

Verdrängung:	987 ts	
Abmessungen:	Lüa 52,42 m; B 12,64 m; Tg ~ 3,2 m	
Maschinenanlage:	2 Martin-Kessel, 1 Welle, Ericsson Balanciermaschine, 320 PSi ≙ 6 kn, 100 ts Kohle	
Panzerung:	Eisen: Seiten 114−51 mm, Turm 228−203 mm, Deck 25 mm	
Bewaffnung:	2 × 28-cm-SB (1 × 2)	
Besatzung:	49	

Name	Bauwerft	Kiellegung	Stapellauf	Indienst-stellung	Schicksal
Monitor	Continental Iron Wks.	25. 10. 1861	30.1.1862	25. 2. 1862	† 31. 12. 1862

Monitor *Catskill* 1865 im Hafen von Charleston. (Norman Polmar/USN)

Der 2,75 m hohe Turm hatte einen Innendurchmesser von 6,1 m. Auf dem Turm saßen Eisenbahnschienen. Sie bildeten eine Art Gräting, und durch sie hindurch entlüftete das Abluftsystem. Die Turmunterkante hatte eine Bronzeverkleidung. Diese ruhte auf einem ins Deck eingelassenen Bronzerah-men. Der Turm wurde mittels Dampfantrieb gedreht. Da die Pendel-Pfortenverschlüsse schwierig zu bedienen waren, war auch die Turmführung ungenau. Vorne befand sich ein kleines Steuerhaus. Es bestand aus 228 mm dicken Eisenringen, um die man später noch 76-mm-Platten herumlegte.

Monitors berühmtester Einsatz war ihr Zweikampf mit der *Virginia* am 9. März 1862 vor Hampton Roads. Kein Schiff konnte das andere ernsthaft beschädigen. Einer Wiederholung des Kampfes im April 1862 ging man jedoch aus dem Wege. Die *Virginia* hatte man inzwischen durch extra Platten ver-stärkt und außerdem war beabsichtigt, Vollgeschosse abzufeuern. *Monitor* sank während eines Sturms. Sie befand sich im Schlepp und man glaubt, daß die Hauptlekkage entstand, als bei dem mit sieben Windstärken blasenden Wind der obere Schiffskörperteil vom unteren abgerissen wurde.

Camanche 1898.

Bei der *Passaic*-Klasse handelte es sich um eine vergrößerte und verbesserte *Monitor*. Diese Schiffe hatten beim Angriff auf Charleston die Hauptlast zu tragen. Vom 15. 6. 1869 bis 10. 8. 1869 führten *Catskill, Nahant* und *Nantucket* den Namen *Goliath, Atlas* und *Medusa*. *Sangamon* behielt den zur gleichen Zeit verliehenen Namen *Jason*.

Die Schiffe hatten einen etwas weniger augenfälligen Überhang als die *Monitor*, die Form des unteren Schiffskörperteils und seine Verbindung mit dem Floß hatte man verbessert. Auch die Lüftung war besser, der Schornstein 5,49 m hoch. Bis zu einer Höhe von 1,83 m schützte ihn eine 8 × 25-mm-Panzerung, darüber waren es 2 × 25 mm. Das Steuerhaus saß auf dem Turm, drehte jedoch nicht mit, hatte 8 × 25-mm-Seiten und ein 2 × 25-mm-Dach. Wie auf der *Monitor* setzte sich die gesamte Panzerung aus 25-mm-Platten zusammen (beim Deck waren es 13-mm-Platten). Die Seiten verjüngten sich unter Wasser auf 102 mm bzw. 76 mm.

Die Mündung des 38,1-cm-Geschützes ragte nicht aus dem Turm heraus. Dieser hatte einen 6,4 m Innendurchmesser und einen Rauchfang, der Rauch und Dunst aus dem Turminnern fernhalten sollte. Als Folge daraus konnten die Kanoniere der 38,1 cm das Ziel nicht sehen und mußten über die

Passaic-Klasse   Monitore

Verdrängung:	1875 ts
Abmessungen:	Lüa 60,96 m; B 14,01 m; Tg ~ 3,2 m
Maschinenanlage:	2 Martin-Kessel, 1 Welle, Ericsson-Balanciermaschine, 320 PSi ≙ 7 kn, 150 ts Kohle
Panzerung:	Eisen: Seiten 127−76 mm, Turm 280 mm, Deck 25 mm
Bewaffnung:	1 × 38,1-cm-SB, 1 × 28-cm-SB (*Lehigh, Patapsco* 1 × 38,1-cm-SB, 1 × 20,3-cm-RML Typ Parrot, *Camanche* 2 × 38,1-cm-SB)
Besatzung:	75

Name	Bauwerft	Stapellauf	Indienst-stellung	Schicksal
Camanche	Donohue, Ryan & Secor	14. 11. 1864	24. 5. 1865	Verkauf 1899
Catskill	Continental Iron Wks.	16. 12. 1862	24. 2. 1863	Verkauf 1901
Lehigh	Reaney, Son & Archbold	17. 1. 1863	15. 4. 1863	Verkauf 1904
Montauk	Continental Iron Wks.	9. 10. 1862	17. 12. 1862	Verkauf 1904
Nahant	Harrison Loring	7. 10. 1862	29. 12. 1862	Verkauf 1904
Nantucket	Atlantic Iron Wks.	6. 12. 1862	26. 2. 1863	Verkauf 1900
Passaic	Continental IronWks.	30. 8. 1862	25. 11. 1862	Verkauf 1899
Patapsco	Harlan & Hollingsworth	27. 9. 1862	2. 1. 1863	† 15. 1. 1865 durch Mine
Sangamon	Reaney, Son & Archbold	27. 10. 1862	9. 2. 1863	Verkauf 1905
Weehawken	Secor	5. 11. 1862	18. 1. 1863	† 6. 12. 1863

Catskill 1898. (Sammlung Aldo Fraccaroli)

28 cm- oder 20,3-cm-Geschütze richten und zielen. Die Pendel-Pfortenverschlüsse hatte man durch hebelartige Schmiedestücke ersetzt, die eine 90° Drehung erlaubten.

Bei ihrer Fertigstellung trug die *Lehigh* eine 28-cm-SB, während der Kampfhandlungen führte sie jedoch eine 20,3 cm vom Typ Parrott. Auch die *Passaic* erhielt Ende Juli 1863 anstatt der 28 cm eine 20,3 cm vom Typ Parrott. Vermutlich hatten alle anderen 2 × 38,1-cm-SB.

Aufgrund der Erfahrungen von Charleston erhielten einige Einheiten dieser Klasse einen zusätzlichen Schutz: Um den Turmboden und den des Steuerhauses wurden zusätzliche Ringe gelegt, das Dach des letzteren wurde auf 3 × 25 mm verstärkt, und weitere 50 ts 25-mm-Platten baute man über den Maschinenräumen und Magazinen ein. Außerdem kamen leichte Geschütze an Bord. Das am meisten bevorzugte war die 12-Pdr-SB Haubitze auf Feldlafette.

Die *Weehawken* ging während einer Seefahrt verloren. Bevor Gegenmaßnahmen ergriffen werden konnten, drang zuviel Wasser durch die offenen Klappen und das Klüsenrohr. Andererseits muß angemerkt werden, daß die *Lehigh* vor Kap Hatteras einen Sturm mit Windstärke 10 abritt, bei dem das Wasser mehr als 1,22 m über Deck stand.

Diese Monitore waren durch Minen sehr verwundbar, und die *Patapsco* sank nach einer Minendetonation 10,68 m vor ihrem Bug innerhalb von 15 Sekunden. Die

Pulverladung dieser Mine betrug zwischen 27,2 kg und 29,5 kg.

Camanche wurde in Jersey City gebaut, in Einzelteile zerlegt und an Bord der *Aquila* nach Californien verbracht. Im November 1863 sank sie in San Francisco, wurde gehoben und wieder instandgesetzt. Ihr Stapellauf fand an dem in der Tabelle angegebenen Datum statt. Nur die *Passaic* kam nach 1878 nochmals zum Einsatz und fand kurzzeitige Verwendung: während des spanisch-amerikanischen Krieges im Küstenschutz.

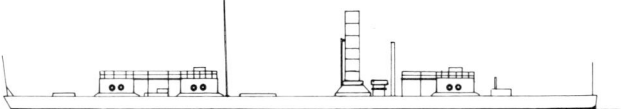

Roanoke nach Fertigstellung 1863.

Roanoke   Monitor

Verdrängung:	4395 ts
Abmessungen:	Lüa 80,77 m; B 16,15 m; Tg ~ 6,7 m
Maschinenanlage:	4 Martin-Kessel, 1 Welle, Penn Trunkmaschine, ? PSi (440 nPS) ≙ 6 kn, 550 ts Kohle
Panzerung:	Eisen: Seiten 114–89 mm, Türme 280 mm, Deck 38 mm
Bewaffnung:	2 × 38,1-cm-SB, 2 × 28-cm-SB, 2 × 20,3-cm-RML Typ Parrott
Besatzung:	350

Name	Bauwerft	Stapellauf	Indienst-stellung	Schicksal
Roanoke	Novelty Iron Wks.	Mai 1862–April 1863	29.6.1863	Verkauf 1883

Sie war das erste Schiff, das mit zwei Türmen in Dienst stellte. Die *Roanoke* war zuvor eine hölzerne Fregatte gleichen Namens und im Zuge des Umbaues bis zum Batteriedeck abrasiert worden. Die Seitenpanzerung hatte eine einheitliche Dicke und reduzierte sich zur Unterkante auf 89 mm. Wie bei der *Passaic*-Klasse bestand der Turmpanzer aus 11 × 25-mm-Platten. Oben auf den ersten beiden Türmen saßen Steuerhäuser und hinter dem vorderen Turm erhob sich ein dünner Einzelschornstein. Zwischen den beiden hinteren Türmen erstreckte sich ein Promenadendeck. Im vorderen Turm befanden sich 1 × 38,1-cm-SB und 1 × 28-cm-SB, in den

hinteren Türmen je eine 28-cm-SB und eine 20,3-cm-RML. 1865 kamen 3 × 12-Pdr-SB Haubitzen auf Feldlafetten hinzu.

Roanoke erwies sich als nicht zufriedenstellend: Schon beim Stapellauf brach das Hinterteil. Für das Turmgewicht war der Schiffskörper zu schwach und auch nach einem Umbau schlingerte sie heftig. Daher versah sie nur einen Dienst als Hafenverteidigungsschiff in Hampton Roads und fand im Bürgerkrieg keine Verwendung.

Onondaga   Monitor

Verdrängung:	2551 ts
Abmessungen:	Lüa 69,67 m; B 15,6 m; Tg ~ 3,91 m
Maschinenanlage:	4 Martin-Kessel, 2 Wellen, Liegende Expansionsmaschinen, 610 PSi ≙ 7 kn, 160 ts Kohle
Panzerung:	Eisen: Seiten maximal 140 mm, Türme 280 mm, Deck 25 mm
Bewaffnung:	2 × 38,1-cm-SB, 2 × 20,3-cm-RML Typ Parrott
Besatzung:	150

Name	Bauwerft	Kiellegung	Stapellauf	Indienst-stellung	Schicksal
Onondaga	Continental Iron Wks.	26.5.1862	29.7.1863	24.3.1864	1867 Verkauf an Frankreich

Der Entwurf der *Onondaga* stammte von Quintard und unterschied sich von den Monitoren der Bauart Ericsson. Trotz des nur 35,6 cm hohen Freibords hatte sie einen normalen Schiffskörper und zwei Türme des Typs auf der *Passaic*-Klasse mit je 1 × 38,1-cm-SB und 1 × 20,3-cm-RML. Zwischen den Türmen saß ein riesiger Schornstein. Auf dem vorderen Turm stand ein Steuerhaus. Die Schornsteinbasis war gepanzert, und wie bei den von Ericsson konstruierten Monitoren bestand die

22

Panzerung aus 25-mm-Platten oder noch dünnerem zusammengesetzten Material.

Der Einsatz der *Onondaga* während des Bürgerkrieges beschränkte sich auf den James River. Nachdem sie an Frankreich verkauft worden war, behielt sie zwar ihren Namen, hingegen wechselte sie die Armierung, die nun aus 4 × 23,8-cm-BL Geschützen des Modells M 1864 bzw. M 1864/66 bestand. Später ersetzte man diese nochmals durch das Modell M 1870. Sie wurde erst 1904 gestrichen.

Onondago, vermutlich 1865 auf dem James River. (Norman Polmar/USN)

Miantonomah nach Fertigstellung 1865.

Miantonomoh-Klasse   Monitore

Verdrängung:	3400 ts
Abmessungen:	Lüa 78,8 m; B 16,07 m; Tg ~ 3,86 m
Maschinenanlage:	4 Martin-Kessel, 2 Wellen, *Agamenticus, Monadnock*: Ericsson Balanciermaschinen, *Miantonomoh, Tonawanda*: Liegende Maschinen mit rückwirkender Pleuelstange, 1400 PSi ≙ 9–10 kn, 300 ts Kohle
Panzerung:	Eisen: Seiten 127 mm, Türme 254 mm, Deck 38 mm
Bewaffnung:	4 × 38,1-cm-SB (2 × 2)
Besatzung:	150

Die Klasse wurde vom USN-Bureau of Construction and Repair entworfen. Obwohl die Einheiten nur einen hölzernen Schiffskörper hatten, werden sie für gewöhnlich als die beste Monitorklasse angesprochen. Am Bürgerkrieg nahm nur die *Monadnock* aktiv teil. 1865/66 verlegte dieses Schiff nach San Francisco. Hierzu wählte sie den Weg durch die Magellanstraße und obwohl in Begleitung von drei Fahrzeugen, benötigte sie keine Schlepphilfe. 1866 überquerte die *Miantonomoh* den Atlantik. In diesem Fall wurde sie über eine Strecke von 1100 Meilen vom Raddampfer *Augusta* geschleppt. Als sie 1867 zurückkehrte, hatte sie eine Gesamtstrecke von 17767 Meilen zurückgelegt. Am 15. Juni 1869 wurden *Agamenticus* und *Tonawanda* umbenannt in *Terror* und *Amphitrite*.

Der Schiffskörper hatte eine normale Form, der Ericssonsche Überhang fehlte. Das Freibord maß 79 cm. Die Panzerung war aus 25-mm-Platten zusammengesetzt

Name	Bauwerft	Kiellegung	Stapellauf	Indienst-stellung	Schicksal
Agamenticus	Marinewerft Portsmouth	1862	19.3.1863	5.5.1865	Abbr 1874/75
Miantonomoh	Marinewerft New York	1862	15.8.1863	18.9.1865	Abbr 1874/75
Monadnock	Marinewerft Boston	1862	23.3.1864	4.10.1864	Abbr 1874/75
Tonawanda	Marinewerft Philadelphia	1862	6.5.1864	23.4.1865	a.D. 31.5.1919 gestrichen 24.7.1919 Verkauf 3.1.1920

und auf beiden Türmen stand ein Steuerhaus. Der Schornstein hatte einen gepanzerten Unterbau hinter dem große Lüfterschächte saßen. Der Turminnendurchmesser betrug 7,01 m, mithin 0,61 m mehr als auf der *Passaic*-Klasse. Zwischen den beiden Türmen saß ein kleines Promenadendeck.

Als die hölzernen Schiffskörper zu faulen anfingen, erfolgte die Anregung, sie unter Beibehaltung des alten Namens für die Verwendung in der »Neuen Marine« auf Eisen umzubauen. Das galt jedoch nur als Vorwand, dem Kongreß Geld zu entlocken, um in Wahrheit neue Schiffe zu bauen.

Nach den Ideen Ericsson sollte die mit einem eisernen Schiffskörper versehene *Dictator* ein hochseefähiger Monitor werden. Der Überhang des Floßkörpers hatte eine bessere Linienführung, war an den Rundungen weggelassen und an anderer Stelle reduziert worden. Da der Tiefgang größer als vorgesehen wurde, verminderte sich das Freibord jedoch auf 40,6 cm. Die Konstruktionsgeschwindigkeit von 15 kn wurde nie erreicht.

Der 6 × 25-mm-Seitenpanzer saß nahe der Wasserlinie und über eine Tiefe von 63,5 cm auf 76 mm bis 127 mm dicken viereckigen Eisenträgern. Darunter verjüngte er sich auf 2 × 25 mm und war an der Unterkante noch 25 mm. Der Turminnendurchmesser betrug 7,32 m. An den Seiten war er mit 10 × 25-mm-Platten und in der Mitte mit 127 mm dicken Segmenten aus 305 mm breiten Eisenbändern geschützt. Das auf dem Turm befindliche Steuerhaus wurde durch 12 ×

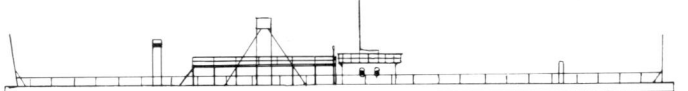

Dictator nach Fertigstellung 1864.

Dictator Monitor

Verdrängung:	4438 ts
Abmessungen:	Lüa 95,1 m; B 15, 24 m; Tg ~ 6,25 m
Maschinenanlage:	6 Martin-Kessel, 1 Welle, Ericsson Balanciermaschine, 3500 PSi ≙ 11 kn, 300 ts bis 1000 ts Kohle
Panzerung:	Eisen: Seiten 152−25 mm, Turm 381 mm, Deck 51 mm
Bewaffnung:	2 × 38, 1-cm-SB (1 × 2)
Besatzung:	175

Name	Bauwerft	Kiellegung	Stapellauf	Indienst-stellung	Schicksal
Dictator	Delameter Iron Wks.	16.8.1862	26.12.1863	11.11.1864	Verkauf 1883

25-mm-Platten geschützt. Die Unterbauten der Lüfterschächte und des Schornsteins waren ebenfalls gepanzert.

Man nimmt an, daß mittschiffs ein kleines Promenadendeck vorgesehen war. Die Hauptwellenlager waren zu kurz und die übermäßigen Abnutzungserscheinungen zwangen die *Dictator*, den geplanten Angriff auf Fort Fisher aufzugeben und umzukehren.

Puritan wäre etwas größer gewesen als die *Dictator*, ihr Turm sollte einen Innendurchmesser von 7,93 m erhalten, die Bewaffnung aus 50,8-cm-SB Geschützen bestehen. Gegen das Ansinnen der US-Navy, dem Schiff zwei Türme zu geben, protestierte Ericsson heftig und setzte sich durch. Dafür mußte er in der Forderung nach einem Zweiwellenvortrieb nachgeben. Die Entwurfsgeschwindigkeit von 15 kn ist sehr unwahrscheinlich und wäre wohl auch nie erreicht worden.

Der Bau dieses eisernen Monitors wurde 1865 eingestellt; der beabsichtigte nachträgliche Umbau in einen Monitor für die »Neue Marine« war – wie auch bei der *Miantonomoh*-Klasse – nur ein Vorwand.

Puritan Monitor

Verdrängung:	4912 ts
Abmessungen:	Lüa 103,62 m; B 15,24 m; Tg ~ 6,1 m
Maschinenanlage:	6 Martin-Kessel, 2 Wellen, Ericsson Balanciermaschinen, PSi und Geschwindigkeit vermutlich wie → *Dictator*, maximal 1000 ts Kohle
Panzerung:	Eisen: Seiten 152−51 mm, Turm 381 mm, Deck 51 mm
Bewaffnung:	2 × 50,8-cm-SB (1 × 2)
Besatzung:	−

Name	Bauwerft	Bauantrag	Stapellauf	Indienst-stellung	Schicksal
Puritan	Continental Iron Wks	18.7.1862	2.7.1864	nie fertiggestellt	Abbr 1874/75

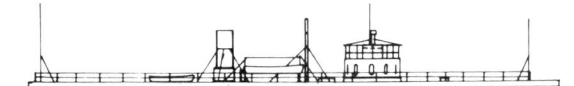

Saugus nach Fertigstellung 1864.

Canonicus-Klasse Monitore

Verdrängung:	2100 ts
Abmessungen:	Lüa 67,97 m bis 68,68 m; B 13,1 m bis 13,2 m; Tg ~ 3,78 m bis ~ 3,96 m
Maschinenanlage:	2 Stimers- oder Martin-Kessel, 1 Welle, Ericsson Balanciermaschine, 320 PSi ≙ 8 kn, 140−150 ts Kohle
Panzerung:	Eisen: Seiten 127−76 mm, Turm 254 mm, Deck 38 mm
Bewaffnung:	2 × 38,1-cm-SB (1 × 2)
Besatzung:	100

Dieses war eine verbesserte *Passaic*-Klasse mit einem Schiffskörper, dessen oberer Teil aus Holz und Eisen und dessen unterer Teil nur aus Eisen bestand. Die Konstruktion basierte auf ersten Kriegserfahrungen.

Nach ihrer Abgabe an Peru erhielten *Catawba* und *Oneota* die Namen *Atahuallpa* und *Manco Capac*. Die übrigen führten zwischen dem 15.6.1869 und 10.8.1869 folgende Namen: *Scylla, Castor, Ajax, Neptune, Centaur* und *Vesuvius*. Danach wurde nur der Name *Ajax* beibehalten und *Vesuvius* umbenannt in *Wyandotte*. Die vier Einheiten, die während des Krieges nicht mehr in Dienst stellten, wurden am Ohio River gebaut: Drei in Cincinnati und die *Manayunk* ganz oben in South Pittsburgh.

Die Schiffskörperform war zwar verbessert worden, aber es gab wenig Hoffnung, die Konstruktionsgeschwindigkeit von 13 kn jemals zu erreichen. Der 5 × 25-mm-Seitenpanzer saß auf zwei 152 mm dicken und 165 mm breiten Eisenträgern und hatte – mit Ausnahme der Rundungen – eine Länge von 21,35 m. In anderen Bereichen war er 102 mm dick und an der Unterkante maß er noch 3 × 25 mm. Der Turminnendurch-

Name	Bauwerft	Bauauftrag	Stapellauf	Indienst-stellung	Schicksal
Canonicus	Harrison Loring	15.9.1862	1.8.1863	16.4.1864	Verkauf 1908
Catawba	Alex Swift & Niles Wks.	10.9.1862	13.4.1864	keine (Fertigstellg. 10.6.1865)	1868 an Peru verkauft
Mahopac	Secor	15.9.1862	17.5.1864	22.9.1864	Verkauf 1902
Manayunk	Snowdon & Mason	15.9.1862	18.12.1864	1.1.1871 (Fertigstellg. 27.9.1865)	Verkauf 1899
Manhattan	Perine, Secor	15.9.1862	14.10.1863	6.6.1864	Verkauf 1902
Oneota	Alex Swift & Niles Wks.	10.9.1862	21.5.1864	keine (Fertigstellg. 10.6.1865)	1868 an Peru verkauft
Saugus	Harlan & Hollingsworth	13.10.1862	16.12.1863	7.4.1864	Verkauf 1891
Tecumseh	Secor	15.9.1862	12.9.1863	19.4.1864	† 5.8.1864 durch Mine
Tippecanoe	Miles Greenwood	15.9.1862	22.12.1864	? (Fertigstellg. Dez. 1865)	Verkauf 1899

messer betrug 6,4 m, der Turmschutz bestand aus 10 × 25-mm-Platten. Das auf dem Turm sitzende Steuerhaus hatte den gleichen Schutz. Die Schornsteinbasis war ebenfalls gepanzert. Der Turmrand wurde durch einen 127 mm starken und 38,1 cm hohen festen Ring auf dem Deck geschützt. Anders als bei der *Passaic*-Klasse waren die 38,1-cm-Geschütze – wie auch bei den späteren Monitoren – länger und ihre Mündungen befanden sich außerhalb des Turms. Nach einer Minendetonation unter dem Turm sank die *Tecumseh* vor Mobile Bay innerhalb von 25–30 Sekunden. Die *Canonicus* stellte als letztes Schiff dieser Klasse außer Dienst und wurde 31 Jahre später verkauft.

Kalamazoo-Klasse   Monitore

Diese hölzerne Schiffsklasse umfaßte die größten Monitore, die während des Bürgerkrieges auf Stapel gelegt wurden. Ihr offizieller Entwurf erinnerte mit seinem größeren Tiefgang an die *Miantonomoh*-Klasse, hatte jedoch eine feinere Linienführung und ein Freibord von 1,14 m. Das Turmgewicht sollten eiserne Trägergerüste tragen, den Schiffskörper beabsichtigte man hingegen aus nichtabgelagertem Holz zu fertigen.

Der Seitenpanzer bestand aus 2 × 76-mm-Platten, die sich an den Unterkanten auf 1 × 76 mm reduzierten. Der Wasserlinienbereich wurde durch viereckige (76 mm × 203 mm) Eisenträger verstärkt. Die Türme ähnelten denen auf der *Dictator* und hatten Steuerhäuser

Verdrängung:	5660 ts
Abmessungen:	Lüa 105,15 m; B 17,27 m; Tg ~ 5,33 m
Maschinenanlage:	8 Martin-Kessel, 2 Wellen, Liegende direkt wirkende Maschinen, ~ 2000 PSi ≙ 10 kn, 500 ts Kohle
Panzerung:	Eisen: Seiten 152–76 mm, Türme 381 mm, Deck 76 mm
Bewaffnung:	4 × 38,1-cm-SB (2 × 2)
Besatzung:	–

Name	Bauwerft	Kiellegung	Schicksal
Kalamazoo	Marinewerft New York	Dez. 1863	Kein Stapellauf, auf der Helling 1884 abgebrochen
Passaconaway	Marinewerft Portsmouth	Nov. 1863	Kein Stapellauf, auf der Helling 1884 abgebrochen
Quinsigamond	Marinewerft Boston	Anfang 1864	Kein Stapellauf, auf der Helling 1884 abgebrochen
Shackamaxon	Marinewerft Philadelphia	Nov. oder Dez. 1863	Kein Stapellauf, auf der Helling 1874 abgebrochen

auf ihrem Dach. Neben zwei Schornsteinen war ein hoher Lüfterschacht vorgesehen. Mittschiffs scheint ein Promenadendeck geplant gewesen zu sein. Obwohl die Einheiten nie vom Stapel liefen, war ihre Namensänderung bereits vorgesehen: Am 15. Juni 1869 gab man ihnen die Namen *Colossus*, *Thunderer*, *Hercules* und *Hecla*. Am 10. August 1869 erfolgte eine weitere Namensänderung. Während der Name *Colossus* blieb, hießen die anderen nun *Massachusetts*, *Oregon* und *Nebraska*.

Diese mit einem Schildkrötendeck versehenen eisernen Monitore waren von J. B. Eads für den Einsatz auf Flüssen entworfen worden, fanden jedoch auch Verwendung in den Küstengewässern im Golf von Mexiko. Man nimmt an, daß sie die einzigen Monitore des Bürgerkrieges sind, die ihre Konstruktionsgeschwindigkeit tatsächlich erreichten.
Die Seitenpanzerung setzte sich aus 3 × 25-mm-Platten zusammen. Auf der *Winnebago* bestand sie jedoch aus einer 76-mm-Platte und reichte an den Rundungen nur 10,2 cm unter die Einsatzwasserlinie. Mittschiffs scheinen es auch nicht mehr als 0,61 m gewesen zu sein. Später erhielt das Deck über den Munitionsbereichen und ver-

Milwaukee-Klasse   Flachgehende Monitore

Verdrängung:	1300 ts
Abmessungen:	Lüa 69,8 m; B 17,07 m; Tg ~ 1,83 m
Maschinenanlage:	7 liegende Feuerrohrkessel, 4 Wellen, Liegende Auspuffmaschinen, ? PSi ≙ 9 kn, 156 ts Kohle
Panzerung:	Eisen: Seiten 76 mm, Türme 203 mm, Deck 13 mm
Bewaffnung:	4 × 28-cm-SB (2 × 2)
Besatzung:	120

Name	Bauwerft*	Bauauftrag	Stapellauf	Indienststellung	Schicksal
Chicksaw	Union Iron Wks.	26.5.1862	10.2.1864	10.5.1864	Verkauf 1874
Kickapoo	Union Iron Wks.	27.5.1862	12.3.1864	8.7.1864	Verkauf 1874
Milwaukee	Union Iron Wks.	27.5.1862	4.2.1864	27.8.1864	† 28.3.1865 durch Mine
Winnebago	Union Iron Wks.	27.5.1862	4.7.1863	27.4.1864	Verkauf 1874

mutlich auch über der Maschinenanlage zusätzlich 25-mm-Platten. Hinter dem vorderen Turm befand sich das Steuerhaus. Auch der Schornsteinhals verfügte über einen gewissen Schutz; man empfahl jedoch, ihn bis zu einer Höhe von 1,83 m auf 152 mm zu verstärken. Die Turminnendurchmesser betrugen 6,4 m und die Turmpanzerung aus 8 × 25-mm-Platten. Der hintere Turm war vom üblichen Ericsson-Typ, der vordere nach einem Entwurf von Eads gebaut. Bei diesem standen die Geschütze auf einer dampfbetriebe-

nen Plattform, die zum Laden abgesenkt und zum Schießen angehoben werden konnten. In diesem Turm konnte auch eine Rohrerhöhung bis zu 20° erfolgen. Im Vergleich dazu gelang das in dem anderen nur bis 10°.
Die *Milwaukee* sank auf dem Blakely River/Mobile Bay, nachdem an der Bb-Seite hinter dem achteren Turm etwa 12,2 m vom Heck entfernt eine Mine detoniert war. Sie sank innerhalb von drei Minuten. Da die vorderen Abteilungen aber erst nach einer Stunde vollliefen, ist bewiesen, daß die wasser-

dichte Unterteilung besser als bei anderen Monitoren dieser Zeit gewesen ist.
Die drei verbliebenen Einheiten erhielten zwischen dem 15. Juni 1869 und 10. August 1869 die Namen *Samson*, *Cyclops* und *Tornado*. Dann trugen sie erneut die alten Namen. Nur *Kickapoo* erhielt den Namen *Kewaydin*.

* Die Union Iron Works in Carondelet am Mississippi sind zu unterscheiden von der Werft gleichen Namens in San Francisco, die viele Schiffe für die »Neue Marine« baute.

Alle hier angeführten Einzelheiten beziehen sich auf die ursprünglichen Entwürfe. Der Bau wurde durch grobe Fehlkalkulationen bei der Verdrängung erheblich beeinträchtigt. Ericsson traf hieran keine Schuld. Sie zeigten sich erstmals bei der *Chimo*. Nach ihrem Stapellauf betrug ihr Freibord nur 7,62 cm, dabei war der Turm noch nicht einmal eingebaut, und alle Stores waren noch leer. Es ist geradezu eine Ironie, daß das vorgesehene Freibord von 38,1 cm – wie es bei der Fertigstellung eigentlich sein sollte – im Kampf durch zusätzlichen Wasserballast abgesenkt werden sollte.

Casco-Klasse   Flachgehende Monitore

Verdrängung:	1175 ts
Abmessungen:	Lüa 68,58 m; B 13,72 m; Tg ~ 1,94
Maschinenanlage:	2 Stimers-Kessel, 2 Wellen, Stimers direkt wirkende Maschinen mit umgekehrten Zylindern, 600 PSi ≙ 9 kn (tatsächlich ~ 5 kn), 130 ts Kohle
Panzerung:	Eisen: Seiten 76 mm, Turm 203 mm, Deck 13 mm
Bewaffnung:	2 × 28-cm-SB (1 × 2)
Besatzung:	60

Casco, Chimo, Modoc, Napa, Naubuc wurden als Spierentorpedofahrzeuge fertiggestellt: Mit einem »Wood-Lay«-Gerät, einem dünnen Deck, ohne Turm aber mit einer 38-cm-SB. *Chimo* hatte 1 × 20,3-cm-RML, Typ Parrott. Das Geschütz stand auf einer ungeschützten Pivotlafette. Das Steuerhaus erhielt einen 203-mm-Schutz, den Kohlenvorrat reduzierte man auf 60 ts.

Die *Casco* fand auf dem James River als Minenräumer Verwendung, ihre Geschwindigkeit von nur 5 kn machte sie für den Einsatz als Spierentorpedoträger wertlos. Es scheint, daß die *Tunxis* leichter als die anderen war, denn sie blieb als Monitor bis zum 21. September 1864 in Dienst und war ausgerüstet mit 1 × 28-cm-SB und 1 × 20,3-cm-RML vom Typ Parrott. Damit das vorgegebene Gewicht getragen werden konnte, hatte sie wie alle anderen 14 Einheiten einen 55,9 cm tieferen Schiffskörper erhalten. Die Verdrängung dieser eisernen und mit einem schildkrötenförmigen Deck versehenen Monitore variierte. Die *Squando* hatte bei einem durchschnittlichen Tiefgang von 2,52 m immerhin eine Verdrängung von 1618 ts. Die Panzerung setzte sich aus 25-mm-Platten zusammen. Das Steuerhaus saß auf dem Turm, dessen Innendurchmesser 6,1 m betrug. Sein Panzerschutz maß 254 mm. Das Achterdeck hing etwas über und für die ungehinderte Schraubendrehung befanden sich Schlitze im Deck.

Name*	Name ab 15.6.1869	Bauwerft	Bauauftrag	Stapellauf	Indienst-stellung	Schicksal
Casco	Hero	Atlantic Iron Wks.	14.3.1863	7.5.1864	4.12.1864	Abbr 1875
Chimo	Orion	Aquilla Adams	17.3.1863	5.5.1864	20.1.1865	Verkauf 1874
Chohos	Charybdis	Continental Iron Wks.	17.4.1863	31.5.1865	keine (Ablieferung 19.1.1866)	Verkauf 1874
Etlah	Hecate	Charles W. McCord	24.6.1863	3.7.1865	keine (Ablieferung 12.3.1866)	Verkauf 1874
Klamath	Harpy	Alex Swift	26.3.1863	20.4.1865	keine (Ablieferung 6.5.1866)	Verkauf 1874
Koka	Argos	Wilcox & Whiting	24.4.1863	18.5.1865	keine (Ablieferung 28.11.1865)	Verkauf 1874
Modoc	Achilles	J. S. Underhill	2.3.1863	21.3.1865	keine (Fertigstellg. 23.6.1865)	Verkauf 1875
Napa	Nemesis	Harlan & Hollingworth	2.3.1863	26.11.1864	keine (Fertigstellg. 4.5.1865)	Verkauf 1875
Naubuc	Gorgon	W. Perine	2.4.1863	19.10.1864	27.3.1865	Verkauf 1875
Nausett	Aetna	Donald McKay	10.6.1863	26.4.1865	10.8.1865	Verkauf 1875
Shawnee	Eolus	Curtis & Tilden	2.4.1863	13.3.1865	18.8.1865	Verkauf 1875
Shiloh	Iris	Charles W. McCord	24.6.1863	14.7.1865	17.9.1874 (Ablieferung 12.3.1866)	Verkauf 1874
Squando	Erebus	Donald McKay	4.5.1863	31.12.1864	6.6.1865	Abbr 1874
Suncook	Spitfire	Globe Wks.	17.3.1863	1.2.1865	27.7.1865	Verkauf 1874
Tunxis	Hydra	Reaney, Son & Archbold	9.3.1863	4.6.1864	12.7.1864	Verkauf 1875
Umpqua	Fury	Snowdon & Mason	9.3.1863	21.12.1865	keine (Fertigstellg. 7.5.1866)	Verkauf 1874
Wassuc	Stromboli	G. W. Lawrence	2.6.1863	25.7.1865	keine (Fertigstellg. 28.10.1865)	Verkauf 1875
Waxsaw	Niobe	A. & W. Denmead	13.3.1863	4.5.1865	keine (Fertigstellg. 21.10.1865)	Verkauf 1874
Yazoo	Tartar	Cramp	2.3.1863	8.5.1865	keine (Fertigstellg. 15.12.1865)	Verkauf 1874
Yuma	Tempest	Alex Swift	26.3.1863	30.5.1865	keine (Fertigstellg. 6.5.1866)	Verkauf 1874

* Viele Einheiten erhielten am 10. August 1869 die alten Namen zurück. *Casco, Shiloh* und *Waxsaw* behielten die neuen Namen. *Chimo, Naubuc, Squando, Tunxis* erhielten jedoch die Namen *Piscataqua, Minnetonka, Algoma* und *Otsego*.

Ein hölzerner Dampfer mit Schonertakelung, dessen Breitseitbatterie sich in einer beträchtlich eingezogenen bauchigen Seite befand. Ursprünglich war eine Panzerung aus 64 mm Eisen (Platten und Schienen) vorgesehen, und als Hinterlage sollte eine 38 mm Gummischicht dienen. Darauf verzichtete man jedoch. Den am 15. Mai 1862 und im Mai 1863 von der Batterie bei Drewry's Bluff abgefeuerten Geschossen war der Schiffsschutz nicht gewachsen. Im Februar 1864 baute man die Panzerung aus und verwandelte sie in ein reines Holzschiff mit einer Bewaffnung von 1 × 16,2-cm-RML Typ Parrott, 1 × 10,6-cm-RML Typ Parrott und 8 × 22,8-cm-BL.

Der ursprüngliche Name war *Moodna*. *Keokuk* hatte einen eisernen Schiffskörper mit sich über Wasser scharf nach innen neigenden gepanzerten Seiten. Vorne und achtern befanden sich festeingebaute Geschützstände mit jeweils drei Pforten. Das Schiff besaß einen Rammsporn, seine Panzerung setzte sich aus liegenden Eisenträgern zusammen, die sich mit Eichenholzbohlen abwechselten und mit Eisenplatten abgedeckt waren. Bei dem Angriff auf Charleston am 7. April 1863 wurde die *Keokuk* mehrfach von 17,8-cm-RML-Granaten und 25,4-cm-SB-Geschossen getroffen. Sie sank am folgenden Tag.

Andere gepanzerte Schiffe

Galena Gepanzertes Schiff

Verdrängung:	738 ts om (siehe → Abkürzungen/Erläuterungen unter → bm)
Abmessungen:	Lüa 64,01 m; B 10,97 m; Tg ~ 3,35 m
Maschinenanlage:	2 liegende Feuerrohrkessel, 1 Welle, Ericsson Balanciermaschine, 320 PSi ≙ 8 kn, ? ts Kohle
Panzerung:	Eisen: Seiten 76 mm maximal
Bewaffnung:	2 × 16,2-cm-RML Typ Parrott, 4 × 22,8-cm-SB
Besatzung:	164

Name	Bauwerft	Kiellegung	Stapellauf	Indienst-stellung	Schicksal
Galena	Maxon-Fish	~ Okt. 1861	14.2.1862	21.4.1862	Abbr 1872

Keokuk Gepanzertes Schiff

Verdrängung:	677 ts om (siehe → Abkürzungen/Erläuterungen unter → bm)
Abmessungen:	Lüa 48,61 m; B 10,97 m; Tg ~ 2,59
Maschinenanlage:	2 liegende Kessel, 2 Wellen, Liegende direkt wirkende Maschinen, ~ 500 PSi ≙ 9 kn, ? ts Kohle
Panzerung:	Eisen: 76 mm
Bewaffnung:	2 × 28-cm-SB (2 × 1)
Besatzung:	92

Name	Bauwerft	Kiellegung	Stapellauf	Indienst-stellung	Schicksal
Keokuk	J. S. Underhill	13.4.1862	6.12.1862	März 1863	† 8.4.1863

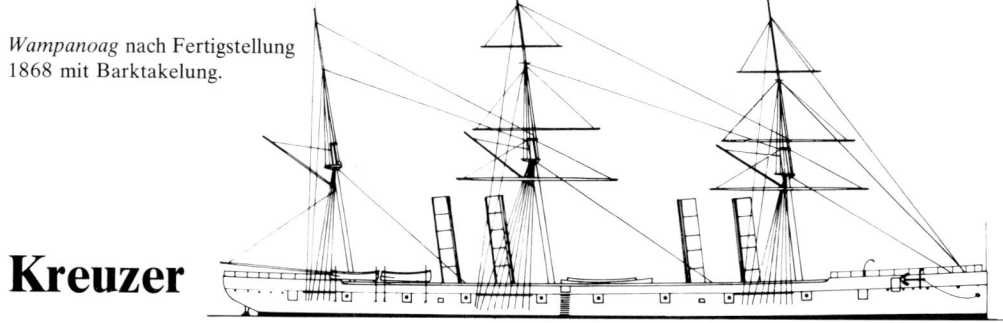

Wampanoag nach Fertigstellung 1868 mit Barktakelung.

Kreuzer

Wampanoag-Klasse Hölzerne Schraubenfregatten

Verdrängung:	*Ammonoosuc, Neshaminy* 3850 ts; *Madawaska* 4105 ts, *Pompanoosuc* 4446 ts; *Wampanoag* 4215 ts
Abmessungen:	Lcwl 102,1 m; B 13,51 m (*Ammonoosuc, Neshaminy*), 13,76 m (*Madawaska, Wampanoag*), 14,63 m (*Pompanoosuc*); Tg ~ 5,54 m (*Madawaska*), ~ 5,64 m (*Wampanoag*)
Maschinenanlage:	8 Martin-Kessel mit Überhitzer (*Madawaska* Ericsson Balanciermaschine), 4100 PSi ≙ 17 kn (*Madawaska* 15 kn), 700 ts Kohle
Bewaffnung:	3 × 13,5-cm-RML Typ Parrott, 10 × 22,8-cm-SB, 2 × 24-Pdr-SB Haubitzen
Besatzung:	330

Am 15. Mai 1869 wurden die Einheiten dieser Klasse umbenannt und hießen *Iowa*, *Tennessee*, *Arizona*, *Connecticut* und *Florida*. Am 10. August 1869 erhielt *Arizona* den Namen *Nevada*. Ein sechstes Schiff mit vorgesehenem Namen

Bon Homme Richard wurde nie begonnen.

Die Fahrzeuge waren für einen Krieg gegen Großbritannien, der im Jahre 1863 allerdings sehr unwahrscheinlich war, als Handelsstörer entworfen und eingeplant. Die Klasse war kein Erfolg: 30 Prozent des vorhandenen Raumes beanspruchte alleine die Maschinenanlage, für Stores und Besatzungsunterkünfte blieb wenig Platz. Für die Bugkanonen war die vordere Linienführung zu schmal und obwohl mit starken Bändern versehen, erwies sich der hölzerne Schiffskörper in seiner Längsfestigkeit als zu schwach.

Die Einheiten führten eine kleine Barktakelung mit kurzem Bugspriet und geradem Steven. Vier dünne Schornsteine standen in zwei Gruppen zusammen, die Maschinenanlage saß zwischen den Kesselräumen. Es gab anscheinend keine wasserdichte Unterteilung. Das Balanceruder lag frei.

Die *Ammonoosuc* wurde bereits nach den Probefahrten aufgelegt und *Wampanoak*, die nach Berichten bei den Probefahrten 17,75 kn erreichte, 1889 für eine Marineverwendung als untauglich erklärt.

Name	Bauwerft	Kiellegung	Stapellauf	Indienststellung	Schicksal
Ammonoosuc	Marinewerft Boston	1863	21.7.1864	Probef. am 15.6.1868	Verkauf 1883
Madawaska	Marinewerft New York	1863	8.7.1865	Probef. am 14.1.1867	Verkauf 1886
Neshaminy	Marinewerft Philadelphia	1863	5.10.1865	nicht fertiggestellt	Verkauf 1874
Pompanoosuc	Marinewerft Boston	1863	keiner	nicht fertiggestellt	Abbr 1883
Wampanoag	Marinewerft New York	3.8.1863	15.12.1864	Probef. am 7.2.1868	Verkauf 1885

Da man sie maschinenmäßig als überdimensioniert ansah, wurde sie bis 1874 aufgelegt, und nachdem man ihr zusätzlich 2 × 16,2-cm-RML Typ Parrott gegeben hatte, fungierte sie als Stationsschiff in New London.

Die nun *Tennessee* heißende *Madawask* verlegte 1869/71 in die Werft, wo man ihr mittels Holz zusätzliche Höhe verlieh, so daß ein Oberdeck eingebaut werden konnte. Gleichzeitig erhielt sie neue Kessel und Maschinen, die jedoch genauso wenig zufriedenstellten wie die vorigen. Nach der Werftzeit bezeichnete man sie als Kanonendeckfregatte: Sie hatte nun einen Klippersteven und führte eine Vollschifftakelung. Vor und hinter dem Großmast standen je zwei Schornsteine. Ihre Verdrängung betrug jetzt 4840 ts, die Abmessungen lauteten 102,1 m Lcwl, 13,76 m Breite und 6,6 m Tg. Die Maschinenanlage umfaßte zehn Zylinderkessel und eine Liegende Verbundmaschine mit rückwirkender Pleuelstange. Mit 380 ts Kohlenvorrat und 3200 PSi lief sie 13 kn. Ihre Bewaffnung bestand aus 2 × 20,3-cm-RML Typ Parrott, 2 × 16,2-cm-RML Typ Parrott, 1 × 13,5-cm-RML Typ Parrott und 18 × 22,8-cm-SB. Die Besatzung zählte 480 Mann.

Ein offizieller britischer Bericht vom 1. September 1886 (das Jahr, in dem die *Tennessee* verkauft wurde) gibt eine Bewaffnung von 2 × 20,3-cm-RML (umgebaut aus 28-cm-SB), 4 × 16,2-cm-BL (umgebaut aus Parrott-RML), 16 × 22,8-cm-SB an und stellt fest, daß sie mit schweren Geschützen nicht voraus schießen konnte. Ihre Leistung war mit 1900 PSi angegeben, die Geschwindigkeit mit ~ 10 kn.

Als Alternativentwurf zur *Wampanoag*-Klasse war *Chattanooga* so ausgelegt, daß sie für 24 Stunden eine Geschwindigkeit von 15 kn halten konnte. Daß sie dann jedoch eine schlechte Vorstellung bot, lag sicherlich am ungeeigneten Propeller. Zur Ausrüstung gehörten eine Vollschifftakelung, ein Bugspriet und zwei Schornsteine, der Vorsteven war gerade. Nach den Probefahrten legte man sie auf. Vor League Island/Philadelphia schlug sie durch Treibeis leck und sank.

Chattanooga Hölzerne Schraubenfregatte

Verdrängung:	3043 ts
Abmessungen:	Lcwl 96,01 m; B 14,01 m; Tg ~ 4,56 m
Maschinenanlage:	8 liegende Feuerrohrkessel mit Überhitzer, 1 Welle, Hammermaschine mit rückwirkender Pleuelstange, 1737 PSi ≙ 13,37 kn (bei der Probefahrt), ? ts Kohle
Bewaffnung:	17 Geschütze
Besatzung:	–

Name	Bauwerft	Kiellegung	Stapellauf	Indienststellung	Schicksal
Chattanooga	Cramp	1863	13.10.1864	Probef. am 17.8.1866	† Dez. 1871 durch Eisgang

29

Gemäß Entwurf sollte die *Idaho* 24 Stunden lang 15 kn laufen können, wurde als Dampfschiff jedoch zum totalen Fehlschlag. Daher baute man die Maschinenanlage aus und rüstete sie auf eine Vollschifftakelung um. Als Segelschiff wurde sie zu einem der schnellsten Fahrzeuge, die man je gekannt hat. Nach ihrer Wiederindienststellung am 3. Oktober 1867 verlegte sie nach Nagasaki, um dem Asiengeschwader als Vorrats- und Lazarettschiff zu dienen. Auf der Rückreise im September 1969 verlor sie in einem Taifun ihre Masten und verblieb bis zum Verkauf als Auflieger in Yokohama.

Idaho Hölzerne Schraubenfregatte

Verdrängung:	3241 ts
Abmessungen:	Lcwl 90,83 m; B 13,56 m; Tg ~ 5,2 m
Maschinenanlage:	Dickerson-Kessel, 2 Wellen, Dickerson-Maschinen, 645 PSi ≙ 8,27 kn (bei der Probefahrt), ? ts Kohle
Bewaffnung:	8 Geschütze
Besatzung:	–

Name	Bauwerft	Kiellegung	Stapellauf	Indienst-stellung	Schicksal
Idaho	George Steers	Auftrag im Mai 1863	8.10.1864	Probef. am 15.5.1866	Verkauf 1874

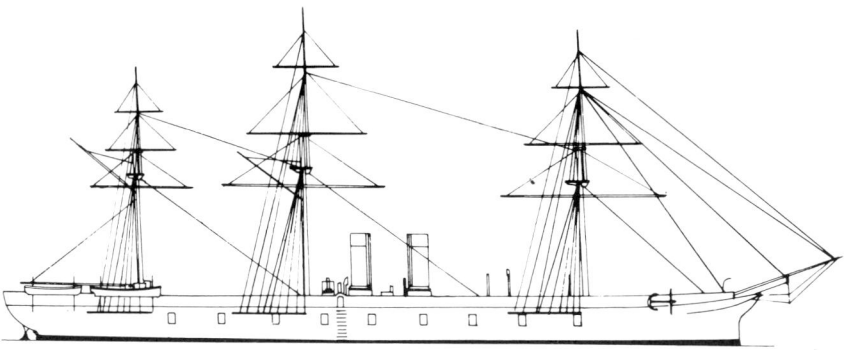

Guerriere
nach Fertigstellung 1867.

Java-Klasse Hölzerne Schraubenfregatten

Die letzten vier Einheiten erhielten am 15. Mai 1869 den Namen *Pennsylvania*, *California*, *New York* und *Delaware*. Die Fahrzeuge führten eine Vollschifftakelung, zwei Schornsteine und waren für Kreuzeraufgaben vorgesehen. Ihr Schiffskörper hatte diagonal angebrachte Eisenklammern, wegen der vorwiegenden Verwendung von Laubbaumhölzern hatten sie jedoch nur eine kurze Lebensdauer.
Die *Delaware* ex *Piscataqua* sank in der Marinewerft New York, war aber bereits am 5. Dezember 1870 außer Dienst gestellt worden. Sie und die *California* ex *Minnetonka* wurden als Fregatten mit einem Spardeck fertiggestellt, *Guerriere* hingegen als Korvette (US-Navy: Sloop). Letztere erhielt 1869/70 zusätzlich ein solches Deck.
Zwei weitere, wenn auch etwas größere Einheiten (*Hassalo* und *Wautaga*) waren zwar geplant, wurden jedoch nie gebaut.

Verdrängung:	3953 ts
Abmessungen:	Lcwl 95,25 m (*Minnetonka* 96,47 m; B 14,01 m); B 14,32 m (*Ontario*); Tg ~ 5,26 m
Maschinenanlage:	4 Martin-Kessel (2 Überhitzer), 1 Welle, Hammermaschine mit rückwirkender Pleuelstange, ? PSi ≙ 12–13 kn, 480 ts Kohle
Bewaffnung:	*Guerriere*, *Minnetonka* 2 × 16,2-cm-RML Typ Parrott, 1 × 13,5-cm-RML Typ Parrott, 18 × 22,8-cm-SB (*Guerriere* hatte davon nur 6), 2–4 × 10,2-cm-RML Bootskanonen. *Piscataqa* hatte 20 × 22,8-cm-SB
Besatzung:	325

Name	Bauwerft	Kiellegung	Stapellauf	Indienst-stellung	Schicksal
Antietam	Marinewerft Philadelphia	1863	13.11.1875	Fertigstellg. als Segelwerkstattschiff 1876	Verkauf 1888
Guerriere	Marinewerft Boston	1863	9.9.1865	21.5.1867	Verkauf 1872
Illinois	Marinewerft Portsmouth	1864	keiner	–	Abbr 1872
Java	Marinewerft New York	1863	keiner	–	Abbr 1884
Kewaydin	Marinewerft Boston	1864	keiner	–	Abbr 1884

Name	Bauwerft	Kiellegung	Stapellauf	Indienst-stellung	Schicksal
Minnetonka	Marinewerft Portsmouth	1863	3.7.1867	12.12.1870	Verkauf 1875
Ontario	Marinewerft New York	1863	keiner	–	Abbr 1888
Piscataqua	Marinewerft Portsmouth	1863	11.6.1866	21.10.1867	† 1876

Am 15. Mai 1869 erhielten die Einheiten die Namen *Albany, Worcester, Severn* und *Cambridge.* Letztere führte ab 10. August 1869 nochmals einen neuen Namen: *Congress.* Sechs weitere Fahrzeuge: *Arapahoe, Keosauqua, Mondamin, Tahgayuta, Wanalosett* und *Willamette* wurden annulliert. Die Schiffe hatten Vollschifftakelung und einen Schornstein, ihre Linienführung war lang und flach, sie wirkten ziemlich schmal. *Albany* ex *Contoocook* stellte als Korvette (US-Navy: Sloop) fertig und bereits im Januar 1870 außer Dienst. Im Anschluß fand sie in New York als Quarantäneschiff Verwendung. Die anderen drei erhielten noch vor ihrer Fertigstellung ein Oberdeck und entsprachen somit einer Fregatte. Zusätzlich gab man ihnen einen 35,6-cm-Loskiel.

Contoocook-Klasse   Hölzerne Schraubenfregatten

Verdrängung:	3003 ts
Abmessungen:	Lcwl 88,4 m; B 12,49 m; Tg ~ 4,72 m
Maschinenanlage:	4 Martin-Kessel (2 Überhitzer), 1 Welle, Liegende Expansionsmaschine mit rückwirkender Pleuelstange, ? PSi ≙ 12,5 kn
Bewaffnung:	1 × 13,5-cm-RML Typ Parrott, 14 × 22,8-cm-SB, 3 × 12 Pdr
Besatzung:	350

Name	Bauwerft	Kiellegung	Stapellauf	Indienst-stellung	Schicksal
Contoocook	Marinewerft Portsmouth	1863	3.12.1864	14.3.1868	Verkauf 1872
Manitou	Marinewerft Boston	Nov. 1863	–	1870	Verkauf 1883
Mosholu	Marinewerft New York	Okt. 1864	22.12.1867	27.8.1869	Verkauf 1877
Pushmataha	Marinewerft Philadelphia	1864	17.7.1868	4.3.1870	Verkauf 1883

Trenton. (Sammlung Aldo Fraccaroli)

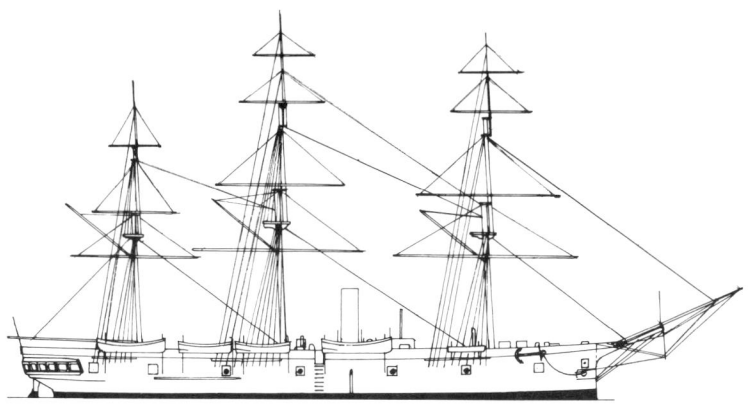

Trenton etwa 1885.

Aus amerikanischer Eiche gebaut und mit einer schweren gußeisernen Ramme versehen, deren Spitze sich 2,44 m vor dem geraden Vorsteven und 2,75 m unter Wasser befand. *Trenton* hatte Vollschifftakelung und einen Schornstein, sie besaß eine kürzere, vollere Formgebung als die direkten Vorgänger. Anzumerken ist, daß die gesamte Hauptbatterie gezogene Rohre hatte und daß vier dieser Geschütze voraus schießen konnten. Während des Taifuns Calliope strandete sie im Hafen von Apia/Samoa, trieb auf die *Vandalia* und endete auf einem Riff.

Trenton   Hölzerne Schraubenfregatte

Verdrängung:	3900 ts
Abmessungen:	Lpp 77,11 m; B 14,63 m; Tg ~ 6,25 m
Maschinenanlage:	8 Zylinderkessel, 1 Welle, Liegende Expansionsmaschine mit rückwirkender Pleuelstange, 3100 PSi ≙ 12,8 kn (die US-Navy berichtet 1887 von 2414 PSi ≙ 12,6 kn), 337 ts Kohle
Bewaffnung:	10 × 20,3-cm-RML (umgerüstet aus 28-cm-SB), 5 kleinere Geschütze
Besatzung:	416

Name	Bauwerft	Kiellegung	Stapellauf	Indienst-stellung	Schicksal
Trenton	Marinewerft New York	Dez. 1873	1. 1. 1876	1877	16. 3. 1889 gestrandet

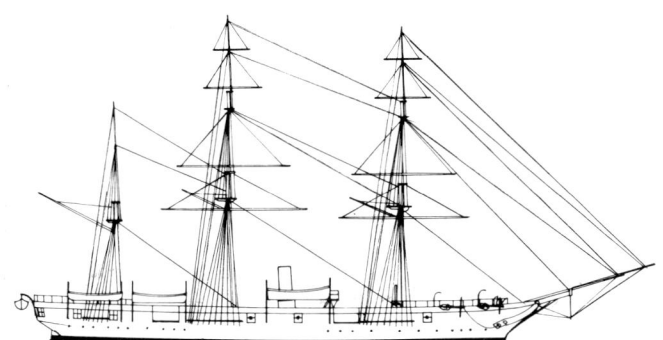

Housatonic
nach Fertigstellung 1862.

Sloops mit Barktakelung und einem Schornstein. *Adirondack* strandete auf der kleinen Bahamabank. *Housatonic* fiel als erstes Schiff einer langen Reihe einem Unterseeboot zum Opfer. *Juniata* hatte eine lange Dienstzeit, desgleichen *Ossipee*, die an der Seeschlacht von Mobile Bay teilnahm. Um 1887 änderte sich die Armierung dieser beiden Einheiten: 1 × 20,3-cm-RML (umgebaut aus 28-cm-SB), 1 × 13,5-cm-BL (um-

Ossipee-Klasse   Hölzerne Schraubensloops

Verdrängung:	1934 ts
Abmessungen:	Lpp 62,48 m; B 11,58 m; Tg ~ 5,02 m
Maschinenanlage:	2 Martin-Kessel, 1 Welle, Liegende Expansionsmaschine mit rückwirkender Pleuelstange, ~ 700 PSi ≙ 9 kn
Bewaffnung:	*Adirondack* 1 × 28-cm-SB, 4 × 32-Pdr-SB; *Housatonic* 1 × 16,2-cm-RML Typ Parrott, 1 × 28-cm-SB, 2 × 32-Pdr-SB; *Juniata* wie *Housatonic*, jedoch 4 × 10,7 cm und keine 32 Pdr; *Ossipee* wie *Housatonic*, jedoch 6 × 32 Pdr. Alle außerdem zusätzlich zwei bis fünf kleinere Geschütze 1865 erhielt *Juniata* 1 × 16,2-cm-RML Typ Parrott, 1 × 10,6-cm-RML Typ Parrott, 2 × 22,8-cm-SB und 10 × 20,3-cm-SB
Besatzung:	200−214

gebaut aus Parrott-RML), 6 × 22,8-cm-SB und drei bis vier kleinere Geschütze.

Name	Bauwerft	Kiellegung	Stapellauf	Indienst-stellung	Schicksal
Adirondack	Marinewerft New York	1861	22.2.1862	Juni 1862	23.8.1862 gestrandet
Housatonic	Marinewerft Boston	1861	20.11.1861	29.8.1862	† 17.2.1864 durch Spierentorpedo von *H. L. Hunley*
Juniata	Marinewerft Philadelphia	Juni 1861	20.3.1862	4.12.1862	Verkauf 1891
Ossipee	Marinewerft Portsmouth	Juni 1861	16.11.1861	6.11.1862	Verkauf 1891

Sacramento-Klasse   Hölzerne Schraubensloops

Vom 15. Mai 1869 bis 10. August 1869 führte *Canandaigua* den Namen *Detroit*. Mit ihrer Barktakelung und dem Einzelschornstein waren die Schiffe eine verlängerte Version der *Ossipee*-Klasse. *Sacramento* strandete auf den Riffen der Einfahrt des Godavari Rivers in Indien. Die *Monongahela* nahm teil an der Schlacht von Mobile Bay und am Versuch, Port Hudson zu passieren. Am 18. November 1867 trieb eine Flutwelle sie auf den Strand von St. Croix. Sechs Monate später machte man sie wieder flott, baute 1883 ihre Maschinenanlage aus und funktionierte sie um zum Segelversorgungsschiff, Schulschiff und schließlich zum Werkstattschiff. Sie fiel in Guantanamo Bay einem Brand zum Opfer.
1886 wurde in den Listen für die *Shenandoah* eine Armierung von 2 × 20,3-cm-RML (umgebaut aus 28-cm-SB), 1 × 13,5-cm-BL (umgebaut aus Parrott-RML) und 6 × 22,8-cm-SB angegeben.

Verdrängung:	2030–2100 ts
Abmessungen:	Lcwl 68,58–69,8 m; B 11,5–11,68 m; Tg ~ 5,02 m
Maschinenanlage:	2 Martin-Kessel, 1 Welle, Liegende Expansionsmaschine mit rückwirkender Pleuelstange, ~ 720 PSi ≙ 8–10 kn
Bewaffnung:	1 × 20,3-cm-RML Typ Parrott, 1 × 10,7-cm-RML Typ Parrott (nicht auf *Monongahela* und *Canandaigua*, diese hatten dafür 3 × 9,4-cm-RML Typ Parrott), 2 × 28-cm-SB und bis zu sechs kleinere Geschütze. 1864 erhielt *Sacramento* 3 × 16,2-cm-RML Typ Parrott, 1 × 10,6-cm-RML Typ Parrot, 6 × 20,3-cm-SB
Besatzung:	240

Name	Bauwerft	Kiellegung	Stapellauf	Indienst-stellung	Schicksal
Canandaigua	Marinewerft Boston	1861	28.3.1862	1.8.1862	Abbr 1884
Monongahela	Marinewerft Philadelphia	1861	10.7.1862	15.1.1863	17.3.1908 verbrannt
Sacramento	Marinewerft Portsmouth	1861	28.4.1862	7.1.1863	19.6.1867 verbrannt
Shenandoah	Marinewerft Philadelphia	1861	8.12.1862	20.6.1863	Verkauf 1887

Ticonderoga-Klasse   Hölzerne Schraubensloops

Barkgetakelte Schiffe mit einem Schornstein. Zeitweise zählte man sie zur *Sacramento*-Klasse, sie waren jedoch länger als diese. *Lakkawanna* nahm an der Schlacht von Mobile Bay teil. Die Daten des Jahres 1886 geben für beide Schiffe folgende Armierung an: 2 × 20,3-cm-RML (umgebaut aus

Verdrängung:	2526 ts
Abmessungen:	Lcwl 71,43 m; B 11,63 m; Tg ~ 4,95 m
Maschinenanlage:	2 Martin-Kessel, 1 Welle, Liegende Expansionsmaschine mit rückwirkender Pleuelstange, 820 PSi ≙ 9–10 kn
Bewaffnung:	1 × 20,3-cm-RML Typ Parrott, 1 × 13-cm-RML Typ Dahlgren, 2 × 28-cm-SB, 4 × 22,8-cm-SB, zwei bis sechs kleinere Geschütze (*Ticonderoga* 1 × 10,6-cm-RML Typ Parrott, 12 × 22,8-cm-SB, zwei kleinere Geschütze. Ab 1864 1 × 16,2-cm-RML Typ Parrott)
Besatzung:	270

28-cm-SB), 1 × 13,5-cm-BL (umgebaut aus Parrott-RML) und 6 ×
22,8-cm-SB.

Name	Bauwerft	Kiellegung	Stapellauf	Indienst-stellung	Schicksal
Lackawanna	Marinewerft New York	1861	9.8.1862	8.1.1863	Verkauf 1887
Ticonderoga	Marinewerft New York	1861	16.10.1862	12.5.1863	Verkauf 1887

Am 15. Mai 1869 erhielten *Algoma* und *Kenosha* den Namen
Benicia und *Plymouth*, aus der
Astoria wurde am 10. August 1869
Omaha. Sieben von acht Einheiten: *Confiance, Detroit, Meredosia,
Peacock, Serapis, Taghkanic* und
Talledaga wurden annulliert, hingegen drei weitere später gebaut.
Die barkgetakelten Schiffe hatten
zwei Schornsteine, und der britische Marineattaché bezeichnete sie
1869 als ausgezeichneten Entwurf.
Benicia ex *Algoma* stellte 1875 außer Dienst und *Omaha* ex *Astoria*
1891. Letztere wurde in San Francisco als Quarantäneschiff weiter-
verwendet.
1887 bestand die Armierung der
Omaha aus 1 × 20,3-cm-RML
(umgebaut aus 28-cm-SB), 1 ×
13,5-cm-BL (umgebaut auf Parrott-RML), 10 × 22,8-cm-SB und
sieben kleineren Geschützen.

Bark- bzw. vollschiffgetakelte
Fahrzeuge. Für gewöhnlich wird
die *Marion* als die wiederherge-
stellte erste *Marion* bezeichnet.
Mit Ausnahme von *Galena* und
Mohican waren die eingebauten
Maschinen Umbauten jener Anla-
gen, die für die annullierten Ein-
heiten der *Serapis* ex *Alaska*-
Klasse vorgesehen gewesen waren.
Vandalia wurde im Taifun *Calliope*
im Hafen von Apia/Samoa auf ein
Riff getrieben. Weitere Zerstörun-
gen richtete die auf sie stoßende
Trenton an.
Die langen Dienstzeiten der Ein-
heiten täuschen: *Swatara* wurde
1891 aufgelegt und desarmiert,
Marion 1898 Ausbildungsschiff
der Miliz und *Mohican* fungierte
von 1898 bis 1904 als Schulschiff.
Im Anschluß diente letztere als
Stationsschiff in Olongapo, von
1910 bis 1921 als Stationsschiff in
Cavite und bis Ende 1915 dort
auch als U-Boottender.

Alaska-Klasse   Hölzerne Schraubensloops

Verdrängung:	2394 ts
Abmessungen:	Lpp 76,35 m; B 11,58 m; Tg ~ 5,02 m
Maschinenanlage:	Liegende Feuerrohrkessel, 1 Welle, Liegende Expansionsmaschine mit rückwirkender Pleuelstange, ~ 950 PSi ≙ 11,5–12 kn, 150 ts Kohle
Bewaffnung:	1 × 13,5-cm-RML Typ Parrott, 2 × 9,4-cm-RML Typ Parrott, 1 × 28-cm-SB, 10 × 22,8-cm-SB (*Alaska* hatte keine 9,4-cm-RML und 22,8-cm-SB, sondern 6 × 20,3-cm-SB)
Besatzung:	273–291

Name	Bauwerft	Kiellegung	Stapellauf	Indienst-stellung	Schicksal
Alaska	Marinewerft Boston	1867	31.10.1868	8.12.1869	Verkauf 1883
Algoma	Marinewerft Portsmouth	1864	18.8.1868	1.12.1869	Verkauf 1884
Astoria	Marinewerft Philadelphia	1867	10.6.1869	12.9.1872	Verkauf 1915
Kenosha	Marinewerft New York	1867	1868	20.1.1869	Abbr 1884

Galena- und *Vandalia*-Klasse   Hölzerne Schraubensloops

Verdrängung:	1900 ts (*Vandalia* 2033 ts)
Abmessungen:	Lpp 65,84 m; B 11,27 m (*Vandalia* 11,88 m); Tg ~ 5,02 m (*Vandalia* ~ 5,25 m)
Maschinenanlage:	10 Zylinderkessel (*Vandalia* 8), 1 Welle, Liegende Verbundmaschine mit rückwirkender Pleuelstange, ~ 800 PSi ≙ 10–11 kn (*Vandalia* 1150 PSi ≙ 12 kn), 160–185 ts Kohle
Bewaffnung:	1 × 20,3-cm-RML (*Marion* 1 × 28-cm-SB), 1 × 13,5-cm-RML (*Galena* dafür BL-Ge-schütze und *Swatara* 1 × 10,6-cm-RML), 6 × 22,8-cm-SB (*Mohican* 8)
Besatzung:	212–230

Name	Bauwerft	Kiellegung	Stapellauf	Indienst-stellung	Schicksal
Galena (II)	Marinewerft Norfolk	1872	13.3.1879	26.8.1880	Verkauf 1892
Marion (II)	Marinewerft Portsmouth	1872	1873	12.1.1876	Verkauf 1907
Mohican (II)	Marinewerft Mare Island	4.9.1872	27.12.1883	25.5.1885	Verkauf 1922
Quinnebaug (II)	Marinewerft Philadelphia	1872	28.9.1875	2.10.1878	Verkauf 1891
Swatara (II)	Marinewerft New York	1872	17.9.1873	11.5.1874	Verkauf 1896
Vandalia	Marinewerft Boston	1872	23.10.1874	1876	16.3.1889 gestrandet

1887 bestand die Armierung der gesamten Klasse aus 1 × 20,3-cm-RML (umgebaut aus 28-cm-SB), 1 × 13,5-cm-BL (umgebaut aus Parrott-RML), 6 × 22,8-cm-SB und drei bis vier kleineren Geschützen.

Kearsarge. (Sammlung Aldo Fraccaroli)

Der Bau dieser vollschiff- bzw. barkgetakelten Schiffe wurde im Februar 1861 genehmigt. Die drei Erstgenannten waren naturgetreue Nachbildungen der *Mohican, Iroquois* und *Wyoming* von 1858. *Kearsarge* versenkte am 19. Juni 1864 den erfolgreichsten Handelsstörer der Konföderierten, die *Alabama*, und strandete nach einer langen Indiensthaltung auf dem Roncadorriff. Die *Oneida* war an der Schlacht von Mobile Bay beteiligt und sank vor Yokohama nach einer Kollision mit dem P. & O.-Dampfer *City of Bombay*, der schändlicherweise nicht stoppte. *Wachusett* griff am 7. Oktober 1864 in Bahia den konföderierten Handelsstörer *Florida* an und zwang ihn zur Übergabe.
1887 erhielt die *Kearsarge* 2 × 20,3-cm-RML (umgebaut aus 28-cm-SB), 1 × 13,5-cm-BL (umgebaut aus Parrott-RML), 4 × 22,8-cm-SB und ein kleines Geschütz.

Kearsarge-Klasse   Hölzerne Schraubensloops

Verdrängung:	1457–1488 ts, später 1550–1575 ts
Abmessungen:	Lpp 60,5–60,63 m; B 10,1–10,3 m; Tg ~ 4,72 m
Maschinenanlage:	2 Martin-Kessel, 1 Welle, Liegende Expansionsmaschine mit rückwirkender Pleuelstange, ~ 840 PSi ≙ 11–12 kn, 165 ts Kohle
Bewaffnung:	*Kearsarge:* 1 × 10,6-cm-RML Typ Parrott, 2 × 28-cm-SB, 4–6 × 32-Pdr-SB; *Oneida:* 3 × 10,6-cm-RML Typ Parrott, 2 × 22,8-cm-SB, 4 × 32-Pdr-SB; *Wachusett:* wie *Kearsarge,* jedoch 2 × 10,6 cm, 1 × 9,4-cm-RML Typ Parrott. 1864 schließlich 3 × 16,2-cm-RML Typ Parrott, 2 × 10,6-cm-RML Typ Parrott, 4 × 32-Pdr-SB; *Tuscarora:* ursprünglich wie *Kearsarge,* jedoch 6 × 32-Pdr-SB. 1864 schließlich 1 × 16,2-cm-RML Typ Parrott, 2 × 10,6-cm-RML Typ Parrott, 1 × 28-cm-SB, 6 × 20,3-cm-SB
Besatzung:	163–212

Name	Bauwerft	Kiellegung	Stapellauf	Indienst-stellung	Schicksal
Kearsarge	Marinewerft Portsmouth	1861	11.9.1861	24.1.1862	2.2.1894 gestrandet
Oneida	Marinewerft New York	1861	20.11.1861	28.2.1862	† 24.1.1870 nach Kollision
Tuscarora	Marinewerft Philadelphia	Juni 1861	24.8.1861	5.12.1861	Verkauf 1883
Wachusett	Marinewerft Boston	Juni 1861	10.10.1861	3.3.1862	Verkauf 1887

Zwei weitere Einheiten dieser Klasse: *Alert* bei der Marinewerft Washington und *Epervier* bei der Marinewerft Portsmouth wurden nie gebaut. Diese barkgetakelten Schiffe hatten nur eine kurze Dienstzeit, *Nantasket* wurde bereits 1875 gestrichen. Die für die *Quinnebaug* in Großbritannien erworbene Maschinenanlage konnte nicht zufriedenstellen (die geringe Geschwindigkeit deutet darauf hin). Ursprünglich war statt der 13,5-cm-RML ein 28-cm-SB Pivotgeschütz vorgesehen, aber das erwies sich als zu schwer.

Swatara-Klasse   Hölzerne Schraubensloops

Verdrängung:	1113–1129 ts
Abmessungen:	Lcwl 65,84 m; B 9,14–9,45 m; Tg ~ 3,66 m
Maschinenanlage:	2 Wellen, Liegende direkt wirkende Maschinen, 7 kn *(Quinnebaug)*; die anderen 1 Welle, Liegende Expansionsmaschine mit rückwirkender Pleuelstange, 11 kn
Bewaffnung:	*Nantasket, Quinnebaug, Swatara* 1 × 13,5-cm-RML Typ Parrott, 6 × 32 Pdr *(Quinnebaug 4)*; *Resaca* wie *Swatara*, jedoch 1 × 20,3-cm-RML Typ Parrott statt der 13,5 cm. Alle ein bis drei kleinere Geschütze
Besatzung:	164

Name	Bauwerft	Kiellegung	Stapellauf	Indienst-stellung	Schicksal
Nantasket	Marinewerft Boston	1864	15.8.1867	22.10.1869	Verkauf 1883
Quinnebaug	Marinewerft New York	1864	31.3.1866	19.7.1867	Abbr 1871
Resaca	Marinewerft Portsmouth	1864	18.11.1865	1866	Verkauf 1873
Swatara	Marinewerft Philadelphia	1864	23.5.1865	15.11.1865	Abbr 1872

Alliance lief als *Huron* vom Stapel. Das lange Leben dieser barkgetakelten Dampfschiffe täuscht: *Adams* versah ab 1907 Stationsdienst; bei der *Alliance* entfernte man 1904 die Maschinenanlage, weil sie als Werkstattschiff benötigt wurde. Bereits ab 1892 fuhr die *Enterprise* als Schulschiff, *Essex* diente ab 1893 vorwiegend dem gleichen Zweck. Die *Nipsic* wurde am 16. März 1869 im Hafen von Apia/Samoa durch den Taifun Calliope auf Strand geworfen. Nach ihrer Wiederherstellung fungierte sie ab 1892 als Stationsschiff, schließlich als Gefangenenschiff in Puget Sound. 1887 setzte sich die Armierung der Klasse aus folgenden Waffen zusammen: 1 × 20,3-cm-RML (auf *Adams* Typ Parrott, bei den anderen umgebaute 28-cm-SB), 1 × 13,5-cm-BL (umgebaute Parrott-RML), 4 × 22,8-cm-SB und 2–4 kleinere Geschütze.

Enterprise-Klasse   Hölzerne Schraubensloops

Verdrängung:	1375 ts
Abmessungen:	Lpp 56,38 m; B 10,66 m; Tg ~ 4,35 m
Maschinenanlage:	8 Zylinderkessel, 1 Welle, Liegende Verbundmaschine mit rückwirkender Pleuelstange, 700–800 PSi ≙ 10–11 kn, 130–150 ts Kohle
Bewaffnung:	1 × 13,5-cm-RML Typ Parrott, 1 × 28-cm-SB, 4 × 22,8-cm-SB
Besatzung:	178–193

Name	Bauwerft	Kiellegung	Stapellauf	Indienst-stellung	Schicksal
Adams	Marinewerft Boston	1874	1876	21.7.1876	Verkauf 1920
Alliance	Marinewerft Norfolk	1874	3.3.1875	18.1.1877	Verkauf 1911
Enterprise	J. W. Griffiths	1874	13.6.1874	16.3.1877	Verkauf 1909
Nipsic (II)	Wiederherstellung in der Marinewerft Washington	1874	1878	11.10.1879	Verkauf 1913
Essex	D. McKay	1874	26.10.1874	3.10.1876	Verkauf 1930

Ranger erhielt am 30. Oktober 1917 den Namen *Rockport*, ab 20. Februar 1918 hieß sie *Nantucket*. In der US-Navy wurden die Einheiten als eiserne Kanonenboote geführt. *Huron* und *Ranger* hatten ursprünglich Fockwanten und Hin-

Alert-Klasse   Hölzerne Schraubensloops

Verdrängung:	1020 ts
Abmessungen:	Lpp 53,34 m; B 9,75 m; Tg ~ 3,89 m
Maschinenanlage:	5 Zylinderkessel, 1 Welle, Liegende Verbundmaschine mit rückwirkender Pleuelstange, 380 PSi ≙ 10 kn, 130 ts Kohle
Bewaffnung:	1 × 13,5-cm-RML Typ Parrott, 1 × 28-cm-SB, 2 × 22,8-cm-SB
Besatzung:	148

tersegel, aber nach dem Verlust der *Huron* vor der Küste von North Carolina erhielt die *Ranger* eine Barktakelung und glich damit der *Alert*. Letztere wurde 1911/12 zum U-Boottender umgebaut. *Ranger* diente von 1880 bis 1891 als Vermessungsschiff, ab 1901 meistens als Schulschiff für den Bundesstaat Massachusetts.

1887 führte die *Alert* eine Bewaffnung aus 1 × 13,5-cm-BL (umgebaute Parrott-RML), 1 × 28-cm-SB, 2 × 22,8-cm-SB und vier kleinere Geschütze. Als Vermessungsschiff hatte die *Ranger* nur eine 13,5-cm-RML Typ Parrott.

Name	Bauwerft	Kiellegung	Stapellauf	Indienst-stellung	Schicksal
Alert	Roach	Sept. 1873	Sept. 1874	1875	Verkauf 1922
Huron (II)	Roach	1873	1874	15.11.1875	14.11.1877 gestrandet
Ranger	Harlan & Hollingworth	1873	1876	27.11.1876	1940 gestrichen

Ranger am 6. Juli 1913 in Algier. (Norman Polmar/USN)

Kanonenboote

Unadilla-Klasse Kanonenboote

Diese schonergetakelten Kanonenboote werden auch als die berühmten »90 day«-Boote bezeichnet, deren Bauaufträge aufgrund eines Kongreßbeschlusses vorrangig vergeben wurden, und von denen die ersten vier Einheiten bereits Mitte Oktober in Dienst stellten. Ihr Einsatz erfolgte überwiegend in Küstengewässern und auf

Verdrängung:	691 ts
Abmessungen:	Lcwl 48,26 m; B 8,53 m; Tg ~ 3,15 m
Maschinenanlage:	2 Martin-Kessel, 1 Welle, Expansionsmaschine mit rückwirkender Pleuelstange, 400 PSi ≙ 10−11 kn
Bewaffnung:	Vom Entwurf her 1 × 9,4-cm-RML Typ Parrott, 1 × 28-cm-SB, 2 × 24-Pdr-Haubitzen sowie eine beträchtliche Zahl unterschiedlicher kleinerer Geschütze. *Itasca* und *Tahoma* hatten ursprünglich statt der 1 × 28-cm-SB eine 25,4-cm und *Ottawa, Tahoma* und *Wissahickon* später 1 × 20,3-cm-RML Typ Parrott als Ersatz für die großen SB-Geschütze.
Besatzung:	78−90

Flüssen. *Itasca* und *Kennebec* nahmen an der Schlacht bei Mobile Bay teil. In diesen Gewässern sank später die *Sciota* durch eine Mine.

Name	Bauwerft	Kiellegung	Stapellauf	Indienst-stellung	Schicksal
Aroostock	N. W. Thompson	1861	1861	20. 2. 1862	Verkauf 1869
Cayuga	Gildersleeve	1861	21. 10. 1861	21. 2. 1862	Verkauf 1865
Chippewa	Webb & Bell	1861	14. 9. 1861	13. 12. 1861	Verkauf 1865
Chocura	Curtis & Tilden	1861	5. 10. 1861	15. 2. 1862	Verkauf 1867
Huron	Paul Curtis	1861	21. 9. 1861	8. 1. 1862	Verkauf 1869
Itasca	Hillman & Streaker	1861	1. 10. 1861	28. 11. 1861	Verkauf 1865
Kanawha	Goodspeed	1861	21. 10. 1861	21. 1. 1862	Verkauf 1866
Katahdin	Larrabee & Allen	1861	12. 10. 1861	17. 2. 1862	Verkauf 1865
Kennebec	G. W. Lawrence	1861	5. 10. 1861	8. 2. 1862	Verkauf 1865
Kineo	J. W. Dyer	1861	9. 10. 1861	8. 2. 1862	Verkauf 1866
Marblehead	G. W. Jackman	1861	16. 10. 1861	8. 3. 1862	Verkauf 1868
Ottawa	Westervelt	1861	1861	7. 10. 1861	Verkauf 1865
Owasco	C. Mallory	1861	5. 10. 1861	23. 1. 1862	Verkauf 1865
Pembina	Thomas Stack	1861	1861	16. 10. 1861	Verkauf 1865
Penobscot	C. P. Carter	1861	19. 11. 1861	Ablieferung 16. 1. 1862	Verkauf 1869
Pinola	Abrahams	1861	1861	29. 1. 1862	Verkauf 1865
Sagamore	A. & G. T. Sampson	1861	1. 9. 1861	7. 12. 1861	Verkauf 1865
Sciota	Jacob Birley	1861	15. 10. 1861	15. 12. 1861	† 14. 4. 1865 durch Mine
Seneca	Simonson	1861	27. 8. 1861	14. 10. 1861	Verkauf 1868
Tahoma	Thatcher	1861	2. 10. 1861	20. 12. 1861	Verkauf 1867
Unadilla	John English	1861	17. 8. 1861	30. 9. 1861	Verkauf 1869
Winona	C. & R. Poillon	1861	14. 9. 1861	11. 12. 1861	Verkauf 1865
Wissahickon	John Lynn	1861	2. 10. 1861	25. 11. 1861	Verkauf 1865

Kansas-Klasse   Kanonenboote

Die vollschiff- oder barkgetakelten und mit einem Schornstein versehenen Kanonenboote unterschieden sich hinsichtlich ihrer Maschinenanlagen erheblich: *Nipsic, Nyack* und *Shawmut* hatten je zwei Martin-Kessel und Expansionsmaschinen mit rückwirkender Pleuelstange. *Saco* besaß 14 kleine Feuerrohrkessel mit rückkehrender Flamme und eine Corliss-Balanciermaschine, die man später gegen eine Expansionsmaschine mit rückwirkender Pleuelstange austauschte. *Maumee* hatte eine Ericsson-Balanciermaschine und *Yantic* eine Liegende direkt wirkende Maschine, auf der *Pequet* war es hingegen eine Wright-Segmenta-

Verdrängung:	836 ts
Abmessungen:	Lpp 54,71 m; B 9,14 m; Tg ~ 3,5 m
Maschinenanlage:	Siehe → Beschreibung, alle 1 Welle, 225–670 PSi ≙ 8–11 kn, 120 ts Kohle
Bewaffnung:	1 × 20,3-cm-RML Typ Parrott oder 1 × 16,2-cm auf *Maumee, Nyack, Saco* und *Shawmut*; 1 × 10,6-cm-RML Typ Parrott und 2 × 9,4-cm-RML Typ Dahlgren auf *Kansas*; 2 × 22,8-cm-SB oder 6 × 32-Pdr-SB auf *Pequot* und *Saco*; 2 × 32 Pdr auf *Maumee*; zwei bis fünf kleinere Geschütze. *Kansas* 1865: 1 × 10,6-cm-RML Typ Parrott, 2 × 28-cm-SB, 2 × 22,8-cm-SB und fünf kleinere Geschütze.
Besatzung:	96–130

tionsmaschine. Bei ihr und auf der *Maumee* wurden je zwei Martin-Kessel eingebaut. *Kansas* hatte zwei hohe Feuerrohrkessel mit Liegender direkt wirkender Expansionsmaschine, die einer Ladung des Blockadebrechers *Princess Royal* entnommen worden war. Es scheint, daß die Maschinen mit der rückwirkenden Pleuelstange am leistungsfähigsten waren.

Pequet wurde an Haiti verkauft. Die *Nipsic* wurde in der Marinewerft Washington wiederhergestellt und gehörte im Anschluß zur *Enterprise*-Klasse.

1887 führte die *Yantic* als Armierung 1 × 20,3-cm-RML (umgebaut aus 28-cm-SB), 1 × 13,5-cm-BL (umgebaut aus Parrott-RML), 2 × 22,8-cm-SB und zwei kleinere Geschütze.

Name	Bauwerft	Kiellegung	Stapellauf	Indienst-stellung	Schicksal
Kansas	Marinewerft Philadelphia	1863	29.9.1863	21.12.1863	Verkauf 1883
Maumee	Marinewerft New York	1863	2.7.1863	29.9.1864	Verkauf 1869
Nipsic	Marinewerft Portsmouth	24.12.1862	15.6.1863	2.9.1863	Wiederhergestellt 1874–79
Nyack	Marinewerft New York	1863	6.10.1863	28.9.1864	Verkauf 1883
Pequet	Marinewerft Boston	1863	4.6.1863	15.1.1864	Verkauf 1869
Saco	Marinewerft Boston	1863	28.8.1863	11.7.1864	Verkauf 1883
Shawmut	Marinewerft Portsmouth	2.2.1863	17.4.1863	1.11.1864	Verkauf 1877
Yantic	Marinewerft Philadelphia	1863	19.3.1864	1864	1930 gestrichen

Shawmut der *Kansas*-Klasse auf dem Potomac River. (Norman Polmar/USN)

Die erste Gruppe dieser schonergetakelten und ungewöhnlich breiten Doppelender-Radkanonen-
boote wurde im Sommer bzw.
Herbst 1861 auf Stapel gelegt. Mit
ihrem Bug- und Heckruder waren
sie auf Flüssen und in Küstengewässern gut zu gebrauchen. Die
Einheiten nahmen im Bürgerkrieg
an den unterschiedlichsten
Kampfhandlungen teil: *Octorara*
und *Port Royal* an der Schlacht von
Mobile Bay. *Miami* griff am 19.
April 1864 das Panzerschiff *Albemarle* an; die *Genesee* gehörte am
14. März 1863 zu den Schiffen, die
Port Hudson passieren wollten.
Während des Krieges änderte sich
die Armierung einiger Schiffe der
Klasse: Die 16,2-cm-Geschütze
vom Typ Parrott blieben jedoch an
Bord. Eine Ausnahme bildete *Cimarron*, die 1864 für kurze Zeit 1
× 20,3-cm-RML Typ Parrott führte. Die 15,2-cm-RML Typ Dahlgren auf *Miami* und *Octorara* wurden durch 16,2 cm Typ Parrott ersetzt und die 13-cm-RML Typ
Dahlgren auf der *Paul Jones* ausgebaut. Die *Port Royal* erhielt hingegen zusätzlich 2 × 13-cm-RML
Typ Dahlgren. Die schweren SB-
Geschütze wurden zwangsläufig
verstärkt, die *Conemaugh* besaß
1864 1 × 28 cm und 6 × 22,8 cm.

Octorara-Klasse   Seitenradkanonenboote

Verdrängung:	981–1210 ts (für *Maratanza* und *Miami* keine Daten)
Abmessungen:	Lcwl 62,48–70,71 m; B 10,06–10,76 m; Tg ~ 2,44–3,02 m
Maschinenanlage:	2 Bartol-Kessel (*Paul Jones* Martin-Kessel), direkt wirkende Hammermaschine, ~ 590 PSi ≙ 8–11 kn
Bewaffnung:	1 × 16,2-cm-RML Typ Parrott; *Miami* und *Octorara* 1 × 15,2-cm-RML Typ Dahlgren, 1 × 22,8-cm-SB; *Conemaugh* und *Sonoma* 1 × 28-cm-SB; *Paul Jones* 2 × 28-cm-SB; *Genesee*, *Port Royal* und *Tioga* 1 × 25,4-cm-SB, vier bis acht kleinere Geschütze: vorwiegend 24-Pdr-SB Haubitzen. *Paul Jones* außerdem 2 × 13-cm-RML Typ Dahlgren
Besatzung:	125–156

Name*	Bauwerft	Kiellegung	Stapellauf	Indienst-stellung	Schicksal
Cimarron	D. S. Merschon	1861	16.3.1862	5.7.1862	Verkauf 1865
Conemaugh	Marinewerft Portsmouth	1861	1.5.1862	16.7.1862	Verkauf 1867
Genesee	Marinewerft Boston	1861	2.4.1862	3.7.1862	Verkauf 1867
Mahaska	Marinewerft Portsmouth	1861	10.12.1861	5.5.1862	Verkauf 1868
Maratanza	Marinewerft Boston	1861	26.11.1861	12.4.1862	Verkauf 1868
Miami	Marinewerft Philadelphia	1861	16.11.1861	29.1.1862	Verkauf 1865
Octorara	Marinewerft New York	1861	7.12.1861	28.2.1862	Verkauf 1866
Paul Jones	J. J. Abrahams	1861	30.1.1862	9.6.1862	Verkauf 1867
Port Royal	Thomas Stack	1861	17.1.1862	26.4.1862	Verkauf 1866
Sebago	Marinewerft Portsmouth	1861	30.11.1861	26.3.1862	Verkauf 1867
Sonoma	Marinewerft Portsmouth	1861	15.4.1862	8.7.1862	Verkauf 1867
Tioga	Marinewerft Boston	1861	18.4.1862	30.6.1862	Verkauf 1867

* Die angeführten Einheiten waren keine homogene Klasse. Obwohl sie in neun unterschiedliche Gruppen einteilbar sind, wurden sie aus zweckdienlichen Gründen gemeinsam angeführt. *Cimarron* und *Conemaugh* wurden ursprünglich *Cimerone* bzw. *Cinemaugh* geschrieben.

Sassacus-Klasse   Seitenradkanonenboote

Verdrängung:	1173 ts
Abmessungen:	Lcwl 73,15 m; B 10,66 m; Tg ~ 2,59 m
Maschinenanlage:	2 Martin-Kessel, (*Algonquin* 2 Dickerson-Kessel), direkt wirkende Hammermaschine (*Algonquin* Dickerson-Maschine), 515–545 PSi ≙ 8,5–11 kn
Bewaffnung:	2 × 16,2-cm-RML Typ Parrott, 4 × 22,8-cm-SB, vier bis acht kleinere Geschütze, vorwiegend 2 × 9,4-cm-RML Typ Parrott und 2 × 24-Pdr-SB Haubitzen. Auf *Iosco*, *Pontoosuc* und *Sassacus* wurde die 1 × 16,2-cm-RML später durch 1 × 28-cm-SB ersetzt. Auf *Tacony* wurden die beiden 16,2-cm durch 2 × 28-cm-SB ersetzt, auf der *Mackinaw* durch 1 × 28-cm-SB und 2 × 22,8-cm-SB.
Besatzung:	135–173

Schonergetakelte Doppelender von beachtlicher Breite und geringem Tiefgang, die im Bürgerkrieg vorwiegend in Küstengewässern und auf Flüssen Verwendung fanden. Im freien Seeraum konnten sie nicht zufriedenstellen, obwohl sie auch dort eingesetzt wurden. Die Bauaufträge erfolgten im Herbst 1862.

Am 5. Mai 1864 rammte *Sassacus* im Kampf das Panzerschiff *Albemarle* und überstand diesen Angriff trotz großer Schäden. *Metacomet* war an der Schlacht von Mobile Bay beteiligt und zwang hierbei das Kanonenboot *Selma* zur Aufgabe. Nachdem sie von zwei Minen getroffen worden war, ging *Otsego* bei Roanoke verloren. Die *Wateree* wurde vor Aria von einer Flutwelle etwa 365 m aufs Land getrieben. Ihre Schäden waren jedoch nur gering.

Die Dickersonmaschine auf der *Algonquin* erwies sich als ein Fehlschlag, denn ihr Hub war zu lang. 1869 wurde vorgeschlagen, sie an Haiti zu verkaufen. Da ihr Zustand zu schlecht war, wurde dafür die *Pequet* genommen. *Tallapoosa* sank im August 1884 nach einer Kollision, wurde gehoben und stellte im Januar 1886 erneut in Dienst.

Die Daten der US-Navy geben 1887 folgende Armierung an: 1 × 20,3-cm-RML (umgebaut aus 28-cm-SB), 5 × 13,5-cm-RML Typ Parrott und sechs kleinere Geschütze. Die Geschwindigkeit war 12,1 kn, die Maschinenleistung 872 PSi, der Kohlenvorrat 201 ts.

Name	Bauwerft	Kiellegung	Stapellauf	Indienst-stellung	Schicksal
Agawam	G. W. Lawrence	1862	21.4.1863	9.3.1864	Verkauf 1867
Algonquin	Marinewerft New York	März 1863	21.12.1863	keine (die Probe-fahrten schlugen fehl	Verkauf 1869
Ascutney	G. W. Jackson	1862	4.4.1863	28.7.1864	Verkauf 1868
Chenango	Simonson	1862	19.3.1863	29.2.1864	Verkauf 1868
Chicopee	Paul Curtis	1862	4.3.1863	7.5.1864	Verkauf 1867
Eutaw	Abrahams	1862	Febr. 1863	2.7.1863	Verkauf 1867
Iosco	Larrabee & Allen	1862	20.3.1863	26.4.1864	Ab 1868 Kohlenhulk
Lenapee	E. Lupton	1862	28.5.1863	30.12.1864	Verkauf 1868
Mackinaw	Marinewerft New York	1862	22.4.1863	23.4.1864	Verkauf 1867
Massasoit	Curtis & Tilden	1862	8.3.1863	8.3.1864	Verkauf 1867
Mattabesett	A. & G. Sampson	1862	1863	7.4.1864	Verkauf 1865
Mendota	F. Z. Tucker	1862	13.1.1863	2.5.1864	Verkauf 1867
Metacomet	Thomas Stack	1862	7.3.1863	4.1.1864	Verkauf 1865
Mingoe	D. S. Merschon	1862	6.8.1863	29.7.1864	Verkauf 1867
Osceola	Curtis & Tilden	1862	29.5.1863	10.2.1864	Verkauf 1867
Otsego	Westervelt	1862	31.3.1863	April 1864	† 9.12.1864 durch Mine
Pawtuxet	Marinewerft Portsmouth	1862	19.3.1863	26.8.1864	Verkauf 1867
Peoria	Marinewerft New York	1862	29.10.1863	26.12.1866	Verkauf 1868
Pontiac	Hillman & Streaker	1862	1863	7.7.1864	Verkauf 1867
Pontoosuc	G. W. Lawrence	1862	Mai 1863	10.5.1864	Verkauf 1866
Sassacus	Marinewerft Portsmouth	1862	23.12.1862	5.10.1863	Verkauf 1868
Shamrock	Marinewerft New York	1862	17.3.1863	13.6.1864	Verkauf 1868
Tacony	Marinewerft Philadelphia	1862	2.5.1863	13.2.1864	Verkauf 1868
Tallahoma	Marinewerft New York	1862	28.11.1863	–	Verkauf 1868
Tallapoosa	Marinewerft Boston	1862	17.2.1863	13.9.1864	Verkauf 1892
*Wateree**	Reany, Son & Archbold	1862	12.8.1863	8.4.1864	13.8.1868 gestrandet
Winooski	Marinewerft Boston	1862	30.7.1863	–	Verkauf 1868
Wyalusing	C. H. & W. H. Cramp	1862	12.5.1863	8.2.1864	Verkauf 1867

* Nur *Wateree* hatte einen eisernen Schiffskörper.

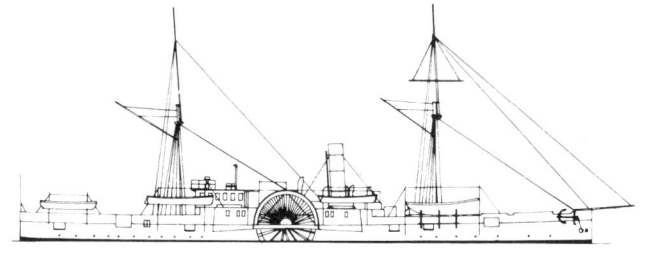

Monocacy in den späteren Jahren.

Mohongo-Klasse Seitenradkanonenboote

Verdrängung:	1370 ts
Abmessungen:	Lcwl 77,72 m; B 10,66 m; Tg ~ 2,74 m
Maschinenanlage:	2 liegende Kofferkessel, direkt wirkende Maschine, ~ 850 PSi ≙ 11–12 kn, 224 ts Kohle
Bewaffnung:	2 × 16,2-cm-RML Typ Parrott, 4 × 22,8-cm-SB, 2 × 10,2-cm-RML Haubitzen, 2 × 24-Pdr-SB Haubitzen
Besatzung:	159–190

Name*	Bauwerft	Kiellegung	Stapellauf	Indienst-stellung	Schicksal
Ashuelot	Donald McKay	1863	12.7.1865	4.4.1865	18.2.1883 gestrandet
Mohongo	Secor	1863	9.7.1864	23.5.1865	Verkauf 1870
Monocacy	Dermead	1863	14.12.1864	1866	Verkauf 1903
Muscoota	Continental Iron Wks.	1863	1864	5.1.1865	Verkauf 1869
Shamokin	Reany, Son & Archbold	1863	1864	17.10.1865	Verkauf 1869
Suwanee	Reany, Son & Archbold	1863	13.3.1864	23.1.1865	9.7.1868 gestrandet
Winnepec	Harrison Loring	1863	20.8.1864	1865	Verkauf 1869

* *Wateree* befindet sich bei der *Sassacus*-Klasse

Die Bauaufträge dieser Doppelender wurden in Juni/Juli 1863 erteilt, und wie alle hölzernen Kanonenboote dieses Typs hatte auch die *Mohongo*-Klasse eine sehr breite Formgebung und war schonergetakelt. Im freien Seeraum erwies sie sich als sehr unbefriedigend. Trotzdem begleitete *Ashuelot* die *Miantonomoh* nach Europa und hielt sich danach im Fernen Osten auf. Die *Mohongo* durchfuhr während eines Sturmes die Magellanstraße und *Ashuelot* ging nahe Swatow auf den Lamockfelsen verloren. *Suwanee* strandete in der Shadwellstraße nahe Queen Charlotte Sound in British-Columbien. Der letzte Überlebende der Klasse dieser Radkriegsschiffe, die bereits bei ihrer Kiellegung veraltet gewesen waren, war die *Monocacy*. Sie nahm 1871 an den Kämpfen in Korea teil, 1900 war sie bei den Unruhen in China anwesend.

In den Listen von 1877 wird die Bewaffnung zu dieser Zeit mit 2 × 13,5-cm-RML Typ Parrott, 4 × 20,3-cm-SB und acht kleineren Geschützen angegeben.

Torpedofahrzeuge

Die umgebauten flachgehenden Monitore *Casco, Chimo, Modoc, Napa* und *Naubuc* sind bei ihrer zugehörigen Klasse angeführt. Abgesehen von Verkehrs- und Sicherungsbooten wie die, die die *Albemarle* versenkten, wurden im Bürgerkrieg eine ganze Reihe kleiner Schlepper mit Spierentorpedos ausgerüstet: *Alpha, Belle, Delta, Gamma, Hoyt* und *Martin*. Der mit 420 ts wesentlich größere Schlepper *Nina* wurde von 1870 bis 1884 für Torpedoversuche verwendet. Außerdem gab es in der »Alten Marine« drei speziell für den Einsatz als Torpedofahrzeug gebaute Einheiten.

Spuyten Duyvil Spierentorpedofahrzeug

Verdrängung:	207 ts
Abmessungen:	L 25,66 m; B 6,3 m; Tg 2,26 m
Maschinenanlage:	?, Hochdruck, 8 kn
Bewaffnung:	1 Spierentorpedo mit Kraftantrieb
Besatzung:	22

Name	Bauwerft	Kiellegung	Stapellauf	Indienst-stellung	Schicksal
Spuyten Duyvil	S. M. Pook	1864 Bauauftrag am 1.6.1864	1864	Wahrscheinl. Nov. 1864	Abbr 1880

Bis zum 19. November 1864 lautete der Name *Stromboli*. Die *Spuyten Duyvil* wurde vom Chefingenieur der US-Navy, William Wood, entworfen. Die Torpedospiere wurde durch eine wasserdichte Box im Bug ausgerannt und die Ladung dadurch freigegeben. Am Ende der Laufstrecke explodierte diese automatisch, während die Spiere gleichzeitig wieder zurückgezogen wurde. Die wasserdichte Box konnte innerhalb weniger Sekunden leergepumpt und eine neue Ladung klargemacht werden. Insgesamt konnten zwölf Torpedoladungen mitgeführt werden.

Die Torpedoklarmachmaschinerie wog 10 ts, die Maschinenanlage

des Bootes hingegen nur 2,5 ts. Der hölzerne Bootskörper war teilweise mit Eisen gepanzert und an den Seiten 127 mm dick. Das Steuerhaus und Deck hatten einen 76 mm Schutz. Während des An-

griffs wuchs der Tiefgang auf 2,75 m. Am 25. November 1864 wurden erfolgreich zwei Torpedos abgeschossen. Später verwendete man die *Spuyten Duyvil* auf dem James River zur Zerstörung der

dortigen Sperren. Am 24. Januar 1865 erwies sie sich jedoch als nicht in der Lage, konföderierte Einheiten anzugreifen; sie wurde im Anschluß für Erprobungszwecke aufgebraucht.

Alarm Torpedoramme

Verdrängung:	800 ts
Abmessungen:	Lüa 52,73 m; B 8,53 m; Tg ~ 3,2 m
Maschinenanlage:	4 Zylinderkessel, Fowler Wheel-Antrieb, 1 Welle, 2 Satz Verbundmaschinen, 600 PSi ≙ 10 kn, 40,5 ts Kohle
Bewaffnung:	1 × 38,1-cm-SB, Bug- und Seitenspierentorpedos
Besatzung:	40

Name	Bauwerft	Kiellegung	Stapellauf	Indienst- stellung	Schicksal
Alarm	Marinewerft New York	1873	13. 11. 1873	1874	Verkauf 1898

Das »Hacken«-Spantwerk des »Fowler«-Schaufelrades verlieh ihr einen achteren Tiefgang von

4,6 m, gemäß Entwurf folglich 1,16 m unter dem Kiel. 1885 wurde das Schiff aufgelegt

und 1890/91 zum Artillerieschulschiff umgebaut, fand jedoch kaum Verwendung.

Intrepid Torpedoramme

Verdrängung:	1150 ts
Abmessungen:	Lpp 51,82 m; B 10,75 m; Tg ~ 3,35 m
Maschinenanlage:	6 Zylinderkessel, 2 Wellen, Verbundmaschinen, 1800 PSi ≙ 11 kn, 180 ts Kohle
Bewaffnung:	Bug- und Seitenspierentorpedos
Besatzung:	—

Name	Bauwerft	Kiellegung	Stapellauf	Indienst- stellung	Schicksal
Intrepid	Marinewerft Boston	1873	5. 3. 1874	31. 7. 1874	Verkauf 1892

Eiserne Versuchs-Torpedoramme, deren Bau im Auftrag des Marinewaffenamtes erfolgte. Es war ein mastloses Einschornsteinschiff mit einem 4,58 m langen Schnabelbug. Als Antrieb diente ein liegendes verstellbares Schaufelrad. Später baute man zusätzlich einen Steuerpropeller ein. Die 9,15 m lange Bugspiere wurde mit einer Dampfwinde und Taljen gehandhabt, außerdem gab es 2 × 5,49 m lange Seitenspieren.

Obwohl die *Alarm* keine Ruderanlage besaß, manövrierte sie nach Berichten gut. Für ihre Aufgabe war sie jedoch zu langsam. Am Bug hatte sie einen 38-mm-Schutz.

Eine eiserne Versuchs-Torpedoramme, die nur wenig benutzt wurde und anscheinend nicht sehr handlich war, außerdem erwies sie sich auch als zu langsam. 1882/83 plante man, die *Intrepid* zum flachgehenden Kanonenboot umzubauen. Die Arbeiten machten jedoch nur geringe Fortschritte und wurden 1889 endgültig eingestellt. Bei ihrer Fertigstellung hatte sie eine Bugspiere und vier Seitenspieren für Torpedos, der Schiffsschutz bestand aus einem 127–102-mm-Gürtelpanzer und einem 228-mm-Schutz des unteren Schornsteinteils. Er setzte sich aus

25-mm-Platten zusammen. Hinzu kam ein 38-mm-Deck.

Hilfskreuzer

Während des Bürgerkrieges benötigte man eine große Zahl bewaffneter Handelsschiffe. Ohne die unzähligen Flußfahrzeuge waren es zwischen 100 und 200 Hilfskriegsschiffe. Je nachdem, wo man die Grenze zieht, unterschieden sie sich in Versorgungsschiffe, Hilfskreuzer, Schlepper, Kanonenboote und Einheiten für den Küsten- und Flußeinsatz. Insgesamt gesehen, waren es mehr Rad- als Schraubendampfer, deren Armierung mit derjenigen von Kriegsschiffen ähnlicher Größe vergleichbar war. Obwohl auf den größeren Schiffen 1 × 16,2-cm-RML Typ Parrott üblich war, wurde nur eine einzige 28-cm-SB festgestellt. Dafür fanden viele 32 Pdr Verwendung. Einige der Raddampfer liefen 15 kn oder 16 kn, aber nur die *Rhode Island* (siehe → Beschreibung) hatte eine relativ schwere Bewaffnung. Kein Raddampfer war schneller als 14 kn. Von den größeren Schiffen sind die vier am stärksten armierten in der Liste angeführt.

Die ersten drei Einheiten waren Raddampfer, *Glaucus* hatte Schraubenantrieb, alle besaßen hölzerne Schiffskörper. *Vanderbilt* war ein kräftig gebautes Schiff und 1855 vom Stapel gelaufen. Obwohl sie das wertvollste Fahrzeug war, schränkte die Stehende Balanciermaschine ihre Kriegsverwendung erheblich ein. Nachdem man ihre Maschinenanlage ausgebaut hatte, erfolgte 1873 der Verkauf. Unter dem neuen Namen *Three Brothers* wurde sie zum Schnellsegler.

Von den kleineren für den Küstenschutz geeigneten Schiffen waren die am schwersten bewaffneten ehemalige radgetriebene New Yorker Fähren. Einzelheiten von zweien mit höherer Geschwindigkeit sind in der folgenden Tabelle angegeben.

Name	Zur US-Navy gehörig	BRT	Abmessungen	Geschwindigkeit (kn)	Bewaffnung
Vanderbilt	1862–1873	3360	L 76,19 m; B 11,73 m; Tg 6,56 m	14	2 × 16,2-cm-RML 2 × 10,6-cm-RML 12 × 22,8-cm-SB
Fort Jackson	1863–1865	1770	L 76,19 m; B 11,73 m; Tg 5,49 m	14	1 × 16,2-cm-RML 2 × 10,6-cm-RML 8 × 22,8-cm-SB
Rhode Island	1864–1867*	1517	L 72,09 m; B 11,17 m; Tg 4,57 m	16	1 × 10,6-cm-RML 1 × 28-cm-SB 8 × 20,3-cm-SB 1 × 12-Pdr-RML
Glaucus	1864–1865	1244	L 63,7 m; B 10,81 m; Tg 4,19 m	10	1 × 16,2-cm-RML 2 × 10,6-cm-RML 8 × 20,3-cm-SB

* als Hilfskreuzer

Name	Zur US-Navy gehörig	BRT	Abmessungen	Geschwindigkeit (kn)	Bewaffnung
Commodore Jones	1863–1864*	542	L 46,93 m; B 9,9 m; Tg 2,74 m	12	1 × 13-cm-RML 2 × 10,6-cm-RML 4 × 22,8-cm-SB 4 × 24-Pdr-SB
Hunchback	1861–1865	517	L 54,56 m; B 8,84 m; Tg 2,59 m	12	1 × 16,2-cm-RML 3 × 22,8-cm-SB

* Auf Mine gelaufen

Konföderierte Staaten

Während ihrer kurzen Existenz von 1861 bis 1865 konzentrierte sich die Baupolitik den Konföderierten Marine hauptsächlich auf gepanzerte Schiffe und ungepanzerte Handelsstörer. Die Leistungsfähigkeit der konföderierten Eisenindustrie, speziell im Bau von Schiffsmaschinenanlagen, war allerdings so erbärmlich, daß große Anstrengungen unternommen wurden, aus Frankreich und Großbritannien hochseefähige Schiffe zu erwerben. Vorhaltungen von seiten der USA bei den beiden europäischen Staaten verhinderten das größtenteils. Als gepanzerte Fahrzeuge für die Konföderierten wurden das dänische Breitseitpanzerschiff *Danmark*, die britischen Turmschiffe *Scorpion* und *Wivern* und die preußische Turmramme *Prinz Adalbert* in Bau gegeben. Die *Stonewall*, ein Schwesterschiff der *Prinz Adalbert*, stellte schließlich für die Konföderierte Marine in Dienst.

Gepanzerte Schiffe

Die *Stonewall* hatte einen Komposit-Schiffskörper mit langem Rammbug, eine Briggtakelung und einen Schornstein. Der Bugspriet war einziehbar. Der fest eingebaute Turm für das 25,4-cm-Geschütz besaß eine Pforte nach voraus und zwei weitere an den Seiten. Die 16,2-cm-Geschütze standen hinter dem Großmast und hatten je eine Heck- und Seitenpforte. Ursprünglich hatte die französische Regierung den Verkauf an die Konföderierten Staaten verboten. Auf Vermittlung Schwedens erwarben die Dänen das Schiff, um es im Krieg gegen Preußen und Österreich einzusetzen. Da dieser mittlerweile beendet war, wollten die Dänen es nicht mehr. Als Eigentum der Werft erfolgte nun der Verkauf an die Konföderierten. Der erste Name war *Sphinx*, und im Dezember 1864 erfolgte die Umbenennung in *Stonewall*. Im Januar 1865 verließ *Stonewall* Kopenhagen und benutzte zur Verschleierung der Eigentumsverhält-

Stonewall Gepanzerte Ramme

Verdrängung:	1400 ts
Einsatzverdrängung:	1535 ts
Abmessungen:	Lpp 52,38 m; Lüa 56,99 m; B 9,95 m; Tg ~ 4,37 m
Maschinenanlage:	2 Feuerrohrkessel, 2 Wellen, Dampfmaschinen mit rückwirkender Pleuelstange, 1200 PSi $\triangleq$ 10 kn, 200–280 ts Kohle
Panzerung:	Eisen: Seiten 120–89 mm, Turm 114 mm, hinter den Geschützen 102 mm
Bewaffnung:	1 × 25,4-cm/300-Pdr-RML Typ Armstrong, 2 × 16,2-cm/70-Pdr-RML Typ Armstrong
Besatzung:	130

Name	Bauwerft	Bauauftrag	Stapellauf	Indienst-stellung	Schicksal
Stonewall	Arman, Bordeaux	16.7.1863	21.6.1864	Jan. 1865	siehe → Text

nisse die Namen *Staerkodder* und *Olinde*. Am 24. März 1865 bot sie vor Ferrol/Spanien den beiden ungepanzerten Schiffen der US-Navy, *Niagara* und *Sacramento* (zusammen 7640 ts) den Kampf an, der aber verweigert wurde. Beim Einlaufen in Havanna im Mai 1865 stellte man fest, daß der Krieg beendet war. Das Schiff ergab sich den spanischen Behörden, die es an die USA übergaben. 1867 erfolgte der Weiterverkauf an Japan, wo es zunächst den Namen *Kotetsu* und später *Adzuma* erhielt. Schließlich wurde sie 1891 an eine Fischereigesellschaft verkauft.

Die für die Konföderierte Marine gebauten gepanzerten Schiffe waren keinesfalls hochseetüchtig. Die Gewässer von Hampton Roads, Mobile Bay oder vor Charleston bildeten zugleich die Grenze ihrer Einsatzfähigkeit. Die wichtigsten oder interessantesten Schiffe waren die *Virginia (I)*, *Virginia (II)*, *Tennessee (II)* und *Nashville*. Alle vier waren hölzern und werden nachfolgend beschrieben.

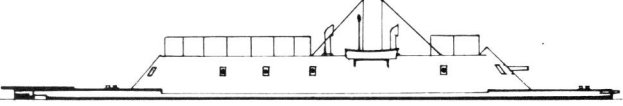

Virginia nach Fertigstellung 1862.

Die erste *Virginia* wurde zum Muster für alle Panzerschiffe der Konföderierten: Ein Vor- und Achterschiff fehlte, an den Enden befand sich lediglich ein kleines Süll. Mittschiffs erhob sich eine Kasematte mit schrägen Seiten, deren Unterkante sich nur 15,2 cm unter der Wasserlinie befand (30,5 cm weniger als geplant). Nach dem

Virginia Panzerschiff

Verdrängung:	–
Abmessungen:	Lüa 83,81 m; B 11,73 m; Tg 6,7 m
Maschinenanlage:	4 Martin-Kessel, 1 Welle, Maschine mit rückwirkender Pleuelstange, ? PSi $\triangleq$ 7,5 kn
Panzerung:	Eisen: Kasematte 102 mm (2 × 51 mm), untere Seiten 25 mm, später 76–25 mm
Bewaffnung:	2 × 17,8-cm-RML Typ Brooke, 2 × 16,2-cm-RML Typ Brooke, 6 × 22,8-cm-SB, 2 × 12-Pdr-SB Haubitzen
Besatzung:	320

Kampf gegen die *Monitor* verstärkte man den unteren Schiffskörper: Von den Enden gemessen, auf eine Länge von 48,8 m und bis zu einer Tiefe von 1,09 m auf 76 mm.
Die 17,8-cm-Geschütze standen in der vorderen und hinteren Kasematte. Jedes hatte drei Pforten. Alle anderen Geschütze befanden sich an den Seiten der Kasematte und die Haubitzen vorne und hin-

Name	Umbau aus	Indienststellung	Schicksal
Virginia	der 1861/62 in der Marinewerft Norfolk teilweise ausgebrannten *USS Merrimack*	17.2.1862	† 11.5.1862 durch Brand

ten auf deren Dach. Auf der vorderen Kasematte gab es auch ein mit 76-mm- oder 102-mm-Platten geschütztes Steuerhaus.
Der berühmte unentschiedene

Kampf mit der *Monitor* fand am 9. März 1862 statt. Als die *Virginia* diesen am 11. April 1862 wiederholen wollte, verweigerte *Monitor* dessen Annahme. Nach der Auf-

gabe Norfolks steckten die Konföderierten die *Virginia* in Brand, ihr Tiefgang wäre für die Passage des James River zu groß gewesen.

Virginia (II) Panzerschiff

Sie war das beste konföderierte Schiff auf dem James River. Die Kasematte hatte an der vorderen Stirnfläche einen 152-mm-Schutz und an den anderen Flächen einen solchen von 127 mm. Das 17,8-cm- bzw. 20,3-cm-RML Typ Brooke stand vorne, das schwere SB-Geschütz achtern, die 16,2 cm befanden sich an den Seiten. Die beiden 12-Pdr-Haubitzen standen auf der Kasematte. Es scheint, daß kurzzeitig statt der beiden 16,2-cm-Geschütze 2 × 17,8-cm-Geschütze mitgeführt wurden.
Virginia wurde bei der Räumung von Richmond selbstversenkt.

Verdrängung:	–
Abmessungen:	Lüa 60,04 m; B 14,47 m; Tg 4,26 m
Maschinenanlage:	1 Welle, 10 kn
Panzerung:	Eisen: Kasematte 152–127 mm
Bewaffnung:	1 × 17,8-cm-RML Typ Brooke (später 1 × 20,3 cm), 2 × 16,2-cm-RML Typ Brooke, 1 × 25,4-cm-SB (später 1 × 28 cm), 2 × 12-Pdr-SB Haubitzen
Besatzung:	150

Name	Bauwerft	Kiellegung	Stapellauf	Indienst-stellung	Schicksal
Virginia	Marinewerft Richmond	1863	1864	1864	(†) 3.4.1865

*Tennessee (II)** Panzerschiff

Von der *Tennessee* sind mehr Einzelheiten bekannt als von den meisten anderen konföderierten Schiffen: Die vordere Kasematte war 3 × 51 mm und an anderen Stellen 2 × 51 mm plus 25 mm stark gepanzert. Die Seiten bestanden aus 2 × 51-mm-Platten und erstreckten sich 1,82 m unter die Wasserlinie. Das Kasemattdach bestand aus 51 mm dicken und 15,2 cm breiten Trägern, die eine Gräting bildeten und flach auf viereckigen 30,5-cm-Holzbalken lagen. Letztere hatten untereinander 1,53 m Abstand. Das Schiffskörperdeck bestand vorne und achtern aus 51-mm-Eisen.
Die 17,8-cm-Geschütze standen vorne und hinten, jedes mit drei Pforten. Die 16,2-cm-Geschütze schossen zur Seite.

Verdrängung:	–
Abmessungen:	Lüa 63,69 m; B 14,62 m; Tg ~ 4,26 m
Maschinenanlage:	4 liegende Flammrohrkessel, 1 Welle, Maschine ohne Kondensation ex Radschiffmaschine der *Alonzo Child*, 5 kn
Panzerung:	Eisen: Kasematte 152–127 mm, untere Seiten 102 mm
Bewaffnung:	2 × 17,8-cm-RML Typ Brooke, 4 × 16,2-cm-RML Typ Brooke
Besatzung:	133

Name	Bauwerft	Kiellegung	Stapellauf	Indienst-stellung	Schicksal
Tennessee	H. D. Bassett, Selma, Alabama	Okt. 1863	Febr. 1863	16.2.1864	Verkauf 1867

* Die erste *Tennessee* lief nie vom Stapel.

Die *Tennessee* ergab sich am 5. August 1864 in der Schlacht von Mobile Bay und stellte im Anschluß für die US-Navy in Dienst. Weitere Panzerschiffe, die für die Konföderierten in Dienst kamen, waren allgemein ähnlichen Typs wie die drei Vorgänger. Es waren: *Atlanta*, Lpp 61,22 m (ex Blockadebrecher *Fingal*); *Charleston*, Lpp 54,9 m; *Fredericksburg*, Lpp 51,85 m; *Arkansas*, Lpp 40,33 m; *Rich-mond*, Lpp 45,75 m; *Raleigh*, *North Carolina*, *Chicora*, *Palmetto State*, *Savannah*, *Albemarle* mit je Lpp 42,4 m; *Neuse*, *Huntsville* und *Tuscaloosa*. Alle außer *Atlanta* waren aus Holz gebaut.

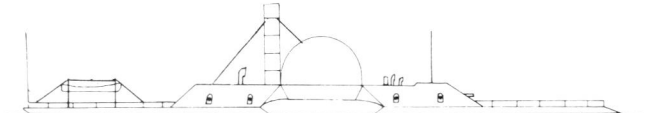

Nashville gemäß Entwurf.

Am 10. Mai 1865 von den USA erbeutet, war sie das einzige Panzerschiff, das als Schaufelradfahrzeug entworfen und gebaut wurde. Die Kasematte war 43,31 m lang, der hölzerne Schiffskörper sehr niedrig. Nach Ansicht von prüfenden US-Marineoffizieren war er durchgebogen und für das Panzergewicht viel zu schwach. Ein Schwesterschiff (noch ohne Namen), das sich bei Selma/Alabama in Bau befand, wurde beim Stapellauf schwer beschädigt und im April 1864 zum Verschrotten verkauft.

Das Schraubenschiff *Mississippi*, Lpp 79,3 m, 20 Geschütze, Maximalpanzerung 95 mm im 30° Winkel zur Horizontalen und das Schrauben- und Mittelschaufelrad-Panzerschiff *Louisiana*, Lpp 80,52 m, 20 Geschütze, mit einem Panzerschutz aus zwei Lagen T-förmiger Eisenbahnschienen, wurden zwar im April 1862 vom Sta-

Nashville Schaufelradpanzerschiff

Verdrängung:	–
Abmessungen:	Lüa 82,6 m; B 19,05 m (über die Schaufelräder 29,1 m), Tg 3,27 m
Maschinenanlage:	7 Doppel-Flammrohrkessel, Schaufelräder
Panzerung:	Eisen: Kasematte 152 mm maximal (3 × 51 mm)
Bewaffnung:	vorgesehen ? Sie hatte 3 × 17,8-cm-RML Typ Brooke, 1 × 24-Pdr-SB Haubitze
Besatzung:	–

Name	Bauwerft	Kiellegung	Stapellauf	Indienst-stellung	Schicksal
Nashville	Montgomery, Alabama	1863	1864	keine Fertigstellg.	Verkauf 1867

pel gelassen, blieben jedoch unvollendet. Als die US-Schiffe die Forts von New Orleans passierten, wurden beide von ihren Kommandanten in Brand gesetzt.

Die Ramme *Manassas* sank am 24. April 1862 beim Kampf um New Orleans. Sie war die umgebaute *Enoch Train*, hatte eine Lpp von 43,62 m, ein Freibord von 76,2 cm, einen Schiffsschutz von 38 mm auf dem Schiffskörper und ein schildkrötenförmiges Deck. Ihre Bewaffnung bestand aus einer einzigen 32-Pdr-Schiffshaubitze.

Kaperschiffe

Der Verkauf von vier Kaperschiffen an die Konföderierten wurde von der französischen Regierung gestoppt, sie gingen unter den Namen *Victoria* und *Augusta* an Preußen, bzw. *Union* und *America* an Peru. Viele in Großbritannien in Auftrag gegebene Schiffe kamen nie in Dienst. So wurden die *Alexandra*, gebaut bei William C. Miller, die *Texas (Pampero)*, gebaut bei J. & G. Thompson, die *Rappahannock* ex *HMS Victor* 1863 von der Royal Navy verkauft, die vor Charleston gestrandete *Georgiana* nie als Kaperschiff eingesetzt.

Als der Bürgerkrieg seinem Ende zuging, zeigten die Konföderierten Interesse an der sich bei Denny in Bau befindlichen *Enterprise* und *Adventure*. Man wollte beide nach Durchbrechung der Blockade zu Kreuzern umbauen.

Von den sieben Kaperschiffen, die bemerkenswerte Erfolge hatten, waren fünf segelgetakelte Dampfschiffe und vier davon, sowie zwei Fahrzeuge mit kleiner Segeltakelage, in Großbritannien gebaut worden.

Sumter

Ein zur McConell-Linie gehörender barkgetakelter Dampfer mit Namen *Habana*. Nachdem das Schiff 18 Prisen aufgebracht hatte, wurde es im Januar 1862 in Gibraltar aufgelegt. Nach Verkauf wurde aus ihm der Blockadebrecher *Gibraltar*.

Verdrängung:	437 BRT
Abmessungen:	L 56,07 m; B 8,14 m; Tiefe 3,66 m
Maschinenanlage:	1 Welle, 10 kn, Kohlenfeuerung, Vorrat für 8 Tage
Bewaffnung:	1 × 20,3-cm-SB, 4 × 32-Pdr-SB
Besatzung:	–

Name	Bauwerft	angekauft	Indienststellung	Schicksal
Sumter	in Philadelphia 1859	April 1861	3.6.1861	Verkauf 1862

Florida

Ein Dampfer mit Vollschifftakelung, zwei Schornsteinen und einziehbarer Schraube. Die ursprünglichen Namen waren *Oreto* und später *Manassa*. Das Schiff erbeutete 37 Prisen, ihre Segeltender *Clarence* und *Tacony* weitere 23. Sie wurde in Bahia erbeutet, als sich die Besatzung gerade an Land befand, erhielt die Anweisung, nach Brasilien zurückzukehren, sank jedoch nach einer Kollision vor Hampton Roads.

Verdrängung:	–
Abmessungen:	Lpp 58,2 m; B 8,28 m; Tiefe 3,96 m
Maschinenanlage:	1 Welle, 9,5 kn
Bewaffnung:	2 × 17,8-cm-RML Typ Blakely, 4 × 16,2-cm-RML Typ Blakely, 1 × 12-Pdr-SB
Besatzung:	146

Name	Bauwerft	Ausgelaufen Großbritannien	Indienststellung	Schicksal
Florida	W. C. Miller, 1861	22.3.1862	17.8.1862	17.10.1864 durch *Wachusett* erobert

Alabama

Dieses berühmte Schiff lief unter der Baunummer 290 bei Laird vom Stapel und hieß *Enrica*, hatte eine Barktakelung, einen Schornstein und eine einziehbare Schraube. Die Bewaffnung scheint gegenüber der *Florida* als sehr schwach. Trotzdem war sie der erfolgreichste Handelsstörer der Konföderierten, eroberte 69 Prisen und versenkte das umgebaute Radkanonenboot *Hatteras*.

Verdrängung:	1050 BRT
Abmessungen:	L 67,05 m; B 9,65 m; Tiefe 4,26 m
Maschinenanlage:	1 Welle, 13 kn
Bewaffnung:	1 × 16,2-cm-RML Typ Blakely, 1 × 68-Pdr-SB, 6 × 32-Pdr-SB
Besatzung:	145

Name	Bauwerft	Ausgelaufen Großbritannien	Indienststellung	Schicksal
Alabama	Laird, 1862	29.7.1862	24.8.1862	† 19.6.1864 durch *Kearsarge*

Georgia

Dieses brigg-getakelte eiserne Handelsschiff mit Namen *Japan* wurde im März 1863 gekauft. Die zu geringe Segelleistung und sonstige Schäden, die zu dieser Zeit bei eisernen Schiffen eigentlich so gut wie unbekannt waren, beschränkten seine Einsatzfähigkeit. Das Schiff stand nur bis zum 28. Oktober 1863 in Dienst, nahm aber immerhin neun Prisen.

Verdrängung:	751 BRT, 1150 ts
Abmessungen:	Lpp 64,01 m; B 8,23 m; Tiefe 3,66 m
Maschinenanlage:	2 Feuerrohrkessel, 1 Welle, Maschine mit rückwirkender Pleuelstange, 830 PSi ≙ 13 kn, 228 ts Kohle
Bewaffnung:	2 × 100 Pdr, 1 × 32 Pdr, 2 × 24 Pdr, alle Typ Whitworth-RML

Name	Bauwerft	Ausgelaufen Großbritannien	Indienststellung	Schicksal
Georgia	Denny, 1862	1.4.1863	9.4.1863	Verkauf 1.6.1864

Shenandoah

Baunummer 42 der Werft Stephens mit ursprünglichem Namen *Sea King*. Das als Truppentransporter für den Indieneinsatz gebaute Schiff wurde 1864 angekauft, hatte eine Vollschifftakelung und einen in Kompositbauweise gefertigten Schiffskörper. Die *Shenandoah* erbeutete 38 Prisen, vornehmlich Walfänger und davon Zweidrittel erst nach Kriegsende.

Zwei weitere Kaperschiffe hatten

Verdrängung:	1160 BRT
Abmessungen:	L 70,11 m; B 9,75 m; Tiefe 6,25 m
Maschinenanlage:	1 Welle, 9 kn
Bewaffnung:	2 × 32-Pdr-RML Typ Whitworth, 2 × 12-Pdr-RML, 4 × 20,3-cm-SB
Besatzung:	109

Name	Bauwerft	Ausgelaufen Großbritannien	Indienststellung	Schicksal
Shenandoah	Stephen, 1863	8.10.1864	19.10.1864	am 6.11.1865 an Großbritannien übergeben

einen reinen Dampfantrieb. Über die *Chickamauga* ex Blockadebrecher *Edith*, einen Zweischornsteindampfer mit kleiner Schonertakelung und 1864 in Wilmington/North Carolina angekauft, ist nur wenig bekannt. Sie war 585 BRT groß, hatte 120 Mann Besatzung und eine Armierung von drei Geschützen mit gezogenen Rohren. *Chickamauga* machte eine Kaperfahrt, die vom 28. Oktober 1864 bis zum 19. November 1864 währte. Dabei brachte sie mehrere Prisen auf. Nach der Räumung von Wilmington versenkte sie sich selbst.

Der Blockadebrecher *Atalanta* gehörte zuvor zur London, Chatham und Dover-Eisenbahngesellschaft und verkehrte für diese als Kanalfähre. 1864 erfolgte der Ankauf in Wilmington. Das Schiff hatte zwei Schornsteine, es war anscheinend nicht zum Segeln vorgesehen. Während einer kurzen Reise vom 6. bis 26. August 1864 brachte es 33 Prisen auf. Bei einer zweiten Reise, jetzt unter dem Namen *Olustee*, waren es sechs weitere Prisen. Im Anschluß fungierte sie wieder als Blockadebrecher und hieß *Chameleon*.

Tallahassee

Verdrängung:	500 dw
Abmessungen:	L 67,05 m; B 7,32 m; Tiefe 4,26 m
Maschinenanlage:	2 Wellen, 200 nPS ≙ 17 kn
Bewaffnung:	3 Geschütze unbekannten Kalibers
Besatzung:	120

Name	Bauwerft	Indienststellung	Schicksal
Tallahassee	J. & W. Dudgeon	Juli 1864	1866 an die USA übergeben

Kanonenboote

Als Kanonenboote benutzte man eine Anzahl ungepanzerter Radschiffe. Von diesen waren die bemerkenswertesten *Morgan* und *Gaines*, die in Mobile gebaut worden waren und teilweise eine 51-mm-Panzerung hatten.

Dazu gehörten auch die ehemaligen Handelsschiffe *Governor Moore*, *Jamestown*, *Patrick Henry* und *Selma*. Von weit größerem Interesse sind jedoch nachfolgende Fahrzeuge.

Ajax-Klasse Eiserne Kanonenboote

Stark gebaute Eisenschiffe, für den Blockadedurchbruch nach Wilmington vorgesehen. Dort wollte man sie zu Kanonenbooten für den Nahkampf umbauen.

Verdrängung:	515 BRT, 600 ts
Abmessungen:	Lpp 53,65 m; B 7,62 m; Tg hinten 2,59 m
Maschinenanlage:	2 Feuerrohrkessel, 2 Wellen, Liegende Maschinen mit rückwirkender Pleuelstange, 525 PSi ≙ 12 kn, 70 ts Kohle
Bewaffnung:	Vorgesehen: 1 × 22,8-cm-RML, 1 × 20,3-cm-RML
Besatzung:	–

Name	Bauwerft	Bauauftrag	Ausgelaufen Großbritannien	Schicksal
Ajax (wurde *Olustee*)	Denny	16.9.1864	12.1.1865	.
Hercules (wurde *Vicksburg*)	Denny	16.9.1864	vermutlich sechs Wochen nach *Ajax*	.

Torpedofahrzeuge

Von der Unzahl verschiedener Spierentorpedoboote und -kleinfahrzeuge war die *David* am bemerkenswertesten. Dieses war ein zigarrenförmiges Boot mit L 15,24 m; B 1,83 m; Tg 1,52 m, einem kleinen Schornstein und vier Mann Besatzung. Der Spierentorpedo hatte eine Ladung von 22,7–27,2 kg. Obwohl das Boot äußerlich einem Unterseeboot glich, war es ein Überwasserfahrzeug mit sehr geringem Freibord. Es unterschied sich klar von dem Unterseeboot *H. L. Hunley*. Sein Bau erfolgte 1863 in Charleston. Am 5. Oktober 1863 griff *David* die *New Ironsides* an und beschädigte sie. Andere Angriffe blieben erfolglos. Die weitere Geschichte ist ziemlich undurchsichtig, denn der Name *David* wurde auch anderen Booten gleichen Typs verliehen.

Die neue Marine –
Die Marine der Vereinigten Staaten 1883 bis 1905

In diesem Zeitraum entwickelten sich die Vereinigten Staaten zur mächtigsten Industrienation der Welt. Die Bevölkerung, 1880 noch über 50 Mio, wuchs bis 1890 auf 63 Mio, bis 1900 auf über 76 Mio und zählte 1905 etwa 84 Mio Einwohner. Diese Zunahme wurde von einer gewaltigen Steigerung der Rohstoff-Förderung und Güterfertigung aller Art begleitet. Durch die eisenbahnmäßige Erschließung der Mitte und des Westens kam es in den 80er Jahren zu einem neuen Boom. Gleichzeitig entwickelte sich eine riesige Gefrierfleischproduktion. In den 90er Jahren erfuhr der Handelsverkehr auf den Großen Seen, insbesondere durch die Eisen- und Metalllager sowie die Erzminen, eine merkliche Steigerung; die Eröffnung der Mesabi-Linie 1892 war der wichtigste Faktor. In dieser Periode ist die Eisen- und Stahlproduktion wohl der beste Maßstab für die Beurteilung einer Nation als Industriemacht. Die nachfolgende Tabelle zeigt die Roheisenproduktion von 1880, 1890, 1900 und 1907 in Mio ts und im Vergleich dazu die von Großbritannien und Deutschland (einschl. Luxemburg). Die Daten der Stahlgewinnung waren entsprechend.

Jahr	USA	Großbritannien	Deutschland u. Luxemburg
1880	3,84	7,75	2,69
1890	9,2	7,9	4,58
1900	13,79	8,96	8,39
1907	25,78	9,92	12,67

Dieser Fortschritt fand natürlich nicht ohne Rückschläge statt, die sich auf die Wirtschaftskraft des Landes niederschlugen. 1886 hatten eine Dürre und die Heuschreckenplage ihre Auswirkungen auf die Landwirtschaft des Mittelwestens. Die Erschließung fiel um Jahrzehnte zurück. Der Bankenkrach von 1893 warf die Eisenproduktion um ein Viertel zurück, 22 000 Meilen Eisenbahnstrecke verfielen dem Konkurs. Diese Rezession währte vier Jahre. Und wenn man sich vergegenwärtigt, daß die normalen Staatseinnahmen der Bundesregierung hauptsächlich aus Zollgebühren und Verbrauchssteuern resultierten, wird klar, daß sie im Verhältnis zu den Ausgaben nur klein waren. Letztere waren für das Jahrzehnt von 1900 bis 1909 rund 587 Mio Dollar pro Jahr – oder 7,11 Dollar pro Kopf der Bevölkerung.

Obwohl das Hauptanliegen immer noch die innere Entwicklung der USA war, schenkte man auch den überseeischen Interessen größte Aufmerksamkeit. Diese betrafen speziell den Pazifik und die Verbindungen nach Südamerika. 1889 kamen die Samoa-Inseln unter die gemeinsame Kontrolle der USA, Großbritanniens und Deutschlands, zehn Jahre später nahmen die USA nach Unruhen Pago-Pago mit dem Hafen Tutuila in Besitz. 1898 wurden die Hawaii-Inseln annektiert, am 21. April 1898 brach der Krieg mit Spanien aus. Der unmittelbare Anlaß dazu war die Explosion der *Maine* im Hafen von Havanna, für die man Spanien verantwortlich machte. Andererseits waren die USA schon lange wegen der Vorfälle auf Kuba beunruhigt: Die Unfähigkeit der Spanier, der kubanischen Aufständischen Herr zu werden, hätte schließlich doch zu einem Eingreifen der USA geführt. Die »Neue US-Navy« hatte zu diesem Zeitpunkt keine sehr große Flotte. Sie setzte sich aus vier Schlachtschiffen, sieben kleinen Schlachtschiffen und Monitoren, 19 Kreuzern und 13 Torpedobooten als Hauptstreitmacht zusammen. Trotzdem erwies sie sich als stark genug, den spanischen Geschwadern zu begegnen und ihnen in den Schlachten von Santiago und Manila schwere Verluste beizubringen. Die Folge dieses Krieges war, daß die USA im am 10. Dezember 1898 in Paris geschlossenen Friedensvertrag Puerto Rico, die Philippinen und Guam erhielten. Kuba wurde unabhängig, blieb jedoch unter starkem US-Einfluß und genoß deren Schutz.

Das Bauprogramm der »Neuen Marine« ist in der nachfolgenden Tabelle angeführt. Der spanisch-amerikanische Krieg hatte dem Programm kräftige Anstöße verliehen: Man nahm es jetzt sehr wichtig. Die Tabelle gibt aber auch Auskunft über die vorherigen kleinen Programme.

Ermächtigungsgesetz	Schlacht-schiffe	Monitore	Panzer-kreuzer	Kreuzer	Zerstörer	Torpedo-boote	Patrouillen/ Kanonenboote	Andere Schiffe
3. März 1883	–	–	–	3	–	–	1	–
3. März 1885	–	–	–	2	–	–	2	–
3. August 1886	2	4	–	1	–	1	–	1
3. März 1887	–	2	–	2	–	1	2	–
7. September 1888	–	–	1	6	–	–	1	–
2. März 1889	–	–	–	–	–	–	2	2
30. Juni 1890	3	–	–	1	–	1	–	–
2. März 1891	–	–	–	1	–	–	–	–
19. Juli 1892	1	–	1	–	–	–	–	–
3. März 1893	–	–	–	–	–	–	3	–
26. Juli 1894	–	–	–	–	–	3	–	–

50

Ermächtigungsgesetz	Schlachtschiffe	Monitore	Panzerkreuzer	Kreuzer	Zerstörer	Torpedoboote	Patrouillen/Kanonenboote	Andere Schiffe
2. März 1895	2	–	–	–	–	3	6	–
10. Juni 1896	3	–	–	–	1	9	–	–
3. März 1897	–	–	–	–	3	–	–	–
4. Mai 1898	3	4	–	–	16	12	1	–
3. März 1899	3	–	3	6	–	–	–	–
7. Juni 1900	2	–	6	–	–	–	–	–
1. Juli 1902	2	–	2	–	–	–	2	–
3. März 1903	5	–	–	–	–	–	–	–
27. April 1904	1	–	2	3	–	–	–	–

Die Klassifizierung »Andere Schiffe« umfaßt eine Panzerramme (1889) und zwei Dynamit-Kanonenkreuzer (1886 und 1869), von denen der zweite nie gebaut wurde. Das gleiche trifft auch zu für ein Patrouillen-/Kanonenboot von 1898. Zwei Kreuzer, ein Torpedoboot und ein Patrouillen-/Kanonenboot, 1898 in Europa gekauft, sind nicht mit angeführt. Auch ehemalige spanische Prisen sind weggelassen. Die Ermächtigung für fünf bzw. sechs Monitore von 1886/87 bezog sich nur auf ihre Fertigstellung, ihr Bau war noch unter der »Alten Marine« begonnen worden, ihr Stapellauf erfolgte 1876 bzw. 1883.

Der Bauauftrag für die meisten in der Tabelle angeführten Einheiten ging an Privatwerften, die Marinewerften bauten lediglich die beiden Schlachtschiffe von 1886, ein Schlachtschiff von 1902, zwei Kreuzer von 1888 und vier Monitore von 1886. Ein Monitor von 1887 und zwei der Kreuzer von 1883 wurden in Marinewerften fertiggestellt. Die Bauzeiten der ersten Programme zogen sich allgemein in die Länge. Obwohl sich das später etwas besserte, dauerte sie für gewöhnlich einige Monate länger als bei britischen Werften. Natürlich bezieht sich dieser Vergleich auf Einheiten gleicher Abmessungen.

Die Panzerplattenherstellung scheint keine großen Schwierigkeiten bereitet zu haben. 1887 wurden bereits hitzebehandelte Nikkel-Stahlplatten hergestellt, und die erste Anwendung der Kohlenstoffbehandlung nach Harvey – eine amerikanische Erfindung – erfolgte 1890. Die Harvey-Platten wurden noch verbessert, und wenn man bedenkt, daß diese im eigenen Land entstanden, ist es nicht verwunderlich, daß die Ablösung dieses Verfahrens durch das von Krupp nur zögernd erfolgte. 1900 wurden die mit Kohlenstoff angereicherten und oberflächengehärteten Nickel-Chrom-Platten nach dem Verfahren von Krupp – kurz KC genannt – eingeführt.

Die Herstellung schwerer Geschütze gestaltete sich schon schwieriger, mit einigen der ersten Konstruktionen kam es zu ernsten Ausfällen. Diese betrafen insbesondere die 30,5 cm/L 40, eingebaut auf der *Maine-, Arkansas-* und *Virginia*-Klasse und die 20,3 cm/L 40-Mark 5, die ursprünglich auf der *Pennsylvania*-Klasse stand. Aber die US-Navy stand damit nicht allein: Alle europäischen Marinen machten zwischen 1883 und 1905 ihre Erfahrungen mit unterschiedlichsten Schwierigkeiten. Nach einem Bericht des Waffenamtes vom 1. Oktober 1900 gab es nur eine kleine Re-serve schwerer Geschütze: 2 × 33 cm für 32 Schiffe, 2 × 30,5 cm für 12 Schiffe, 4 × 25,4 cm für 18 Schiffe und 4 × 20,3 cm/L 35 bzw. -/L 40 für 70 Schiffe.

Die USA waren die letzte Hauptseemacht, die den Torpedo mit Eigenantrieb einführte, und erst 1890 baute man die ersten Torpedorohre auf US-Schiffen ein. Leider übernahm man zunächst den »Howell«-Torpedo mit dem trägen Schwungradantrieb. Als Folge daraus standen 1906 lediglich 176 wirkungsvolle Torpedos (alle 45,7 cm) zur Verfügung, bestellt waren weitere 100 × 45,7 cm und dazu 300 × 53,3 cm. Angesichts der TR-Ausrüstung der US-Schiffe lohnt es sich, diese Zahlen zu merken.

Wie aus der Tabelle ersichtlich, wurden zwischen 1886 und 1904 insgesamt 27 Schlachtschiffe und zehn Monitore genehmigt. Bei den Monitoren bleibt anzumerken – vier davon waren ja bereits 1886/87 in Auftrag gegeben worden –, daß die *Amphitrite*-Klasse bei ihrer Fertigstellung bereits veraltet war. Obwohl die *Monterey* besser war, lag der Hauptvorzug dieser fünf Einheiten darin, daß sie gepanzerte Schiffe mit einem durchschnittlichen Tiefgang von weniger als 4,58 m waren. Die kampfkräftigere *Puritan* hatte schon wieder einen Tiefgang von 5,49 m. Ähnlich verhielt es sich mit der *Arkansas*-Klasse von 1898. Deren einzige Rechtfertigung lag im mittleren Tiefgang von 3,68 m. Die beiden Schlachtschiffe *Texas* und *Maine* von 1886 waren kleine Schiffe 2. Klasse. Der echte US-Schlachtschiffbau begann sozusagen erst mit der *Indiana*-Klasse des 1890er Haushaltes. Sie verdrängte nur 10 288 ts und war merklich kleiner als ihre britischen Gegenspieler. So währte es immerhin noch bis zur *Maine*-Klasse des Haushaltes 1898, die eine auf 12 000 ts erweiterte Verdrängung besaß. Die *Virginia*-Klasse von 1899/1900 hatte dann schon eine normale Verdrängung von 14 948 ts und deren Nachfolger der *Connecticut-* und *Vermont*-Klasse bereits 16 000 ts. Es ist nicht möglich, solchen Schiffen einen geringen Tiefgang zu geben – wie es eigentlich wünschenswert ist. In keinem Fall überschritt er bei normaler Verdrängung eine Tiefe von 7,04–7,34 m.

Bei allen Klassen war die schwere Armierung charakteristisch, und durch die Verwendung einer dicken Panzerung (vor Einführung der KC-Panzerung) lag die Geschwindigkeitsgrenze um 15–16 kn. Bis 1898 akzeptierte man das auch. Allerdings führte das zu einer nur bedingten Seetüchtigkeit, denn die Schiffe hatten teilweise auch noch ein niedriges Freibord.

Das 33-cm/L 35-Geschütz auf der *Indiana*-Klasse, der *Kearsarge*-Klasse von 1895 und der *Illinois*-Klasse von 1896 war annähernd vergleichbar dem 34,3-cm-Geschütz der britischen *Royal Sovereign*-Klasse und anderer früher Schiffe. Das 30,5-cm/L 35-Geschütz der *Iowa* von 1892 ähnelte dem 33-cm-Geschütz. Die 30,5-cm-/L 40-Geschütze der *Maine* und *Virginia* und die 30,5-cm/L 45-Geschütze späterer Schiffe glichen in ihrer Ausführung allerdings der britischen 30,5-cm-Mk IX bzw. Mk X.
Ein kurioses Merkmal der US-Schlachtschiffe war die Aufstellung von 20,3-cm-Doppeltürmen als Mittelartillerie. Nur bei der *Illinois*- und *Maine*-Klasse hatte man darauf verzichtet. Die Feuergeschwindigkeit dieser Geschütze war nie sehr groß; 1909 durchgeführte Schießübungen sprechen von einer maximalen Schußfolge, die unter drei Schuß/Minute/Geschütz lag. Durchschnittlich waren es zwei.
Andere Geschütze wie die 10,2 cm, 12,7 cm oder 15,2 cm wurden bis zur *Virginia*-Klasse ebenfalls mitgeführt, spätere Einheiten hatten sogar 17,8 cm – alles in allem eine bemerkenswerte Vielzahl unterschiedlicher Kaliber. Alle diese Waffen standen auf Sockellafetten, die bis zu 71,8 kg schweren Granaten waren viel zu schwer für die Handhabung durch nur einen Mann. Schießergebnisse von 1909 sprechen von einer maximalen Schußfolge von über sechs Schuß/Minute und einem Durchschnitt von 4,5.
Die 15 Panzerkreuzer der US-Marine unterteilen sich in drei Gruppen: Die erste sind die *New York* des Haushaltes 1888 und die *Brooklyn* von 1892. Beide waren 8200 ts bzw. 9215 ts groß, hatten eine Armierung von 6–8 × 20,3 /L 35 und einen kleinen Gürtelpanzer. Man verließ sich auf das starke Deck, das in der Böschung 152 mm maß und in seiner Ebene 76 mm. Die zweite Gruppe war die *St. Louis*-Klasse von 1900. Sie verdrängte 9700 ts und hatte eine Armierung von 15,2-cm-Geschützen. Der Schiffsschutz war nur gering. Die dritte Gruppe setzte sich schließlich aus den sechs Einheiten der *Pennsylvania*-Klasse von 1899/1900 sowie der *Tennessee*-Klasse von 1902 und 1904 zusammen. Diese waren mit 13 680 ts bzw. 14 500 ts wieder größer und besaßen als Panzerkreuzer einen guten Schiffsschutz. Die *Tennessee*-Klasse war mit 4 × 25,4-cm-Geschützen armiert, die *Pennsylvania*-Klasse hingegen mit 4 × 20,3-cm-Geschützen, was angesichts der Größe etwas schwach erscheint.

Bei den 25 Kleinen Kreuzern gab es eine ganze Skala von Unterschieden, die man aus Zweckmäßigkeitsgründen wie folgt unterscheiden bzw. einteilen kann:

1. *Vorne und hinten: 20,3-cm-Geschütze; Mittschiffs: 15,2-cm- bzw. 12,7-cm-Geschütze:* Die beiden Einheiten der *Atlanta*-Klasse von 1883 (nur 13 kn), die *Charleston* von 1885 und die *Olympia* von 1888. Letztere war mit 5865 ts größer und 20 kn schneller als die anderen, sie hatte 4 × 20,3-cm-Geschütze in gepanzerten Türmen.
2. *An jeder Breitseite die Hälfte der Geschütze:* Die *Chicago* von 1883, die *Newark* von 1885, die *Baltimore* von 1886, die *Philadelphia* und *San Francisco* von 1887. Alle hatten eine Verdrängung zwischen 4000–4500 ts und trugen normalerweise 15,2-cm-Geschütze. *Chicago* und *Baltimore* besaßen allerdings 4 × 20,3-cm-Geschütze.
3. *Wie unter 2. aber kleiner und mit 12,7-cm-Geschützen und 1 × 15,2-cm-Geschütz in der Schiffsmittellinie:* Zwei Kreuzer der *Cincinnati*-Klasse von 1888.
4. *Leichte Kreuzer mit 16,5–17 kn, ausgerüstet mit 12,7-cm-Geschützen und für ähnliche Aufgaben wie die britischen Sloops:* Die drei Einheiten der *Montgomery*-Klasse von 1888 und die sechs der *Denver*-Klasse von 1899.
5. *Handelsstörer von 7375 ts und mit 21 kn, außerdem einer leichten Armierung mit 1 × 20,3 cm, 2 × 15,2 cm und 8 × 10,2 cm:* Zwei Einheiten der *Columbia*-Klasse von 1890/91.
6. *Schnelle Spähkreuzer mit 24–25 kn:* Drei Einheiten der *Chester*-Klasse von 1904.

Festzuhalten ist, daß keine weiteren Kreuzer mehr genehmigt wurden. Die folgende *Omaha*-Klasse erschien erst 1916.
Vermutlich lag es an der nur zögernden Einführung der Torpedos mit Eigenantrieb, daß die USA mit ihren Zerstörern und Torpedobooten so weit zurückhingen. Es währte immerhin bis zum 1896er und 1898er Haushalt, bis eine größere Anzahl dieser Boote in Auftrag gegeben wurde. Erst die 16 Zerstörer des 1898er Haushaltes waren in etwa den britischen »30 knotters« vergleichbar, die ja bereits Ende 1895 in Dienst gekommen waren. Das ungewöhnliche Merkmal der US-Zerstörer, aber auch vieler Torpedoboote, war ihre große Bunkerkapazität.

Großkampfschiffe

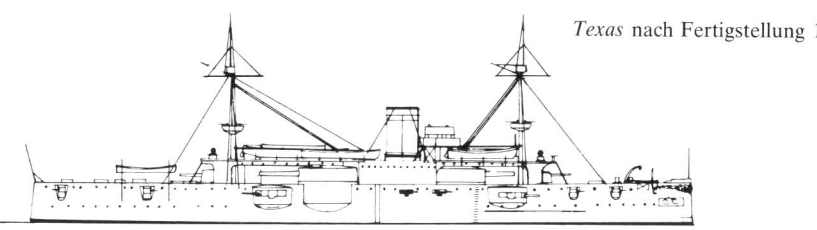

Texas nach Fertigstellung 1895.

Texas

Unter dem Act (Ermächtigungsgesetz) vom 3. August 1886 als Schlachtschiff 2. Klasse von John, Barrow Shipbuilding Co. entworfen. Obwohl die Auswahl aus 13 verschiedenen Entwürfen getroffen wurden, erwies sich *Texas* ursprünglich als keine zufriedenstellende Konstruktion und für die 30,5-cm-Geschütze als zu schwach. Der kurze 305-mm-Gürtelpanzer reichte von 61 cm über der Einsatzwasserlinie bis 1,24 m unter diese und verjüngte sich zur Unterkante hin auf 152 mm. Er wurde von 152-mm-Schotts abge-

Verdrängung:	6135 ts
Einsatzverdrängung:	6665 ts
Abmessungen:	Lüa 94,13 m; B 19,53 m; Tg ~ 6,86 m
Maschinenanlage:	4 Zylinderkessel, 2 Wellen, Stehende Dreifachexpansionsmaschinen, 8600 PSi ≙ 17 kn, 500/850 ts Kohle
Panzerung:	Harvey und NS: Gürtelpanzer 305–152 mm, Schanzkleid 305 mm, Türme 305 mm, Aufzüge 152 mm, Kommandoturm 305 mm
Bewaffnung:	2 × 30,5 cm/L 35 (2 × 1), 6 × 15,2 cm/L 35, 12 × 6 Pdr, 6 × 1 Pdr, 4 × 35,6-cm-TR
Besatzung:	392/508

Name/Kennung	Bauwerft	Kiellegung	Stapellauf	Indienst- stellung	Schicksal
Texas –	Marinewerft Norfolk	1.6.1889	28.6.1892	15.8.1895	† 1911 als Zielschiff

Texas 1898. (Norman Polmar/USN)

53

schlossen, und über ihm saß ein flaches Panzerdeck. Das Schrägschanzkleid des H-Decks war ungepanzert. Die beiden 30,5-cm-Türme standen mittschiffs schräg zueinander versetzt an Oberdeck und vier der 15,2-cm-Geschütze in Schwalbennestern des H-Decks. Die restlichen 15,2-cm-Geschütze befanden sich auf dem vorderen und hinteren Oberdeck. Die 30,5-cm-Lafetten wurden hydraulisch betrieben und hatten ursprünglich feste Ladepositionen. Um das Laden bei jeder Drehung zu ermöglichen, baute man diese Anlagen aus.

Texas war zwar an der Schlacht von Santiago beteiligt, ihr Schiffsschutz wurde jedoch nicht geprüft. Am 16. Februar 1911 erhielt sie den Namen *San Marcos* und diente als Zielschiff für wichtige Schießversuche. Diese bewiesen die Unbrauchbarkeit allen Schutzes gegen schwere panzerbrechende Geschosse – es sei denn, man hatte eine echte schwere Panzerung.

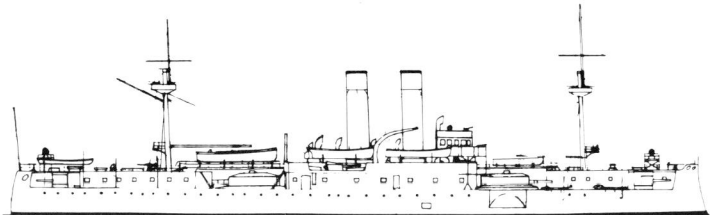

Maine 1897.

Maine

Schlachtschiff 2. Klasse, das unter dem Act vom 3. August 1886 genehmigt wurde. Ursprünglich war das Schiff als »armoured cruiser« (Panzerkreuzer) *ACR 1* vorgesehen, dessen Entwurf vom Navy Department selbst stammte. Manche behaupten jedoch, sie war eine Kopie der bei Samuda für Brasilien gebauten *Riachuelo*.

Der 54,9 m lange Gürtelpanzer reichte von 0,91 m über der Einsatzwasserlinie bis 1,22 m unter diese, hatte im oberen 0,91-m-Teil eine Dicke von 305 mm und verjüngte sich zur Unterkante hin auf 152 mm. Das über dem Gürtelpanzer sitzende Panzerdeck war in der Ebene 51 mm stark, davor ebenfalls 51 mm und dahinter 76 mm bis 51 mm. Es gab kein achteres Panzerschott, das vordere maß 152 mm. Die 25,4-cm-Türme standen versetzt, hatten jedoch zueinander einen weiteren Abstand als auf der *Texas* und waren mit eigenen Barbetten versehen. Die 15,2-cm-Geschütze befanden sich in den Aufbauten: Zwei vorne, zwei mittschiffs und zwei achtern. Nachdem die *Maine* drei Wochen lang im Hafen von Havanna vor Anker gelegen hatte, explodierten plötzlich ihre vorderen Magazine. Das Seeamt stellte bei seiner Verhandlung fest, daß unter dem Schiff eine Mine detoniert sei, und

Verdrängung:	6682 ts
Einsatzverdrängung:	7180 ts
Abmessungen:	Lüa 97,23 m; B 17,37 m; Tg ~ 6,55 m
Maschinenanlage:	4 Zylinderkessel, 2 Wellen, Stehende Dreifachexpansionsmaschinen, 9000 PSi ≙ 17 kn, 400/896 ts Kohle
Panzerung:	Harvey und NS: Gürtelpanzer 305−152 mm, Barbetten 305 mm, Türme 203 mm, Kommandoturm 254 mm
Bewaffnung:	4 × 25,4 cm/L 30 (2 × 2), 6 × 15,2 cm/L 30, 7 × 6 Pdr, 8 × 1 Pdr, 4 × 35,6-cm-TR
Besatzung:	374

Name/Kennung	Bauwerft	Kiellegung	Stapellauf	Indienst-stellung	Schicksal
Maine ursprünglich *ACR 1*	Marinewerft New York	17.10.1888	18.11.1889	17.9.1895	† 15.2.1898 durch Explosion

Maine im Hafen von Bar. (Norman Polmar/USN)

am 21. April 1898 erklärten die USA als Folge Spanien den Krieg. Das Wrack wurde 1911/12 gehoben, und eine zweite Seeamtsverhandlung stellte fest, daß eine kleine äußere Explosion für den Verlust verantwortlich gewesen sei. Außerhalb der USA wurde das Urteil allgemein nicht akzeptiert und es scheint kein Zweifel darüber zu bestehen, daß die Explosion im Schiffsinnern stattfand. Auslösendes Moment könnte ein Funke gewesen sein, denn Teerkohle neigt zur feuergefährdenden Selbstentzündung.

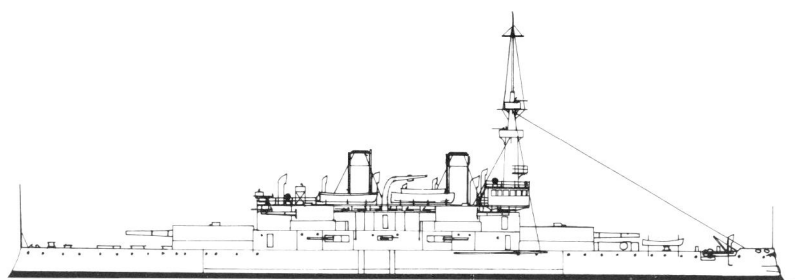

Indiana nach Fertigstellung 1895.

Indiana-Klasse

Verdrängung:	10 288 ts
Einsatzverdrängung:	11 688 ts
Abmessungen:	Lüa 106,95 m (*Oregon* 107,03 m); B 21,1 m; Tg ~ 7,32 m
Maschinenanlage:	6 Zylinderkessel, 2 Wellen, Stehende Dreifachexpansionsmaschinen, 9000 PSi ≙ 15 kn, 400/1640 ts Kohle
Panzerung:	Harvey und NS: Gürtelpanzer 460–102 mm, Barbetten 432 mm, Türme 381 mm, MA 203–127 mm, Kommandoturm 228 mm
Bewaffnung:	4 × 33 cm/L 35 (2 × 2), 8 × 20,3 cm/L 35 (4 × 2), 4 × 15,2 cm/L 40, 20 × 6 Pdr, 6 × 1 Pdr, 6 × 45,7-cm-TR
Besatzung:	435/586–636

Name/Kennung	Bauwerft	Kiellegung	Stapellauf	Indienst-stellung	Schicksal
Indiana/BB 1	Cramp	7.5.1891	28.2.1893	20.11.1895	† 1920 als Zielschiff
Massachusetts/BB 2	Cramp	25.6.1891	10.6.1893	10.6.1896	† 1921 als Zielschiff
Oregon/BB 3	Union Iron Wks.	19.11.1891	26.10.1893	15.7.1896	Verkauf 1956

Die Baugenehmigung erfolgte unter dem Act vom 30. Juni 1890; diese Schiffe waren zugleich der Prototyp für die Schlachtschiffe 1. Klasse der »Neuen Marine«. Da man jedoch trotz der begrenzten Verdrängung zuviel hineinpackte, waren sie wenig zufriedenstellend. Bei Einsatzverdrängung hatten sie nur ein 3,37 m vorderes Freibord. Der 45,75 m lange Gürtelpanzer reichte von 0,91 m über der Einsatzwasserlinie bis 1,24 m unter diese, maß bis 0,31 m unter die Einsatzwasserlinie 460 mm und verjüngte sich zur Unterkante hin auf 215 mm. Der obere Gürtelpanzer war nur 102 mm dick. Das Panzerdeck hatte über dem 460-mm-Gürtelpanzer eine Stärke von 70 mm, verstärkte sich an den Enden auf 76 mm und bildete dort nach unten eine Böschung. Nach den Barbetten hin schloß der Gürtelpanzer mit 356-mm-Schotts. Die Turmkränze der SA hatten eine Stärke von 76 mm.
Die Türme waren ursprünglich nicht ausbalanciert, auf der *Oregon* besaßen sie zum Drehen einen hydraulischen Kraftantrieb. Auf den beiden anderen geschah dieses mittels Dampf. Bei den 33-cm-Geschützen betrug die Axialhöhe über der Einsatzwasserlinie 5,21 m und bei den 20,3-cm-Türmen (zwei an jeder Seite) waren es 7,62 m. Die 15,2-cm-Geschütze standen mittschiffs in zu Schwalbennestern ausgebildeten Oberdeckskasematten.

Zwischen 1905 und 1908 wurden einige notwendige Änderungen vorgenommen: Die 33-cm-Türme brachte man teilweise ins Gleichgewicht und die 15,2-cm-Türme, die meisten 6 Pdr sowie die TR kamen von Bord. Auf den Turmdecken der Mittschiffsgeschütze kamen zusätzlich 12 × 7,62-cm/L 50-Geschütze zur Aufstellung. Die Kessel wurden durch acht Babcock-Wilcoxkessel ersetzt.
Ursprünglich besaßen sie nur einen Gefechtsfockmast und keinen Großmast. 1907/08 erhielten sie einen zusätzlichen Gittermast.

Indiana und *Oregon* nahmen 1898 an der Schlacht von Santiago teil, keine wurde ernsthaft geprüft. Am 29. März 1919 erhielten *Indiana* und *Massachusetts* den Status eines Küstenpanzerschiffes und die offizielle Bezeichnung Küstenpanzerschiff *Nr. 1* und *Nr. 2*. Von 1925 bis 1942 lag *Oregon* als schwimmendes Monument in Portland, wurde jedoch im Dezember 1942 zum Abbruch verkauft. Als diese Arbeiten beim Oberdeck angekommen waren, stoppte man sie, klarte die Inneneinrichtungen auf und schleppte den Schiffskörper nach Guam, wo er zur Rückeroberung benötigt wurde. Dort verblieb er, trieb in einem Taifun ab, zerbrach und wurde schließlich abgewrackt.

Massachusetts etwa 1900. (Norman Polmar/USN)

Unter dem Act vom 19. Juli 1893 genehmigt und – abgesehen von der 30,5-cm-Armierung – eine eindeutige Verbesserung gegenüber der *Indiana*-Klasse. Das Schiff hatte ein bis zum hinteren Turm durchlaufendes Backdeck. Der 56,73 m lange Gürtelpanzer blieb in seiner Tiefe jedoch unverändert, seine Unterkante war 178 mm dick und nach den Barbetten hin schloß er mit winkligen 305-mm-Schotts. Der obere Gürtelpanzer hatte nach wie vor nur eine Stärke von 102 mm. Das Panzerdeck befand sich in Höhe der Oberkante des 356-mm-Gürtelpanzers und war 70 mm dick. Nach den Schiffsenden hin neigte es sich jedoch nach unten und verstärkte sich auf 76 mm. Die 30,5-cm-Türme waren ausbalanciert und wurden hydraulisch gedreht. Die axiale Höhe der Rohre zur Einsatzwasserlinie betrug vorne 7,78 m und achtern 5,67 m.
Die 20,3-cm-Türme befanden sich in einer Ebene mit dem vorderen

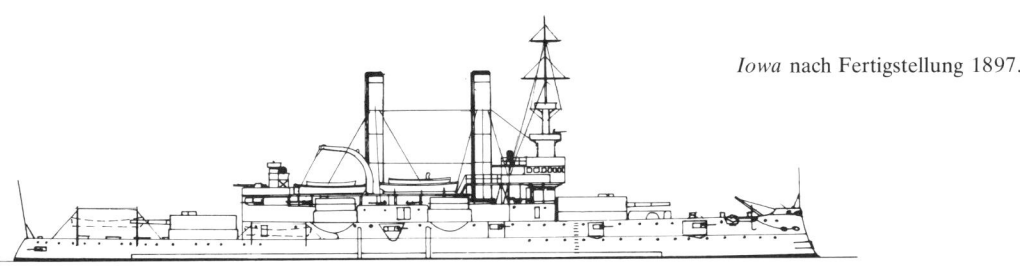

Iowa nach Fertigstellung 1897.

Iowa

Verdrängung:	11410 ts
Einsatzverdrängung:	12647 ts
Abmessungen:	Lüa 110,47 m; B 22,03 m; Tg ~ 7,32 m
Maschinenanlage:	5 Zylinderkessel, 2 Wellen, Stehende Dreifachexpansionsmaschinen, 11000 PSi $\cong$ 16 kn, 625/1795 ts Kohle
Panzerung:	Harvey: Gürtelpanzer 356–102 mm, Barbetten 381–318 mm, Türme 422–381 mm, MA 203–102 mm, Kommandoturm 254 mm
Bewaffnung:	4 × 30,5 cm/L 35 (2 × 2), 8 × 20,3 cm/L 35 (4 × 2), 6 × 10,2 cm/L 40, 20 × 6 Pdr, 4 × 1 Pdr, 4 × 35,6-cm-TR
Besatzung:	486/654

Name/Kennung	Bauwerft	Kiellegung	Stapellauf	Indienst-stellung	Schicksal
Iowa/BB 4	Cramp	5.8.1893	28.3.1896	16.6.1897	† 1923 als Zielschiff

30,5-cm-Turm, standen aber dichter zusammen und mehr zur Seite hin als auf der *Indiana*-Klasse. Von den 10,2-cm-Geschützen waren vier unter dem Backdeck und in Schwalbennestern aufgestellt, die restlichen zwei auf den achteren Aufbauten. Die *Iowa* war schneller als die *Indiana*-Klasse und erzielte mit 12 105 PSi 17,09 kn (bei einem künstlichen Kesselzug von 25 mm WS). Sie nahm ohne ernsthafte Prüfung an der Schlacht von Santiago teil.

Die *Iowa* hatte ursprünglich nur einen Gefechtsfockmast, 1909 erhielt sie zusätzlich einen Gittergroßmast. Zur gleichen Zeit wurden die 30,5-cm-Geschütze modifiziert, die meisten 6 Pdr ausgebaut und zusätzlich 4 × 10,2-cm-Geschütze aufgestellt. Die TR waren bereits früher von Bord gekommen. Am 29. März 1919 erfolgte die Umklassifizierung in Küstenpanzerschiff *Nr. 4*. Später war sie das erste ferngelenkte Zielschiff der Flotte, das schließlich 35,6-cm-Salven zum Opfer fiel.

Iowa im Juni 1910 in Plymouth/Devon (CPL) ▲

Kearsarge Anfang des 20. Jahrhunderts. (CPL) ▶

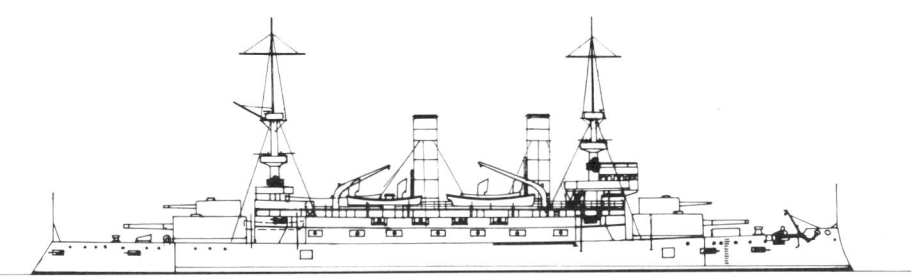

Kearsarge nach Fertigstellung 1900.

Genehmigt unter dem Act vom 2. März 1895. Diese Glattdecker hatten bei Konstruktionstiefgang ein vorderes Freibord von 4,42 m. Ihr dicker Gürtelpanzer reichte von 1,68 m über die Einsatzwasserlinie bis 1,22 unter diese und erstreckte sich von der Mitte der achteren

Kearsarge-Klasse

Verdrängung:	11 540 ts
Einsatzverdrängung:	12 850 ts
Abmessungen:	Lüa 114,4 m; B 22,03 m; Tg ~ 7,16 m
Maschinenanlage:	5 Zylinderkessel, 2 Wellen, Stehende Dreifachexpansionsmaschinen, 10 000 PSi ≙ 16 kn, 410/1591 ts Kohle

Barbette bis zur Vorkante der Kesselräume, hatte eine obere Stärke von 420 mm, verjüngte sich in der Einsatzwasserlinie auf 337 mm und maß an der Unterkante noch 241 mm. In der Mitte der vorderen Barbette hatte der Gürtelpanzer eine Abstufung auf die maximale Dicke von 267 mm, um für weitere 9,15 m mit 102 mm auszulaufen. Die Schotte hatten vorne eine Stärke von 254 mm und hinten von 305 mm. Der obere Gürtelpanzer maß 127 mm. Das auf dem Gürtelpanzer sitzende Panzerdeck war in der Ebene 70 mm stark, bog an den Enden nach unten, verstärkte sich an einzelnen Stellen vorne auf 76 mm und achtern auf 127 mm. Die 20,3-cm-Türme standen fest auf den Decken der 33-cm-Türme und drehten mit diesen als eine Einheit. Diese Anordnung erwies sich als sehr unvorteilhaft. Das Drehen der Türme geschah mittels

Panzerung:	Harvey: Gürtelpanzer 420–127 mm, vorne 102 mm, Barbetten 381–318 mm, Türme 422–381 mm, MA 280–152 mm, Kommandoturm 254 mm
Bewaffnung:	4 × 33 cm/L 35 (2 × 2), 4 × 20,3 cm/L 35 (2 × 2), 14 × 12,7 cm/L 40, 20 × 6 Pdr, 8 × 1 Pdr, 4 × 45,7-cm-TR
Besatzung:	*Kearsarge* 553, *Kentucky* 554; 686–690

Name/Kennung	Bauwerft	Kiellegung	Stapellauf	Indienst-stellung	Schicksal
Kearsarge/BB 5	Newport News	30.6.1896	24.3.1898	20.2.1900	Verkauf 1955
Kentucky/BB 6	Newport News	30.6.1896	24.3.1898	15.5.1900	Verkauf 1923

Die Baugenehmigung wurde unter dem Act vom 10. Juni 1896 erteilt. Obwohl diese Einheiten die gleichen Dimensionen hatten wie ihre Vorgänger, glichen sie ihnen nicht: Das Backdeck erstreckte sich bis zum Großmast, was ihnen vorne ein Freibord von 5,36 m verlieh. Nur dieses eine Mal erhielten US-Schlachtschiffe nebeneinanderstehende Schornsteine. Der schwere Gürtelpanzer glich in seiner Anordnung der *Kearsarge*-Klasse, allerdings hatte das vordere Schott eine Dicke von 305 mm und der obere Gürtelpanzer maß 140 mm. Auch das Panzerdeck entsprach dem der *Kearsarge*-Klasse, hatte aber hinten eine maximale Stärke von 102 mm.
Für die 33-cm-Geschütze hatte man Barbette-Türme britischen Ursprungs eingeführt und acht der 15,2-cm-Geschütze standen in der Oberdeckmittschiffsbatterie. Zwei weitere befanden sich vorne in Schwalbennestkasematten, vier weitere in Mittschiffkasematten des Backdecks. Es bleibt festzustellen, daß man seit der *Indiana*-Klasse erstmals auf den Einbau von 20,3-cm-Geschützen verzichtete.

elektrischem Kraftantrieb. Die Krone der 33-cm-Türme war 90 mm dick, die der 20,3-cm-Türme 76 mm. Die 12,7-cm-Geschütze standen in einer 152 mm gepanzerten Oberdeckbatterie.
Dieses waren die ersten US-Schlachtschiffe, die umfassend von elektrischen Hilfsmaschinen Gebrauch machten. Die Gesamtleistung der Generatoren lag bei 350

kW. Die Einheiten standen im Ruf, sehr schlechte Geschützplattformen zu sein. 1909/11 wurden die Türme modifiziert. Gleichzeitig ersetzte man die meisten 6 Pdr durch 12,7-cm-Geschütze, die auf den Aufbauten postiert wurden. Auch die TR kamen von Bord. Als Fock- und Großmast kamen Gittermasten zur Aufstellung. Die alten Kessel wurden durch Mosher-

kessel ersetzt. Etwa 1919 hatte man die 12,7-cm-Geschütze auf acht reduziert und dafür 2 × 7,62-cm-Flak eingebaut. 1920 wurde die *Kearsarge* zum Kranschiff umgebaut, die Stabilität durch den Anbau von Wulsten erhöht und ein sehr großer 250-t-Drehkran aufgestellt. Im November 1941 erhielt sie die Bezeichnung *Kranschiff Nr. 1*.

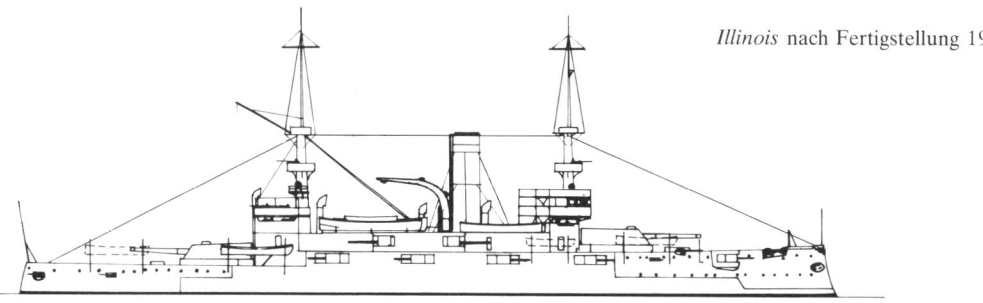

Illinois nach Fertigstellung 1901.

Illinois-Klasse

Verdrängung:	11 565 ts (*Wisconsin* 11 653 ts)
Einsatzverdrängung:	12 250 ts
Abmessungen:	Lüa 114,4 m (*Illinois*, 114 m (*Alabama*) 113,95 m (*Wisconsin*); B 22,03 m; Tg 7,16 m (*Wisconsin* 7,21 m)
Maschinenanlage:	8 Zylinderkessel, 2 Wellen, Stehende Dreifachexpansionsmaschinen, 10 000 PSi ≙ 16 kn, 800/1400 ts Kohle (*Illinois*), 1355 ts Kohle (*Alabama*), 1310 ts Kohle (*Wisconsin*)
Panzerung:	Harvey: Gürtelpanzer 420–140 mm, vorne 102 mm, Barbetten 381–254 mm, Türme 356 mm, MA 152–140 mm, Kommandoturm 254 mm
Bewaffnung:	4 × 33 cm/L 35 (2 × 2), 14 × 15,2 cm/L 40, 16 × 6 Pdr, 6 × 1 Pdr, 4 × 45,7-cm-TR
Besatzung:	536 (*Wisconsin* 531); 690–713

Name/Kennung	Bauwerft	Kiellegung	Stapellauf	Indienst-stellung	Schicksal
Illinois/BB 7	Newport News	10.2.1897	4.10.1898	16.9.1901	Verkauf 1956
Alabama/BB 8	Cramp	1.12.1896	18.5.1898	16.10.1900	† 1921 als Zielschiff
Wisconsin/BB 9	Union Iron Wks.	9.2.1897	26.11.1898	4.2.1901	Verkauf 1922

JULY 2014 • Vol. 47/No. 7
[DISPLAY UNTIL 8/31/14]

sea
CLASSICS

MY WAR
*The Sting of
the Wasp*

US... ...AST FLEET

WILLIAM LEAHY
merica's First Five-Star Admiral

SRAELI NAVY TODAY!

HMS WARSPITE
ngland's Grand Old Lady

USS Wisconsin
BB-9 15 July 1915
Gatun Lock

Wisconsin BB-9

U.S. $8.99   CANADA $8.99

LUCKY 13!

Bei den Probefahrten zeigte sich die *Illinois* als schnellste. Mit einer Leistung von 12 899 PSi und künstlichem Kesselzug von 18 mm WS lief sie 17,45 kn.

Zwischen 1909 und 1912 wurden die Türme modifiziert und die 12 × 6 Pdr durch 4 × 7,62 cm/L 50 ersetzt. Außerdem erhielten die Schiffe Fock- und Großmastgittermasten. *Illinois* bekam acht Mosherkessel. Zwischenzeitlich hatte man die TR ausgebaut und um 1919 verringerte sich die Zahl der 15,2-cm-Geschütze auf acht. Dafür kamen 2 × 7,62-cm-Flak an Bord. Von 1924 bis 1955 diente die *Illinois* anfangs als Waffendepot, dann als Wohnschiff. Im Januar 1941 erhielt sie den Namen *Prairie State* und die Kennung *IX 15*.

Ein nicht identifiziertes Schlachtschiff der *Illinois*-Klasse. (CPL)

Unter dem Act vom 4. Mai 1898 genehmigt. Diese Klasse brach mit der Fortsetzung früherer Entwürfe: Mit ihr kamen 30,5-cm-Geschütze höherer Feuergeschwindigkeit zur Einführung, die Verwendung eines KC-Panzers ermöglichte die Reduzierung der Panzerdicke. Das Backdeck reichte bis zum Großmast. Dies garantierte ein vorderes Freibord von 5,92–6,1 m. Der Hauptgürtelpanzer erstreckte sich von 1 m über der Einsatzwasserlinie bis 1,3 m unter diese, war zwischen den Barbetten 280 mm dick und verjüngte sich über eine Tiefe von 1,3 m zur Unterkante hin auf 191 mm. Zu den Barbetten führten winklige 228-mm-Schotts. Der obere Gürtelpanzer maß 140 mm und das darüber sitzende Panzerdeck in der Ebene 64 mm. An den Enden war das Panzerdeck zur Böschung ausgebildet, vorne 70 mm dick und achtern 102 mm.

Die Türme hatten einen elektrischen Kraftantrieb, von den 15,2-cm-Geschützen standen zehn in einer Oberdeckbatterie, zwei in Oberdeckkasematten und vier in der Backdeckbatterie. Die vorde-

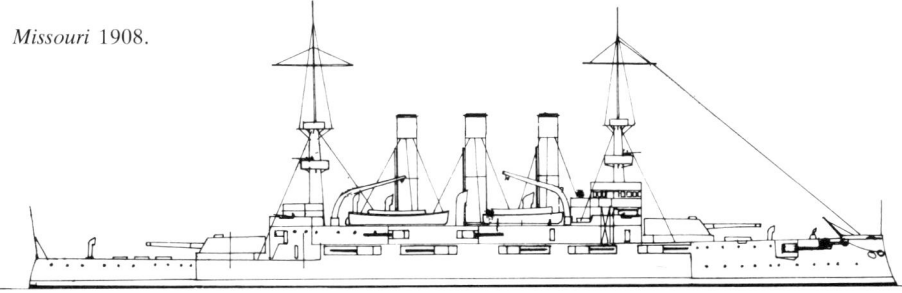

Missouri 1908.

Maine-Klasse

Verdrängung:	*Maine* 12 846 ts, *Missouri* 12 362 ts, *Ohio* 12 723 ts
Einsatzverdrängung:	13 700 ts
Abmessungen:	Lüa 120,06 m; B 22,03 m; Tg ~ 7,42 m (*Maine*), ~ 7,24 m (*Missouri*), ~ 7,26 m (*Ohio*)
Maschinenanlage:	12 Thornycroft-Kessel (*Maine* Niclausse), 2 Wellen, Stehende Dreifachexpansionsmaschinen, 16 000 PSi ≙ 18 kn, 1000/1867 ts Kohle (*Maine*), 1837 ts (*Missouri*), 2150 ts (*Ohio*)
Panzerung:	KC, Harvey: Gürtelpanzer 280–140 mm, vorne 203–182 mm, Barbetten 305–203 mm, Türme 305–280 mm, MA 152–140 mm, Kommandoturm 254 mm
Bewaffnung:	4 × 30,5 cm/L 40 (2 × 2), 16 × 15,2-cm/L 50-Mk 6, 6 × 7,62 cm/L 50, 8 × 3 Pdr, 6 × 1 Pdr, 2 × 45,7-cm-UTR
Besatzung:	561/779/813

Name/Kennung	Bauwerft	Kiellegung	Stapellauf	Indienst- stellung	Schicksal
Maine/BB 10	Cramp	15.2.1899	27.7.1901	29.12.1902	Verkauf 1922
Missouri/BB 11	Newport News	7.2.1900	28.12.1901	1.12.1903	Verkauf 1922
Ohio/BB 12	Union Iron Wks.	22.4.1899	18.5.1901	4.10.1904	Verkauf 1923

59

ren 30,5-cm-Geschütze hatten zur Einsatzwasserlinie einen axialen Abstand von 8,18 m, die hinteren von 5,74 m. Bei den 15,2-cm-Geschützen waren es 7,12 m bzw. 4,63 m. Die 30,5-cm-Geschütze zeigten anfänglich augenscheinliche Schwierigkeiten und mußten mit Ringbändern eingefaßt werden. Am 13. April 1904 kam es im achteren Turm der *Missouri* durch eine rückschlagende Stichflamme aus dem linken Geschütz zu einem ernsten Unfall. Drei Treibladungen entzündeten sich und die Stichflamme schlug weiter in die untere Umladekammer. Als Folge daraus wurden die Türme geändert, aber die Prüfung dieser Türme erfolgte erst im Kampf: Der britische Monitor *Raglan* (er trug einen US-Turm) wurde im Januar 1918 von der *Sultan Selim* ex deutscher Schlachtkreuzer *Goeben* versenkt. Zwar kam es in diesem Turm ebenfalls zu einer Explosion, aber die daraus resultierende Stichflamme drang nicht in den Turmschacht durch, die *Raglan* sank mit intakten Magazinen. Ob-

wohl die *Ohio* bei den Probefahrten nur 17,82 kn erreichte, waren dieses die ersten 18 kn-Schlachtschiffe der USA. Sie standen im Ruf, bei schlechtem Wetter sehr naß zu sein. Zwischen 1909 und 1911 erfolgte ein Umbau: Sie erhielten Gittermasten und *Maine* wurde mit 12 Babcock-Wilcoxkesseln ausgerüstet. 1919 kamen acht der 15,2-cm-Geschütze und alle 7,62-cm-Geschütze zum Ausbau. Für sie stellte man 2 × 7,62-cm-Flak auf.

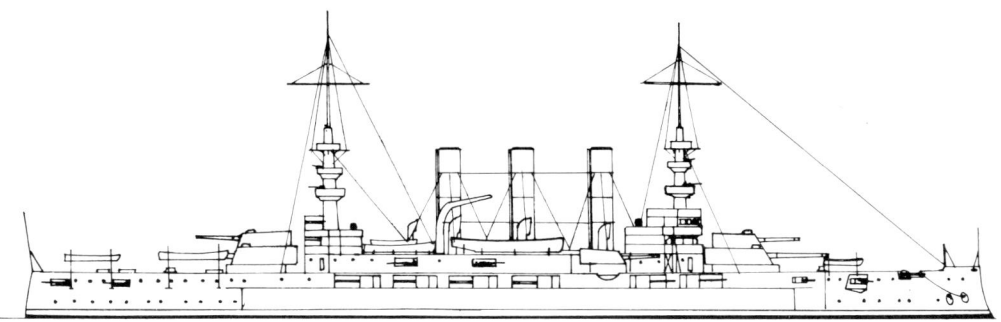

Virginia 1907.

Die ersten drei Einheiten wurden unter dem Act vom 3. März 1899 genehmigt, die beiden anderen unter dem vom 7. Juni 1900. Er waren Glattdecker mit einem (bei Konstruktionstiefgang) vorderen Freibord von 5,95 m und wesentlich größeren Abmessungen als die Vorgänger. Der Hauptgürtelpanzer reichte von 0,92 m über der Einsatzwasserlinie bis 1,53 m unter diese. Über eine Länge von 58,56 m war er mittschiffs im oberen 1,53 m breiten Teil 280 mm dick

Virginia-Klasse

Verdrängung:	14 948 ts
Einsatzverdrängung:	16 094 ts
Abmessungen:	Lüa 134,5 m; B 23,25 m; Tg ~ 7,24 m
Maschinenanlage:	12 Babcock-Wilcox-Kessel (*Virginia, Georgia* 24 Niclausse), 2 Wellen, Stehende Dreifachexpansionsmaschinen, 19 000 PSi ≙ 19 kn, 900/1900 ts Kohle (*Virginia*) 1700 ts Kohle (*Nebraska, Rhode Island*), 1925 ts Kohle (*Georgia*), 1955 ts Kohle (*New Jersey*)
Panzerung:	KC, Harvey: Gürtelpanzer 280−152 mm, an den Enden 152−102 mm, Barbetten 254−152 mm, Türme 305−152 mm, MA 305−102 mm, Kommandoturm 228 mm
Bewaffnung:	4 × 30,5 cm/L 40 (2 × 2), 8 × 20,3 cm/L 45 (4 × 2), 12 × 15,2-cm/L 50-Mk 8, 12 × 7,62 cm/L 50, 12 × 3 Pdr, 4 × 53,3-cm-UTR (*New Jersey, Rhode Island* zusätzlich 2 × 1 Pdr)
Besatzung:	812

und verjüngte sich zur Unterkante hin auf 203 mm. Die sich nach voraus anschließenden 18,3 m und nach achteraus laufenden 9,76 m waren 228 mm dick und verjüngten sich schließlich auf 152 mm. In allen anderen Bereichen nahm der Gürtelpanzer von 152 mm ab auf 114 mm, von 127 mm auf 102 mm und endete mit 102 mm Stärke. Die Schotte und der obere Gürtelpanzer maßen 152 mm. Das Panzerdeck hatte in der Ebene 38 mm Stärke und nahm in der bis zur Gürtelpanzerunterkante reichenden Böschung und an den Enden zu auf 76 mm.

Zwei der 20,3-cm-Türme standen wieder auf den Decken der 30,5-cm-Türme. Ungeachtet der

Name/Kennung	Bauwerft	Kiellegung	Stapellauf	Indienst-stellung	Schicksal
Virginia/BB 13	Newport News	21.5.1902	5.4.1904	7.5.1906	† 1923 als Zielschiff
Nebraska/BB 14	Moran	4.7.1902	7.10.1904	1.7.1907	Verkauf 1923
Georgia/BB 15	Bath Iron Wks.	31.8.1901	11.10.1904	24.9.1906	Verkauf 1923
New Jersey/BB 16	Fore River	2.4.1902	10.11.1904	12.5.1906	† 1923 als Zielschiff
Rhode Island/BB 17	Fore River	1.5.1902	17.5.1904	19.2.1906	Verkauf 1923

schlechten Erfahrungen auf der *Kearsarge*-Klasse konnten auch diese nur gemeinsam drehen. Die 20,3-cm-Türme hatten die gleiche Panzerung wie die 30,5-cm-Türme, nur ihre Turmkronen waren statt 90 mm 38 mm stark. Die anderen beiden 20,3-cm-Türme standen an den Seiten des Oberdecks und besaßen eine Panzerung von 165–102 mm. Die 15,2-cm-Geschütze befanden sich in einer Hauptdeckbatterie, sie hatten einen 152-mm-Schutz. Die Türme wurden elektrisch betrieben, die Gesamtleistung der Schiffsgeneratoren betrug 500 kW. Alle erreichten bei den Probefahrten 19 kn bis 19,25 kn. Der künstliche Kesselzug betrug hierbei 40–48 mmWS. *Virginia* sollte zuerst *New Jersey* heißen, *Nebraska* zuerst *Pennsylvania* und *New Jersey* zuerst *Virginia*.

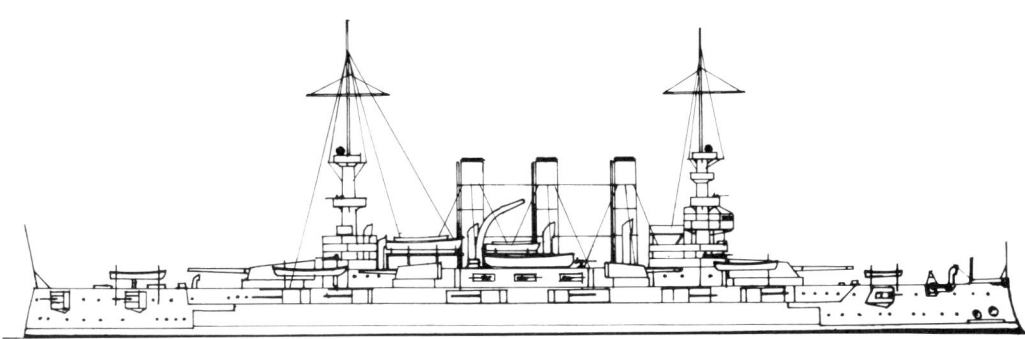

Connecticut 1909.

Connecticut-Klasse

Diese unter dem Act vom 1. Juli 1902 genehmigten Einheiten waren gegenüber allen ihren Vorgängern nicht nur verbessert worden, sondern auch größer und seetüchtiger. Ihre Stabilitätsgrenze lag bei 68°, bei Einsatztiefgang besaßen sie ein vorderes Freibord von 6,25 m. Der Schwachpunkt dieser Schiffe lag in der gleichzeitigen Verwendung von 20,3-cm- und 17,8-cm-Geschützen: Treffer und Aufschläge beider Kaliber waren nicht voneinander zu unterscheiden.

Der Hauptgürtelpanzer reichte von 1,3 m über der Einsatzwasserlinie bis 1,53 m unter diese. Mittschiffs war er 58,56 m lang, 1,6 m breit und 280 mm dick. Danach verjüngte er sich bis zur Unter-

Verdrängung:	16000 ts
Einsatzverdrängung:	17666 ts
Abmessungen:	Lüa 139,09 m; B 23,42 m; Tg ~ 7,47 m
Maschinenanlage:	12 Babcock-Wilcox-Kessel, 2 Wellen, Stehende Dreifachexpansionsmaschinen, 16500 PSi ≙ 18 kn, 900/2249 ts Kohle (*Connecticut*), 2376 ts Kohle (*Louisiana*)
Panzerung:	KC, Harvey: Gürtelpanzer 280–152 mm, an den Enden 178–102 mm, Barbetten 254–152 mm, Türme 305–203 mm, MA 178–95 mm, Kommandoturm 228 mm
Bewaffnung:	4 × 30,5 cm/L 45 (2 × 2), 8 × 20,3 cm/L 45 (4 × 2), 12 × 17,8 cm/L 45, 20 × 7,62 cm/L 50, 12 × 3 Pdr, 4 × 1 Pdr (*Connecticut*), 2 × 1 Pdr (*Louisiana*), 4 × 53,3-cm-UTR
Besatzung:	827/881/896

Name/Kennung	Bauwerft	Kiellegung	Stapellauf	Indienst-stellung	Schicksal
Connecticut/BB 18	Marinewerft New York	10.3.1903	29.9.1904	29.9.1906	Verkauf 1923
Louisiana/BB 19	Newport News	21.3.1904	27.8.1904	2.6.1906	Verkauf 1923

kante auf 228 mm. Über eine Länge von 14,95 m nach voraus und achteraus maß er 228 mm bzw. 178 mm und reduzierte sich an den Enden auf 178 mm bzw. 127 mm. Auch dort lag er noch 0,9 m über der Einsatzwasserlinie. Ganz an den Enden war er noch 127 mm stark, um mit 102 mm auszulaufen. Der obere Gürtelpanzer und die Schotte hatten eine Stärke von 152 mm. Das Panzerdeck maß in der Ebene 38 mm, bildete mittschiffs eine 76 mm-Böschung und lief an den Enden mit 76 mm aus.

Die Türme der Hauptartillerie hatten 305-mm-Frontplatten, 203-mm-Seitenplatten und 203-mm-Rückseiten. Die Turmkronen maßen 64 mm. Die vorderen und achteren 20,3-cm-Türme hatten einen Seitenschutz von 165 mm, 152 mm bzw. 51 mm. In der Hauptdeckbatterie befanden sich die 17,8-cm-Geschütze mit einem 178-mm-Schutz. Die axiale Höhe der 17,8-cm-Geschütze lag 4,55 m über der Einsatzwasserlinie. Im Vergleich dazu waren es bei den 20,3-cm-Geschützen 8,13 m. Sowohl die 30,5-cm- als auch die 20,3-cm-Türme wurden elektrisch betrieben und die Gesamtleistung der Generatoren betrug 800 kW, zugleich die größte E-Leistung auf US-Kriegsschiffen. Bei den Probefahrten erreichte *Connecticut* mit 16 220 ts Verdrängung und 35 mm WS künstlichem Kesselzug 18,78 kn. Die *Louisiana* machte bei einer Verdrängung von 16 000 ts und mit 50 mm WS künstlichem Kesselzug 18,82 kn.

1909 kamen Gittermasten zur Aufstellung. Gleichzeitig wurden die 3 Pdr ausgebaut. Zum Einbau kam ein 2,75-m-EMeßGerät, auch für die Sicherheit der Türme wurde einiges getan. Etwa 1919 waren alle 17,8-cm-Geschütze und 8 × 7,62-cm-Geschütze ausgebaut, dafür hatte man 2 × 7,62-cm-Flak aufgestellt.

Vermont-Klasse

Verdrängung:	16 000 ts
Einsatzverdrängung:	17 666 ts
Abmessungen:	Lüa 139,09 m; B 23,42 m; Tg ~ 7,47 m
Maschinenanlage:	12 Babcock-Wilcox-Kessel, 2 Wellen, Stehende Dreifachexpansionsmaschinen, 16 500 PSi ≙ 18 kn, 900/2405 ts Kohle (*Vermont*), 2310 ts Kohle (*Kansas*), 2387 ts Kohle (*Minnesota*), 2287 ts Kohle (*New Hampshire*)
Panzerung:	KC, Harvey: Gürtelpanzer 228–178 mm, an den Enden 178–102 mm, Barbetten 254–152 mm (*New Hampshire* 280–152 mm), Türme 305–203 mm, MA 178–95 mm, Kommandoturm 228 mm
Bewaffnung:	4 × 30,5 cm/L 45 (2 × 2), 8 × 20,3 cm/L 45 (4 × 2), 12 × 17,8 cm/L 45, 20 × 7,62 cm/L 50, 12 × 3 Pdr (*Vermont* 10, *New Hampshire* keine), 2 × 1 Pdr, 4 × 53,3-cm-UTR
Besatzung:	880 (*New Hampshire* 850)

Name/Kennung	Bauwerft	Kiellegung	Stapellauf	Indienst-stellung	Schicksal
Vermont/BB 20	Fore River	21.5.1904	31.8.1905	4.3.1907	Verkauf 1923
Kansas/BB 21	New York SB.	10.2.1904	12.8.1905	18.4.1907	Verkauf 1923
Minnesota/BB 22	Newport News	27.10.1903	8.4.1905	9.3.1907	Verkauf 1924
New Hampshire/ BB 23	New York SB.	1.5.1905	30.6.1906	19.3.1908	Verkauf 1923

Die ersten drei wurden unter dem Act vom 3. März 1903 genehmigt, das letzte unter dem vom 27. April 1904. Die ersten drei Einheiten der Klasse ähnelten stark der Connecticut-Klasse, unterschieden sich im einzelnen jedoch in der Panzerung. Der Hauptgürtelpanzer erstreckte sich mittschiffs über eine Länge von 88,45 m mit einheitlicher Dicke von 228 mm. Nach oben verjüngte er sich auf die Stärke der vorangegangenen Klassen, reichte ansonsten von 1,3 m über die Einsatzwasserlinie bis 1,14 m unter diese. Der obere Gürtelpanzer und die Schotte maßen 178 mm. Die übrige Panzerung war in Anordnung und Verteilung wie auf der Connecticut-Klasse.

Auf der New Hampshire konnten die 30,5-cm-Geschütze bei jeder Rohrerhöhung nachgeladen werden, auch die Anordnung der 178-mm-Schotte und des oberen 178-mm-Gürtelpanzers war etwas anders. Die Fronten der Hauptbarbetten hatten statt 254 mm einen 280-mm-Schutz, die der 20,3-cm-Barbetten statt 152 mm einen solchen von 165 mm. Der Hauptgürtelpanzer entsprach dem der anderen drei Einheiten, die restliche Panzerung der auf der Connecticut-Klasse.

Mit 18,85 kn war Minnesota bei den Probefahrten am schnellsten, ihre Verdrängung lag dabei um 16 000 ts, der künstliche Kesselzug betrug 23 mm WS. 1909/10 führte man die gleichen Änderungen wie auf der Connecticut-Klasse durch, auch die Armierung glich im Jahre 1919 dieser Klasse. Allerdings zeigt ein Foto der Vermont aus dem Jahre 1918 diese mit einem 6,1-m-EMeßGerät auf einer etwas unsicher erscheinenden Plattform vor der Brücke. Die Minnesota lief am 29. September 1918 auf eine vom deutschen U-Boot U 117 gelegte Mine und erlitt an der Stb-Seite erhebliche Schäden. Es gab jedoch keine Besatzungsverluste, dafür währte die Reparatur fünf Monate.

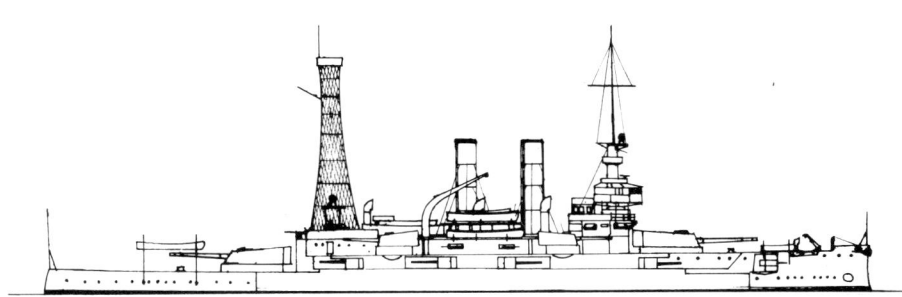

Idaho 1910.

Mississippi-Klasse

Unter dem Act vom 3. März 1903 genehmigt, war diese Klasse der Versuch, Schiffe zu bauen, die zwar die Hauptmerkmale der *Vermont*-Klasse aufwiesen, in ihrer Verdrängung aber 3000 ts darunter lagen. Wie stets bei Versuchen dieser Art, war der Erfolg nur begrenzt, denn leider ergab sich daraus auch eine geringere Geschwindigkeit.

Mit Ausnahme des Gürtelpanzers, der sich mit einer Dicke von 228 mm über eine Länge von 74,42 erstreckte, entsprach die übrige Panzerverteilung derjenigen der *Vermont*-Klasse.

Bei einer vierstündigen Probefahrt erwies sich die *Idaho* als etwas schneller: Mit 13 093 ts Verdrängung und 24 mm WS künstlichem Kesselzug lief sie 17,14 kn.

Ursprünglich hatten sie keinen Großmast, aber 1909 wurden je ein Gitterfock- und Gittergroßmast aufgestellt. In diesem Jahre

Verdrängung:	13 000 ts
Einsatzverdrängung:	14 465 ts
Abmessungen:	Lüa 116,43 m; B 23,47 m; Tg ~ 7,52 m
Maschinenanlage:	8 Babcock-Wilcox-Kessel, 2 Wellen, Stehende Dreifachexpansionsmaschinen, 10 000 PSi ≙ 17 kn, 600/1800 ts Kohle
Panzerung:	KC, Harvey: Gürtelpanzer 228–178 mm, an den Enden 178–102 mm, Barbetten 254–152 mm, Türme 305–203 mm, MA 178–95 mm, Kommandoturm 228 mm
Bewaffnung:	4 × 30,5 cm/L 45 (2 × 2), 8 × 20,3 cm/L 45 (4 × 2), 8 × 17,8 cm/L 45, 12 × 7,62 cm/L 50, 6 × 3 Pdr, 2 × 1 Pdr, 2 × 53,3-cm-UTR
Besatzung:	744

Name/Kennung	Bauwerft	Kiellegung	Stapellauf	Indienst-stellung	Schicksal
Mississippi BB 23	Cramp	12.5.1904	30.9.1905	1.2.1908	30.7.1914 Verkauf an Griechenland
Idaho/BB 24	Cramp	12.5.1904	9.12.1905	1.4.1908	30.7.1914 Verkauf an Griechenland

fuhr die *Mississippi* auch jenen Fluß hinauf, dessen Namen sie trug und besuchte dabei Natchez und andere Häfen. Ab Anfang 1914 fand sie als Basisschiff für Wasserflugzeuge Verwendung, errichtete einen Stützpunkt in Pensacola und operierte während der mexikanischen Unruhen vor Vera Cruz. Nach Abgabe an Griechenland erhielten sie die Namen *Lemnos* und *Kilkis*. Im April 1941 wurden beide in Salamis durch deutsche Sturzkampfbomber der Luftflotte 4 versenkt.

63

Kansas 1911. (CPL)

Mississippi als griech. *Kilkis* in Malta. (CPL)

Monitore

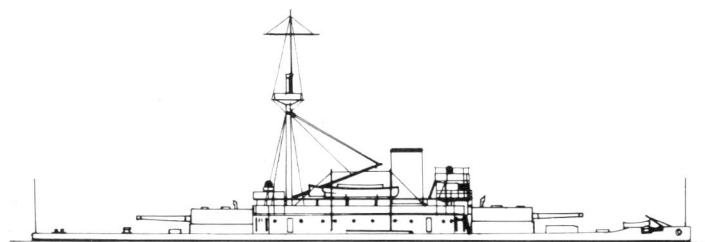

Puritan nach Fertigstellung 1896.

Puritan

Dieses war der größte Monitor der »Neuen Marine«. Die *Puritan* hatte keinerlei Ähnlichkeit mit den unfertigen Kriegsschiffen des Bürgerkrieges, war allerdings ursprünglich eines jener Fahrzeuge, die »wiederhergestellt« wurden. Die Fertigstellung nach dem neuen Entwurf wurde am 3. August 1886 genehmigt und am 26. Juni 1889 in Auftrag gegeben. Sie war schwer bewaffnet und stark gepanzert, für ihre Größe also ein kampfstarkes Schiff. Mit Ausnahme der Verwendung im Küstenschutz bildete ihr sehr niedriges Freibord einen ernsten Nachteil.

Puritan hatte einen eisernen Schiffskörper und über dem Gürtelpanzer ein 51 mm starkes Stahldeck. Im spanisch-amerikanischen Krieg war sie in der Karibik eingesetzt, fand darüber hinaus aber nie eine richtige Verwendung. Im April 1910 stellte sie endgültig außer Dienst und wurde im Februar 1918 aus der Liste gestrichen.

Verdrängung:	6060 ts
Abmessungen:	Lüa 90,3 m; B 18,33 m; Tg ~ 5,49 m
Maschinenanlage:	8 Zylinderkessel, 2 Wellen, Liegende Verbundmaschinen, 3700 PSi $\cong$ 12,4 kn, 410 ts Kohle
Panzerung:	Harvey, NS: Gürtelpanzer 356–152 mm, Barbetten 356 mm, Türme 203 mm, Kommandoturm 254 mm
Bewaffnung:	4 × 30,5 cm/L (2 × 2), 6 × 10,2 cm/L 40, 6 × 6 Pdr
Besatzung:	200–270

Name/Kennung	Bauwerft	Kiellegung	Stapellauf	Indienst-stellung	Schicksal
Puritan später *BM 1*	John Roach und Marinewerft New York	Mai 1876	6.12.1882	10.12.1896	Verkauf 1922

Puritan am Beginn der Dienstzeit. (Norman Polmar/USN)

Gleich der *Puritan* hatten diese Einheiten wenig Ähnlichkeit mit den Kriegsschiffen des Bürgerkrieges, zählten aber trotzdem zu den »wiederhergestellten« Fahrzeugen. *Miantonomoh* stellte vom Oktober 1882 bis März 1883 in Dienst, war zu der Zeit jedoch noch gar nicht fertiggestellt. Die Baugenehmigung erfolgte erst mit dem Act vom 3. August 1886, für die *Miantonomoh* sogar erst am 3. März 1887. Die Aufträge ergingen schließlich in der Zeit von 1887 bis 1890.

Diese Eisenschiffe hatten über dem Gürtelpanzer ein 44-mm-Stahldeck. *Amphitrite* und *Monadnock* unterschieden sich von den anderen: Außer den Türmen besaßen sie auch noch Barbetten. Die *Terror* hatte druckluftbetriebene Lafetten.

Die *Monadnock* hat ihre vorgegebenen 14,5 kn nie erreicht, die Probefahrtgeschwindigkeit lag um 11,63 kn. Vom 23. Juni 1898 bis 16. August 1898 überquerte sie den Pazifik und blieb bis zur Außerdienststellung in chinesischen Gewässern und auf den Philippinen stationiert. Die anderen drei waren mit Ausnahme ihres Einsatzes im spanisch-amerikanischen Krieges nur wenig in Dienst. Die *Miantonomoh* wurde Ende 1915 aus der Liste gestrichen und diente bis zum Verkauf als Zielschiff. Auch *Terror* wurde zu dieser Zeit gestrichen.

Amphitrite-Klasse

Verdrängung:	3990 ts
Abmessungen:	Lüa 80,08 m *(Amphitrite)*; L 80,18 m *(Miantonomoh, Terror)*; L 79,93 m *(Monadnock)*; B 16,86 m *(Amphitrite, Miantonomoh)*, 16,91 m *(Terror)*, 16,89 m *(Monadnock)*; Tg ~ 4,42 m *(Terror* ~ 4,47 m)
Maschinenanlage:	4 Babcock-Wilcox-Kessel *(Amphitrite)*, 4 Zylinderkessel *(Monadnock)*, 6 Zylinderkessel *(Miantonomoh, Terror)*, 2 Wellen, Liegende Verbundmaschinen *(Monadnock* Liegende Dreifachexpansionsmaschinen), 1600 PSi ≙ 12 kn *(Monadnock* 3000 PSi ≙ 14,5 kn), 250−270 ts Kohle *(Monadnock* 386 ts Kohle)
Panzerung:	Stahl und Schmiedeeisen: *Amphitrite, Monadnock* Gürtelpanzer 228 mm, Barbetten 292 mm, Türme 190 mm, Kommandoturm 190 mm, *Terror, Miantonomoh* Gürtelpanzer 178 mm, Türme 292 mm, Kommandoturm 190 mm *(Miantonomoh* 228 mm)
Bewaffnung:	4 × 25,4 cm/L 30 (2 × 2), *Miantonomoh* 2 × 25,4 cm/L 35, 2 × 25,4 cm/L 30. Nur auf *Amphitrite, Monadnock* 2 × 10,2 cm/L 40, 2 × 6 Pdr, 2 × 3 Pdr
Besatzung:	150/163/191

Name/Kennung	Bauwerft	Kiellegung	Stapellauf	Indienst-stellung	Schicksal
Amphitrite später *BM 2*	Harlan & Hollingworth und Marine-werft Norfolk	1874	7.6.1883	23.4.1895	Verkauf 1920
Monadnock später *BM 3*	Continental Iron Wks. und Marinewerft Mare Island	1875	19.9.1883	20.2.1896	Verkauf 1923
Terror später *BM 4*	Cramp und Marinewerft New York	1874	24.3.1883	15.4.1896	Verkauf 1923
Miantonomoh später *BM 5*	John Roach und Marine-werft New York	1874	5.12.1876	27.10.1891	Verkauf 1922

Amphitrite, Aufnahmedatum unbekannt. (Norman Polmar/USN)

Baugenehmigung unter dem Act vom 3. März 1887. Der 330 mm-Gürtelpanzer nahm von der Oberkante des 76-mm-Decks nach unten auf 152 mm ab und maß an seiner Unterkante noch 127 mm. Vor einer Gefechtsberührung konnte man durch die Übernahme von Ballastwasser das Freibord verringern. Die 30,5-cm-Geschütze standen im vorderen Turm, die 25,4-cm-Geschütze im hinteren.

In der Zeit vom 11. Juni 1898 bis 13. August 1898 überquerte *Monterey* den Pazifik. In ihrer Begleitung befand sich der Kohlenfrachter *Brutus*, der sie über die Hälfte der 8000 Meilen langen Strecke auch schleppte. Bis sie 1917 Stationsschiff in Pearl Harbour wurde, befand sie sich in chinesischen Gewässern und auf den Philippinen.

Monterey

Verdrängung:	4084 ts
Abmessungen:	Lüa 79,52 m; B 18 m; Tg ~ 4,52 m
Maschinenanlage:	4 Babcock-Wilcox-Kessel, 2 Wellen, Stehende Dreifachexpansionsmaschinen, 5250 PSi ≙ 13,6 kn, 230 ts Kohle
Panzerung:	Harvey und NS: Gürtelpanzer 330–127 mm, Barbetten 330–292 mm, Türme 203–190 mm, Kommandoturm 254 mm
Bewaffnung:	2 × 30,5 cm/L 35 (2 × 2), 2 × 25,4 cm/L 30 (1 × 2), 6 × 6 Pdr
Besatzung:	190–218

Name/Kennung	Bauwerft	Kiellegung	Stapellauf	Indienst-stellung	Schicksal
Monterey später *BM 6*	Union Iron Wks.	20.12.1889	28.4.1891	13.2.1893	Verkauf 1923

Die ursprüngliche Armierung sollten 1 × 40,6 cm und 1 × 30,5 cm sein, außerdem ein 38,1 cm druckluftgesteuertes Geschütz vom Typ Zalinsky.

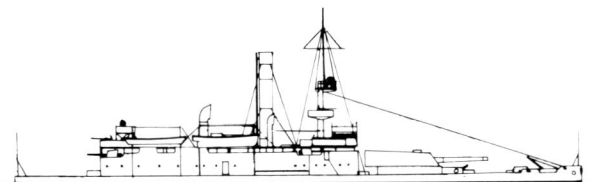

Arkansas, später *Ozark*.

Diese Klasse wurde unter dem Act vom 4. Mai 1898 genehmigt und besser bekannt, nachdem sie gemäß Anordnung die Kennung *BM 7* bis *BM 10* erhalten hatte. Die zugehörigen Namen waren dann: *Ozark* (ab 2. März 1909), *Tonopah* (ab 2. März 1909), *Tallahassee* (ab 1. Juli 1908) und *Cheyenne* (ab 1. Januar 1909). Es ist auch anzumerken, daß die *Nevada* unter dem Namen *Connecticut* vom Stapel lief und im Januar 1901 erstmals umgetauft worden war. Der Gürtelpanzer hatte bis zur Kante des 38-mm-Decks eine Dicke von 280 mm und verjüngte sich bis zur Einsatzwasserlinie auf 203 mm. An seiner Unterkante maß er noch 127 mm. Die Panzerstärke des Schornsteinhalses betrug über eine Deckshöhe 152 mm. Diese Einheiten waren für die Verteidigung von Häfen vorgesehen, bildeten aber auch hier keine wertvolle Stütze.

Arkansas-Klasse

Verdrängung:	3225 ts
Abmessungen:	Lüa 77,75 m; B 15,24 m; Tg ~ 3,81 m
Maschinenanlage:	4 Kessel (*Arkansas* Thornycroft, *Nevada* Niclausse, *Florida* Mosher, *Wyoming* Babcock-Wilcox), 2 Wellen, Stehende Dreifachexpansionsmaschinen, 2400 PSi ≙ 12,5 kn, 350 ts Kohle
Panzerung:	Harvey: Gürtelpanzer 280–127 mm, Barbetten 280–228 mm, Türme 254–228 mm, Kommandoturm 190 mm
Bewaffnung:	2 × 30,5 cm/L 40 (1 × 2), 4 × 10,2-cm/L 50-Mk 7, 3 × 6 Pdr
Besatzung:	220

Name/Kennung	Bauwerft	Kiellegung	Stapellauf	Indienst-stellung	Schicksal
Arkansas später *BM 7*	Newport News	14.11.1899	10.11.1900	28.10.1902	Verkauf 1922
Nevada später *BM 8*	Bath Iron Wks.	17.4.1899	24.11.1900	5.3.1903	Verkauf 1922
Florida später *BM 9*	Lewis Nixon	23.1.1899	30.11.1901	18.6.1903	Verkauf 1922
Wyoming später *BM 10*	Union Iron Wks.	11.4.1899	8.9.1900	8.12.1902	Verkauf 1939

Die *Tallahassee* wurde 1909 für Schießerprobungen gegen die *Katahdin*, aber auch für andere Versuche, wie die Verwendung von Gittermasten, benutzt. Alle dienten zeitweise als U-Boottender. Die *Cheyenne* stellte schließlich im Juni 1926 außer Dienst, wurde aber erst im Jahre 1939 verkauft.

Arkansas. (Norman Polmar/USN)

Panzerkreuzer

Der erste Panzerkreuzer der USA und unter dem Act vom 7. September 1888 genehmigt. Wie *Maine/ACR 1* wäre das Schiff besser als »Kleines Schlachtschiff« klassifiziert worden. *New York* war ein handlicher Glattdecker, dessen 102-mm-Gürtelpanzer nur dem Schutz der Maschinenräume diente. Auch das 76 mm starke Panzerdeck saß nur mittschiffs, hatte 152-mm-Böschungen und verjüngte sich nach den Enden hin auf 64 mm. Die vorderen und achteren 20,3-cm-Doppeltürme hatten flache 254-mm-Barbetten mit 127-mm-Munitionsförderschächten. Die anderen beiden 20,3-cm-Geschütze standen an der Stb- und Bb-Mittschiffsseite und hatten Schilde mit 51-mm-Basiskränzen. Die 10,2-cm-Geschütze befanden sich auf dem Hauptdeck: Die vier vorderen und vier hinteren waren in Schwalbennestern postiert und besaßen einen 102-mm-Teilschutz. In der Meile lief *New York* 21 kn. Ihre Leistung betrug dabei 17401 PSi und die Verdrängung 8480 ts. Im spanisch-amerikanischen Krieg

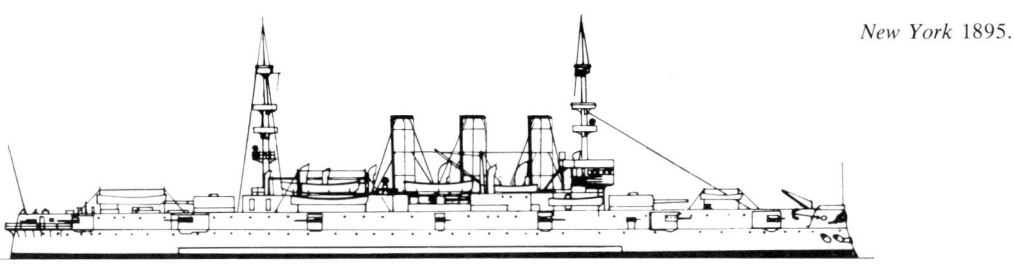

New York 1895.

New York

Verdrängung:	8200 ts
Einsatzverdrängung:	9021 ts
Abmessungen:	Lüa 117,04 m; B 19,76 m; Tg ~ 7,26 m
Maschinenanlage:	8 Zylinderkessel, 2 Wellen, Stehende Dreifachexpansionsmaschinen (2 auf jeder Welle), 16000 PSi ≙ 20 kn, 750/1290 ts Kohle
Panzerung:	NS: Gürtelpanzer 102 mm, Barbetten 254–127 mm, Türme 140 mm, MA 102 mm, Kommandoturm 190 mm
Bewaffnung:	6 × 20,3 cm/L 35 (2 × 2, 2 × 1), 12 × 10,2 cm/L 40, 8 × 6 Pdr, 4 × 1 Pdr, 3 × 35,6-cm-TR
Besatzung:	566

Name/Kennung	Bauwerft	Kiellegung	Stapellauf	Indienst-stellung	Schicksal
New York/ACR 2	Cramp	30.9.1890	2.12.1891	1.8.1893	(†) Dezember 1941

68

fungierte sie als Flaggschiff des KAdm Sampson. Zwischen 1905 und 1909 unterzog man sie einer Modernisierung: Die Bewaffnung des vorderen und achteren Doppelturms änderte sich in 4 × 20,3 cm/L 45. Auf das H-Deck kamen 10 × 12,7 cm/L 50 und 8 × 7,62 cm/L 50. Letztere standen an den Enden. Die TR wurden ausgebaut. Die neuen Türme hatten einen 164-mm-Schutz aus KC, die Barbetten einen von 152–102-mm-KC. Die alten Kessel wurden gegen 12 des Typs Babcock-Wilcox ausgetauscht und die Schornsteine erhöht.

Um 1919 reduzierte man die Zahl der 12,7-cm-Geschütze auf acht, baute die 7,62-cm-Geschütze aus und stellte zusätzlich 2 × 7,62-cm-Flak auf. Am 16. Februar 1911 erhielt der Kreuzer den Namen *Saratoga*, und ab 1. Dezember 1917 hieß er *Rochester*. Nach einem unterschiedlich aktiven Dienst und obwohl seit 1927 nur noch mit zwei Schornsteinen und vier Kesseln ausgerüstet, stellte das Schiff erst am 29. April 1933 außer Dienst, verblieb jedoch in Olongapa/Philippinen. Am 28. Oktober 1938 erfolgte die Streichung. Um es nicht in die Hände der Japaner fallen zu lassen, wurde es schließlich selbstversenkt.

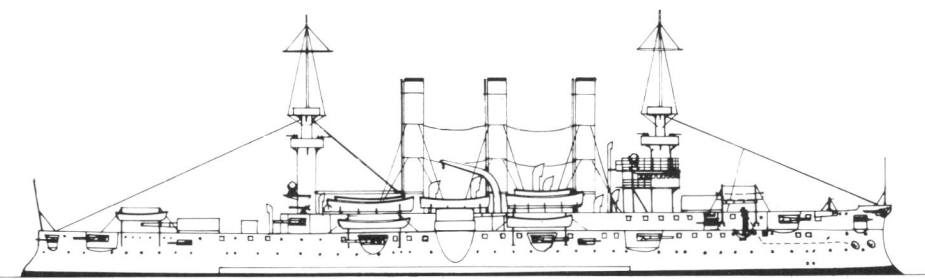

Brooklyn nach Fertigstellung 1896.

Brooklyn

Dieses mit einem stark einfallenden Schiffskörper gebaute und drei hohen Schornsteinen versehene Schiff von ungewöhnlichem Aussehen wurde unter dem Act vom 19. Juli 1892 genehmigt. Der 76-mm-Gürtelpanzer diente nur zum Schutz der Maschinenräume. Der übrige Schiffsschutz beschränkte sich im wesentlichen auf das in der Ebene 76 mm starke Panzerdeck, das sich in der Böschung zum Gürtelpanzer hin auf 152 mm verstärkte. Die Barbetten bestanden aus niedrigen 203-mm- bis 102-mm-Ringen mit 76-mm-Munitionsförderschächten. Der vordere 20,3-cm-Turm stand auf dem Backdeck, die anderen Geschütze befanden sich in Oberdeckebene, wobei sich ihre Unterbauten aus der stark nach innen einfallenden Böschung abhoben. Ursprünglich waren der vordere und Stb-Seitenturm elektrisch angetrieben, während die anderen einen Dampfantrieb hatten. Acht 12,7-cm-Geschütze standen in Hauptdeckschwalbennestern, vier in der Ebene des Oberdecks. Von letzteren befand sich das vorderste Paar in Schwalbennestern des Backdecks.

Bei Probefahrten erreichte *Brook-*

Brooklyn nach dem amerik./spanischen Krieg. (CPL)

Verdrängung:	9215 ts
Einsatzverdrängung:	10068 ts
Abmessungen:	Lüa 122,7 m; B 19,71 m; Tg ~ 7,32 m
Maschinenanlage:	7 Zylinderkessel, 2 Wellen, Stehende Dreifachexpansionsmaschinen (2 auf jeder Welle), 16000 PSi ≙ 20 kn, 900/1753 ts Kohle
Panzerung:	Harvey und NS: Gürtelpanzer 76 mm, Barbetten 203–76 mm, Türme 140 mm, MA 102 mm, Kommandoturm 216 mm
Bewaffnung:	8 × 20,3 cm/L 35 (4 × 2), 12 × 12,7 cm/L 40, 12 × 6 Pdr, 4 × 1 Pdr, 5 × 45,7-cm-TR
Besatzung:	561–581

Name/Kennung	Bauwerft	Kiellegung	Stapellauf	Indienst-stellung	Schicksal
Brooklyn/ACR 3	Cramp	2.8.1893	2.10.1895	1.12.1896	Verkauf 1921

lyn bei einer Leistung von 18770 PSi und Leerverdrängung von nur 8150 ts eine Geschwindigkeit von 21,91 kn.

In der Schlacht von Santiago war *Brooklyn* Flaggschiff des Kommodore Schley, ihre offensichtliche Schiffsschutzschwäche brauchte sie dabei allerdings nicht unter Beweis stellen. Von 1908 bis 1914 war sie außer Dienst gestellt. Während dieser Zeit wurden die Turmfördereinrichtungen verbessert, die TR ausgebaut und eine Feuerleitanlage eingebaut. Um 1919 hatte man die 12,7-cm-Geschütze auf acht reduziert und 2 × 7,62-cm-Flak aufgebaut. In ihrem letztem ab Januar 1920 währenden Dienstabschnitt fungierte sie als Flaggschiff der zur Pazifikflotte gehörenden Zerstörer.

Maryland nach Fertigstellung 1905.

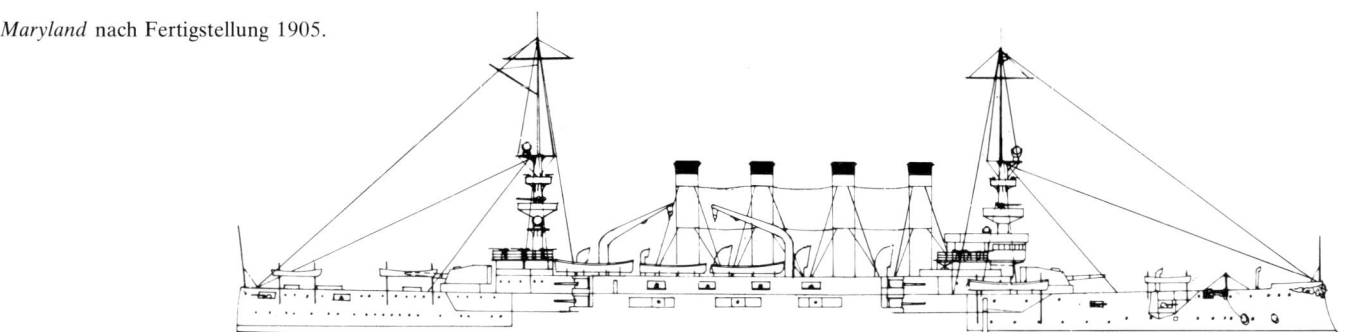

Die ersten drei Einheiten wurden unter den Act vom 3. März 1899 genehmigt, die anderen folgten unter dem vom 7. Juni 1900. Sie sind mit Sicherheit besser unter den Namen bekannt, die sie im Anschluß erhielten: *Pittsburgh/ACR 4* (ab 17. August 1912), *Huntington/ACR 5* (ab 11. November 1916), *San Diego/ACR 6* (ab 1. September 1914), *Pueblo/ACR 7* (ab 9. November 1916), *Frederick/ACR 8* (ab 9. November 1916) und *Huron/ACR 9* (ab 7. Juni 1920). Obwohl viel größer als ihre beiden Vorgänger, waren sie klar unterbewaffnet.

Mit Ausnahme der Wasserlinie hatte der Gürtelpanzer eine Dicke von 127 mm, die Barbettbasen und Munitionsförderschächte einen Schutz von 76 mm. Turmkronen und Panzerdeck maßen in der Ebene 38 mm, die Böschungen und Enden des Panzerdecks verstärkten sich jedoch auf 102 mm. 1909 ersetzte man auf der *Colorado* die 20,3-cm-Geschütze durch solche mit L/45. Die übrigen Einheiten der Klasse folgten später nach. Die 15,2-cm-Geschütze, von denen sich zehn in der H-Deckbat-

Pennsylvania-Klasse

Verdrängung:	13680 ts
Einsatzverdrängung:	15138 ts
Abmessungen:	Lüa 153,58 m; B 21,2 m; Tg ~ 7,34 m
Maschinenanlage:	16 Babcock-Wilcox-Kessel (*Pennsylvania, Colorado* 32 Niclausse), 2 Wellen, Stehende Dreifachexpansionsmaschinen, 23000 PSi ≙ 22 kn, 900/1825 ts Kohle (*Pennsylvania, Colorado*), 1950 ts Kohle (*West Virginia, Maryland*), 2075 ts Kohle (*California, South Dakota*)
Panzerung:	KC, Harvey: Gürtelpanzer 152−127 mm, an den Enden 90 mm, Barbetten 152−76 mm, Türme 164−152 mm, MA 127 mm, Kommandoturm 228 mm
Bewaffnung:	4 × 20,3-cm-/L 40-Mk 5 (2 × 2), 14 × 15,2-cm-/L 50-Mk 6, 18 × 7,62 cm/L 50, 12 × 3 Pdr, 2 × 1 Pdr, 2 × 45,7-cm-UTR
Besatzung:	829/891/928

Name/Kennung	Bauwerft	Kiellegung	Stapellauf	Indienst-stellung	Schicksal
Pennsylvania/ ACR 4	Cramp	7.8.1901	22.8.1903	9.3.1905	Verkauf 1931
West Virginia/ ACR 5	Newport News	16.9.1901	18.4.1903	23.2.1905	Verkauf 1930
California/ACR 6	Union Iron Wks.	7.5.1902	28.4.1904	1.8.1907	† 19.7.1918 durch Mine od. Torpedo
Colorado/ACR 7	Cramp	25.4.1901	25.4.1903	19.1.1905	Verkauf 1930
Maryland/ACR 8	Newport News	29.10.1901	12.9.1903	18.4.1905	Verkauf 1930
South Dakota/ ACR 9	Union Iron Wks.	30.9.1902	21.7.1904	27.1.1908	Verkauf 1930

terie befanden, reduzierte man während des Ersten Weltkrieges bei einigen Einheiten auf vier und stellte dafür 2 × 7,62-cm-Flak auf. Die Niclaussekessel der *Pennsylvania* und *Colorado* wurden durch 16 Babcock-Wilcoxkessel ersetzt und ab 1922 besaß *Pennsylvania* nur noch 12 Kessel und drei Schornsteine. 1911 kamen Fockgittermasten zur Aufstellung.

Am 18. Januar 1911 erfolgte auf der *Pennsylvania* die erste Landung eines Seeflugzeuges. Der Pilot hieß Eugene Ely, seine Maschine war eine *Curtis* mit Schubschraube. Die Landung erfolgte auf einer über dem Achterdeck und hinter dem Turm errichteten Plattform. Zu dieser Zeit lag das Schiff in der San Francisco Bay vor Anker. 1917 wurde die *Huntington* kurzzeitig mit einem Katapult und vier Flugzeugen ausgerüstet, darüber hinaus konnte sie auch einen Fesselballon einsetzen.

1920 stellte die *Huntington* außer Dienst, 1922 folgte *Frederick*, 1927 *Huron* und *Pueblo*. Letztere war bis dahin sechs Jahre lang Stationsschiff in New York gewesen. 1931 stellte die *Pittsburgh* außer Dienst. Die *San Diego* wurde entweder durch eine Mine versenkt oder vom deutschen U-Boot *U 156* (am 19. Juli 1918) torpediert. Sie kenterte und versank nach 20 Minuten, nachdem seitlich des vorderen Bb-Maschinenraums eine Explosion stattgefunden hatte. Dieser und eine Reihe anliegender Abteilungen, einschließlich des Bb-Kesselraumes, liefen voll Wasser, wodurch das Schiff Schlagseite erhielt und weiteres Wasser durch die Geschützpforten ins H-Deck drang.

Pittsburgh (ex *Pennsylvannia*) 1919. (CPL)

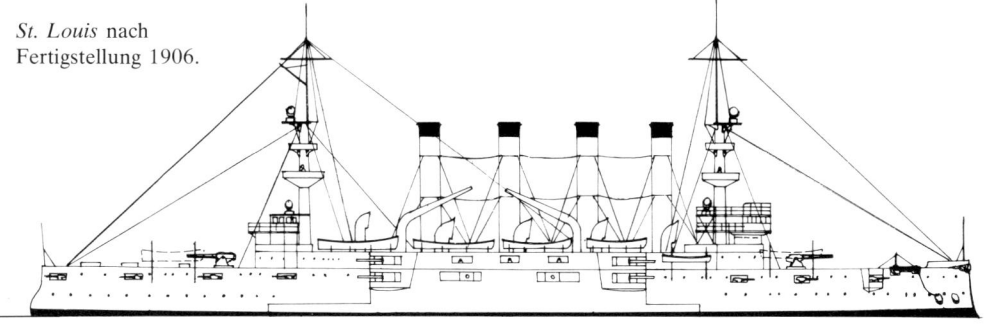

St. Louis nach Fertigstellung 1906.

Baugenehmigung unter dem Act vom 7. Juni 1900. Die Schiffe waren kein guter Entwurf: Der 102-mm-Gürtelpanzer schützte nur die Maschinenräume und der obere 102-mm-Seitenpanzer nur die mittschiffs liegende 15,2-cm-Batterie. Das Panzerdeck maß in der Böschung und an den Enden 76 mm. Die 15,2-cm-Geschütze standen zu je einem vorne und hinten hinter Schilden, acht in der Oberdeckkasematte und die restlichen acht in der H-Deckbatterie. Später reduzierte man die Zahl der 15,2-cm-Geschütze auf 12: Das hintere Paar wurde ausgebaut, desgleichen 4 × 7,62-cm-Geschütze. Dafür kamen 2 × 7,62-cm-Flak zur Aufstellung.

Die *St. Louis* stellte im März 1922 außer Dienst und *Charleston* im Dezember 1823. Die *Milwaukee* strandete bei einem Rettungsversuch für das U-Boot *H 3* vor Eureka/Californien. Während eines Orkans im November 1918 brach sie schließlich auseinander.

St. Louis-Klasse

Verdrängung:	9700 ts
Einsatzverdrängung:	10839 ts
Abmessungen:	Lüa 129,91 m; B 20,12 m; Tg ~ 6,86 m
Maschinenanlage:	12 Babcock-Wilcox-Kessel, 2 Wellen, Stehende Dreifachexpansionsmaschinen, 21 000 PSi ≙ 22 kn, 650/1650 ts Kohle (*Charleston* 1700 ts Kohle)
Panzerung:	Harvey: Gürtelpanzer 102 mm, Hauptartillerie 102 mm, Kommandoturm 127 mm
Bewaffnung:	14 × 15,2-cm/L 50-Mk 6 (*Milwaukee* Mk 8), 18 × 7,62 cm/L 50, 12 × 3 Pdr, 8 × 1 Pdr
Besatzung:	673/767

Name/Kennung	Bauwerft	Kiellegung	Stapellauf	Indienst-stellung	Schicksal
St. Louis/C 20	Neafie & Levy	31. 7. 1902	6. 5. 1905	18. 8. 1906	Verkauf 1930
Milwaukee/C 21	Union Iron Wks.	30. 7. 1902	10. 9. 1904	11. 5. 1906	13. 1. 1917 gestrandet
Charleston/C 22	Newport News	30. 1. 1902	23. 1. 1904	17. 10. 1905	Verkauf 1930

71

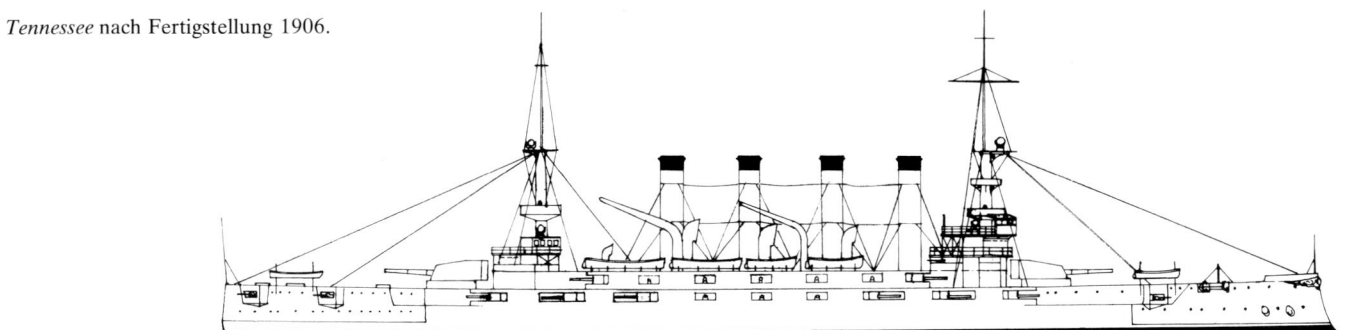

Tennessee nach Fertigstellung 1906.

Tennessee-Klasse

Die ersten beiden Einheiten wurden unter dem Act vom 1. Juli 1902 genehmigt, die anderen beiden unter dem vom 27. April 1904, und alle sind sicherlich besser unter ihrem neuen Namen bekannt, der ihnen später verliehen wurde: *Memphis/ACR 10* (ab 25. Mai 1916), *Seattle/ACR 11* (ab 9. November 1916), *Charlotte/ACR 12* (ab 7. Juni 1916) und *Missoula/ACR 13* (ab 7. Juni 1920).

Diese Klasse wies gegenüber früheren Panzerkreuzern der US-Navy merkliche Verbesserungen auf: Hinter dem Gürtelpanzer befand sich ein horizontales 38-mm-Panzerdeck, das sich an den Enden auf 76 mm verstärkte und eine 102-mm-Böschung bildete. Soweit sie sich hinter dem Gürtelpanzer befanden, hatte man die bis zum Panzerdeck reichenden Barbetten auf 102 mm reduziert. Die Türme hatten 228-mm-Fronten, 178-mm-Seiten, 127-mm-Rücken und 64-mm-Decken. Die 25,4-cm-L 40-Geschütze waren wesentlich leistungsfähiger als die 25,4 cm/L 45 der britischen Kreuzer *Swiftsure* und *Triumph*. Von den 15,2-cm-Geschützen standen 12 im H-Deck, wo sie zwei Batterien zu je sechs bildeten. Zwischen ihnen waren je 6 × 7,62-cm-Geschütze postiert. Vier weitere 15,2-cm-Geschütze befanden sich in Oberdeckskasematten. Die restlichen zehn 7,62-cm-Geschütze befanden sich an Oberdeck. Während des Ersten Weltkrieges und danach reduzierte man die 15,2-

Verdrängung:	14 500 ts
Einsatzverdrängung:	15 715 ts *(Tennessee, Washington)*, 15 981 ts *(North Carolina, Montana)*
Abmessungen:	Lüa 153,76 m; B 22,23 m; Tg ~ 7,62 m
Maschinenanlage:	16 Babcock-Wilcox-Kessel, 2 Wellen, Stehende Dreifachexpansionsmaschinen, 23 000 PSi ≙ 22 kn, 900/1975 ts Kohle *(Tennessee)*, 1939 ts Kohle *(Washington)*, 1950 ts Kohle *(North Carolina, Montana)*
Panzerung:	KC, Harvey: Gürtelpanzer 127 mm, an den Enden 76 mm, Barbetten 178–102 mm (203–102 mm auf *North Carolina, Montana*), Türme 228–127 mm, MA 127 mm, Kommandoturm 228 mm
Bewaffnung:	4 × 25,4 cm/L 40, 16 × 15,2-cm-L 50-Mk 8, 22 × 7,62 cm/L 50, 12 × 3 Pdr, 2 × 1 Pdr (4 × 1 Pdr auf *North Carolina, Montana*), 4 × 53,3 cm-UTR
Besatzung:	856 *(Tennessee, Washington)*, 859 *(North Carolina, Montana)*/914

Name/Kennung	Bauwerft	Kiellegung	Stapellauf	Indienst-stellung	Schicksal
Tennessee/ ACR 10	Cramp	20.6.1903	3.12.1904	17.7.1906	29.8.1916 gestrandet
Washington/ ACR 11	New York SB.	23.9.1903	18.3.1905	7.8.1906	Verkauf 1946
North Carolina/ ACR 12	Newport News	21.3.1905	6.10.1906	7.5.1908	Verkauf 1930
Montana/ACR 13	Newport News	29.4.1905	15.12.1906	21.7.1908	Verkauf 1930

cm-Geschütze bei einigen Einheiten nach und nach auf vier, die 7,62-cm-Geschütze auf 12 und baute zusätzlich 2 × 7,62-cm-Flak ein.

24stündige Probefahrten ergaben bei einer zwischen 27274 PSi und 28280 PSi liegenden Leistung Geschwindigkeiten von 21,92–22,27 kn. Ab 1911 kamen Gittermasten zur Aufstellung, und für den Hilfsmaschinenbetrieb machte man umfangreichen Gebrauch von elektrischer Energie. Die Generatorenleistung lag mit 600 kW 100 kW höher als auf der *Pennsylva-*

nia-Klasse. Am 5. November 1915 erfolgte von der *North Carolina* der erste Katapultstart eines Flugzeuges, und die *Seattle* wurde im Ersten Weltkrieg kurzzeitig mit einem Katapult und vier Flugzeugen ausgerüstet. *Missoula* und *Charlotte* stellten 1921 außer Dienst. Die *Seattle* fungierte von 1923–1927 als Flaggschiff der Verwaltung der US-Flotte, war im Anschluß Stationsschiff in New York und erhielt 1941 die Kennung *IX 39*, um als Hilfsschiff für verschiedene Aufgaben zu dienen. *Memphis* wurde von einer 30,5 m

hohen »tsunami« (einer durch ein Seebeben entstandenen Flutwelle) getroffen und auf der Reede von Santo Domingo an Land geworfen, wo sie total zerschmettert liegen blieb. Ein solcher Fall war bis dahin keinem Schiff dieser Größe passiert.

Kreuzer

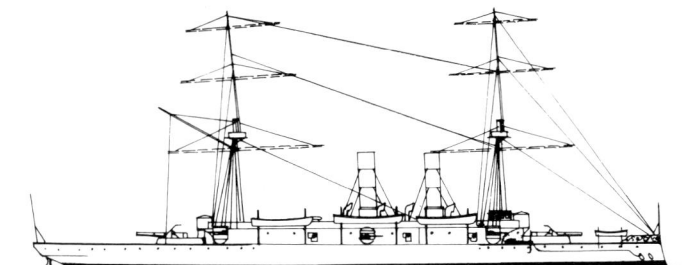

Atlanta nach Fertigstellung 1886.

Atlanta-Klasse

Die Baugenehmigung erfolgte unter dem Act vom 3. März 1883. Ab November 1905 fungierte die *Atlanta* als Wohnschiff für Torpedobootbesatzungen. *Boston* fuhr von Juni 1911 bis September 1916 als Schulschiff für die Marinemiliz des Bundesstaates Oregon, und von 1918 bis 1946 lag sie als Stationsschiff in Yerba Buena, wo sie im August 1940 den Namen *Despatch* erhielt.

Die in 51-mm-Barbetten stehenden 20,3-cm-Geschütze waren Bb vorne und Stb achtern zueinander verschoben und die 15,2-cm-Geschütze entgegengesetzt in den Enden der Mittschiffsaufbauten. Auf diese Art war ein Voraus- und Achterausschießen je einer 20,3 cm und 15,2 cm möglich.

Über den Maschinenräumen erstreckte sich ein 30,5 m langes 38-mm-Deck. Später erhielten die 20,3-cm-Geschütze Schutzschilde. Trotzdem waren sie für einen effektiven Kreuzereinsatz viel zu langsam, und das aufgeteilte Deck verlieh ihnen nur ungenügenden Schutz. Die brigg-getakelte Segelausrüstung ohne Royals wurde später entfernt.

Verdrängung:	3189 ts
Abmessungen:	Lüa 86,26 m; B 12,8 m; Tg ~ 5,18 m
Maschinenanlage:	8 Zylinderkessel, 1 Welle, Liegende Verbundmaschine, 3500 PSi ≙ 13 kn, 380/490 ts Kohle
Bewaffnung:	2 × 20,3 cm/L 30, 6 × 15,2 cm/L 30, 2 × 3 Pdr, 2 × 1 Pdr
Besatzung:	284

Name/Kennung	Bauwerft	Kiellegung	Stapellauf	Indienst-stellung	Schicksal
Atlanta/ –	John Roach	8. 11. 1883	9. 10. 1894	19. 7. 1886	Verkauf 1912
Boston/ –	John Roach	15. 11. 1883	4. 12. 1884	2. 5. 1887	† 8. 4. 1946

Beide Einheiten wurden in der Marinewerft New York fertiggestellt.

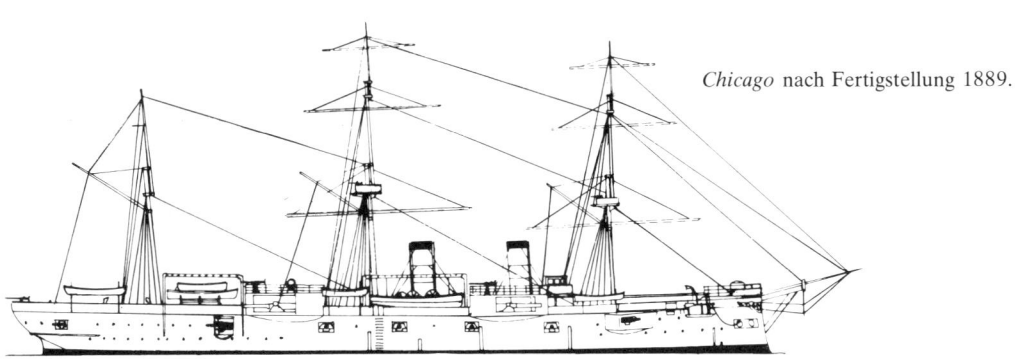

Chicago nach Fertigstellung 1889.

Chicago

Die Baugenehmigung dieses mit einem schlechten Schiffsschutz versehenen Kreuzers erfolgte unter dem Act vom 3. März 1883: Es handelte sich lediglich um ein 38 mm starkes und 41,48 m langes über den Maschinenräumen sitzendes Deck, dessen Dicke über den Magazinen nur 19 mm betrug. Die 20,3-cm-Geschütze standen in vier Oberdeckschwalbennestern, die 15,2-cm- und 12,7-cm-Geschütze in H-Deck, letztere im hinteren Teil. Die Kessel waren recht

Verdrängung:	4500 ts
Einsatzverdrängung:	4864 ts
Abmessungen:	Lüa 104,29 m; B 14,7 m; Tg ~ 5,79 m
Maschinenanlage:	5 Zylinderkessel, 2 Wellen, Verbundmaschinen mit obenliegendem Balancier, 5000 PSi ≙ 14 kn, 593/831 ts Kohle
Bewaffnung:	4 × 20,3 cm/L 30, 8 × 15,2 cm/L 30, 2 × 12,7 cm/L 30, 2 × 6 Pdr, 2 × 1 Pdr
Besatzung:	409/471

Name/Kennung	Bauwerft	Kiellegung	Stapellauf	Indienst-stellung	Schicksal
Chicago/ –	John Roach	29. 12. 1883	5. 12. 1885	17. 4. 1889	† 8. 7. 1936

Die Fertigstellung erfolgte in Delaware River, Nachfolger der Werft John Roach

ungewöhnlich, denn sie wurden außen befeuert. Die Probefahrten ergaben 5084 PSi ≙ 15,4 kn. Zum Segeln hatte *Chicago* eine Barktakelung ohne Royals.

Von 1895 bis 1898 erfolgte ein Umbau: Die nominelle Verdrängung wuchs auf über 5000 ts. Über die Ruderanlage kam ein 38-mm-Schutzplattendeck, und zum Schutz der Geschützbedienungen baute man an den Seiten 25-mm-Streifen ein, hinzu kamen an beiden Schiffsenden 38-mm-Verstärkungen. Mit letzteren wollte man einen Rammangriff ermöglichen. Der Kommandoturm erhielt einen 76-mm-Schutz, die 20,3 cm/L 30 wurden durch 20,3 cm/L 35 ersetzt und die 15,2 cm- und 12,7-cm-Geschütze durch 14 × 12,7-cm/L 40-Geschütze. Die neue Maschinenanlage bestand aus sechs Babcock-Wilcoxkesseln, vier Zylinderkesseln und Liegenden Dreifachexpansionsmaschinen mit einer Leistung von nunmehr 9000 PSi entsprechend 18 kn Geschwin-

Chicago, Aussehen nach Fertigstellung mit Barktakelung und kurzen Schornsteinen. (CPL)

digkeit. Schließlich entfernte man noch die Segelausrüstung.

Von 1910 bis 1917 gehörte *Chicago* zur Marinemiliz der Bundesstaaten Massachusetts und später Pennsylvania. Von 1917 bis 1923 operierte sie vorwiegend gemeinsam mit U-Booten. In der Zwischenzeit hatte man ihre Bewaffnung auf 4 × 12,7 cm/L 51 reduziert. Im Juli 1920 erfolgte die Umklassifizierung in *CA 14* und von 1923 bis 1935 befand sie sich als Wachtschiff in Pearl Harbour. Seit Juli 1928 hieß sie *Alton*. Nach ihrem Verkauf sank sie während der Überführungsschleppfahrt nach San Francisco.

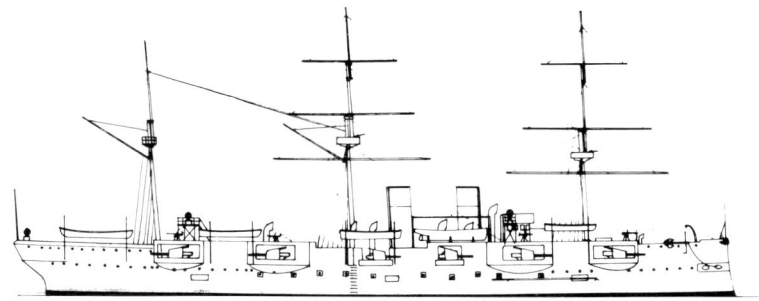

Newark 1897.

Unter dem Act vom 3. März 1885 genehmigt und gegenüber der *Chicago* eine merkliche Verbesserung. Das Schiff hatte ein durchlaufendes Schutzdeck: Mittschiffs 51 mm, in der Böschung 76 mm, vorne 51 mm, achtern 76 mm. Alle 15,2-cm-Geschütze standen in Schwalbennestern. 1901/02 erfolgte die Umrüstung auf 12 × 15,2-cm/L 40-Geschütze. Für die Marine wurde sie zwar im Juni 1913 gestrichen, diente im Anschluß aber als Quarantänehulk in Providence/Rhode Island und bis 1926 zwischenzeitlich auch als Marinelazarett. Bei seiner Fertigstellung hatte das Schiff eine Barktakelung ohne Royals. Wie bei anderen in den 80er Jahren auf Stapel gelegten Dreimastkreuzern der US-Navy, blieb der Großmast ohne Spur.

Newark

Verdrängung:	4083 ts
Einsatzverdrängung:	4592 ts
Abmessungen:	Lüa 99,97 m; B 14,98 m; Tg ~ 5,74 m
Maschinenanlage:	4 Zylinderkessel, 2 Wellen, Liegende Dreifachexpansionsmaschinen, 8500 PSi ≙ 18 kn, 400/800 ts Kohle
Bewaffnung:	12 × 15,2 cm/L 30, 4 × 6 Pdr, 2 × 1 Pdr
Besatzung:	384

Name/Kennung	Bauwerft	Kiellegung	Stapellauf	Indienst-stellung	Schicksal
Newark/C 1	Cramp	12.6.1888	19.3.1890	2.2.1891	Verkauf 1926

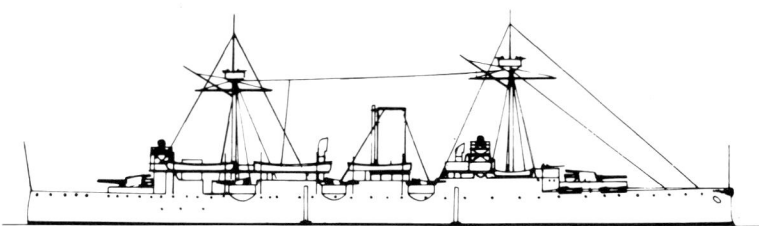

Charleston 1897.

Charleston

Dieses unter dem Act vom 3. März 1885 genehmigte Schiff war im Grunde genommen eine Kopie des bei Elswick/Großbritannien gebauten japanischen Kreuzers *Naniwa*. Die 2 × 20,3-cm-Geschütze standen vorne und achtern in niedrigen Barbetten und hatten einen 51-mm-Plattenschutz. Auch der Kommandoturm besaß einen solchen. Das Schutzdeck maß 51 mm und verstärkte sich in der Böschung auf 76 mm.
Charleston lief vor den Camiguininseln/Philippinen auf ein in der Karte nicht verzeichnetes Riff und wurde bei den Bergungsmaßnahmen weiter beschädigt.

Verdrängung:	3730 ts
Einsatzverdrängung:	~ 4200 ts
Abmessungen:	Lüa 97,54 m; B 14,01 m; Tg ~ 5,64 m
Maschinenanlage:	6 Zylinderkessel, 2 Wellen, Liegende Verbundmaschinen, 7650 PSi ≙ 18 kn, 328/758 ts Kohle
Bewaffnung:	2 × 20,3 cm/L 35, 6 × 15,2 cm/L 30, 4 × 6 Pdr, 2 × 3 Pdr, 2 × 1 Pdr
Besatzung:	300

Name/Kennung	Bauwerft	Kiellegung	Stapellauf	Indienst-stellung	Schicksal
Charleston/C 2	Union Iron Wks.	20. 1. 1887	19. 7. 1888	26. 12. 1889	2. 11. 1899 gestrandet

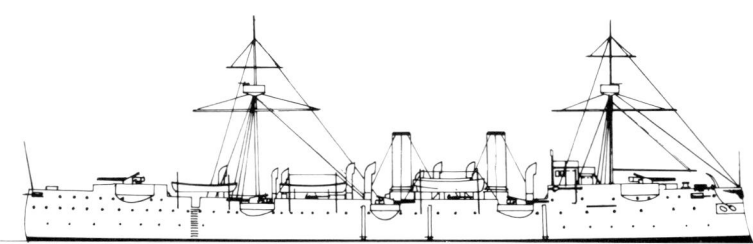

Baltimore
nach Fertigstellung 1890.

Baltimore

Die Konstruktion dieses unter dem Act vom 3. August 1886 genehmigten Kreuzers basierte auf einem Entwurf von Elswick, der sich im Fall des unglücklichen spanischen Kreuzers *Reina Regente* als nicht zufriedenstellend erwiesen hatte.
Die 20,3-cm-Geschütze standen auf der Back und Poop in Schwalbennestern, die 15,2-cm-Geschütze in solchen auf dem Mittschiffoberdeck. Das mittschiffs sitzende Schutzdeck war 64 mm stark und nahm in der Böschung auf 102 mm zu. Der Kommandoturm hatte einen 76-mm-Schutz. Zwischen 1900 und 1903 erfolgte eine Umrüstung auf 12 × 15,2-cm/L 40-Mk 7-Geschütze: Zwei auf der Back, zwei auf der Poop, acht mittschiffs auf dem Oberdeck. In den Schwalbennestern befand sich

Verdrängung:	4413 ts
Einsatzverdrängung:	5436 ts
Abmessungen:	Lüa 102,11 m; B 14,78 m; Tg ~ 5,94 m
Maschinenanlage:	4 Zylinderkessel, 2 Wellen, Liegende Dreifachexpansionsmaschinen, 10 750 PSi ≙ 19 kn, 400/1144 ts Kohle
Bewaffnung:	4 × 20,3 cm/L 35, 6 × 15,2 cm/L 30, 4 × 6 Pdr, 2 × 3 Pdr, 2 × 1 Pdr
Besatzung:	386

Name/Kennung	Bauwerft	Kiellegung	Stapellauf	Indienst-stellung	Schicksal
Baltimore/C 3	Cramp	5. 5. 1887	6. 10. 1886	7. 1. 1890	Verkauf 1942

keines mehr. In dieser Zeit erhielt sie auch neue Kessel: Acht Babcock-Wilcox.
1911/12 befand sich die *Baltimore* als Stationsschiff in Charleston und wurde 1913/14 auf der dortigen Werft zum Minenleger umgebaut. Im Ersten Weltkrieg nahm sie am Auslegen der großen Minensperre im Norden teil. Für das Jahr 1919 wird ihre Armierung mit 4 × 12,7 cm/L 51 und 2 × 7,62-cm-Flak angegeben. Im Jahre 1922 stellte sie in Pearl Harbour außer Dienst, wurde aber erst 20 Jahre später verkauft. Die *Baltimore* war wahrscheinlich der beste in den 80er Jahren gebaute US-Kreuzer.

Baltimore im Hafen von New York. (Norman Polmar/USN)

Dieser unter dem Act vom 3. März 1887 genehmigte Kreuzer war ursprünglich als Dreimastschoner ohne Vorgeschirr getakelt und im Schiffsschutz der *Baltimore* ähnlich. Die 12 × 15,2-cm-Geschütze der *Philadelphia* waren wie nach der Umrüstung auf der *Baltimore* aufgestellt, wobei sich die Mittschiffsgeschütze allerdings in Schwalbennestern befanden.

Im August 1902 verlegte sie zwecks ausgedehnter Reparaturen in die Marinewerft Puget Sound. Im Jahre 1904 erhielt sie einen hausartigen Aufbau und wurde Stationsschiff. Abgesehen von einer zeitweiligen Nutzung als Gefangenenschiff verblieb sie bis zur Streichung im Jahre 1926 in Puget Sound.

Dieses unter dem Act vom 3. März 1887 genehmigte Schiff war ursprünglich mit einer Dreimastschonertakelung ohne Vorgeschirr ausgerüstet und allgemein gesehen eine Wiederholung der *Newark*. Allerdings standen die beiden vorderen und hinteren 15,2-cm-Geschütze ein Deck höher und nicht in Schwalbennestern. Das 51 mm

Philadelphia

Verdrängung:	4324 ts
Einsatzverdrängung:	5305 ts
Abmessungen:	Lüa 102,11 m; B 14,78 m; Tg ~ 5,84 m
Maschinenanlage:	4 Zylinderkessel, 2 Wellen, Liegende Dreifachexpansionsmaschinen, 9000 PSi ≙ 19 kn, 400/1031 ts Kohle
Bewaffnung:	12 × 15,2 cm/L 30, 4 × 6 Pdr, 4 × 3 Pdr, 2 × 1 Pdr
Besatzung:	384

Name/Kennung	Bauwerft	Kiellegung	Stapellauf	Indienst-stellung	Schicksal
Philadelphia/C 4	Cramp	22.3.1888	7.9.1889	28.7.1890	Verkauf 1927

San Francisco

Verdrängung:	4088 ts
Einsatzverdrängung:	4583 ts
Abmessungen:	Lüa 98,91 m; B 14,98 m; Tg ~ 5,74 m
Maschinenanlage:	4 Zylinderkessel, 2 Wellen, Liegende Dreifachexpansionsmaschinen, 10 500 PSi ≙ 19 kn, 350/627 ts Kohle
Bewaffnung:	12 × 15,2 cm/L 30, 4 × 6 Pdr, 4 × 3 Pdr, 2 × 1 Pdr
Besatzung:	384

Name/Kennung	Bauwerft	Kiellegung	Stapellauf	Indienst-stellung	Schicksal
San Francisco/ C 5	Union Iron Wks.	14.8.1888	26.10.1889	15.11.1890	Verkauf 1939

starke Schutzdeck nahm in der Böschung zu auf 76 mm. Der Kommandoturm hatte ebenfalls einen 76-mm-Schutz.

1902 wurde die *San Francisco* umgerüstet auf 15,2-cm/L 40-Geschütze und von 1908 bis 1911 erfolgte in der Marinewerft Norfolk ihr Umbau zum Minenleger. Danach bestand die Armierung aus 8 × 12,7-cm/L 40-Geschützen. Außerdem besaß sie nun acht Babcock-Wilcoxkessel.

Im Ersten Weltkrieg war sie am Auslegen der großen Minensperre zwischen Norwegen und den Britischen Inseln beteiligt. 1918 hatte sie noch eine Armierung aus 4 × 12,7-cm/L 51-Geschützen. 1921 stellte sie in Philadelphia außer Dienst und verblieb bis zur Streichung in der Reserve. Während dieser Zeit erfolgte die Umbenennung in *Tahoe*, der 1930/31 eine weitere in *Yosemite* folgte.

San Francisco mit der ursprünglichen leichten Schonertakelung. (CPL)

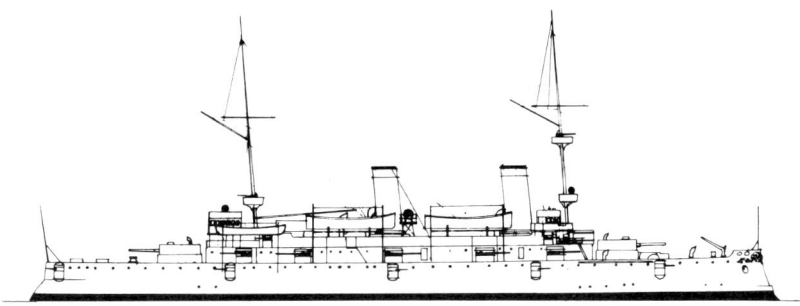

Olympia 1898.

Genehmigt unter dem Act vom 7. September 1888. Auf diesem Schiff befanden sich die 4 × 20,3-cm-Geschütze in je einem vorderen und hinteren durch 90-mm-Harveystahl geschützten Doppelturm, dessen Barbette mit einem 114-mm-Nickelstahlschutz und einem 76-mm-Munitionsförderschacht versehen war. Die 12,7-cm-Geschütze standen an Stb und Bb in den Aufbauten und hatten ein 102-mm-Schutzschild. Der Kommandoturm war mit einem 127-mm-Schutz versehen, das horizontale Schutzdeck maß 51 mm. Mittschiffs hatte die Böschung eine Stärke von 120 mm. Die Schutzdeckenden maßen 76 mm und die Maschinenzylinder wurden durch 102-mm-Platten geschützt. Bei den Probefahrten lief die *Olympia* in der Meile mit 17313 PSi 21,68 kn. Ihre Verdrängung lag dabei 300 ts unter dem Normalwert.

In der Schlacht von Manila diente sie Kommodore Dewey als Flaggschiff, wurde in der Schlacht selbst

Olympia

Verdrängung:	5865 ts
Einsatzverdrängung:	6558 ts
Abmessungen:	Lüa 104,87 m; B 16,15 m; Tg ~ 6,55 m
Maschinenanlage:	6 Zylinderkessel, 2 Wellen, Stehende Dreifachexpansionsmaschinen, 13 500 PSi ≙ 20 kn, 400/1093 ts Kohle
Bewaffnung:	4 × 20,3 cm/L 35 (2 × 2), 10 × 12,7 cm/L 40, 14 × 6 Pdr, 6 × 1 Pdr, 6 × 45,7 cm-TR
Besatzung:	411/447

Name/Kennung	Bauwerft	Kiellegung	Stapellauf	Indienst-stellung	Schicksal
Olympia/C 6	Union Iron Wks.	17.6.1891	5.11.1892	5.2.1895	noch vorhanden

jedoch wenig gefordert. 1900 erfolgte ein Ausbau der Torpedorohre, und von 1912 bis 1916 lag sie als Wohnschiff in Charleston, nahm aber trotzdem aktiv am Ersten Weltkrieg teil. Zu dieser Zeit setzte sich ihre Armierung aus 10 × 12,7-cm/L 51-Geschützen zusammen. Am 9. Dezember 1922 stellte sie schließlich außer Dienst und erhielt 1931 die Kennung *IX 40*.

Olympia 1904 vor Gravesund. (CPL)

Die Baugenehmigung erfolgte unter dem Act vom 7. September 1888. Das 15,2-cm-Geschütz befand sich auf dem vorderen Oberdeck, zwei 12,7-cm-Geschütze standen seitlich des achteren Oberdecks und die übrigen in Mittschiffschwalbennestern des H-Decks. Letztere hatten einen örtlichen 102-mm-Schutz. Der Kommandoturm besaß einen 51-mm-Schutz, während das Schutzdeck in der Ebene 25 mm Stärke hatte, in der Böschung auf 64 mm und nach den vorderen und hinteren Enden auf 51 mm zunahm.

Beide Einheiten wurden umgebaut und umgerüstet: *Cincinnati* von 1899 bis 1901 und *Raleigh* von 1899 bis 1903. Das 15,2-cm-Geschütz wurde durch ein 12,7-cm-Geschütz ersetzt und die TR ausgebaut. Sie erhielten sechs Babcock-Wilcoxkessel und neue Stehende Dreifachexpansionsmaschinen. Auf der *Cincinnati* entfernte man den Großmast. Im Ersten Weltkrieg reduzierte man die 12,7-cm-Geschütze auf neun. Bei der ersten Fertigstellung führten sie Fock- und Hintersegel, aber die kamen bereits 1899, wenn nicht schon früher von Bord.

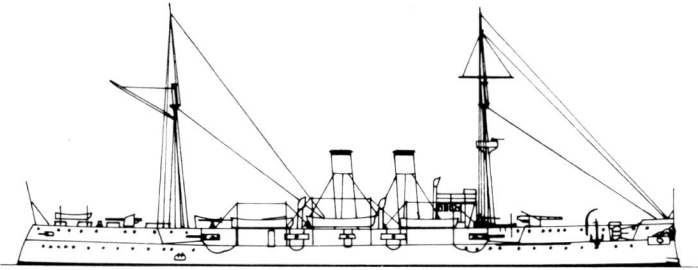

Raleigh 1895.

Cincinnati-Klasse

Verdrängung:	3183 ts
Einsatzverdrängung:	3339 ts
Abmessungen:	Lüa 93,19 m; B 12,8 m; Tg ~ 5,49 m
Maschinenanlage:	6 Zylinderkessel, 2 Wellen, Stehende Dreifachexpansionsmaschinen, 10 000 PSi ≙ 19 kn, 350/460 ts Kohle
Bewaffnung:	1 × 15,2 cm/L 40, 10 × 12,7 cm/L 40, 8 × 6 Pdr, 2 × 1 Pdr (*Raleigh* 4 × 1 Pdr), 4 × 45,7-cm-TR
Besatzung:	312/322

Name/Kennung	Bauwerft	Kiellegung	Stapellauf	Indienst-stellung	Schicksal
Cincinnati/C 7	Marinewerft New York	29. 1. 1890	10. 11. 1892	16. 6. 1894	Verkauf 1921
Raleigh/C 8	Marinewerft Norfolk	19. 12. 1889	31. 3. 1892	17. 4. 1894	Verkauf 1921

Diese langsamen und schwachen Schiffe, deren untauglicher Deckschutz maximal 13 mm betrug, wurden unter dem Act vom 7. September 1888 genehmigt. Eines der 12,7-cm-Geschütze stand auf dem vorderen Oberdeck, der Rest in Schwalbennestern auf dem Hauptdeck. 1899 wurden die TR ausgebaut.

Daten aus dem Jahre 1919 sagen, daß die beiden verbliebenen Einheiten nur noch 8 × 10,2-cm-Geschütze führten. *Montgomery* diente von 1908 bis 1914 als Torpedoversuchsfahrzeug, erhielt im März 1918 den Namen *Anniston* und hatte 6 Almykessel.

Montgomery-Klasse

Verdrängung:	2094 ts
Einsatzverdrängung:	2235 ts
Abmessungen:	Lüa 82,14 m; B 11,27 m; Tg ~ 4,44 m
Maschinenanlage:	6 Zylinderkessel, 2 Wellen, Stehende Dreifachexpansionsmaschinen, 5400 PSi ≙ 17 kn, 200/340 ts Kohle
Bewaffnung:	9 × 12,7 cm/L 40, 6 × 6 Pdr, 2 × 1 Pdr, 3 × 45,7-cm-TR
Besatzung:	274

Name/Kennung	Bauwerft	Kiellegung	Stapellauf	Indienst-stellung	Schicksal
Montgomery/C 9	Columbian Iron Wks.	Febr. 1890	5. 12. 1891	21. 6. 1894	Verkauf 1919
Detroit/C 10	Columbian Iron Wks.	Febr. 1890	28. 10. 1891	20. 7. 1893	Verkauf 1910
Marblehead/C 11	City Point Iron Wks.	Okt. 1890	11. 8. 1892	2. 4. 1894	Verkauf 1921

Marblehead, Aufnahmedatum unbekannt. (CPL)

Columbia-Klasse

Columbia wurde unter dem Act vom 30. Juni 1890 und *Minneapolis* unter dem vom 2. März 1891 genehmigt. Sie waren als Handelsstörer entworfen worden und unterschieden sich äußerlich sehr voneinander: *Columbia* hatte vier Schornsteine, *Minneapolis* hingegen nur zwei. Für ihre Größe waren sie zu schwach armiert. Das 20,3-cm-Geschütz hatte ein

Verdrängung:	7375 ts
Einsatzverdrängung:	8270 ts
Abmessungen:	Lüa 125,9 m; B 17,72 m; Tg ~ 6,88 m
Maschinenanlage:	8 Zylinderkessel, 3 Wellen, Stehende Dreifachexpansionsmaschinen, 21 000 PSi ≙ 21 kn, 730/1670 ts Kohle
Bewaffnung:	1 × 20,3-cm/L 40-Mk 3, 2 × 15,2 cm/L 40, 8 × 10,2 cm/L 40, 12 × 6 Pdr, 4 × 1 Pdr, 4 × 35,6-cm-TR (*Columbia*), 4 × 45,7-cm-TR (*Minneapolis*)
Besatzung:	477

Schutzschild und stand auf dem Achterdeck. Die beiden 15,2-cm-Geschütze waren seitlich vorne aufgestellt und die 10,2 in durch 102-mm-Stahl geschützten Schwalbennestern des H-Decks. Der Kommandoturm besaß einen 127-mm-Schutz. Das Schutzdeck hatte eine Stärke von 64 mm mit einer mittschiffs befindlichen 102-mm-Böschung. Das 20,3-cm-Geschütz wurde später durch ein drittes 15,2-cm-Geschütz ersetzt, und 1919 trugen sie noch weitere 4 × 10,2 cm/L 40 und 2 × 7,62-cm-Flak. Zu dieser Zeit hatte man die TR bereits ausgebaut.

Von Mai 1907 bis Juni 1915 war die *Columbia* außer Dienst gestellt und *Minneapolis* von November 1906 bis Juli 1917. 1895 fuhr die *Columbia* in sechs Tagen, 23 Stunden und 49 Minuten von Southampton bis Sandy Hook. Im Vergleich dazu lag die beste Zeit der *Fürst Bismarck* zu dieser Zeit bei sechs Tagen, 10 Stunden und 32 Minuten.

Columbia
nach Fertigstellung 1894.

Name/Kennung	Bauwerft	Kiellegung	Stapellauf	Indienst-stellung	Schicksal
Columbia/C 12	Cramp	30.12.1890	26.7.1892	23.4.1894	Verkauf 1922
Minneapolis/C 13	Cramp	16.12.1891	12.8.1893	13.12.1894	Verkauf 1921

Minneapolis 1904. (CPL)

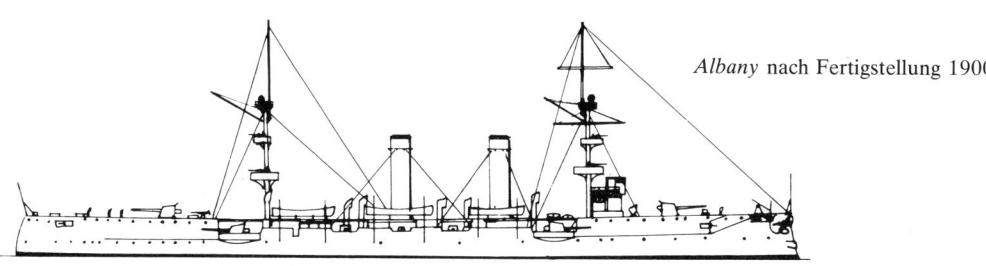

Albany nach Fertigstellung 1900.

New Orleans-Klasse

Beide Einheiten wurden unter dem Act vom 9. März 1898 von Brasilien erworben, bis dahin führte *New Orleans* den Namen *Amazonas* und *Albany* den Namen *Almirante Abreu*. Es handelte sich um Schwesterschiffe der *Barroso*, deren 15,2-cm-Geschütze auf der Back und Poop und in direkt hinter dem Fock- und Großmast an Stb und Bb sitzenden Schwalbennestern standen. Zwischen letzteren waren die 12-cm-Geschütze postiert. Das 31-mm-Schutzdeck

Verdrängung:	3769 ts
Einsatzverdrängung:	4011 ts
Abmessungen:	Lüa 108,03 m; B 13,33 m; Tg ~ 5,49 m
Maschinenanlage:	4 Zylinderkessel, 2 Wellen, Stehende Dreifachexpansionsmaschinen, 7500 PSi ≙ 20 kn, 512/747 ts Kohle *(New Orleans)*, 767 ts Kohle *(Albany)*
Bewaffnung:	6 × 15,2-cm/L 50-US Mk 5 EOC DD*, 4 × 12 cm/L 50 EOC AA*, 10 × 6 Pdr, 8 × 1 Pdr, 3 × 45,7-cm-TR
Besatzung:	366

* Anm. d. Übers.: EOC = Elswick Ordnance Company, DD = Kennzeichnung für in Großbritannien gebaute Geschütztypen, AA wie DD

hatte mittschiffs eine 90-mm-Böschung, die Kesselraumabdeckung und der Kommandoturm hatten eine Stärke von 102 mm.

1907 rüstete man die Einheiten um auf 10 × 12,7-cm/L 50-Geschütze. Dafür kamen die 15,2 cm- und 12-cm-Geschütze wie auch die TR von Bord. Schließlich wurden die 12,7-cm-Geschütze auf acht reduziert. Nachdem sie lange Zeit die unterschiedlichsten Aufgaben durchgeführt hatten, stellte man sie vermutlich im Jahre 1922 außer Dienst. Allgemein war man der Ansicht, die USA hätten mit ihrem Erwerb einen guten Kauf getätigt.

Name/Kennung	Bauwerft	Kiellegung	Stapellauf	Indienst-stellung	Schicksal
New Orleans/ –	Armstrong	1895	4.12.1896	18.3.1898	Verkauf 1930
Albany/ –	Armstrong	1897	14.1.1899	25.5.1900	Verkauf 1930

Albany in den ersten Dienstjahren. (CPL)

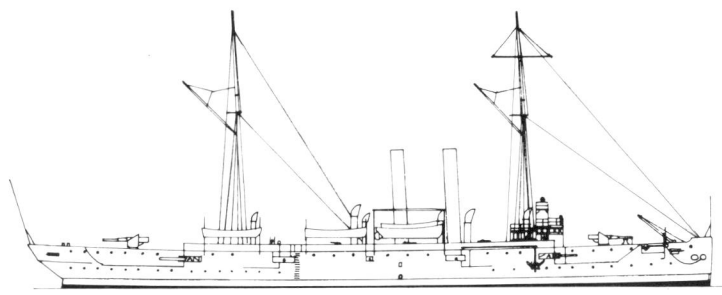

Denver gemäß Entwurf 1900.

Denver-Klasse

Verdrängung:	3200 ts
Einsatzverdrängung:	3514 ts
Abmessungen:	Lüa 94,13 m; B 13,41 m; Tg ~ 4,8 m
Maschinenanlage:	6 Babcock-Wilcox-Kessel, 2 Wellen, Stehende Dreifachexpansionsmaschinen, 4500 PSi ≙ 16,5 kn, 467/675 ts Kohle (*Des Moines*, *Galveston* 700 ts Kohle)
Bewaffnung:	10 × 12,7-cm/L 50-Mk 5, 8 × 6 Pdr, 2 × 1 Pdr
Besatzung:	339

Die Baugenehmigung erfolgte unter dem Act vom 3. März 1899. Diese in ihrer Linienführung einer vergrößerten Ausgabe der *Montgomery*-Klasse gleichenden Einheiten waren langsam und schwach. Die 12,7-cm-Geschütze standen mit je zwei auf dem vorderen und hinteren Oberdeck, die restlichen im H-Deck hinter 44-mm-Kasematten. Für die Sicherstellung eines besseren Längsfeuers hatte man den Schiffskörper eingebuchtet. Später wurde das vorderste Geschützpaar im H-Deck ausgebaut. Das Schutzdeck maß an den Enden 25 mm und in der Böschung mittschiffs 64 mm, seine Ebene war dort jedoch nicht mehr als 8 mm stark.

Die *Tacoma* strandete nahe Vera Cruz auf dem Blanquillariff.

Name/Kennung	Bauwerft	Kiellegung	Stapellauf	Indienst-stellung	Schicksal
Denver/C 14	Neafie & Levy	28.6.1900	21.6.1902	17.5.1904	Verkauf 1933
Des Moines/C 15	Fore River	28.8.1900	20.9.1903	5.3.1904	Verkauf 1930
Chattanooga/C 16	Crescent	29.3.1900	7.3.1903	11.10.1904	Verkauf 1930
Galveston/C 17	W.R. Trigg	19.1.1901	23.7.1903	15.2.1905	Verkauf 1933
Tacoma/C 18	Union Iron Wks.	27.9.1900	2.6.1903	30.1.1904	16.1.1924 gestrandet
Cleveland/C 19	Bath Iron Wks.	1.6.1900	28.9.1901	2.11.1903	Verkauf 1930

Cleveland 1904 vor Gravesund.
(CPL)

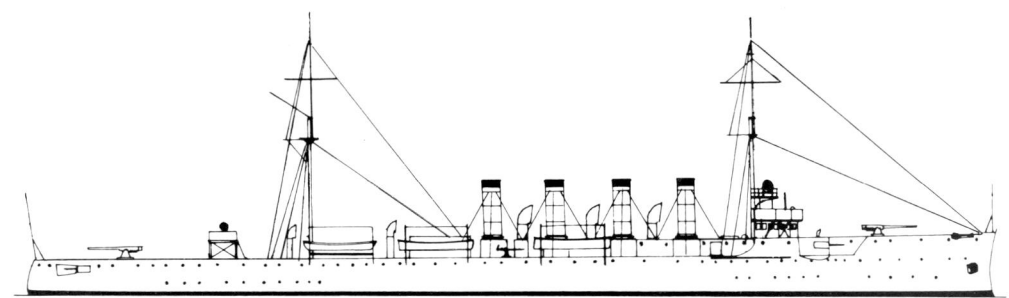

Chester nach Fertigstellung 1908.

Chester-Klasse

Unter dem Act vom 27. April 1904 genehmigte Spähkreuzer mit hohem Freibord vorne. *Chester* und *Salem* waren die ersten turbinengetriebenen Schiffe der US-Navy. Die Einheiten besaßen in Höhe der Maschinenräume sogar einen 51-mm-Seitenschutz und desgleichen bei der Rudermaschinenanlage einen mit 38 mm Stärke. Das Deck hatte hingegen nur eine maximale Dicke von 25 mm. Die Armierung war nur schwach: Die 12,7-cm-Geschütze befanden sich auf der Back und Schanz, die 7,62-cm-Geschütze an Stb und Bb auf dem Oberdeck, wobei die vordersten unterhalb des Backdecks in Schwalbennestern standen.

Verdrängung:	3750 ts
Einsatzverdrängung:	4687 ts
Abmessungen:	Lüa 128,98 m; B 14,34 m; Tg ~ 5,1 m
Maschinenanlage:	*Chester* 12 Normand-Kessel, 4 Wellen Parsonsturbinen;
	Birmingham 12 Fore River-Kessel, 2 Wellen, Stehende Dreifachexpansionsmaschinen, 16 000 PSi ≙ 24 kn;
	Salem 12 Fore River-Kessel, 2 Wellen, Curtisturbinen;
	475/1400 ts Kohle (*Birmingham* 1375 ts Kohle)
Bewaffnung:	2 × 12,7-cm/L 50-Mk 6, 6 × 7,62 cm/L 50, 2 × 53,3-cm-UTR
Besatzung:	359

Name/Kennung	Bauwerft	Kiellegung	Stapellauf	Indienst-stellung	Schicksal
Chester/CS 1	Bath Iron Wks.	25.9.1905	26.6.1907	25.4.1908	Verkauf 1930
Birmingham/CS 2	Fore River	14.8.1905	29.5.1907	11.4.1908	Verkauf 1930
Salem/CS 3	Fore River	28.8.1905	27.7.1907	1.8.1908	Verkauf 1930

1917/18 wechselte die Bewaffnung: Jetzt waren es 4 × 12,7 cm/L 51, 2 × 7,62 cm/L 50, 1 × 7,62-cm-Flak und 2 × 53,3-cm-TR. Wegen des hohen Kohlenverbrauchs erwies sich die *Salem* als schlechtestes Schiff der Klasse und

erhielt daher zwischen April 1917 und März 1918 neue Maschinen (General Electric-Turbinen) mit 20 000 WPS.
Am 14. November 1910 erfolgte von der in Hampton Roads vor Anker liegenden *Birmingham* der

erste Flugzeugstart von Bord eines Schiffes. Man hatte auf dem Bug eine hölzerne Plattform installiert. Das Flugzeug war eine 50 PS-»Curtis«, der Pilot hieß Eugene Ely.
Das letzte Außerdienststellungsda-

tem der *Chester* lautete 10. Juni 1921, und am 10. Juli 1926 erhielt sie den Namen *York*. Die *Birmingham* stellte am 1. Dezember 1923 außer Dienst; und *Salem* folgte am 16. August 1921.

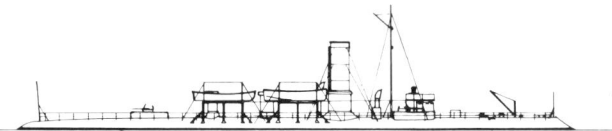

Katahdin nach Fertigstellung 1898.

Katahdin   Panzerramme

Dieses unter dem Act vom 2. März 1889 genehmigte Schiff war als Hafenschutzschiff vorgesehen und unterschied sich von der britischen *Polyphemus* durch die fehlende Torpedoausrüstung. Der 152-mm-Seitenpanzer war an seiner Unterkante noch 76 mm dick und verlief schräg nach außen, wo er mit dem an seinen Kanten 152 mm dicken Schildkrötendeck zusammentraf. Letzteres nahm zur Mitte hin ab auf 140 mm, 64 mm und 51 mm. Der Heckknick war mit 114 mm Holz hinterlegt, und der Schiffskörper ragte normalerweise maximal 1,53–1,83 m über die Wasserlinie. Vor einem Einsatz senkte man ihn mittels Wasserballast um ∼ 15,2 cm ab.

Verdrängung:	2155 ts
Einsatzverdrängung:	2383 ts
Abmessungen:	Lcwl 76,42 m; B 13,23 m; Tg ∼ 4,6 m
Maschinenanlage:	3 Zylinderkessel, 2 Wellen, Liegende Dreifachexpansionsmaschinen, 5068 PSi ≙ 16 kn, 175/202 ts Kohle
Panzerung:	Harvey und NS: Seiten 152–76 mm, Niedergänge 152 mm, Deck 152–51 mm, Kommandoturm 457 mm
Bewaffnung:	4 × 6 Pdr
Besatzung:	97

Name/Kennung	Bauwerft	Kiellegung	Stapellauf	Indienststellung	Schicksal
Katahdin/ –	Bath Iron Wks.	Juli 1891	4.2.1893	20.2.1896	† 1909 als Zielschiff

Katahdin befand sich nur bis April 1897 in Dienst und danach nochmals von März bis Oktober 1898. Am 9. Juli 1909 erfolgte ihre Strei-

chung, und man verwendete sie weiter als »Ballistic Experimental Target A« bei wichtigen Schießversuchen, die in der Erkenntnis

endeten, daß künftige Schlachtschiffentwürfe mit einer 343-mm-Panzerung versehen sein müßten.

Chester, Aufnahmedatum unbekannt. (CPL)

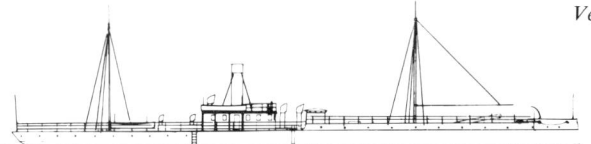

Vesuvius nach Fertigstellung 1890.

Vesuvius Dynamitkanonenkreuzer

<table>
<tr><td>Verdrängung:</td><td>929 ts</td></tr>
<tr><td>Abmessungen:</td><td>Lüa 76,91 m; B 8,06 m; Tg ~ 2,74 m</td></tr>
<tr><td>Maschinenanlage:</td><td>4 Zylinderkessel, 2 Wellen, Stehende Dreifachexpansionsmaschinen, 3200 PSi ≙ 20 kn, 152 ts Kohle</td></tr>
<tr><td>Bewaffnung:</td><td>3 × 38,1-cm-Preßluftgeschütze, 3 × 3 Pdr</td></tr>
<tr><td>Besatzung:</td><td>70</td></tr>
</table>

Name/Kennung	Bauwerft	Kiellegung	Stapellauf	Indienst-stellung	Schicksal
Vesuvius/ –	Cramp	Sept. 1887	28.4.1888	7.6.1890	Verkauf 1921

Als Dynamitkreuzer unter dem Act vom 3. August 1886 genehmigt. Ein zweites Schiff, dessen Genehmigung unter dem Act vom 2. März 1889 erfolgte, wurde nicht gebaut.

Die *Vesuvius* hatte einen Kommandoturm mit einer aus lediglich 25-mm-Platten bestehenden Panzerung und erzielte bei den Probefahrten mit 4295 PSi 21,65 kn.

Das 38,1-cm-Druckluftgeschütz vom Typ Zalinsky hatte eine Länge von 16,78 m und das 445 kg schwere Vollgeschoß beinhaltete einen 227-kg-Dynamitsprengkopf. Die Reichweite lag bei 1550–1600 m, die jedoch nur dreimal mit Abkommgeschossen erreicht wurde. Die Geschütze waren mit einer 18° Rohrerhöhung aufgestellt und das Zielen und Richten geschah mit dem ganzen Schiff. Insgesamt 30 Geschosse konnten mitgeführt werden.

1898 beschoß das Schiff Santiago. Da die Genauigkeit jedoch viel zu wünschen übrig ließ, schaffte man die Preßluftgeschütze ab. Nach Ausbau wurde *Vesuvius* als Torpedoversuchsschiff verwendet.

Vesuvius nach Indienststellung. (Norman Polmar/USN)

Zerstörer

Obwohl als Torpedoboot klassifiziert, weist dieses unter dem Act vom 10. Juni 1896 genehmigte Boot mit seiner Größe klar darauf hin, daß es sich um den ersten US-Zerstörer handelte. Auf Probefahrten wurden 30,13 kn erzielt. Das Boot hatte zwei Schornsteine und zwei Einzel-TR, die hinter dem zweiten Schornstein und ganz achtern standen. Im August 1918 erfolgte die Umbenennung in Küstentorpedoboot *Nr. 5.*

Unter dem Act vom 3. März 1897 genehmigt. Das Boot hat die Konstruktionsgeschwindigkeit nie erreicht, und die Probefahrtergebnisse werden mit 25,33 kn angegeben. An diesen Schwierigkeiten lag auch die verzögerte Indienststellung. Das Boot hatte ein schildkrötenförmiges Vorschiff und drei in gleichem Abstand zueinander stehende Schornsteine. Achtern standen zwei Einzel-TR. In der Marineliste wurde das Boot am 26. November 1913 gestrichen, sein Verkauf erfolgte jedoch erst 1923.

Das unter dem Act vom 3. März 1897 genehmigte Boot mußte aufgrund zahlreicher Schwierigkeiten bei den Probefahrten noch vor seiner Indienststellung mit neuen Maschinen ausgerüstet werden. In seiner allgemeinen Auslegung glich es der → *Farragut.* Im August erfolgte die Umbenennung in Küstentorpedoboot *Nr. 7.*

Das unter dem Act vom 3. März 1887 genehmigte Boot lief bei den Probefahrten 30,2 kn. Die drei Schornsteine standen einer vorne und zwei hinten. Zwischen dem ersten und zweiten Schornstein befanden sich zwei Einzel-TR. Im August 1918 erfolgte die Umbenennung in Küstentorpedoboot *Nr. 8.*

Farragut

Verdrängung:	279 ts
Abmessungen:	Lüa 65,22 m; B 6,3 m; Tg ~ 1,83 m
Maschinenanlage:	3 Thornycroft-Kessel, 2 Wellen, Stehende Dreifachexpansionsmaschinen 58,78 PSi $\triangleq$ 30 kn, 95 ts Kohle
Bewaffnung:	4 × 6 Pdr, 2 × 45,7-cm-TR
Besatzung:	66

Name/Kennung	Bauwerft	Kiellegung	Stapellauf	Indienst-stellung	Schicksal
Farragut/TB 11	Union Iron Wks.	26.7.1897	16.7.1898	22.3.1899	Verkauf 1919

Stringham

Verdrängung:	340 ts
Abmessungen:	Lüa 69,57 m; B 6,7 m; Tg ~ 1,98 m
Maschinenanlage:	4 Thornycroft-Kessel, 2 Wellen, Stehende Dreifachexpansionsmaschinen, 7200 PSi $\triangleq$ 30 kn, 95 ts Kohle
Bewaffnung:	4 × 6 Pdr, 2 × 45,7-cm-TR
Besatzung:	59

Name/Kennung	Bauwerft	Kiellegung	Stapellauf	Indienst-stellung	Schicksal
Stringham/TB 19	Harlan & Hollingworth	21.3.1898	10.6.1899	7.11.1905	Verkauf 1923

Goldsborough

Verdrängung:	255 ts
Abmessungen:	Lüa 60,35 m; B 6,27 m; Tg ~ 2,08 m
Maschinenanlage:	3 Thornycroft-Kessel, 2 Wellen, Stehende Dreifachexpansionsmaschinen, 6000 PSi $\triangleq$ 27 kn, 89 ts Kohle
Bewaffnung:	4 × 6 Pdr, 2 × 45,7-cm-TR
Besatzung:	59

Name/Kennung	Bauwerft	Kiellegung	Stapellauf	Indienst-stellung	Schicksal
Goldsborough/ TB 20	Wolf & Zwicker	14.7.1898	29.7.1899	9.4.1908	Verkauf 1919

Bailey

Verdrängung:	235 ts
Abmessungen:	Lüa 62,48 m; B 5,84 m; Tg ~ 1,83 m
Maschinenanlage:	4 Seabury-Kessel, 2 Wellen, Stehende Dreifachexpansionsmaschinen, 5600 PSi $\triangleq$ 30 kn, 99 ts Kohle
Bewaffnung:	4 × 6 Pdr, 2 × 45,7-cm-TR
Besatzung:	56

Name/Kennung	Bauwerft	Kiellegung	Stapellauf	Indienst-stellung	Schicksal
Bailey/TB 21	Gas Engine & Power and C. L. Seabury	30.4.1898	5.12.1899	20.7.1901	Verkauf 1920

Bainbridge nach Fertigstellung 1902.

Bainbridge-Klasse

Die Boote wurden unter dem Act vom 4. Mai 1898 genehmigt. Die Probefahrtgeschwindigkeiten lagen zwischen 28 kn und 28,64 kn. Sie hatten kein schildkrötenförmiges, sondern ein echtes Backdeck und vier in zwei Gruppen zusammenstehende Schornsteine. Ein TR befand sich zwischen den Schornsteinen, eines weit achtern. Die meiste Dienstzeit verbrachten sie in den Philippinen, wo sie in Cavite stationiert waren.

Verdrängung:	420 ts
Abmessungen:	Lüa 76,19 m; B 7,18 m; Tg ~ 1,98 m
Maschinenanlage:	4 Thornycroft-Kessel, 2 Wellen, Stehende Dreifachexpansionsmaschinen, 8000 PSi ≙ 29 kn, 213 ts Kohle (*Dale, Decatur* 203 ts Kohle)
Bewaffnung:	2 × 7,62 cm/L 25, 5 × 6 Pdr, 2 × 45,7-cm-TR
Besatzung:	73

Name/Kennung	Bauwerft	Kiellegung	Stapellauf	Indienst-stellung	Schicksal
Bainbridge/1	Neafie & Levy	15.8.1899	27.8.1901	24.11.1902	Verkauf 1920
Barry/2	Neafie & Levy	2.9.1899	22.3.1902	24.11.1902	Verkauf 1920
Chauncey/3	Neafie & Levy	2.12.1899	26.10.1901	20.11.1902	† 19.11.1917 durch Rammstoß des Frachters *Rose*
Dale/4	W. R. Trigg	12.7.1899	24.7.1900	24.10.1902	Verkauf 1920
Decatur/5	W. R. Trigg	26.7.1899	26.9.1900	19.5.1902	Verkauf 1920

Hopkins-Klasse

Diese unter dem Act vom 4. Mai 1898 genehmigten Boote waren in ihrer allgemeinen Auslegung eine Wiederholung der → *Bainbridge*-Klasse, hatten vorne jedoch ein schildkrötenförmiges Backdeck. Auch die Armierung war unterschiedlich: Die 7,62-cm-Geschütze hatten die Kaliberlänge L 50. Zuletzt trugen sie 4 × 45,7-cm-TR, die in Zweiergruppen standen.

Verdrängung:	408 ts
Abmessungen:	Lüa 75,79 m; B 7,47 m; Tg ~ 1,83 m
Maschinenanlage:	4 Thornycroft-Kessel, 2 Wellen, Stehende Dreifachexpansionsmaschinen 7200 PSi ≙ 29 kn, 153 ts Kohle
Bewaffnung:	2 × 7,62 cm/L 50, 5 × 6 Pdr, 2 × 45,7-cm-TR
Besatzung:	73

Name/Kennung	Bauwerft	Kiellegung	Stapellauf	Indienst-stellung	Schicksal
Hopkins/6	Harlan & Hollingworth	2.2.1899	24.4.1902	23.9.1903	Verkauf 1920
Hull/7	Harlan & Hollingworth	22.2.1899	21.6.1902	20.5.1903	Verkauf 1921

Lawrence-Klasse

Die unter dem Act vom 4. Mai 1898 genehmigten Boote hatten eine schildkrötenförmige Back und vier in einer geschlossenen Gruppe stehende Schornsteine. Die TR standen jeweils vor und hinter diesen. Diese Boote gehörten wohl zu

Verdrängung:	430 ts
Abmessungen:	Lüa 75,05 m; B 6,78 m; Tg ~ 2,03 m
Maschinenanlage:	4 Fore River-Kessel, 2 Wellen, Stehende Dreifachexpansionsmaschinen, 8400 PSi ≙ 30 kn, 123 ts Kohle (*Lawrence*), 110 ts Kohle (*Macdonough*)
Bewaffnung:	2 × 7,62 cm/L 25, 5 × 6 Pdr, 2 × 45,7-cm-TR
Besatzung:	72

denen des 400 ts-Typs, die auch nach einer Waffenreduzierung auf 7 × 6 Pdr am wenigsten zufriedenstellten. Die Konstruktionsgeschwindigkeit von 30 kn wurde bei den Probefahrten nie erreicht sondern lag immer bis zu 1 kn darunter.

Name/Kennung	Bauwerft	Kiellegung	Stapellauf	Indienst-stellung	Schicksal
Lawrence/B	Fore River	10.4.1899	7.11.1900	14.4.1903	Verkauf 1920
Macdonough/9	Fore River	21.4.1899	24.12.1900	5.9.1903	Verkauf 1920

Paul Jones-Klasse

Die Probefahrtergebnisse dieser unter dem Act vom 4. Mai 1898 genehmigten Boote lagen zwischen 28,03 kn und 28,91 kn. Sie waren der → *Bainbridge*-Klasse ähnlich. Später tauschte man die beiden Einzel-TR gegen einen Zwillingsrohrsatz aus.

Verdrängung:	480 ts
Abmessungen:	Lüa 76,37 m; B 7,16 m; Tg ~ 2,21 m
Maschinenanlage:	4 Thornycroft-Kessel, 2 Wellen, Stehende Dreifachexpansionsmaschinen, 8000 PSi ≙ 29 kn, 202 ts Kohle
Bewaffnung:	2 × 7,62 cm/L 25, 5 × 6 Pdr, 2 × 45,7-cm-TR
Besatzung:	73

Name/Kennung	Bauwerft	Kiellegung	Stapellauf	Indienst-stellung	Schicksal
Paul Jones/10	Union Iron Wks.	20.4.1899	14.6.1902	14.12.1903	Verkauf 1920
Perry/11	Union Iron Wks.	19.4.1899	27.10.1900	4.9.1902	Verkauf 1920
Preble/12	Union Iron Wks.	21.4.1899	2.3.1901	14.12.1903	Verkauf 1920

Preble von der *Paul Jones*-Klasse. (Norman Polmar/USN)

Paul Jones am 8. Juli 1902 bei der Meilenfahrt, in der sie 28,9 kn lief. (Norman Polmar/USN)

Stewart

Dieses unter dem Act vom 4. Mai 1900 genehmigte Boot war das schnellste des 400 ts-Typs. Seine Probefahrtgeschwindigkeit lag bei 29,7 kn. Ansonsten ähnelte es der → Bainbridge-Klasse.

Verdrängung:	420 ts
Abmessungen:	Lüa 76,34 m; B 7,21 m; Tg ~ 1,98 m
Maschinenanlage:	4 Seabury-Kessel, 2 Wellen, Stehende Dreifachexpansionsmaschinen, 8000 PSi ≙ 29 kn, 172 ts Kohle
Bewaffnung:	2 × 7,62 cm/L 25, 5 × 6 Pdr, 2 × 45,7-cm-TR
Besatzung:	71

Name/Kennung	Bauwerft	Kiellegung	Stapellauf	Indienst-stellung	Schicksal
Stewart/13	Gas Engine & Power und C. L. Seabury	24.1.1900	10.5.1902	17.12.1902	Verkauf 1920

Truxtun nach Fertigstellung 1902.

Truxtun-Klasse

Unter dem Act vom 4. Mai 1898 genehmigt, entsprachen die Boote einer Neuauflage der → Hopkins-Klasse, aber mit niedrigeren Schornsteinen. Nachträglich erhielten Truxtun und Worden 4 × 45,7-cm-TR in Doppelrohrsätzen, Whipple einen Doppelrohrsatz und ein Einzelrohr. Keines der Boote erreichte 30 kn, Truxtun als schnellstes Boot bei Probefahrten 29,58 kn.

Verdrängung:	433 ts
Abmessungen:	Lüa 79,1 m; B 7,08 m; Tg ~ 1,83 m
Maschinenanlage:	4 Thornycroft-Kessel, 2 Wellen, Stehende Dreifachexpansionsmaschinen, 8300 PSi ≙ 30 kn, 171 ts Kohle
Bewaffnung:	2 × 7,62 cm/L 50, 6 × 6 Pdr, 2 × 45,7-cm-TR
Besatzung:	73

Name/Kennung	Bauwerft	Kiellegung	Stapellauf	Indienst-stellung	Schicksal
Truxtun/14	Maryland Steel	13.11.1899	15.8.1901	11.9.1902	Verkauf 1920
Whipple/15	Maryland Steel	13.11.1899	15.8.1901	21.10.1902	Verkauf 1920
Worden/16	Maryland Steel	13.11.1899	15.8.1901	31.12.1902	Verkauf 1920

Torpedoboote

Stiletto

Das Boot wurde als privater Spekulationsbau von Herreshoff gefertigt und unter dem Act vom 3. März 1887 für die US-Navy erworben. Es hatte einen Schornstein und einen hölzernen Bootskörper. Seine Verwendung erschöpfte sich in Erprobungen. 1897 mit einer Heizölfeuerung durchgeführte Versuche waren unbefriedigend.

Verdrängung:	31 ts
Abmessungen:	Lüa 28,64 m; B 3,5 m; Tg ~ 0,91 m
Maschinenanlage:	1 Almy-Kessel, 1 Welle, Stehende Verbundmaschine, 359 PSi ≙ 18,2 kn, 4 ts Kohle
Bewaffnung:	Anfänglich keine. 1898 führte es 2 Howell-Torpedos
Besatzung:	6

Name/Kennung	Bauwerft	Kiellegung	Stapellauf	Indienst-stellung	Schicksal
Stiletto/WTB 1	Herreshoff	1885	1886	Juli 1887	Verkauf 1911

Stiletto 1889 nach einer Kollision mit einem Dampfboot aufgelegt. (Norman Polmar/USN)

Cushing nach Fertigstellung 1890.

Cushing

Dieses unter dem Gesetz vom 3. August 1886 gebaute Boot wurde vorwiegend für Erprobungen verwendet, hatte zwei weit auseinanderstehende Schornsteine und einen Rammsteven. Die Back war schildkrötenförmig ausgebildet und vorne standen zwei zur Breitseite hin drehbare TR.

Verdrängung:	116 ts
Abmessungen:	Lüa 42,68 m; B 4,6 m; Tg ~ 1,47 m
Maschinenanlage:	2 Thornycroft-Kessel, 2 Wellen, Stehende Vierfachexpansionsmaschinen, 1600 PSi ≙ 23 kn, 35,4 ts Kohle
Bewaffnung:	3 × 6 Pdr, 3 × 45,7-cm-TR
Besatzung:	22

Name/Kennung	Bauwerft	Kiellegung	Stapellauf	Indienst-stellung	Schicksal
Cushing/TB 1	Herreshoff	April 1888	23.1.1890	22.4.1890	† 1920 als Ziel

Ericsson

Das Boot hatte zwei weit auseinanderstehende Schornsteine und wurde unter dem Act vom 30. Juni 1890 genehmigt. Ein TR war vorne fest eingebaut, zwei drehbar ziemlich weit achtern aufgestellt.

Verdrängung:	120 ts
Abmessungen:	Lüa 45,49 m; B 4,73 m; Tg ~ 1,45 m
Maschinenanlage:	2 Thornycroft-Kessel, 2 Wellen, Stehende Vierfachexpansionsmaschinen, 1800 PSi ≙ 24 kn, 35,4 ts Kohle
Bewaffnung:	4 × 1 Pdr, 3 × 45,7-cm-TR
Besatzung:	22

Name/Kennung	Bauwerft	Kiellegung	Stapellauf	Indienst-stellung	Schicksal
Ericsson/TB 2	Iowa Iron Wks.	21.7.1892	12.5.1894	18.2.1897	† 1912 als Ziel

Foote-Klasse

Unter dem Act vom 26. Juli 1894 genehmigt, hatten die Boote zwei weit auseinanderstehende Schornsteine und drei Einzel-TR, die Stb und Bb vom vorderen Schornstein und ganz achtern standen. Im August 1918 wurde die *Foote* umbenannt in Küstentorpedoboot *Nr. 1* und *Rodgers* in Küstentorpedoboot *Nr. 2*.

Verdrängung:	142 ts
Abmessungen:	Lüa 48,76 m; B 4,91 m; Tg ~ 1,52 m
Maschinenanlage:	2 Thornycroft-Kessel *(Foote)*, 2 Mosher-Kessel *(Rodgers, Winslow)*, 2 Wellen, Stehende Dreifachexpansionsmaschinen, 2000 PSi ≙ 25 kn, 44 ts Kohle
Bewaffnung:	3 × 1 Pdr, 3 × 45,7-cm-TR
Besatzung:	20

Name/Kennung	Bauwerft	Kiellegung	Stapellauf	Indienst-stellung	Schicksal
Foote/TB 3	Columbian Iron Wks.	1.5.1896	1.10.1896	7.8.1897	Verkauf 1920
Rodgers/TB 4	Columbian Iron Wks.	6.5.1896	10.11.1896	2.4.1898	Verkauf 1920
Winslow/TB 5	Columbian Iron Wks.	8.5.1896	6.1.1897	29.12.1897	Verkauf 1911

Porter-Klasse

Die Genehmigung erfolgte unter dem Act vom 2. März 1895. Die Boote hatten drei Schornsteine, von denen der zweite und dritte weit auseinanderstanden. Sie führten drei Einzel-TR, von denen eines ganz achtern stand und die anderen Stb und Bb des vorderen Schornsteins. Im August 1918 wurde aus *Du Pont* das Küstentorpedoboot *Nr. 3*.

Verdrängung:	165 ts
Abmessungen:	Lüa 53,5 m; B 5,41 m; Tg ~ 1,42 m
Maschinenanlage:	3 Normand-Kessel, 2 Wellen, Stehende Vierfachexpansionsmaschinen, 3200 PSi ≙ 27,5 kn, 76 ts Kohle
Bewaffnung:	4 × 1 Pdr, 3 × 45,7-cm-TR
Besatzung:	24

Name/Kennung	Bauwerft	Kiellegung	Stapellauf	Indienst-stellung	Schicksal
Porter/TB 6	Herreshoff	Febr. 1896	9.9.1896	20.2.1897	Verkauf 1912
Du Pont/TB 7	Herreshoff	Febr. 1896	30.3.1897	23.9.1897	Verkauf 1920

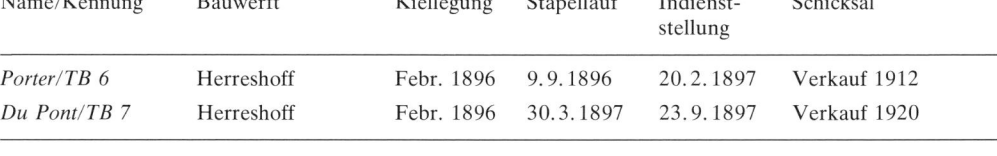

Dahlgren nach Fertigstellung 1900.

Dahlgren-Klasse

Unter dem Act vom 10. Juni 1896 genehmigt. Sie hatten etwas dichter zusammenstehende Schornsteine und zwei Einzel-TR, von denen eines hinten, das andere ganz achtern stand. Im August 1918 wurde aus der *Dahlgren* das Küstentorpedoboot *Nr. 4*.

Verdrängung:	146 ts
Abmessungen:	Lüa 46,13 m; B 5,01 m; Tg ~ 1,42 m
Maschinenanlage:	2 Normand-Kessel, 2 Wellen, Stehende Dreifachexpansionsmaschinen, 4200 PSi ≙ 31 kn, 32 ts Kohle
Bewaffnung:	4 × 1 Pdr, 2 × 45,7-cm-TR
Besatzung:	29

Name/Kennung	Bauwerft	Kiellegung	Stapellauf	Indienst-stellung	Schicksal
Dahlgren/TB 9	Bath Iron Wks.	11.12.1897	29.5.1899	16.6.1900	Verkauf 1920
Craven/TB 10	Bath Iron Wks.	6.12.1897	25.9.1899	9.6.1900	ab 1913 Ziel

Rowan

Die Anordnung der Schornsteine und TR dieses unter dem Act vom 2. März 1895 gebauten Bootes entsprach der → *Porter*-Klasse, aber die Back war höher. Die Streichung aus der Marineliste erfolgte am 29. Oktober 1912, der Verkauf erst 1918.

Verdrängung:	182 ts
Abmessungen:	Lüa 51,82 m; B 5,18 m; Tg ~ 1,83 m
Maschinenanlage:	3 Mosher-Kessel, 2 Wellen, Stehende Vierfachexpansionsmaschinen, 3200 PSi ≙ 26 kn, 62 ts Kohle
Bewaffnung:	4 × 1 Pdr, 3 × 45,7-cm-TR
Besatzung:	24

Name/Kennung	Bauwerft	Kiellegung	Stapellauf	Indienst-stellung	Schicksal
Rowan/TB 8	Moran	22.6.1896	8.4.1898	1.4.1899	Verkauf 1918

Davis-Klasse

Unter dem Act vom 10. Juni 1896 gebaut und mit zwei weit auseinanderstehenden Schornsteinen versehen. Die drei Einzel-TR standen an Stb, Bb und weit achtern. *Davis* stellte am 28. März 1913 außer Dienst, wurde aber erst 1920 verkauft.

Verdrängung:	155 ts
Abmessungen:	Lüa 45,11 m; B 4,68 m; Tg ~ 1,78 m
Maschinenanlage:	2 Thornycroft-Kessel, 2 Wellen, Stehende Dreifachexpansionsmaschinen, 1750 PSi ≙ 23 kn, 40 ts Kohle
Bewaffnung:	3 × 1 Pdr, 3 × 45,7-cm-TR
Besatzung:	24

Name/Kennung	Bauwerft	Kiellegung	Stapellauf	Indienst-stellung	Schicksal
Davis/TB 12	Wolff & Zwicker	2.3.1897	4.6.1898	10.5.1899	Verkauf 1920
Fox/TB 13	Wolff & Zwicker	4.3.1897	4.7.1898	8.7.1899	Verkauf 1916

Morris

Das unter dem Act vom 10. Juni 1896 gebaute Boot diente vorwiegend als Torpedoschießstandtender und hatte zwei nicht sehr weit auseinanderstehende Schornsteine. Die drei Einzel-TR befanden sich an Stb, Bb und ganz achtern. Im August 1918 erfolgte die Umbenennung in Küstentorpedoboot Nr. 6.

Verdrängung:	105 ts
Abmessungen:	Lüa 42,53 m; B 4,73 m; Tg ~ 1,24 m
Maschinenanlage:	2 Normand-Kessel, 2 Wellen, Stehende Dreifachexpansionsmaschinen, 1750 PSi ≙ 23 kn, 26 ts Kohle
Bewaffnung:	3 × 1 Pdr, 3 × 45,7-cm-TR
Besatzung:	26

Name/Kennung	Bauwerft	Kiellegung	Stapellauf	Indienst-stellung	Schicksal
Morris/TB 14	Herreshoff	19.11.1897	13.4.1898	11.5.1898	Verkauf 1924

Talbot-Klasse

Diese Einschornsteinboote wurden unter dem Act vom 10. Juni 1896 gebaut und hatten ihre beiden Einzel-TR vor dem Schornstein und weit achtern. *Gwin* stellte im April 1914 außer Dienst und fuhr als Fähre weiter. Später erhielt das

Verdrängung:	46 ts
Abmessungen:	Lüa 30,48 m; B 3,81 m; Tg ~ 0,99 m
Maschinenanlage:	1 Normand-Kessel, 1 Welle, Stehende Dreifachexpansionsmaschine, 850 PSi ≙ 20 kn, 9 ts Kohle
Bewaffnung:	1 × 1 Pdr, 2 × 45,7-cm-TR
Besatzung:	12

Boot den Namen *Cyane*. Die *Talbot* benutzte man 1900 für Heizölerprobungen.

Name/Kennung	Bauwerft	Kiellegung	Stapellauf	Indienststellung	Schicksal
Talbot/TB 15	Herreshoff	8.4.1897	14.11.1897	4.4.1898	ab 1912 als Fähre in Dienst
Gwin/TB 16	Herreshoff	14.4.1897	15.11.1897	4.4.1898	Verkauf 1925

Mackenzie-Klasse

Unter dem Act vom 10. Juni 1896 gebaut und mit zwei Schornsteinen versehen. Die beiden Einzel-TR standen vor den Schornsteinen und weit achtern.

Verdrängung:	65 ts
Abmessungen:	Lüa 30,94 m; B 8,39 m; Tg ~ 1,29 m
Maschinenanlage:	2 Thornycroft-Kessel, 1 Welle, Stehende Dreifachexpansionsmaschine, 850 PSi ≙ 20 kn, 15 ts Kohle
Bewaffnung:	1 × 1 Pdr *(Mackenzie)*, 2 × 1 Pdr *(McKee)*, 2 × 45,7-cm-TR
Besatzung:	12

Name/Kennung	Bauwerft	Kiellegung	Stapellauf	Indienststellung	Schicksal
Mackenzie/TB 17	Charles Hillman	15.4.1897	19.2.1898	1.5.1899	ab 1916 Ziel
McKee/TB 18	Charles Hillman	11.9.1897	5.3.1898	16.5.1898	von 1912 bis 1920 Ziel

Somers

Dieses Boot wurde von Schichau auf eigene Rechnung gebaut und am 25. März 1898 von den USA erworben. Es hatte einen Schornstein, drei Masten, zwei schwenkbare Decks-TR und ein unter Wasser sitzendes Bug-TR. Den Atlantik überquerte es an Bord des Frachters *Manhattan*. Im August 1918 erfolgte die Umbenennung in Küstentorpedoboot *Nr. 9*.

Verdrängung:	143 ts
Abmessungen:	Lüa 47,55 m; B 5,33 m; Tg ~ 1,78 m
Maschinenanlage:	1 Lokomotivkessel, 1 Welle, Stehende Vierfachexpansionsmaschine, 1700 PSi ≙ 23 kn, 37 ts Kohle
Bewaffnung:	4 × 1 Pdr, 3 × 45,7-cm-TR
Besatzung:	24

Name/Kennung	Bauwerft	Kiellegung	Stapellauf	Indienststellung	Schicksal
Somers/TB 22	Schichau	–	1897	26.3.1898	Verkauf 1920

Bagley-Klasse

Unter dem Act vom 4. Mai 1898 genehmigte Boote mit zwei weit auseinanderstehenden Schornsteinen und drei Einzel-TR, die an Stb und Bb zwischen den Schornsteinen und ganz achtern standen. Im August 1918 wurden sie umbenannt in Küstentorpedoboote *Nr. 10*, *Nr. 11* und *Nr. 12*.

Verdrängung:	168 ts
Abmessungen:	Lüa 47,85 m; B 5,18 m; Tg ~ 1,52 m
Maschinenanlage:	2 Normand-Kessel, 2 Wellen, Stehende Dreifachexpansionsmaschinen, 4200 PSi ≙ 28 kn, 47 ts Kohle
Bewaffnung:	3 × 1 Pdr, 3 × 45,7-cm-TR
Besatzung:	29

Name/Kennung	Bauwerft	Kiellegung	Stapellauf	Indienststellung	Schicksal
Bagley/TB 24	Bath Iron Wks.	4.1.1900	25.9.1900	18.10.1901	Verkauf 1919
Barney/TB 25	Bath Iron Wks.	3.1.1900	28.7.1900	21.10.1901	Verkauf 1920
Biddle/TB 26	Bath Iron Wks.	21.2.1900	18.5.1901	26.10.1901	Verkauf 1920

Barney 1908 in Camden/New Jersey. (Norman Polmar/USN)

Blakely-Klasse

Unter dem Act vom 4. Mai 1898 genehmigt, hatten die Boote drei Schornsteine, von denen der zweite und dritte weit auseinanderstanden. Die drei Einzel-TR befanden sich Stb und Bb zwischen dem zweiten und dritten Schornstein und ganz achtern. Aus der *Blakely* wurde im August 1918 das Küstentorpedoboot *Nr. 13*, aus *De Long Nr. 14*.

Verdrängung:	186 ts
Abmessungen:	Lüa 53,35 m; B 5,18 m; Tg ~ 1,8 m
Maschinenanlage:	3 Normand-Kessel, 2 Wellen, Stehende Dreifachexpansionsmaschinen, 3000 PSi ≙ 26 kn, 72 ts Kohle
Bewaffnung:	3 × 1 Pdr, 3 × 45,7-cm-TR
Besatzung:	28 *(Blakely)*, 29 *(De Long)*

Name/Kennung	Bauwerft	Kiellegung	Stapellauf	Indienst-stellung	Schicksal
Blakely/TB 27	George Lawley	12. 1. 1899	22. 11. 1900	27. 12. 1904	Verkauf 1920
De Long/TB 28	George Lawley	24. 1. 1899	23. 11. 1900	27. 10. 1902	Verkauf 1920

Nicholson-Klasse

Diese unter dem Act vom 4. Mai 1898 gebauten Boote entsprachen mit ihren Schornsteinen und Torpedorohren der → *Blakely*-Klasse.

Verdrängung:	218 ts *(Nicholson)*, 220 ts *(O'Brien)*
Abmessungen:	Lüa 53,35 m; B 5,18 m; Tg ~ 1,96 m *(Nicholson)*, ~ 1,98 m *(O'Brien)*
Maschinenanlage:	3 Mosher-Kessel, 2 Wellen, Stehende Dreifachexpansionsmaschinen, 3000 PSi ≙ 25 kn, 80 ts Kohle
Bewaffnung:	3 × 1 Pdr, 3 × 45,7-cm-TR
Besatzung:	28

Name/Kennung	Bauwerft	Kiellegung	Stapellauf	Indienst-stellung	Schicksal
Nicholson/TB 29	Lewis Nixon	6. 12. 1898	23. 9. 1901	10. 1. 1905	ab 1909 Ziel
O'Brien/TB 30	Lewis Nixon	29. 12. 1898	24. 9. 1900	15. 7. 1905	ab 1909 Ziel

Shubrick-Klasse

Die Genehmigung erfolgte unter dem Act vom 4. Mai 1898, und in der Anordnung der Schornsteine und Torpedorohre glichen sie der → *Blakely*-Klasse. Im August wurden die *Shubrick* zum Küstentorpedoboot *Nr. 15* und die *Thornton* zu *Nr. 16*. *Stockton* wurde am 15. November 1913 aus der Marineliste gestrichen.

Verdrängung:	200 ts
Abmessungen:	Lüa 53,35 m; B 5,38 m ; Tg ~ 1,88 m
Maschinenanlage:	3 Thornycroft-Kessel, 2 Wellen, Stehende Dreifachexpansionsmaschinen, 3375 PSi ≙ 25 kn (*Shubrick* 26 kn), 82 ts Kohle (*Shubrick*), 80 ts Kohle (*Stockton*), 96 ts Kohle (*Thornton*)
Bewaffnung:	3 × 3 Pdr (*Shubrick* 3 × 1 Pdr), 3 × 45,7-cm-TR
Besatzung:	29 (*Shubrick* 28)

Name/Kennung	Bauwerft	Kiellegung	Stapellauf	Indienst-stellung	Schicksal
Shubrick/TB 31	W. R. Trigg	11.3.1899	31.10.1899	1901	Verkauf 1920
Stockton/TB 32	W. R. Trigg	18.3.1899	27.12.1899	14.3.1901	von 1914–1916 Ziel
Thornton/TB 33	W. R. Trigg	16.3.1899	15.5.1900	9.6.1902	Verkauf 1920

Tingey

Unter dem Act vom 4. Mai 1898 genehmigt; in der Anordnung der Schornsteine und Torpedorohre wie die → *Blakely*-Klasse.

Verdrängung:	165 ts
Abmessungen:	Lüa 53,35 m; B 5,38 m; Tg ~ 1,42 m
Maschinenanlage:	3 Thornycroft-Kessel, 2 Wellen, Stehende Dreifachexpansionsmaschinen, 3000 PSi ≙ 25 kn, 70 ts Kohle
Bewaffnung:	3 × 1 Pdr, 3 × 45,7-cm-TR
Besatzung:	29

Name/Kennung	Bauwerft	Kiellegung	Stapellauf	Indienst-stellung	Schicksal
Tingey/TB 34	Columbian Iron Wks.	29.3.1899	25.3.1901	7.1.1904	Verkauf 1920

Wilkes

Unter dem Act vom 4. Mai 1898 genehmigt; in der Anordnung der Schornsteine und Torpedorohre wie die → *Blakely*-Klasse.
Anmerkung: Es gab noch ein *TB 23/Manley*, ein Yarrow-Boot von 30 ts und mit 17 kn. Am 13. April 1898 erfolgte sein Ankauf, aber es scheint, daß es keinerlei Armierung gehabt hat.

Verdrängung:	175 ts
Abmessungen:	Lüa 53,35 m; B 5,38 m; Tg ~ 1,42 m
Maschinenanlage:	3 Seabury-Kessel, 2 Wellen, Stehende Dreifachexpansionsmaschinen, 3000 PSi ≙ 27 kn, 66 ts Kohle
Bewaffnung:	3 × 1 Pdr, 3 × 45,7-cm-TR
Besatzung:	29

Name/Kennung	Bauwerft	Kiellegung	Stapellauf	Indienst-stellung	Schicksal
Wilkes/TB 35	Gas Engine & Power und C. L. Seabury	3.6.1899	28.9.1901	18.9.1902	Verkauf 1914

Patrouillen-/Kanonenboote und andere kleinere Kriegsschiffe

Dolphin mit auf zwei Pfahlmasten geminderter Takelung. (Norman Polmar/USN)

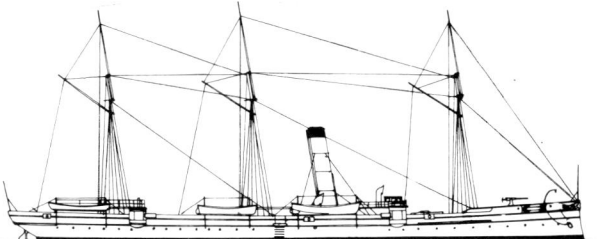

Dolphin nach Fertigstellung 1885.

Unter dem Act vom 3. März 1883 genehmigt, war es das erste Schiff der »Neuen Marine« und wird gewöhnlich als Aviso klassifiziert. Die *Dolphin* führte anfangs eine leichte Barktakelung ohne Vorgeschirr, wurde später jedoch umgerüstet auf eine Dreimastschonertakelung und hatte endgültig nur noch zwei Masten.

Ab 1899 diente *Dolphin* die meiste Zeit als Aviso für den Marineminister. Das 15,2-cm-Geschütz stand dirckt hinter dcm Fockmast an Oberdeck und hatte eine Querlafette. Später tauschte man es gegen 2 × 10,2-cm/L 40-Geschütze, die an den Seiten Aufstellung fanden. Zu dieser Zeit bestanden die kleineren Geschütze aus 1 × 6 Pdr und 6 × 3 Pdr.

Dolphin

Verdrängung:	1486 ts
Abmessungen:	Lüa 78,18 m; B 9,75 m; Tg ~ 4,35 m
Maschinenanlage:	4 Zylinderkessel, 1 Welle, Stehende Verbundmaschine, 2255 PSi ≙ 16 kn, 265 ts Kohle
Bewaffnung:	1 × 15,2 cm/L 30, 2 × 6 Pdr, 4 × 47-mm-Revolverkanonen
Besatzung:	152

Name/Kennung	Bauwerft	Kiellegung	Stapellauf	Indienst-stellung	Schicksal
Dolphin/ –	John Roach	1883	12.4.1884	8.12.1885	Verkauf 1922

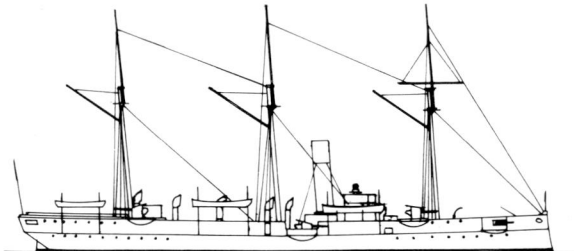

Bennington 1897.

Yorktown-Klasse   Patrouillen-/Kanonenboote

Die *Yorktown* wurde unter dem Act vom 3. März 1885 bewilligt, die anderen beiden unter dem vom 3. März 1887. Ursprünglich als Dreimastschoner getakelt, hatten sie jedoch kein Vorgeschirr. In den offiziellen britischen Listen führte man sie als Kreuzer, denn irgendwie erinnerten sie an die britische *Archer*-Klasse.

Die 15,2-cm-Geschütze standen vorne und hinten auf dem Oberdeck und mittschiffs auf dem Oberdeck in kleinen Schwalbennestern. Es gab einen Kommandoturm mit einem 51-mm-Schutz. Später reduzierte man die Armierung und 1919 führte die *Yorktown* noch 6 × 12,7-cm/L 40-Geschütze.

Auf der *Bennington* kam es 1905 zu einer verheerenden Kesselexplosion, und sie stellte nicht wieder in Dienst. *Concord* diente von 1909 bis 1914 als Wohnschiff und im Anschluß bis 1929 für das Finanzministerium als Quarantänestation.

Verdrängung:	1710 ts
Einsatzverdrängung:	1921 ts
Abmessungen:	Lüa 74,52 m; B 10,97 m; Tg ~ 4,27 m
Maschinenanlage:	4 Zylinderkessel, 2 Wellen, Liegende Dreifachexpansionsmaschinen, 3400 PSi ≙ 16 kn, 200/370 ts Kohle
Bewaffnung:	6 × 15,2 cm/L 30, 2–4 × 6 Pdr, bis zu 2 × 3 Pdr, bis zu 4 × 1 Pdr
Besatzung:	187/201

Name/Kennung	Bauwerft	Kiellegung	Stapellauf	Indienst-stellung	Schicksal
Yorktown/PG 1	Cramp	14.5.1887	28.4.1888	23.4.1889	Verkauf 1921
Concord/PG 3	N. F. Palmer	Mai 1888	8.3.1890	14.2.1891	Verkauf 1929
Bennington/PG 4	Delaware River Iron Wks.	Mai 1888	3.6.1890	20.6.1891	Verkauf 1910

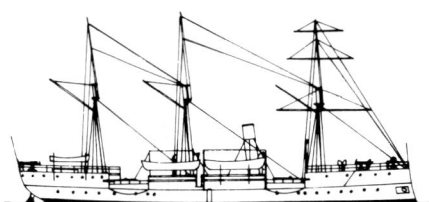

Petrel 1890.

Petrel   Patrouillen-/Kanonenboot

Unter dem Act vom 3. März 1885 bewilligt, war das Schiff ursprünglich mit einer Barktakelung ohne Vorgeschirr ausgerüstet. Später wurde der Großmast ausgebaut, und die 15,2-cm-Geschütze ersetzte man durch 4 × 10,2-cm-Geschütze L 40, die zwischen Back und Poop in Schwalbennestern standen.

Verdrängung:	867 ts
Abmessungen:	Lüa 57,3 m; B 9,44 m; Tg ~ 3,5 m
Maschinenanlage:	4 Zylinderkessel, 1 Welle, Liegende Verbundmaschine, 1000 PSi ≙ 11,4 kn, 125/200 ts Kohle
Bewaffnung:	4 × 15,2 cm/L 30, 2 × 3 Pdr, 2 × 1 Pdr
Besatzung:	138

Name/Kennung	Bauwerft	Kiellegung	Stapellauf	Indienst-stellung	Schicksal
Petrel/PG 2	Columbian Iron Wks.	27.8.1887	13.10.1888	10.12.1889	Verkauf 1920

Bancroft Patrouillen-/Kanonenboot

Verdrängung:	839 ts
Abmessungen:	Lüa 57,61 m; B 9,75 m; Tg ~ 3,71 m
Maschinenanlage:	2 Zylinderkessel, 2 Wellen, Stehende Dreifachexpansionsmaschinen, 1200 PSi ≙ 14,5 kn, 100/139 ts Kohle
Bewaffnung:	4 × 10,2 cm/L 40, 8 × 3 Pdr, 1 × 1 Pdr, 2 × 45,7-cm-TR
Besatzung:	123/148

Unter dem Act vom 7. September 1888 genehmigt und ursprünglich mit einer Barktakelung ausgerüstet. Die 10,2-cm-Geschütze standen zwischen Back und Poop in der Stb- und Bb-Seite. 1899 erfolgte der Ausbau der TR. Als Postboot erhielt das Schiff den Namen *Itasca*.

Name/Kennung	Bauwerft	Kiellegung	Stapellauf	Indienst-stellung	Schicksal
Bancroft/ –	S. L. Moore	Febr. 1891	30.4.1892	3.3.1893	ab 1905 als Postboot in Dienst

Machias-Klasse Patrouillen-/Kanonenboote

Verdrängung:	1177 ts
Einsatzverdrängung:	1318 ts
Abmessungen:	Lüa 62,18 m; B 9,77 m; Tg ~ 3,66 m
Maschinenanlage:	2 Lokomotivkessel, 2 Wellen, Stehende Dreifachexpansionsmaschinen, 1900 PSi ≙ 15,5 kn, 125/250/290 ts Kohle
Bewaffnung:	8 × 10,2 cm/L 40, 4 × 6 Pdr, 2 × 1 Pdr
Besatzung:	154

Die Bewilligung erfolgte mit dem Act vom 2. März 1889. Zur Stabilitätskorrektur wurden die Schiffskörper durchtrennt und um 4,27 m verlängert. Die Klasse hatte einen Schornstein und zwei Masten und außerhalb der USA sprach man sie als Sloops an. Zwei 10,2-cm-Geschütze standen vorne und achtern, die übrigen hinter einem 51 mm-Schutz in Schwalbennestern des H-Decks.
Von 1908 bis 1913 diente die *Castine* als U-Boottender. Später reduzierte man auf beiden Einheiten die 10,2-cm-Geschütze auf zwei bis vier und versah sie zwischendurch mit Normand-Kesseln. Nach Übergabe an Mexico erhielt die *Machias* den Namen *Agua Prieta* und stand ab 1935 zur Disposition.

Name/Kennung	Bauwerft	Kiellegung	Stapellauf	Indienst-stellung	Schicksal
Machias/PG 5	Bath Iron Wks.	Febr. 1891	8.12.1891	20.7.1893	am 29.10.1920 an Mexico verkauft
Castine/PG 6	Bath Iron Wks.	Febr. 1891	11.5.1892	22.10.1894	Verkauf 1921

Castine, Aufnahmedatum unbekannt. (Norman Polmar/USN)

97

Nashville Patrouillen-/Kanonenboot

Unter dem Act vom 3. März 1893 genehmigt. Das Erkennungszeichen waren zwei schlanke Schornsteine und die beiden Masten. *Nashville* hatte von den 10,2-cm-Geschützen zwei auf dem vorderen Oberdeck stehen und zwei auf dem hinteren. Die restlichen vier befanden sich in Schwalbennestern auf dem Hauptdeck und hatten einen 57-mm-Schutz. Außerhalb der USA bezeichnete man die *Nashville* allgemein als Sloop.

Verdrängung:	1371 ts
Einsatzverdrängung:	1719 ts
Abmessungen:	Lüa 71,22 m; B 11,6 m; Tg ~ 3,35 m
Maschinenanlage:	4 Yarrow-Kessel, 2 Zylinderkessel, 2 Wellen, Stehende Vierfachexpansionsmaschinen, 2530 PSi ≙ 16,3 kn, 150/395 ts Kohle
Bewaffnung:	8 × 10,2 cm/L 40, 4 × 6 Pdr, 2 × 1 Pdr
Besatzung:	180

Name/Kennung	Bauwerft	Kiellegung	Stapellauf	Indienst-stellung	Schicksal
Nashville/PG 7	Newport News	9.8.1894	19.10.1895	19.8.1897	Verkauf 1921

Nashville. (CPL)

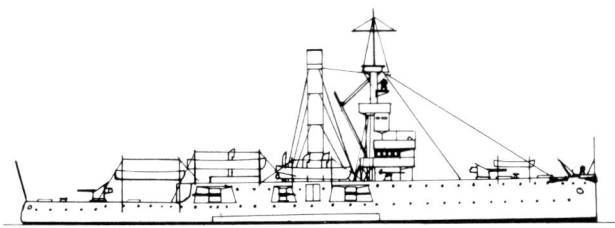

Helena nach Fertigstellung 1897.

Wilmington-Klasse   Patrouillen-/Kanonenboote

Verdrängung:	1397 ts
Einsatzverdrängung:	1689 ts
Abmessungen:	Lüa 76,42 m; B 12,47 m; Tg ~ 2,74 m
Maschinenanlage:	6 Zylinderkessel, 2 Wellen, Stehende Dreifachexpansionsmaschinen, 1900 PSi ≙ 15 kn, 100/277 ts Kohle
Bewaffnung:	8 × 10,2 cm/L 40, 4 × 6 Pdr, 4 × 1 Pdr
Besatzung:	183/199

Name/Kennung	Bauwerft	Kiellegung	Stapellauf	Indienst-stellung	Schicksal
Wilmington/PG 8	Newport News	8.10.1894	19.10.1895	13.5.1897	Verkauf 1946
Helena/PG 9	Newport News	11.10.1894	30.1.1896	8.7.1897	Verkauf 1932

Diese unter dem Act vom 2. März 1893 genehmigten einmastigen Einheiten wurden in den britischen Listen als Sloops geführt. Sie hatten einen schlanken Schornstein und waren achtern bis aufs H-Deck heruntergebaut. Zwei der 10,2-cm-Geschütze standen auf dem vorderen Oberdeck, zwei auf dem achteren H-Deck und die restlichen in der Mittschiffs-hauptdeckebene. Letztere besaßen einen 38-mm-Schutz. In der Mittschiffswasserlinie gab es einen 25-mm-Schutzstreifen. Der Tiefgang war geringer als bei den anderen US-Kanonenbooten dieser Größe.

Die *Wilmington* wurde später zum Schulschiff und erhielt im Zweiten Weltkrieg den Namen *Dover/IX 30*.

Wilmington. (CPL)

Annapolis-Klasse   Patrouillen-/Kanonenboote

Verdrängung:	1000–1153 ts
Abmessungen:	Lüa 62,31 m; Lcwl 51,21 m; B 10,97 m; Tg ~ 3,66–3,89 m
Maschinenanlage:	2 Zylinderkessel (*Annapolis* 2 Babcock-Wilcox-Kessel), 1 Welle, Stehende Dreifachexpansionsmaschine, 1000 PSi ≙ 11–13 kn, 100/235 ts Kohle (*Annapolis* 324 ts Kohle)
Bewaffnung:	6 × 10,2 cm/L 40, 4 × 6 Pdr, 2 × 1 Pdr

Name/Kennung	Bauwerft	Kiellegung	Stapellauf	Indienst-stellung	Schicksal
Annapolis/PG 10	Lewis Nixon	April 1896	23.12.1896	20.7.1897	ab 1940 zur Marinekommission
Vicksburg/PG 11	Bath Iron Wks.	März 1896	5.12.1896	23.10.1897	ab 1921 Küstenwache
Newport/PG 12	Bath Iron Wks.	März 1896	5.12.1896	5.10.1897	ab 1934 zur Disposition
Princeton/PG 13	J. H. Dialogue	Mai 1896	3.6.1897	27.5.1898	Verkauf 1919

Diese unter dem Act vom 2. März 1895 genehmigten Einheiten hatten ursprünglich eine Barktake-lung, einen Klipperbug mit langem Bugspriet und waren Komposit-bauten. In den britischen Listen wurden sie als Sloops geführt. Die 10,2-cm-Geschütze standen zu je einem auf dem vorderen und achtern Oberdeck und die restlichen vier mittschiffs auf dem H-Deck. Später reduzierte man die Geschützzahl, 1919 wurden *Annapolis* und *Vicksburg* allerdings immer noch mit 6 × 10,2-cm-Geschützen in den Listen geführt.

Ab 1920 fungierte die *Annapolis* als Schulschiff. Als solches fuhr die *Newport* von 1907 bis 1931. Nach Abgabe an die Küstenwache erhielt *Vicksburg* den Namen *Alexander Hamilton*.

Wheeling-Klasse   Patrouillen-/Kanonenboote

Verdrängung:	1000 ts
Einsatzverdrängung:	1170 ts
Abmessungen:	Lüa 57,79 m; B 10,36 m; Tg ~ 3,66 m
Maschinenanlage:	2 Babcock-Wilcox-Kessel *(Marietta)*, 2 Zylinderkessel *(Wheeling)*, 2 Wellen, Stehende Dreifachexpansionsmaschinen, 1050 PSi ≙ 13 kn, 120/231 ts Kohle
Bewaffnung:	6 × 10,2 cm/L 40, 4 × 6 Pdr, 2 × 1 Pdr
Besatzung:	140

Die in Kompositbauweise gefertigten zweimastigen Einschornsteinschiffe wurden unter dem Act vom 2. März 1895 genehmigt und in den britischen Listen als Sloops geführt. Die 10,2-cm-Geschütze standen als Einzelwaffe vorne und achtern auf dem Oberdeck, die restlichen auf dem Mittschiffshauptdeck. Später reduzierte man die Armierung auf 4 × 10,2-cm-Geschütze.
Die *Wheeling* fand zuletzt als Schulschiff Verwendung und erhielt im Zweiten Weltkrieg die Bezeichnung *IX 28*.

Name/Kennung	Bauwerft	Kiellegung	Stapellauf	Indienst-stellung	Schicksal
Wheeling/PG 14	Union Iron Wks.	11.4.1896	18.3.1897	10.8.1897	Verkauf 1946
Marietta/PG 15	Union Iron Wks.	13.4.1896	18.3.1897	1.9.1897	Verkauf 1920

Topeka   Patrouillen-/Kanonenboot

Verdrängung:	2372 ts
Abmessungen:	Lüa 76,19 m; B 10,66 m; Tg ~ 5,41 m
Maschinenanlage:	4 Zylinderkessel, 2 Wellen, Liegende Verbundmaschinen, 2200 PSi ≙ 16 kn, 273/394 ts Kohle
Bewaffnung:	8 × 10,2 cm/L 40, 2 × 6 Pdr, 4 × 3 Pdr, 2 × 1 Pdr
Besatzung:	152

Das Schiff wurde als *Diogenes* am 2. April 1898 von den Thames Iron Wks. gekauft. Die *Topeka* war ein Zweischorsteindampfer mit eisernem Schiffskörper. In den britischen Listen wurde das Fahrzeug – vermutlich wegen seiner Verdrängungsgröße – als Kreuzer klassifiziert. Die 10,2-cm-Geschütze reduzierte man später auf sechs.

Anmerkung: Unter dem Act vom 4. Mai 1898 wurde ein Kanonenboot *Nr. 16* bewilligt, aber nicht gebaut.

Name/Kennung	Bauwerft	Stapellauf	Indienst-stellung	Schicksal
Topeka/ –	Howaldt, Kiel	1881	Juni 1888	ab 1907 Gefangenenschiff

Isla de Luzon   Kanonenboot

Verdrängung:	1020 ts
Abmessungen:	Lüa 59,43 m; B 9,14 m; Tg ~ 3,47 m
Maschinenanlage:	2 Zylinderkessel, 2 Wellen, Liegende Dreifachexpansionsmaschinen, 535 PSi ≙ 11,2 kn, 160 ts Kohle
Bewaffnung:	4 × 10,2 cm/L 40, 4 × 6 Pdr, 3 × 35,6-cm-TR
Besatzung:	137

In der Schlacht von Manila von den Spaniern selbstversenkt und anschließend wiederhergestellt. Das Schiff hatte seine 10,2-cm-Geschütze auf der Back und Poop und besaß ein 64 mm- bis 25-mm-Schutzdeck. 1911 wurde es mit Babcock-Wilcox-Kesseln ausgerüstet und diente von 1903 bis 1918 der Marinemiliz der Bundesstaaten Louisiana und Illinois als Schulschiff. Zuletzt fand *Isla de Luzon* als Hafenfahrzeug für die Marine-Torpedostation Verwendung.

Name/Kennung	Bauwerft	Stapellauf	Indienst-stellung	Schicksal
Isla de Luzon/ –	Armstrong	13.11.1886	31.1.1900	Verkauf 1920

Isla de Cuba   Kanonenboot

Verdrängung:	950 ts
Abmessungen:	Lüa 60,04 m; B 9,14 m; Tg ~ 3,22 m
Maschinenanlage:	2 Zylinderkessel, 2 Wellen, Liegende Dreifachexpansionsmaschinen, 800 PSi ≙ 13 kn, 10 ts Kohle
Bewaffnung:	4 × 10,2 cm/L 40, 4 × 6 Pdr, 3 × 35,6-cm-TR
Besatzung:	137

In der Schlacht von Manila von den Spaniern selbstversenkt und wiederhergestellt. Im großen und ganzen ähnelte das Schiff der → *Isla de Luzon*. In Venezuela erhielt es den Namen *Marisal Sucre* und verblieb bis 1940 im Dienst.

Name/Kennung	Bauwerft	Kiellegung	Stapellauf	Indienst-stellung	Schicksal
Isla de Cuba/ –	Armstrong		11.12.1886	11.4.1900	am 2.4.1912 an Venezuela verkauft

Don Juan de Austria Kanonenboot

In der Schlacht von Manila selbstversenkt und wiederhergestellt. Die 12,7-cm-Geschütze standen auf dem Hauptdeck in Schwalbennestern. Später wechselte die Armierung anscheinend in 4 × 10,2-cm-Geschütze. Zwischen 1907 und 1917 gehörte das Schiff zur Marinemiliz des Bundesstaates Michigan.

Verdrängung:	1015 ts
Abmessungen:	Lüa 65,68 m; B 9,75 m; Tg ~ 3,81 m
Maschinenanlage:	4 Zylinderkessel, 1 Welle, Liegende Verbundmaschine, 1200 PSi ≙ 12 kn, 225 ts Kohle
Bewaffnung:	4 × 12,7 cm/L 40, 4 × 6 Pdr
Besatzung:	153

Name/Kennung	Bauwerft	Kiellegung	Stapellauf	Indienst-stellung	Schicksal
Don Juan de Austria/ –	Cartagena	23.1.1887	11.4.1900	Verkauf 1919	

Dubuque-Klasse Patrouillen-/Kanonenboote

Diese in Kompositbauweise gefertigten, mit zwei Masten und einem Bugspriet versehenen Zweischornsteinschiffe wurden unter dem Act vom 1. Juli 1902 bewilligt. In den britischen Listen waren sie als Sloops klassifiziert. Die 10,2-cm-Geschütze standen an Stb und Bb auf dem Oberdeck.
Beide waren von 1922 bis 1940/41 auf den Großen Seen stationiert, führten dabei eine reduzierte Bewaffnung und fanden als Schulschiffe für Marinereservisten Verwendung. Im Zweiten Weltkrieg wurden auf ihnen die Geschützbesatzungen der Handelsschiffe ausgebildet. Während dieser Tätigkeit führten sie die Bezeichnung *IX 9* und *IX 23*.

Verdrängung:	1084 ts
Abmessungen:	Lüa 61,09 m; Lcwl 53,04 m; B 10,66 m; Tg ~ 4,07 m
Maschinenanlage:	2 Babcock-Wilcox-Kessel, 2 Wellen, Stehende Dreifachexpansionsmaschinen, 1250 PSi ≙ 13 kn, 200 ts Kohle
Bewaffnung:	6 × 10,2-cm-/L 50- Mk 7, 4 × 6 Pdr, 2 × 1 Pdr
Besatzung:	184/198

Name/Kennung	Bauwerft	Kiellegung	Stapellauf	Indienst-stellung	Schicksal
Dubuque/PG 17	Gas Engine & Power und C. L. Seabury	22.9.1903	15.8.1904	3.6.1905	Verkauf 1946
Paducah/PG 18	Gas Engine & Power und C. L. Seabury	22.9.1903	11.10.1904	2.9.1905	Verkauf 1946

Paducah, Aufnahmedatum unbekannt. (Norman Polmar/USN)

Kleine Kanonenboote

Eine Anzahl kleiner ex-spanischer Kanonenboote wurden als Folge des spanisch-amerikanischen Krieges auf den Philippinen und zwei – Alvarado und Sandoval – in Kuba übernommen. Die Fahrzeuge mit mehr als 100 ts Verdrängung sind in alphabetischer Reihenfolge nachfolgend aufgelistet.

Name	Bauwerft	Stapellauf	Indienst-stellung	Schicksal	Verdrängung (ts)	Geschwin-digk. (kn)	Bewaffnung
Albay	Hongkong & Whampoa	1886	21.5.1899	Verkauf 1906	173	8	1 × 6 Pdr, 2 × 1 Pdr
Alvarado	Clydebank	19.9.1895	4.8.1898	Verkauf 1912	106	19	1 × 6 Pdr, 1 × 1 Pdr
Arayt	Manila Ship Co.	1888	10.8.1900	Verkauf 1910	243	9	1 × 6 Pdr, 1 × 3 Pdr
Calamianes	Marinewerft Cavite	1888	25.7.1899	Verkauf 1907	173	8	1 × 3 Pdr, 2 × 1 Pdr
Callao	Manila Ship Co.	Juni 1888	2.7.1898	Verkauf 1923	243	10	4 × 3 Pdr, 2 × 1 Pdr
Elcano	Carraca	28.1.1884	20.11.1902	ab 1928 Zielschiff	620	11	4 × 10,2 cm/L 40
Leyte	Hongkong & Whampoa	1887	22.3.1900	Verkauf 1907	151	8	1 × 6 Pdr, 2 × 1 Pdr
Manileno	Hongkong & Whampoa	1885	25.5.1899	Verkauf 1906	142	6,5	1 × 6 Pdr, 2 × 1 Pdr
Mariveles	Hongkong & Whampoa	1886	17.6.1899	Verkauf 1909	170	7	1 × 3 Pdr, 2 × 1 Pdr
Mindoro	Hongkong & Whampoa	1886	12.6.1899	Verkauf 1912	142	7	1 × 3 Pdr, 1 × 1 Pdr
Pampanga	Manila Ship Co.	Febr. 1888	9.11.1899	ab 1928 Zielschiff	243	10	1 × 6 Pdr, 3 × 3 Pdr
Panay	Marinewerft Cavite	1885	3.6.1899	Verkauf 1920	162	8	1 × 6 Pdr, 2 × 1 Pdr
Paragua	Manila Ship Co.	Jan. 1888	29.5.1899	Verkauf 1911	243	10	1 × 6 Pdr, 3 × 3 Pdr 2 × 1 Pdr
Quiros	Hongkong & Whampoa	24.1.1895	14.3.1900	ab 1923 Zielschiff	350	11	2 × 6 Pdr, 2 × 3 Pdr
Samar	Manila Ship Co.	1887	26.5.1899	Verkauf 1921	243	10,5	1 × 6 Pdr, 1 × 3 Pdr 2 × 1 Pdr
Sandoval	Clydebank	20.9.1895	2.9.1898	Verkauf 1919	106	19	2 × 3 Pdr
Villalobos	Hongkong & Whampoa	1895	5.3.1900	ab 1933 Zielschiff	370	11	2 × 6 Pdr, 2 × 3 Pdr 2 × 1 Pdr

Obwohl diese Kanonenboote gut zu gebrauchen waren, um die Ordnung auf den Philippinen aufrecht zu erhalten, hatte nur die Elcano einen gewissen Kampfwert.

Elcano – Abmessungen: L 50,44 m; B 7,93 m; Tg 3,05 m; 2 Wellen; Leistung ~ 600 PSi; 98 ts Kohle; Besatzung 103. Das Schiff war in Shanghai stationiert und hielt sich während der gesamten Indiensthaltung vorwiegend dort auf. An den 1927 um Nanking ausbrechenden Kämpfen nahm es ebenfalls teil.

Hilfskreuzer

Während des spanisch-amerikanischen Krieges wurden eine Anzahl Handelsschiffe und Yachten übernommen, von denen die Marine einige kaufte. Die wichtigsten waren vier schnelle Passagierdampfer der International Navigation Company.

St. Louis und St. Paul

Die Zweischornsteinschiffe hatten zwei Masten, einen geraden Vorsteven und die zu dieser Zeit übliche Heckgillung. Zum Kabeldurchschneiden erhielt die St. Louis eine schwere Schleppleinenausrüstung. Die St. Paul stellte am 22. Juni 1898 in San Juan den spa-

Verdrängung:	14 910 ts
Abmessungen:	L 168,86 m; B 19,2 m; Tg 7,62 m
Maschinenanlage:	Zylinderkessel, 2 Wellen, Stehende Vierfachexpansionsmaschinen, 20 000 PSi ≙ 22 kn, 2677 ts Kohle
Bewaffnung:	4 × 12,7 cm/L 40, 8 × 6 Pdr (St. Louis), 6 × 12,7 cm/L 40, 6 × 6 Pdr, 6 × 3 Pdr (St. Paul)
Besatzung:	377 (St. Louis), 381 (St. Paul)

nischen Zerstörer *Terror*, griff ihn an und zwang ihn zur Flucht. Später wurde das Schiff als Transporter eingesetzt. Am 25. April 1908 rammte *St. Paul* vor Solent den britischen Kreuzer *Gladiator*. Gegen Ende des Ersten Weltkrieges wurde die *St. Louis* unter dem Namen *Louisville* als Transporter verwendet. Als sie nach Kriegsende wieder in den alten Zustand rückgerüstet wurde, brannte sie 1920 aus und wurde vermutlich

Name	Bauwerft	Stapellauf	Indienststellung für die Marine	Schicksal
St. Louis	Cramp	12.11.1894	24.4.1898	2.9.1898 Rückgabe an Eigner
St. Paul	Cramp	10.4.1895	20.4.1898	2.9.1898 Rückgabe an Eigner

1925 verkauft. *St. Paul* fand im Ersten Weltkrieg ebenfalls als Transporter Verwendung und kenterte am 28. April 1918 beim Abschleppen aus einem Trockendock auf dem North River, New York. Obwohl sie gehoben und wieder hergestellt wurde, erfolgte 1923 der Verkauf.

Havard und *Yale*

Diese Schiffe hatten anfangs drei, später zwei Schornsteine und drei Masten, einen Klipperbug und wurden unter dem Namen *City of New York* und *City of Paris* für die Inmanline gebaut. 1893 erfolgte die Eintragung in das amerikanische Register und Streichung des *City of* als Teil des Namens. Während ihrer Indiensthaltung änderten sich die Namen erneut. Im spanisch-amerikanischen Krieg fanden sie anfangs als Spähschiffe und später als Transporter Verwendung. 1899 hatte die *Paris* bei den Manacles eine Grundberührung und erhielt nach ihrer Instandsetzung den Namen *Philadelphia*. Im Ersten Weltkrieg fanden beide erneut als Transporter Verwendung. Nun hießen sie *Plattsburg* und

Verdrängung:	13 000 ts
Abmessungen:	L 178,31 m; B 19,28 m; Tg 7 m
Maschinenanlage:	Zylinderkessel, 2 Wellen, Stehende Dreifachexpansionsmaschinen, 20 600 PSi $\triangleq$ 21,8 kn, 2656 ts Kohle
Bewaffnung:	8 × 12,7 cm/L 40, 8 × 6 Pdr (*Havard*), 8 × 12,7 cm/L 40, 4 × 6 Pdr, 4 × 3 Pdr (*Yale*)
Besatzung:	407

Name	Bauwerft	Stapellauf	Indienststellung für die Marine	Schicksal
Havard	J. & G. Thompson	15.3.1888	26.4.1898	2.9.1898 Rückgabe an Eigner
Yale	J. & G. Thompson	23.10.1888	2.5.1898	2.9.1898 Rückgabe an Eigner

Harrisburg. 1919 erfolgte die Rückgabe an den Eigner und der Verkauf. 1923 wurden beide schließlich abgewrackt.

Alle anderen Hilfskreuzer waren kleiner, ihre Einzelheiten sind im folgenden aufgelistet:

Name	ex Name	Bauwerft	Stapellauf	Indienststellung (für die Marine)	Schicksal	Verdrängung (ts)
Badger	*Yumuri*	John Roach	1889	25.4.1898	ab 1900 Marineministerium	4784
Buffalo	*El Cid*, dann *Nictheroy*	Newport News	31.5.1892	22.9.1898	ab 1900 Schulschiff	6888
Dixie	*El Rio*	Newport News	26.10.1892	19.4.1898	ab 1900 Schulschiff	6114
Panther	*Austin*	Cramp	1889	22.4.1898	ab 1902 Schulschiff	4260
Prairie	*El Sol*	Cramp	1890	8.4.1898	ab 1901 Schulschiff	6872
Yankee	*El Norte*	Newport News	14.6.1892	14.4.1898	† 4.12.1908 im Schlepp	6888
Yosemite	*El Sud*	Newport News	16.3.1892	13.4.1898	† 13.11.1900	6179

Name	Abmessungen	Wellen-zahl	Leistung (PSi)	Geschwin-digkeit (kn)	Kohlen-vorrat (ts)	Bewaffnung	Besatzung
Badger	L 100,45 m; B 12,8 m; Tg 5,64 m	1	3200	16	836	6 × 12,7 cm/L 40, 6 × 3 Pdr	235
Buffalo	L 123,76 m; B 14,7 m; Tg 6,7 m	1	3600	14,5	1000	2 × 12,7 cm/L 40, 4 × 10,2 cm/L 40, 6 × 6 Pdr	297
Dixie	L 119,33 m; B 14,7 m; Tg 6,07 m	1	3800	16	1371	10 × 15,2 cm/L 30, 6 × 6 Pdr	181
Panther	L 98,86 m; B 12,34 m; Tg 5,56 m	1	3200	13	475	6 × 12,7 cm/L 40, 2 × 10,2 cm/L 40, 6 × 3 Pdr	198
Prairie	L 123,36 m; B 14,7 m; Tg 6,7 m	1	3800	14,5	1000	10 × 15,2 cm/L 30, 6 × 6 Pdr	285
Yankee	L 123,76 m; B 14,7 m; Tg 6,7 m	1	3800	14,5	1000	10 × 12,7 cm/L 40, 6 × 6 Pdr	282
Yosemite	L 119,33 m; B 14,7 m; Tg 6,12 m	1	3800	16	1371	10 × 12,7 cm/L 40, 6 × 6 Pdr	285

Badger wurde vom Kriegsministerium umbenannt in *Lawton*, 1902 erneut als Versorger für die Marine übernommen, kehrte 1907 in den Handelsdienst zurück und wurde 1930 Lastkahn.

Buffalo nahm 1893/94 unter dem Namen *Nictheroy* am brasilianischen Bürgerkrieg teil und wurde dazu mit einer 38,1-cm-Kanonen Typ Zalinski ausgerüstet. Von 1906 bis 1917 fuhr sie als Transporter und von 1918 bis 1922 als Zerstörertender mit der Bezeichnung *AD 8*. Bis zum Verkauf im Jahre 1927 diente sie als Kasernenschiff.

Dixie fand von 1903 bis 1907 vorwiegend als Transporter Verwendung, fungierte 1909 bis 1922 als Zerstörertender mit der Bezeichnung *AD 1* und wurde im gleichen Jahr verkauft.

Panther war von 1907 bis 1917 Werkstattschiff, von 1917 bis 1922 Zerstörertender, Bezeichnung *AD 6* und wurde 1923 verkauft.

Prairie fuhr von 1906 bis 1917 als Transporter und von 1917 bis 1922 als Zerstörertender mit der Bezeichnung *AD 5*. 1923 erfolgte ihr Verkauf.

Yankee war von 1903 bis 1908 Schulschiff, Transporter und Versorger. Nach der Strandung in der Buzzards Bay sank sie.

Yosemite kenterte in einem Taifun vor Guam.

Panther, *Prairie*, *Yankee* und *Yosemite* hatten eiserne Schiffskörper, die anderen stählerne.

Bewaffnete Yachten

Unter den bewaffneten Yachten war die *Gloucester* am erfolgreichsten und berühmtesten. Sie war zuvor unter dem Namen *Corsair* Eigentum von Piermont Morgan. In der Schlacht von Santiago setzte sie ihre 6-Pdr-Geschütze mit großem Erfolg ein, speziell gegen den Zerstörer *Pluton*. Die *Mayflower* diente von 1905 bis 1929 als Yacht für den amerikanischen Präsidenten. Die Einzelheiten der acht kampfstärksten Yachten sind nachfolgend angeführt.

Name	Bauwerft	Stapellauf	Indienststell. (f. d. Marine)	Schicksal	Verdrängung (ts)	Geschwindig-keit (kn)	Besatzung	Leistung (PSi)
Dorothea	Cramp	1897	1. 6. 1898	Verkauf 1919	594	15	69	1558
Eagle	Harlan & Hollingworth	1890	5. 4. 1898	Verkauf 1919	434	15,5	64	850 nPS
Gloucester	Neafie & Levy	1891	23. 4. 1898	Verkauf 1919	786	17	94	2000
Hornet	Harlan & Hollingworth	1890	12. 4. 1898	Verkauf 1910	425	15	55	800 nPS
Mayflower	J. & G. Thompson	7. 11. 1896	24. 3. 1898	Verkauf 1931	2690	16,8	171	4700
Scorpion	J. N. Robins	1896	11. 4. 1898	Verkauf 1929	850	17,85	111	2800
Vixen	Lewis Nixon	1896	11. 4. 1898	Verkauf 1923	806	16	82	1250
Wasp	Cramp	1898	11. 4. 1898	Verkauf 1920	630	16,5	55	1800

Name	Abmessungen	Kohlenvorrat (ts)	Bewaffnung
Dorothea	L 55,57 m; B 7,14 m; Tg 3,51 m	90	4 × 6 Pdr, 2 × 3 Pdr, 4 × 1 Pdr
Eagle	L 47,39 m; B 7,32 m; Tg 3,51 m	85	4 × 6 Pdr
Gloucester	L 73,35 m; B 8,28 m; Tg 3,66 m	120	4 × 6 Pdr, 4 × 3 Pdr
Hornet	L 54,86 m; B 7,32 m; Tg 3,35 m	65	4 × 6 Pdr, 4 × 3 Pdr
Mayflower	L 83,21 m; B 10,97 m; Tg 5,26 m	584	2 × 12,7 cm/L 40, 12 × 6 Pdr
Scorpion	L 64,87 m; B 8,56 m; Tg 3,35 m	200	6 × 6 Pdr
Vixen	L 61 m; B 8,53 m; Tg 3,86 m	190	4 × 6 Pdr, 4 × 1 Pdr
Wasp	L 54,86 m; B 7,02 m; Tg 3,66 m	108	4 × 6 Pdr

Alle hatten Stehende Dreifachexpansionsmaschinen und 1 Welle, *Mayflower* und *Scorpion* jedoch zwei Wellen.

Präsident Theodore Roosevelt nach der Weltreise der »Großen Weißen Flotte« 1908 auf *USS Connecticut* bei der Begrüßung der Offiziere und Mannschaften. Diese Reise festigte letztendlich die Rolle der USA als Seemacht ersten Ranges.

IV. Japan

Allgemeines

Als Commodore Perry am 8. Juli 1853 vor Uraga erschien, war Japan noch immer ein feudalistischer Staat ohne jegliche Industrialisierung. An der Spitze thronte der geistige Führer, der Gottkaiser ohne politische Macht. Unter ihm standen der die absolute Macht ausübende Shogun und die Lords (oder Köpfe), die mit über 240 Sippen das ganze Land kontrollierten. Jeder Lord hatte das Recht, eigenes Geld zu prägen und innerhalb der eigenen Sippe Gesetze und Verordnungen zu erlassen. Er war auch befugt, eigene Streitkräfte zu unterhalten, die sich aus der Sippe und deren Untertanen zusammensetzten.

Um diesen feudalen »status quo« aufrechtzuerhalten, war jede Auslandsreise und Verbindung mit Fremden ausdrücklich verboten, auch der Bau von Schiffen mit mehr als 50 BRT untersagt. Die Ankunft des Commodore Perry, zwischenzeitliche Expeditionen nach Japan, und ein Shogun, der bereit war, Verträge mit dem Ausland abzuschließen, leiteten das Ende der Feudalherrschaft ein. Die Unversöhnlichkeit nationalistischer Sippen und deren stille Duldung durch den mit Tradition behafteten Kaiser führte schließlich zu einem Bürgerkrieg, der mit der Abschaffung der Shogunate endete. In der Folge kam es zu einer Regierungsumbildung, das Verhältnis zwischen Kaiser und Regierung wurde neu gestaltet.

Der Aufbau der Kaiserlichen Marine

Als im Juni 1869 der Bürgerkrieg endete, hatte sich der Kern einer Kaiserlichen Marine gebildet: Er bestand aus den besten erbeuteten Einheiten der Streitkräfte der aufrührerischen Shogunaten und solchen, die dem Kaiser von loyalen Familien zur Verfügung gestellt worden waren. Die Kaiserliche Flotte setzte sich zusammen aus der Panzerramme *Kotetsu*, aus der später die *Adzuma* wurde, dem Kanonenboot *Chiyodagata*, der Korvette *Yoshun*, den Radschiffen *Fujijama*, *Kanko*, *Choyo* und *Shokaku* und vier alten Segelschiffen.

Vielen Schiffen fehlte allerdings die Armierung, und sie bedurften dringend einer Reparatur, wenn nicht sogar einer umfassenden Werftüberholung. Außerdem mangelte es den Besatzungen an jeder Art Ausbildung. In der Folge lud man eine britische Mission ein, um Japan eine neue Marine mit ihrer Organisation und Ausbildung aufzubauen. Gleichzeitig wurden alle kaiserlichen Streitkräfte dem Kriegsministerium unterstellt. Im Februar 1872 bildete sich ein unabhängiges Marineministerium, das die Gesamtführung über die Verwaltung und Verwendung zugeteilter Gelder übernahm. Zu dieser Zeit konnte allerdings nur wenig verwirklicht werden, insbesondere dort, wo es galt, eine japanische Seemacht aufzubauen. Aufgrund der langen Periode der Einschränkungen galt es zuerst, die Bürgerkriegsverwüstungen zu beseitigen und die Technik der Industrialisierung zu erlernen. Nicht nur die letzten Überbleibsel des alten Feudalsystems mußten verschwinden, es galt auch, kleinere, dem Bürgerkrieg folgende Aufstände niederzuschlagen.

Die innere Verfassung Japans, seine Probleme und die anstehenden politischen Reformen ließen für die Verteidigung nur wenig Geld übrig. Daher mußte ein umfassendes Marineprogramm, das für 1873 den Bau von 70 Kriegsschiffen forderte, fallen gelassen werden. Die allgemeine Schwäche des Staates führte in der Umgebung Formosas zur verstärkten Piratentätigkeit und erst 1874 kam es zu einer japanischen Expedition, um dieses Übel abzustellen. Obwohl das Unternehmen unter manchen Schwierigkeiten litt, erfüllte es seinen Zweck: Die Notwendigkeit einer starken Marine rückte in den Mittelpunkt nationalen Interesses. Der desolate Zustand der Marine in Verbindung mit dem sich verschlechternden Verhältnis zu Korea überzeugte die japanische Regierung schließlich von der Wichtigkeit einer modernen Marine. 1875 erteilte sie die Genehmigung für ein neues Bauprogramm, und da die japanische Werftindustrie und auch andere Industriezweige noch keine genügenden Fortschritte in der Konstruktion hochentwickelter Kriegsschiffe zu verzeichnen hatten, wurden die Aufträge für drei Panzerschiffe (*Fuso*, *Hiei* und *Kongo*) an britische Werften vergeben. Die unter französischer Leitung stehende Marinewerft Yokosuka baute kleine, weniger fortschrittliche Einheiten. Diese waren von leidlicher Konstruktion und hatten hölzerne Schiffskörper, einfache Kolbendampfmaschinen des Liegenden Verbundmaschinentyps und eiserne Lokomotivkessel mit geringem Dampfdruck. Ihre Armierung bestand allgemein aus Krupp-Kanonen. Außer diese Fahrzeugen wurden 1879 bei der britischen Firma Yarrow noch vier Torpedoboote bestellt.

Das erste
Marinebauprogramm

Nachdem sich die innenpolitische Lage Japans stabilisiert hatte, ging es mit dem technologischen Fortschritt rasch voran. Die Wirtschaftspolitik festigte sich. 1882 wurde der erste Marine-Ergänzungshaushalt genehmigt, der Ausgaben in Höhe von 26 670 000 Yen vorsah. Mittels dieser bereitgestellten Gelder sollte die Kaiserliche Marine nach einem Bauprogramm von acht Jahren 48 Neubauten erhalten. Zwei Schiffe wurden nachträglich gestrichen. Abgesehen vom Schiffbauprogramm umfaßte der Haushalt auch die Werftentwicklung und die damit verbundenen Industriezweige, kurz alles, was sich mit dem Kriegsschiffbau befaßte. Dazu gehörte auch die Ausbildung von Offizieren und Technikern. Gemäß einem besonderen Plan erhielten die Seeoffiziere ihre Ausbildung in Großbritannien, und den Technikern vermittelte Frankreich das nötige Grundwissen.

Die Japaner standen stark unter dem Einfluß der »Jeune École« (Junge Schule), einer in Frankreich entwickelten und weit verbreiteten Denkungsart über maritime Probleme. Diese sah einen aus Kreuzern bestehenden Flottenverband vor, um den sich Torpedoboote scharten. Theoretische Argumente sahen das Schlachtschiffkonzept als veraltet an, und man strebte an, diese aus den Flottenlisten zu verbannen.

Unter den 46 Einheiten des ersten Ergänzungshaushaltes befanden sich 14, die auf japanischen Werften entstanden. Dazu gehörten auch zwei Kreuzer. Alle anderen, insbesondere aber die Kreuzer, wurden auf britischen und französischen Werften gebaut. Der Auftrag für die 46 Einheiten schloß Vorkehrungen für die Bestellung und den Bau von 22 Torpedobooten auf überseeischen Werften ein. Diese wurden komplett fertiggestellt, auseinandergenommen, verschifft, nach Japan verbracht und dort wieder zusammengebaut.

Das acht Jahre während erste Ergänzungsgesetz brachte für die japanische Schiffbauindustrie große Fortschritte: 1882 wurde das erste japanische Schiff in Kompositbauweise, die *Katsuragi*, mit britischer Unterstützung auf Stapel gelegt. Ihm folgte drei Jahre später das erste Eisenschiff, die *Maya*. Der französische Konstrukteur Émile Bertin übernahm 1886 die Leitung der Marinewerft Yokosuka, und die ersten Schiffe mit stählernem Schiffskörper, *Atago* und *Takao*, wurden auf Stapel gelegt. Auch auf dem Gebiet der Maschinentechnik ergab sich eine rasche Entwicklung. Bis 1882 verwendete man auf den japanischen Schiffen die relativ einfache Liegende Verbundmaschine als Standardanlage. Den benötigten Dampf erzeugten Kessel mit niedrigem Druck. Allmählich führte man Zylinderkessel mit langsam sich steigernden Drücken ein. Der kleine Aviso *Yaeyama* erhielt 1892 erstmals eine Liegende Dreifachexpansionsmaschine, aber bereits 1890 waren für das Kanonenboot *Oshima* die ersten Stehenden Dreifachexpansionsmaschinen gefertigt worden.

Das spezielle Gebiet der Marinewaffen befand sich jedoch immer

Asahi 1900, der Strich quer über das Foto ist ein Riß im Originalnegativ. (Sammlung A. J. Watts)

noch nicht in Händen der japanischen Industrie, alle Geschütze wurden normalerweise entweder von Armstrong, Canet oder Krupp bezogen.

Nach Maßgabe des ersten Ergänzungsprogramms hatte Japan eine wohlausgewogene Flotte aus Kreuzern, Kanonenbooten und Torpedobooten erhalten. Die sich wegen Korea ständig verschlechternden Beziehungen zu China zeigten jedoch, daß Japan irgendwann auch neue Panzerschiffe erwerben mußte. Nur damit war man den chinesischen Schiffen gewachsen. Die alten Einheiten – *Fuso, Hiei* und *Kongo* – waren unmodern und kein Gegner für die chinesischen Gegenspieler. 1893 wurde der Plan, in Großbritannien zwei Schlachtschiffe und einen Kreuzer in Auftrag zu geben, genehmigt. Allerdings stellte keine dieser Einheiten vor Ausbruch des japanisch-chinesischen Krieges fertig. Aufgrund der drohenden Kriegsgefahr und der Wahrscheinlichkeit, daß die drei inzwischen bestellten Schiffe nicht rechtzeitig fertig werden könnten, wurden extra Mittel bereitgestellt, um unverzüglich einen ausländischen Kreuzer käuflich zu erwerben: Das war die chilenische *Esmeralda*. Zusätzlich genehmigte man den Bau eines weiteren Kreuzers auf einer japanischen Werft, der *Akashi*. Die *Esmeralda* wurde schließlich im November 1894 erworben und kam erst kurz nach Kriegsende in Dienst.

Der japanisch-chinesische Krieg

Der Krieg brach im Juli 1894 mit einem massiven Schlag der japanischen Armee, den die Marine unterstützte, aus. Die einzige größere Kampfhandlung auf See fand am 17. September 1894 statt: Eine japanische Kampfgruppe aus sieben Kreuzern, drei Kanonenbooten und zwei kleineren Fahrzeugen traf auf die chinesische Flotte mit vier Panzerschiffen und sechs Kreuzern. Die Schlacht wurde unter dem Namen »Schlacht auf dem Yalu*« bekannt. Im Verlauf der Kämpfe wurden fünf chinesische Schiffe (ein Panzerschiff und vier Kreuzer) versenkt, drei Panzerschiffe und ein Kreuzer schwer beschädigt. Die beschädigten und übrigen Einheiten zogen sich zur vorläufigen Reparatur nach Port Arthur zurück. Im Anschluß kehrten sie nach dem chinesischen Hauptstützpunkt Wei-Hai-Wei zurück. Dort erfolgte die endgültige Instandsetzung. Vier japanische Schiffe hatten leichte Beschädigungen erhalten, nur die *Matsushima* wurde mehrfach getroffen und sank: Ein 25-cm-Geschoß zerstörte die Hauptbarbette, ein 30-cm-Geschoß zerstörte in der Batterie zwei 12-cm-Geschütze und setzte in der Nähe lagernde Pulvertreibladungen in Brand, verursachte weitere Brände und tötete und verwundete 120 Männer. Es dauerte nicht lange, bis der Rest der chinesischen Flotte in Wei-Hai-Wei blockiert war. Japanische Torpedoboote führten eine Serie von Angriffen auf den Hafen durch, die ein Stranden des Schlachtschiffes *Ting Yuen* zur Folge hatten. Versenkt wurden

* Anm. d. Übers.: Richtigerweise muß es die »Schlacht von Hai-yun-tau« heißen, der Yalu war für den Tiefgang der beteiligten Schiffe viel zu flach.

die *Wei Yuen* und *Lai Yuen*. Eine Reihe chinesischer Torpedoboote, die ausbrechen wollten, wurden vom japanischen Kreuzer *Yoshino* entweder versenkt oder beschädigt. Nachdem die japanische Armee den Stützpunkt von der Landseite her eingeschlossen hatte, zeichnete sich das Kriegsende ab. Am 12. Februar 1895 fiel Wei-Hai-Wei, die restlichen chinesischen Einheiten wurden besetzt und in die Kaiserliche Japanische Marine übernommen.

Das Zehnjahres-Erweiterungsprogramm der Marine von 1896

Trotz des gewonnenen Krieges blieb Japans Position demütigend: Unter russischem Druck, den Frankreich und Deutschland auch noch unterstützten, war Japan gezwungen, seinen Anspruch auf Port Arthur und die Halbinsel Liatung wieder aufzugeben. Mit dem Gefühl der Isolierung und Bedrohung begann Japan sofort, Maßnahmen zur Stärkung der Wirtschaftskraft einzuleiten und die Streitkräfte auf weitere voraussichtliche Auseinandersetzungen vorzubereiten und zu vermehren.

Der japanisch-chinesische Krieg und die Seeschlacht vom Yalu hatten den japanischen Seeoffizieren genügend Gelegenheit gegeben, die Notwendigkeit einer Flotte und die Entwicklung entsprechender Marinestrategien und Seetaktiken zu begründen. Die wichtigste Forderung war unverkennbar der Besitz gut bewaffneter und schwer gepanzerter Schlachtschiffe. Die Schlacht am Yalu hatte gezeigt, daß die japanischen Panzerschiffe nicht nur schlecht armiert, sondern von der Konstruktion her auch völlig veraltet waren. Obwohl sie durchaus moderne Schiffe waren, hatte die *Matsushima*-Klasse die in sie gesetzten Erwartungen nicht erfüllt. Die Schäden der *Matsushima* ließen klar erkennen, daß der Schiffsschutz ungenügend war, und obwohl die Hauptbewaffnung ein großes Kaliber hatte, erwies sich die Feuergeschwindigkeit für die vorgesehenen Zwecke als zu klein. Daher war es unumgänglich, eine Anzahl schneller Schlachtschiffe in Auftrag zu geben, die nicht nur schwer gepanzert waren, sondern auch Geschütze mit rascher Schußfolge besaßen. Außerdem mußten sie stärkere Breitseiten schießen können. Die beiden kurz vor Kriegsausbruch in Bau gegebenen Einheiten, *Fuji* und *Yashima*, erfüllten einige dieser Forderungen, genügten jedoch keinesfalls, Japan mit einer starken Marine zu versehen, die der russischen Fernostflotte widerstehen konnte. Eine andere wichtige Erfahrung des japanisch-chinesischen Krieges war der Besitz schneller mit Schnellfeuergeschützen und einer gewissen Panzerung ausgerüsteter Kreuzer. Auch das Torpedoboot hatte sich als schlagkräftige Waffe erwiesen und konnte einen demoralisierten Gegner in Angst und Schrecken versetzen.

Aufgrund dieser Lehren wurde 1896 schließlich ein Zehnjahresprogramm genehmigt, das den Bau von vier Schlachtschiffen,

Siehe Jentschura/Jung/Mickel: Die jap. K'schiffe S. 168

Übersetzungsfehler!   *Conway und S. 126 dieses Bandes*

im engl. Original: "... and she was almost lost"

  ↳ fast, beinahe

sechs Panzerkreuzern, sechs anderen Kreuzern, 23 Torpedoboot-zerstörern und 63 Torpedobooten vorsah. Hinzu kamen vier weitere kleine Kriegsschiffe. Zusätzlich waren Erweiterungen von Stützpunkten, Werften und Ausbildungsstätten vorgesehen.

Natürlich waren die japanischen Werften außerstande, ein so umfangreiches Bauprogramm zu verwirklichen, und folglich ging die Mehrzahl der Aufträge an ausländische Werften. Die Mehrzahl der Einheiten bauten britische Werften, nur wenige wurden auf französischen und deutschen Werften gefertigt, und das waren in der Mehrzahl Torpedoboote.

Die technische Entwicklung Japans versetzte es bald in die Lage, eine eigene Stahlindustrie zu errichten, und um die Jahrhundertwende stellte man Panzerplatten und auf dem britischen Vikkers-Typ basierende schwere Geschütze selber her. Die Fertigung von Maschinen japanischer Konstruktion wurde in dieser Zeit ebenfalls laufend verbessert und die Leistung der Stehenden Dreifachexpansionsmaschinen gesteigert. Auch die Kessel verbesserte man, und die im Ausland gebauten Schiffe erhielten Wasserrohrkessel. In der Heimat hatten japanische Ingenieure einen eigenen einfachen Wasserrohrkesseltyp mit großen Rohren entwickelt, den Miyabara-Kessel. Dieser wurde ab 1903, gemeinsam mit dem Kanpon-Kessel, ein Wasserrohrkessel mit engen Rohren, eingeführt. Letzterer hatte drei Trommeln und kam erstmals auf der *Otowa* zum Einbau.

Das sich um die Jahrhundertwende sehr schnell verschlechternde Verhältnis zu Rußland führte zu einem Ergänzungsprogramm. Dessen Genehmigung im Jahre 1903 leitete den Bau von weiteren drei Schlachtschiffen, drei Panzerkreuzern und zwei Kleinen Kreuzern ein. Diese Einheiten stellten allerdings nicht vor Kriegsausbruch fertig. Als Lückenbüßer erwarb man zwei in Italien für Argentinien in Bau befindliche Panzerkreuzer: *Kasuga* und *Nisshin*. Als der Krieg dann ausbrach, bestand die Kaiserliche Flotte aus sieben Schlachtschiffen, acht Panzerkreuzern, 16 anderen Kreuzern, 13 kanonenbootartigen Fahrzeugen, elf alten Küstenschutzschiffen, 19 Torpedobootzerstörern und 80 Torpedobooten.

Großkampfschiffe

Das erste Großkampfschiff der Kaiserlichen Marine oder das Schiff, das man wegen seiner ausgesprochenen Großkampfschiffsqualitäten als solches ansehen kann, war die Panzerramme *Adzuma*. 1867 für die Shogunatflotte von den USA erworben, wurde sie nach ihrer Ankunft in Japan der Flotte des Kaisers unterstellt. Die Bewaffnung war veraltet, und das in Kompositbauweise gefertigte und mittels Liegender Verbundmaschine angetriebene Schiff bedurfte dringend einer Werftüberholung und Reparatur. Zu dieser Zeit waren die Japaner noch nicht in der Lage, ein solch kompliziertes Vorhaben durchzuführen, und man überführte sie in den Reservestatus. Es sollte noch eine ganze Weile dauern, bis die neue Marine fähig war, ein Schiff dieser Größe zu fahren und zu unterhalten. Viele neue Techniken mußten erst er-lernt werden, denn das Land befand sich gerade dabei, das mittelalterliche Feudalsystem über Bord zu werfen.

Die 1874 nach Formosa führende Strafexpedition gegen das dortige Piratenunwesen unterstrich die Erfordernis einer starken Marine. Auch die Beziehungen zu Korea verschlechterten sich. In Hinblick auf diese politische Lage wurden unter dem Haushalt von 1875 auf britischen Werften drei Panzerschiffe bestellt: *Fuso, Kongo* und *Hiei*.

Die *Fuso* war ein Zentralbatterieschiff, hatte eine Barktakelung und erhielt Kruppgeschütze. Die beiden anderen waren barkgetakelte Panzerkorvetten. Der Entwurf aller drei Einheiten stammte von Sir Edward Reed, und zur Zeit ihrer Fertigstellung bildeten sie die drei stärksten Einheiten der japanischen Flotte. Mit ihnen machten die Japaner in der Handhabung von Dampfschiffen erstklassige Erfahrungen. Nunmehr waren die eigenen Marinekonstrukteure, gewissermaßen aus erster Hand, in der Lage, die Konstruktionstechniken, Anordnung und Arten der Panzerung sowie die verschiedenen gegenwärtigen Waffentypen genau zu studieren. Obwohl die Schiffe so ziemlich die gleichen Abmessungen hatten, war *Fuso* stärker bewaffnet als die anderen beiden. Da sie auch besser geschützt war, hatte sie eine größere Verdrängung. Daher erhielt sie auch zwei Satz Liegende Verbundmaschinen. *Kongo* und *Hiei* hatten im Gegensatz dazu nur zwei Einzelsätze, allerdings mit größerer Leistung als die der *Fuso*. Abgesehen von den beiden erbeuteten und in die japanische Marine übernommenen chinesischen Schlachtschiffen *Chen Yuan* und *Ping Yuen*, waren *Fuji* und *Yashima* die ersten echten in Auftrag gegebenen Fahrzeuge dieses Typs. Wenngleich beide Einheiten auch für eine Teilnahme am japanisch-chinesischen Krieg nicht rechtzeitig fertigstellten, stellten sie 1897 mit ihrer Indienststellung einen wertvollen Zuwachs für die japanische Flotte dar. Sie waren zugleich die einzigen wirklich modernen Schiffe der Marine und offenbarten den großen Fortschritt, der in den verflossenen 20 Jahren im Entwurf und Bau von Kriegsschiffen vollzogen worden war.

Der sichtbarste Unterschied zwischen *Fuso, Kongo* und *Fuji* war, daß der Dampfantrieb die Segel völlig ersetzte. Es waren die größten Kriegsschiffe, die Japan bis dahin besessen hatte: Die Verdrängung war von der *Fuso* mit 3717 ts auf 12 320 ts bei der *Fuji* gewachsen. Die Konstruktion galt gegenüber der britischen *Royal Sovereign*-Klasse als verbessert, bei der man 1889 bereits eine weiterentwickelte Schiffsschutzanordnung angewandt hatte. Hier kamen sogenannte »Compound«-Panzerplatten zum Einbau. Der wohl wichtigste Unterschied zwischen beiden Entwürfen lag jedoch bei der Armierung: Die *Fuji* erhielt eine schlagkräftige und leichtere Bewaffnung, die jedoch eine viel höhere Feuergeschwindigkeit hatte als die auf der *Royal Sovereign*-Klasse. Dieses waren Punkte, die sich aus den Lehren der Schlacht am Yalu als ungeheuer wichtig erwiesen hatten. Durch die Übernahme der neuen Armstrong-Geschütze war es aufgrund der Gewichtseinsparungen möglich, die 30,5-cm-Geschütze in geschlossene und gepanzerte Türme zu stellen. Im Gegensatz dazu befanden sich die 34,3-cm-Geschütze der *Royal Sovereign*-Klasse noch in offenen Barbetten. Die Aufstellung und Verteilung der MA aus 15,2-cm-QF war bei beiden Klassen gleich. Dafür war die instal-

Ryujo als *Jhosho Maru* nach Fertigstellung 1869. (CPL)

lierte Maschinenleistung bei der *Fuji*-Klasse größer als auf der *Royal Sovereign*-Klasse. Folglich wuchs die Geschwindigkeit von 15,5 kn auf 18 kn. Auf der *Royal Sovereign*-Klasse erzeugten acht Kessel den benötigten Dampf, auf der *Fuji* waren es zehn und auf der *Yashima* 14. Der Betriebsdruck war identisch.

Die Unzulänglichkeit der japanischen Flottenstärke veranlaßte die Regierung, Staatsgelder für den Bau weiterer vier Schlachtschiffe zu bewilligen. Diese Einheiten wurden in Großbritannien gebaut und ähnelten dem Entwurf der *Majestic*-Klasse. *Shikashima*, *Hatsuse*, *Asahi* und *Mikasa* waren einander ähnlich, ihr Entwurf wurde allerdings bei jedem der aufeinanderfolgenden Schiffe stufenweise verbessert.

Nachdem 1891 die Harvey-Nickelstahl-Panzerplatten erprobt und für die *Majestic*-Klasse übernommen worden waren, verwendete man sie auch bei den japanischen Schlachtschiffen. Zu der Zeit, als die Kiellegung der letzten Einheit, der *Mikasa*, heranstand, hatte man in Deutschland den Kruppschen KC-Panzerstahl entwickelt. Folglich wurde er mit diesem Schiff auch eingeführt. Die umfangreich gewachsene Panzerstärke erlaubte den Konstrukteuren, den Schiffsschutz nach einem anderen Schema zu

verteilen, was bei den neuen Schlachtschiffen große Gewichtseinsparungen ergab. Dadurch konnte die Dicke des Gürtelpanzers halbiert werden: Von 457 mm bei der *Fuji* auf 228 mm bei der *Shikashima*. Außerdem ermöglichte es, die Panzerung bei wichtigen Abteilungen, wie Maschinenräume und Magazine, über größere Bereiche und eine bestimmte Länge mit einer einheitlichen Dicke zu versehen, die sich nur nach den Enden hin verjüngte. Zusätzlich wurde der obere Gürtelpanzer über die gesamte Zitadellänge bei der *Fuji* auf 102 mm und bei der *Shikashima* auf 152 mm verstärkt. Die Anordnung des Panzerdecks basierte auf dem Verfahren, das zuerst bei der britischen *Renown* zur Anwendung kam.

Eines der wichtigsten Merkmale der letzten sechs Schlachtschiffe war ihre komplette Identität: Wann immer es erforderlich war, sie konnten als homogene Einheit gemeinsam operieren. Die gesamte Armierung bestand aus Armstrong-Geschützen, die Kaliber waren standardisiert, ihre Munitionsstauung und -förderung hatte man vereinfacht. Folglich wurden auch die Probleme der Artillerieoffiziere in einem Gefecht wesentlich vermindert.

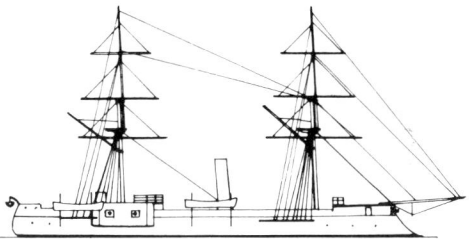

Die Panzerschifframme *Adzuma* wurde ursprünglich von den Konföderierten Staaten in Auftrag gegeben worden und sollte den Namen *CSS Sphinx** erhalten. Zwischendurch erfolgte die Umbenennung in *CSS Stonewall*. Noch während der Atlantiküberquerung endete der amerikanische Bürgerkrieg. Das Schiff wurde von den Vereinigten Staaten übernommen, deren Regierung es jedoch zum Verkauf anbot. 1867 wurde es vom Shogun erworben, bei seiner Ankunft in Japan aber von den kaiserlichen Streitkräften übernommen. Es erhielt den Namen *Kotetsu* (von Eisen umschlossenes Schiff oder auch *Der Gepanzerte*) und stellte als Flaggschiff des 1. Kaiserlichen Marinegeschwaders in Dienst. Dieses lief am 20. April 1869 aus, um die Streitkräfte des Shogunats vor Hakodate anzugreifen. Im Dezember 1871 erhielt es den Namen *Adzuma*.**

Die Originalarmierung bestand aus einem 300-Pdr-SB vom Typ Armstrong, das in einer Bugkasematte stand und zwei gezogenen 70-Pdr-Geschützen vom Typ Armstrong in festeingebauten Mittschiffslafetten. Der Schiffskörper war in Kompositbauweise gefertigt und setzte sich aus 90-mm-Schmiedeeisenplatten auf 76-mm-Teakholzbohlen zusammen.

Adzuma nach Fertigstellung.

Adzuma Panzerschifframme

Verdrängung:	1358 ts
Abmessungen:	Lcwl 55,7 m; Lüa 59 m; B 9,6 m; Tg ~ 4,6 m
Maschinenanlage:	2 Wellen, Liegende direkt wirkende Kolbenmaschinen, 1200 PSi ≙ 9 kn, 95 ts Kohle
Panzerung:	Gürtelpanzer 90–114 mm, Hauptbatterie 114 mm
Bewaffnung:	1 × 300 Pdr, 2 × 70 Pdr
Besatzung:	135

Name	Bauwerft	Kiellegung	Stapellauf	Indienststellung	Schicksal
Adzuma	Arman Bros. Bordeaux	1863	21.6.1864	25.10.1864	Streichung am 28.1.1888

Beide Lagen waren mit 32-mm-Eisenplatten verbunden. Das Ganze sollte der Wucht eines 38,1-cm-Geschosses widerstehen. Die Ramme erstreckte sich bis 6,1 m vor den Bug. Die Entwurfsbegrenzungen durch die Konföderierten, die wegen der beabsichtigten Verwendung auf dem Mississippi auf 4,27 m Tiefgang bestanden, ließen die Verdrängung im Verhältnis zum kleinen Schiffskörper wachsen. Die Folge war ein schlechtes Seeschiff, das mehr dazu neigte, die Wellen zu durchpflügen als auf ihnen zu reiten. Im Dezember 1871 wurde die Armierung geändert: Sie erhielt 1 × 22,8-cm-MLR vom Typ Armstrong und zusätzlich 4 × 16,5-cm-MLR Typ Parrott. Zwei Monate später erfolgte die Verlegung in den Reservestatus.

1888 wurde sie aus der aktiven Liste gestrichen und war für die folgenden 20 Jahre eine vor sich hinrostende Hulk.

* Anm. d. Übers.: CSS = Confederate States Ship, analog der Bezeichnung für Schiffe der Vereinigten Staaten = USS
** Anm. d. Übers.: In der Schreibweise der Namen wurde der allgemein üblichen englischen gefolgt.

Ryujo Panzerkorvette

Verdrängung:	1429 ts
Abmessungen:	Lpp 65 m; B 10,5 m; Tg 5,3 m
Maschinenanlage:	1 Welle, Liegende rückwirkende Verbundmaschine, 800 PSi ≙ 9 kn, 350 ts Kohle
Panzerung:	Gürtelpanzer 114 mm, Batterie 102 mm
Bewaffnung:	2 × 16,5 cm, 10 × 14 cm
Besatzung:	275

Name	Bauwerft	Kiellegung	Stapellauf	Indienststellung	Schicksal
Ryujo	Aberdeen	–	1864	27.4.1869	Abbr 1904

Diese gepanzerte Breitseitkorvette war ein Spekulationsbau einer schottischen Werft und vermutlich aus der Idee heraus entstanden, sie an die Konföderierten zu verkaufen. Als das Geschäft nicht zustande kam, bot man sie öffentlich zum Verkauf an, und 1869 erwarb es Prinz Hizen. Der Prinz lieh das in Kompositbauweise gefertigte Schiff dem Kaiser zum Kampf gegen den Shogun. Nach dem Bürgerkrieg erhielt der Prinz es zurück, der es seinerseits 1870 dem Kaiser schenkte.

Ryujo stellte dann für die Kaiserliche Marine in Dienst und wurde kurz darauf einer Werftliegezeit unterzogen, in der man sie auf 2 × 17-cm-Geschütze Typ Krupp umrüstete. Ab 1894 fuhr sie als Artillerieschulschiff. Zu diesem Zweck kamen alle Geschütze von Bord und dafür 1 × 15,2-cm-Geschütz Typ Krupp und weitere 5 × 16-cm-Geschütze zur Aufstellung. Vier Jahre später, 1898, wurde sie aus der Liste der aktiven Schiffe gestrichen.

Das im September 1875 auf Stapel gelegte Zentralbatteriepanzerschiff *Fuso* gehörte zum 1875er Programm, das für einen wahrscheinlichen Krieg mit Korea eine Verstärkung der Marine vorsah. Der Entwurf der *Fuso* stammte von Sir Edward Reed. Das barkgetakelte und mit einer von Penn & Sons, Greenwich gefertigten Maschinenanlage ausgerüstete Schiff war eine verkleinerte Ausgabe der britischen *Iron Duke*. Die Maschinen waren zwei Paar Liegende Verbund-Trunkmaschinen, der Fahrbereich lag mit 10 kn bei 4500 sm. Die von Krupp stammende Armierung wurde in der Anordnung ähnlich der französischen *Redoutable* aufgestellt.

Kurz vor Kriegsausbruch mit China machte die *Fuso* 1894 eine Werftüberholung durch. In dieser baute man den Großmast aus und gab dem Fock- und Kreuzmast Gefechtsmarse. Die 17-cm-Geschütze wurden durch 2 × 15,2-cm/L 50-QF ersetzt und auf der Back und Poop kamen zwei weitere 15,2-cm/L 50-Geschütze zur Aufstellung. Außerdem baute man zusätzlich 11 × 3 Pdr und 2 × 45,7-cm-TR ein.

In der Schlacht am Yalu wurde die

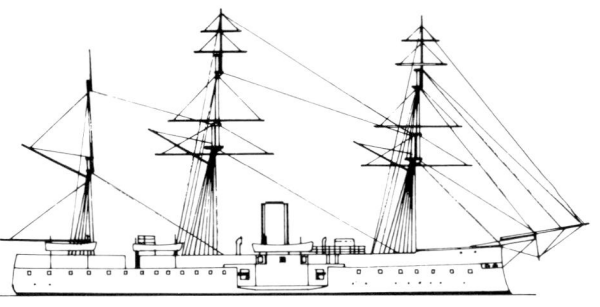

Fuso nach Fertigstellung.

Fuso   Zentralbatteriepanzerschiff

Verdrängung:	3717 ts
Abmessungen:	Lpp 67 m; B 14,6 m; Tg ~ 5,5 m
Maschinenanlage:	2 Wellen, Liegende rückwirkende Verbundmaschinen, 3932 PSi ≙ 13 kn, 360 ts Kohle
Panzerung:	Gürtelpanzer 102–228 mm, Batterie 203 mm, Schotte 178 mm
Bewaffnung:	2 × 24 cm, 2 × 17 cm, 6 × 7,62 cm, 1 vierläufiges MG Typ Nordenfeldt
Besatzung:	250

Name	Bauwerft	Kiellegung	Stapellauf	Indienst-stellung	Schicksal
Fuso	Samuda Broth., Poplar	Sept. 1875	14.4.1877	Jan. 1878	Abbr 1910

Fuso beschädigt. Drei Jahre später kollidierte sie mit der *Matsushima* und strandete vor der Insel Shikoku. Die Reparaturen wurden in der Marinewerft Kure durchgeführt und dauerten von 1898 bis 1899.

Zugleich ersetzte man die 24-cm-Geschütze durch 15,2-cm-QF und zusätzlich kam 1 × 3-Pdr-QF zur Aufstellung. 1903 erfolgte die Umklassifizierung zum Küstenschutzschiff, die Bewaffnung der

Zentralbatterie wurde auf 2 × 15,2-cm-QF, die an Oberdeck auf 4 × 12-cm/L 40-QF reduziert. 1908 erfolgte die Streichung aus der Schiffsliste und anschließend der Abbruch.

Kongo-Klasse   Panzerkorvetten

Der Entwurf dieser Panzerkorvetten stammte von Sir Edward Reed und basierte auf der russischen *General Admiral* und den britischen Kreuzern der *Gem*-Klasse. Die *Kongo* hatte einen Kompositschiffskörper und *Hiei* einen eisernen. Beider Auftrag erfolgte im Rahmen des 1875er Programms. Sie führten eine Barktakelung, doch in einer 1895 durchgeführten Werftzeit wurden nachträglich die Marsstengen entfernt. Mit 10 kn lag der Aktionsradius bei 3100 sm. In der Werftzeit 1895 erhielten sie zusätzlich 1 × 1-Pdr-Geschütz und 1903 kamen 2 × 7,62-cm-Geschütze, 2 × 2,5 Pdr und sechs MG hinzu.

Hiei war an der Schlacht am Yalu beteiligt und wurde von den chinesischen Schlachtschiffen durch

Verdrängung:	2200 ts
Abmessungen:	Lpp 67 m; Lcwl 70 m; B 12,4 m; Tg ~ 5,3 m
Maschinenanlage:	1 Welle, Liegende rückwirkende Verbundmaschine, 2500 PSi ≙ 14 kn, 280 ts Kohle
Panzerung:	Gürtelpanzer 90–114 mm
Bewaffnung:	3 × 17 cm (3 × 1), 6 × 15 cm (6 × 1), 4 × 1 Pdr (4 × 1); *Hiei* 2 × 35,6-cm-TR
Besatzung:	308

Name	Bauwerft	Kiellegung	Stapellauf	Fertigstellg.	Schicksal
Kongo	Earle Sb. Co., Hull	Sept. 1875	April 1877	Jan. 1878	Abbr 1909
Hiei	Milford Haven Sb. Co., Pembroke	Sept. 1875	12.6.1877	März 1878	Streichung am 1.4.1911

Treffer beschädigt. Die *Kongo* war 1898 in die auf Hawaii ausgebrochene Revolution verwickelt. Anschließend wurden beide Einheiten aus der Kampfflotte herausgezogen und fanden als Vermessungsfahrzeuge Verwendung.

Kongo nach Fertigstellung. (CPL)

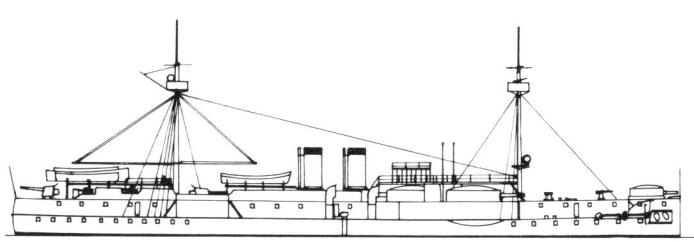

Chin Yen nach Umrüstung.

Chin Yen (nach Umrüstung durch die Japaner)

Als sich der Hafen Wei-Hai-Wei am 12. Februar 1895 im japanisch-chinesischen Krieg den Japanern ergab, wurde das chinesische Zentralzitadell-Schlachtschiff *Chen Yuan* ihre Beute. Nach Reparatur und Überholung stellte es als *Chin Yen* für die Kaiserliche Marine in Dienst, womit es zugleich das erste Schlachtschiff der japanischen Flotte wurde. Auch im russisch-japanischen Krieg befand es sich noch in Dienst. Obwohl an der Beschießung der Forts von Port Arthur und an der Schlacht im Gelben Meer beteiligt, ergab sich keine unmittelbare Gefechtsberührung. 1910 aus der aktiven Liste gestrichen, diente es weiter als Navigationsschulschiff.

Verdrängung:	7220 ts
Abmessungen:	Lcwl 91 m; Lüa 93,8 m; B 17,9 m; Tg ~ 6 m
Maschinenanlage:	2 Wellen, Liegende rückwirkende Verbundmaschinen, 6200 PSi $\widehat{=}$ 14,5 kn, 1000 ts Kohle
Panzerung:	Gürtelpanzer 254–356 mm, Turm 305 mm, Bugturm 51 mm, Deck 76 mm, Kommandoturm 203 mm
Bewaffnung:	4 × 30,5 cm (2 × 2), 4 × 15,2-cm-QF (4 × 1), 2 × 6-Pdr-QF (2 × 1), 8 × 3-Pdr-QF (8 × 1)
Besatzung:	250

Name	Bauwerft	Kiellegung	Stapellauf	Fertigstellg.	Schicksal
Chin Yen	Vulcan, Stettin	1880	28.11.1882	1885	Abbr 1914

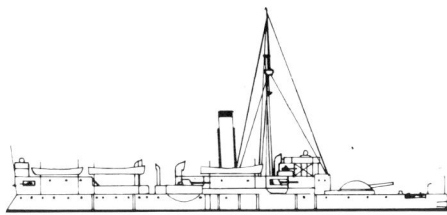

Hei Yen nach Umrüstung.

Hei Yen   Küstenpanzerschiff

Die *Hei Yen* ex chinesisch *Ping Yuen* wurde am 12. Februar 1895 in Wei-Hai-Wei erbeutet. Bei ihrer Wiederherstellung erhielt sie anstelle der vormaligen Krupp-Geschütze welche britischer Bauart und stelle dann als Artillerieschulschiff für die Kaiserliche Marine in Dienst. Im russisch-japanischen Krieg führte sie Küstenbeschießungen durch, lief dabei in der Pigeonbucht vor Port Arthur auf eine Mine und sank.

Verdrängung:	2150 ts
Abmessungen:	Lcwl 60,95 m; B 12,2 m; Tg 4,15 m
Maschinenanlage:	2 Wellen, Stehende Dreifachexpansionsmaschinen, 2400 PSi ≙ 10 kn, 350 ts Kohle
Panzerung:	Gürtelpanzer 203 mm, Turm 127 mm, Deck 51 mm, Kommandoturm 127 mm
Bewaffnung:	1 × 26 cm, 2 × 15,2-cm-QF, 8 × 3-Pdr-QF (8 × 1), 4 × 45,7-cm-TR
Besatzung:	250

Name	Bauwerft	Kiellegung	Stapellauf	Fertigstellg.	Schicksal
Hei Yen	Foo Chou (Futschau)	1883	1890	1890	† 18.9.1904

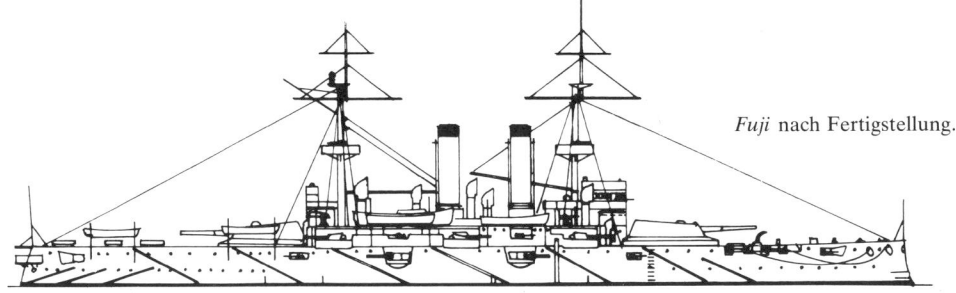

Fuji nach Fertigstellung.

Fuji-Klasse   Schlachtschiffe

Fuji und *Yashima* waren Teil des 1893er Programms, das vorsah, die japanische Flotte als Gegengewicht zur chinesischen, die zwei moderne in Deutschland gebaute Großkampfschiffe besaß, zu verstärken. Beide Einheiten wurden nach einem Entwurf von G. C. Macrow gebaut und waren eine verbesserte Ausgabe der britischen *Royal Sovereign*-Klasse. Die Geschütze waren trotz des kleineren Kalibers leistungsfähiger, außerdem sparte die Verwendung leichterer Geschütze Gewicht, das für die Panzerverstärkung der Türme zur Verfügung stand. In der Mittschiffskasematte befanden sich nur vier Geschütze der MA, die anderen standen an Oberdeck hinter Schilden.

Die *Yashima* hatte einen wesentlich kleineren Drehkreis als *Fuji*. Der Grund lag darin, daß die Bauwerft zum Ruder hin einen Teil des Kiels abgeschnitten hatte. Diese Modifizierung erwies sich als bemerkenswert erfolgreich. Der enge Drehkreis beeinträchtigte allerdings die Festigkeit des Schiffskör-

Verdrängung:	12320 ts (*Fuji* 12533 ts)
Abmessungen:	Lcwl 118,8 m; Lüa 125,5 m; B 22,4 m (*Fuji* 22,2 m); Tg 8 m (*Fuji* 8,07 m)
Maschinenanlage:	2 Wellen, Stehende Dreifachexpansionsmaschinen, 14000 PSi ≙ 18 kn, 700/1200 ts Kohle
Panzerung:	Gürtelpanzer 356−457 mm, Barbetten 228−356 mm, Kasematten 51−152 mm, Deck 64 mm, Kommandoturm 356 mm
Bewaffnung:	4 × 30,5 cm (2 × 2), 10 × 15,2 cm (10 × 1), 20 × 3 Pdr (20 × 1), 4 × 2,5 Pdr (4 × 1), 5 × 45,7-cm-TR
Besatzung:	637

Name	Bauwerft	Kiellegung	Stapellauf	Indienst-stellung	Schicksal
Yashima	Armstrong Withworth, Elswick	28.12.1894	28.2.1896	9.9.1897	† 15.5.1904
Fuji	Thames Iron Wks., Poplar	1.8.1894	31.3.1896	17.8.1897	Abbr 1948

pers. Die Maschinen erhielten ihren Dampf von 14 (*Fuji 10*) Einenderzylinderkesseln, deren Betriebsdruck bei 10,9 atü lag. Mit 10 kn betrug der Fahrbereich 4000 sm.

1901 gingen die Einheiten in die Werft. In dieser Zeit ersetzte man alle 3 Pdr (mit Ausnahme der vier in den Gefechtsmarsen) durch 12 × 12-Pdr-Geschütze. Beide hatten im russisch-japanischen Krieg Gefechtsberührung mit russischen Schiffen: Die *Fuji* feuerte in der Seeschlacht von Tsushima am 27. Mai 1905 die letzte Granate, die die *Borodino* versenkte. *Yashima* lief am 15. Mai 1904 vor Port Ar-

thur auf eine Mine. Beim Abschleppen kenterte sie im Verlauf des Tages.

1910 erhielt *Fuji* neue Kessel, und die Armstrong-Geschütze wurden durch japanische Modelle ersetzt. Im Anschluß erfolgte die Umklassifizierung zum Küstenschutzschiff. Aufgrund des Washingtoner Ab-

kommens von 1922/23 wurde sie desarmiert und fand als Schulschiff Verwendung. Schließlich baute man die Propeller ab und reduzierte die Verdrängung auf 9179 ts. Dadurch verringerte sich ihr Tiefgang auf 6,63 m. 1945 kenterte sie an ihrem Liegeplatz und später wrackte man sie ab.

Fuji. (Sammlung A. J. Watts)

Hatsuse 1901. (Sammlung A. J. Watts) ▶

Shikishima-Klasse   Schlachtschiffe

Beide Einheiten wurden aufgrund des Zehnjahres-Erweiterungsprogramms der Marine von 1896 in Auftrag gegeben und nach einem Entwurf von G. C. Macrow als verbesserter Typ der britischen *Majestic*-Klasse gebaut. Da ihre Armierung mit der der *Fuji*-Klasse identisch und in der Auslegung der Maschinenanlage ähnlich war, konnte man beide Klassen als homogene Einheit ansehen. Beide Schiffe wurden nach dem Kimmstützplattensystem gebaut, ihre Seitengänge (Abteilungen) für zusätzliche Bunkermöglichkeiten genutzt. Mittschiffs befand sich ein Doppelboden, und es gab insgesamt 261 wasserdichte Räume. Auch die Harvey-Nickelstahlpanzerung verbesserte man und baute eine neue Art Panzerdeck ein, wie es zuerst auf der britischen *Renown* eingeführt worden war. Anstelle einer auf der Gürtelpanzeroberkante sitzenden Restfläche zog sich dieses Deck als Böschung vom Boden des Gürtelpanzers

Verdrängung:	14 850 ts (*Hatsuse* 15 000 ts)
Einsatzverdrängung:	15 453 ts (*Hatsuse* 15 255 ts)
Abmessungen:	Lcwl 126,5 m; Lüa 133,5 m (*Hatsuse* 134 m); B 23 m (*Hatsuse* 23,4 m); Tg 8,29 m
Maschinenanlage:	2 Wellen, Stehende Dreifachexpansionsmaschinen, 14 500 PSi ≙ 18 kn, 700/1722 ts Kohle (*Hatsuse* 1900 ts Kohle)
Panzerung:	Gürtelpanzer 102–228 mm, oberer Gürtelpanzer 152 mm, Deck 64–102 mm, Barbetten 203–356 mm, Kasematten 51–152 mm, Kommandoturm 76–356 mm
Bewaffnung:	4 × 30,5 cm (2 × 2), 14 × 15,2 cm (14 × 1), 20 × 12 Pdr (20 × 1), 6 × (*Hatsuse* 8 ×) 3 Pdr (6 × 1 bzw. 8 × 1), 6 × (*Hatsuse* 4 ×) 2,5 Pdr (6 × 1 bzw. 4 × 1), 5 × (*Hatsuse* 4 ×) 45,7-cm-TR
Besatzung:	836 (*Hatsuse* 741)

Name	Bauwerft	Kiellegung	Stapellauf	Indienst-stellung	Schicksal
Shikishima	Thames Iron Wks. , Blackwell	29. 3. 1897	1. 11. 1898	26. 1. 1900	Abbr 1947
Hatsuse	Armstrong Withworth, Elswick	10. 1. 1898	27. 6. 1899	18. 1. 1901	† 15. 5. 1904

nach oben und verstärkte so den vertikalen Schutz. Jedes den Hauptgürtelpanzer durchdringende Geschoß mußte folglich auch noch die Böschung durchschlagen, bevor es die Maschinen-

räume traf. Durch diesen Gewinn – es gab jetzt praktisch zwei Gürtelpanzer – konnte man die Hauptgürtelpanzerdicke reduzieren und das eingesparte Gewicht für dessen Verlängerung verwen-

den. Auch oberhalb des Mittschiffsgürtelpanzers war eine Panzerverdünnung möglich. Die *Hatsuse* hatte einen etwas längeren oberen Gürtelpanzer als *Shikishima*. Den für die Maschinenanlagen

115

nötigen Dampf erzeugten 25 Belleville-Kessel, und mit 10 kn lag der Fahrbereich bei 5000 sm.
Nach ihrer Fertigstellung vertrat die *Hatsuse* den japanischen Kaiser bei den Begräbnisfeierlichkeiten für die Königin Victoria und stieß im Anschluß zur Flotte. Beide Schiffe nahmen am 9. Februar 1904 an der Beschießung Port Arthurs und der sich anschließenden Blockade teil. Dabei lief *Hatsuse* am 15. Mai 1904 auf eine russische Mine. Im Schlepp der *Asahi* lief sie auf eine weitere Mine und sank unmittelbar nach Explosion ihrer Magazine. Die *Shikishima* nahm sowohl an der Schlacht im Gelben Meer als auch an der von Tsushima teil. Im September 1921 wurde sie zum Küstenschutzschiff rückgestuft und aufgrund des Washingtoner Abkommens desarmiert und ausgeschlachtet. Ab 1923 diente sie als seemännisches Schulschiff und wurde 1947 in Sasebo abgewrackt.

Asahi 1900.
(Sammlung A. J. Watts)

Asahi   Schlachtschiff

Verdrängung:	15 200 ts
Einsatzverdrängung:	15 374 ts
Abmessungen:	Lcwl 126,5 m; Lüa 129,6 m; B 22,92 m; Tg ~ 8,3 m
Maschinenanlage:	2 Wellen, Stehende Dreifachexpansionsmaschinen, 15 000 PSi ≙ 18 kn, 700/1549 ts Kohle
Panzerung:	Gürtelpanzer 102–228 mm, oberer Gürtelpanzer 152 mm, Deck 25–102 mm, Barbetten 203–356 mm, Kasematten 51–152 mm, Kommandoturm 76–356 mm
Bewaffnung:	4 × 30,5 cm (2 × 2), 14 × 15,2 cm (14 × 1), 20 × 12 Pdr (20 × 1), 6 × 3 Pdr (6 × 1), 6 × 2,5 Pdr (6 × 1), 4 × 45,7-cm-TR
Besatzung:	836

Name	Bauwerft	Kiellegung	Stapellauf	Indienst-stellung	Schicksal
Asahi	J. Brown, Clydebank	1.8.1898	13.3.1899	31.7.1900	† 25.5.1942

Der Auftrag fiel unter das gleiche Programm wie bei den Vorgängern, und im Grunde genommen war die *Asahi* eine weitere Ausgabe desselben Entwurfs. Den hauptsächlichsten und sichtbarsten Unterschied bildeten die beiden Schornsteine – ihre Vorgänger hatten drei. Bei *Asahi* hatte man zur Unterbringung der 25 Belleville-Kessel eine andere Raumaufteilung gewählt. Der Betriebsdruck der Kessel lag bei 21,09 atü, der Fahrbereich mit 10 kn um 4000 sm. Anfangs litten die Maschinen unter einer Reihe kleinerer Ausfälle und das Schiff stand im Ruf, ein »Kohlefresser« zu sein. Nachdem man die Probleme erkannt und beseitigt hatte, entsprachen die Daten jedoch den in der Tabelle angegebenen. Die innere Unterteilung unterschied sich von der vorangegangenen Klasse: Man hatte die wasserdichte Einteilung verbessert, und die Gesamtzahl wasserdichter Räume umfaßte 288.

Im japanisch-russischen Krieg befand sich *Asahi* durchgehend im Einsatz, erlitt mehrfach Beschädigungen und lief am 26. Oktober 1904 auf eine Treibmine. Zur Schlacht bei Tsushima war sie rechtzeitig wieder einsatzklar. Im Verlauf der Kampfhandlungen erlitt sie zahlreiche Beschädigungen und hatte acht Tote und 23 Verletzte zu beklagen.
Bei Ausbruch des Ersten Weltkrieges fuhr *Asahi* als Artillerieschulschiff. Im April 1923 wurde sie aufgrund des Washingtoner Abkommens desarmiert und 1926/27 in der Marinewerft Kure zum U-Bootehebeschiff umgebaut. Bis 1938 lag sie in der Reserve und stellte dann als Werkstattschiff erneut in Dienst. Am 25. Mai 1942 wurde sie südwestlich Kap Paderan/Französisch-Indochina vom amerikanischen U-Boot *Salmon* torpediert und versenkt.

116

Die *Mikasa* war das letzte der vier unter dem Zehnjahresprogramm von 1896 in Auftrag gegebenen Einheiten. Im Entwurf den vorangegangenen Klassen ähnlich, wies sie nur kleinere Unterschiede auf, die sich im wesentlichen auf das Schiffsschutzsystem beschränkten. Damit die Hauptbewaffnung auch bei Ausfall betrieben werden konnte, erhielt sie alternative Antriebssysteme: elektrische, hydraulische bzw. handgesteuerte. Wie schon bei den anderen Einheiten konnten die Geschütze unabhängig von der Turmdrehung oder Rohrerhöhung nachgeladen werden. Die 30,5-cm-Geschütze hatten eine Schußfolge von 3 Schuß/2 min. Die Magazine faßten 240 Geschosse.

Die Anzahl der eingebauten 15,2-cm-Geschütze entsprach der früherer Schiffe, aber sie erhielten einen besseren Schutz: 10 × 15,2-cm-Geschütze standen in einer geschlossenen Batterie auf dem H-Deck und nicht in leicht geschützten Kasematten auf dem Oberdeck. Folglich mußte jedes von der gegenüberliegenden Seite auftreffende Geschoß erst die Panzerung durchschlagen, bevor ein Geschütz selbst getroffen wurde. Bisher konnte eine Granate zwischen zwei Kasematten eindringen, den dünnen 51-mm-Panzer hinter den gegenüberstehenden Geschützen durchschlagen und für einen Ausfall sorgen. Die Batterie erhielt vorne und achtern durch bis zum Oberdeck durchgezogene Panzerschotte einen zusätzlichen Schutz. Auch die 3 Pdr besaßen einen gewissen Schutz: Sie standen in der Breitseite des Oberdecks und hatten ein darüber sitzendes 25-mm-Splitterdeck.

In der Schlacht von Tsushima war die *Mikasa* Flaggschiff des Adm Togo. 1905 sank sie infolge einer Magazinexplosion in flachem Wasser auf Grund. Nachdem sie später gehoben und wiederhergestellt war, erhielt sie neue 30,5-cm- und 15,2-cm-Geschütze. 1922 erfolgte die Desarmierung. Bei Ende des Zweiten Weltkrieges existierte sie immer noch, wurde schließlich völlig restauriert und ist heute ein Nationalmonument.

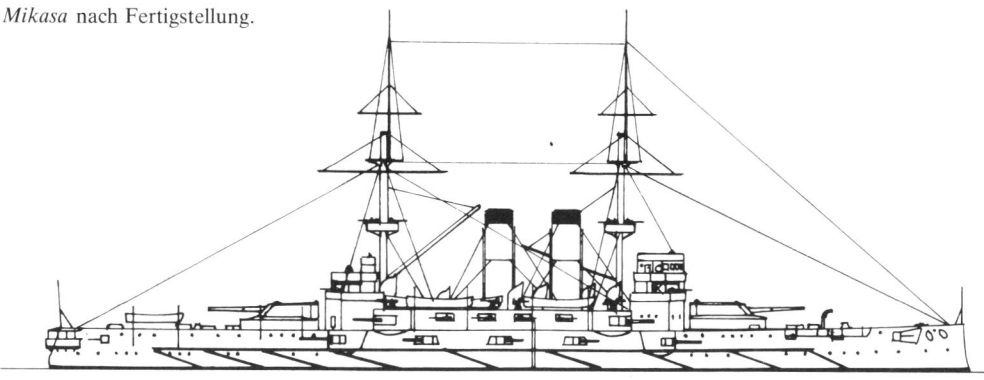

Mikasa nach Fertigstellung.

Mikasa Schlachtschiff

Verdrängung:	15 140 ts
Einsatzverdrängung:	15 179 ts
Abmessungen:	Lcwl 126,5 m; Lüa 131,7 m; B 23,23 m; Tg 8,28 m
Maschinenanlage:	2 Wellen, Stehende Dreifachexpansionsmaschinen, 15 000 PSi ≙ 18 kn, 700/1521 ts Kohle
Panzerung:	KC: Gürtelpanzer 102−228 mm, oberer Gürtelpanzer 152 mm, Deck 51−76 mm, Barbetten 203−356 mm, Kasematten 51−152 mm
Bewaffnung:	4 × 30,5 cm (2 × 2), 14 × 15,2 cm (14 × 1), 20 × 12 Pdr (20 × 1), 8 × 3 Pdr (8 × 1), 4 × 2,5 Pdr (4 × 1), 4 × 45,7-cm-TR
Besatzung:	830

Name	Bauwerft	Kiellegung	Stapellauf	Indienst-stellung	Schicksal
Mikasa	Armstrong, Elswick	24.1.1899	8.11.1900	1.3.1902	† 12.9.1905, gehoben und als Museumschiff hergerichtet

Mikasa nach Fertigstellung 1902. (Sammlung A. J. Watts)

Kreuzer

Die ersten der Kaiserlich-japanischen Marine angehörenden kreuzertypähnlichen Schiffe waren ein Mischmasch von im Bürgerkrieg erbeuteten Shogunatsfahrzeugen, von loyalen Familien ausgeliehenen Einheiten und in ausländischen Staaten gekauften Schiffen. Die ersten für die Kaiserliche Marine gebauten Kreuzer waren die von Elswick konstruierte *Naniwa* und *Takashiho*, deren Ablieferung 1885 und 1886 erfolgte. Ihren Entwurf hatte man aus der chilenischen *Esmeralda* entwickelt, ihn jedoch mit einem verstärkten Schiffsschutz versehen und statt Geschützen von Armstrong mit solchen von Krupp ausgerüstet. Zu dieser Zeit baute Elswick die besten Kreuzer. Es ist daher etwas verwunderlich, daß die Japaner für den Bau eines weiteren Geschützten Kreuzers einer französischen Werft den Vorzug gaben. Auf den zweiten Blick ist es wiederum verständlich, denn die japanischen Marineoffiziere standen sehr unter dem Einfluß der französischen »Jeune École«, und manche französische Techniken blieben für den Aufbau der japanischen Schiffbauindustrie richtungsweisend. Der Kreuzer *Unebi* entsprach allerdings nicht dem üblichen Standard französischer Konstruktionen und ging bald nach seiner Ablieferung unter seltsamen Umständen verloren. Bei seiner Fertigstellung hatte er die ersten auf einem japanischen Schiff eingebauten Liegenden Dreifachexpansionsmaschinen. Der unvorhergesehene Verlust hinderte die Japaner daran, mit diesem Maschinentyp erste Erfahrungen zu sammeln. Es dauerte danach weitere vier Jahre, bevor erneut ein japanisches Kriegsschiff mit einer Dreifachexpansionsmaschine ausgerüstet werden konnte.

Als nächstes wurde der Kleine Ungeschützte Kreuzer *Takao* fertiggestellt. Er erhielt als erstes in Japan gebautes Schiff einen stählernen Schiffskörper. Sein Entwurf stammte vom französischen Konstrukteur Émile Bertin. Die Geschützaufstellung folgte ziemlich der französischen Praxis: Aufstellung der Breitseitegeschütze in Schwalbennestern. Die Armierung war allerdings wesentlich schwächer als auf früheren Kreuzern. Die Geschützten Kreuzer *Hashidate*, *Itsukushima* und *Matsushima* waren ebenfalls französische Entwürfe, ihre Armierung und Konstruktion erwies sich in der Schlacht am Yalu jedoch als veraltet, und man baute keine weiteren Schiffe dieses Typs. Von nun an wurde die Mehrzahl der japanischen Kreuzer entweder auf eigenen Werften oder in Großbritannien gebaut.

Die *Chiyoda* war der erste für die japanische Marine gebaute Panzerkreuzer. Das in Großbritannien erbaute Schiff war nicht sehr groß und als Panzerkreuzer nur mit 12-cm-Geschützen ausgerüstet, erhielt jedoch als erster japanischer Kreuzer Dreifachexpansionsmaschinen. Die Geschützten Kreuzer *Suma* und *Akashi* wurden als erste nach eigenen japanischen Entwürfen gebaut. Sie waren zugleich der Eigenversuch, große Schiffe selbst zu fertigen. Ihr Entwurf war alles in allem leidlich und die Aufstellung der Elswick-Schnellfeuergeschütze entsprach dem üblichen Standard. Die Konstruktion erwies sich als wenig erfolgreich, den Schiffen mangelte es an Stabilität. In der Folge baute man bis 1901 auf japanischen Werften keine großen Schiffe mehr. Dann folgte die *Tsushima*.

In der Zwischenzeit setzte sich das japanische Bestreben fort, die Kreuzerflotte zu verstärken: In Großbritannien wurden Geschützte Kreuzer und schwere Panzerkreuzer bestellt. Alle entsprachen mittelmäßigen Standardentwürfen, bei denen man aus den technischen Fortschritten hinsichtlich Panzerung, Maschinenanlagen und Waffen entsprechend Nutzen zog. Die Geschützten Kreuzer *Takasago*, *Kasagi* und *Chitose* folgten dem Standardtyp von Elswick und auch die Panzerkreuzer *Asama*, *Tokiwa*, *Idzumo* und *Iwate* wurden nach dem üblichen Standard gebaut. Fortschritte in der Panzerplattenstärke und deren Stärke erlaubten zwar, ihnen einen angemessenen Schutz zu geben, der langte aber nicht gegen die meisten modernen und schwersten Geschosse. Daher waren sie auch nicht in der Lage, in einer Schlachtlinie mitzukämpfen. Mit ihrer neuen Panzerung und der leichteren aber leistungsstärkeren Ausrüstung mit Schnellfeuergeschützen waren sie allerdings vielen älteren noch in Dienst stehenden Schlachtschiffen überlegen. Um Vergleiche anstellen zu können, bestellte man zwei weitere Panzerkreuzer in Deutschland bzw. Frankreich: *Yakumo* und *Adzuma*. Ihr allgemeiner Entwurf war jedoch nicht so zufriedenstellend als beim Elswick-Kreuzer, obwohl sie sich in anderer Hinsicht überlegen zeigten.

Die Geschützten Kreuzer *Tsushima*, *Niitaka* und *Otowa* waren die letzten Kreuzer der japanischen Marine, deren Kiellegung vor Ausbruch des russisch-japanischen Krieges erfolgte. Sie wurden nach japanischen Entwürfen, die ihren britischen Ursprung jedoch nicht verleugnen konnten, gebaut und hatten eine sehr viel stärkere Armierung als vergleichbare britische Kreuzer. Den Entwurf der *Otowa* hatte man aus dem der *Tsushima* entwickelt: Er war etwas kleiner und besaß eine schwächere Bewaffnung.

Diese drei Kreuzer erhielten die ersten in Japan konstruierten und gebauten Dreifachexpansionsmaschinen, und *Otowa* wurde als erstes japanisches Schiff mit Dreitrommelkesseln vom Typ Kanpon ausgerüstet, der dem Yarrowkessel ähnelte.

Panzerkreuzer

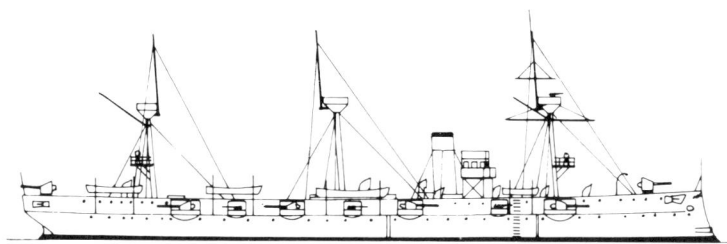

Chiyoda nach Fertigstellung.

Chiyoda Panzerkreuzer

Verdrängung:	2400 ts
Abmessungen:	Lcwl 94,49 m; B 12,98 m; Tg 4,27 m
Maschinenanlage:	2 Wellen, Stehende Dreifachexpansionsmaschinen, 5600 PSi ≙ 19 kn, 240/420 ts Kohle
Panzerung:	Gürtelpanzer 114 mm, Deck 25–38 mm
Bewaffnung:	10 × 12-cm-QF (10 × 1), 14 × 3-Pdr-QF (14 × 1), 3 MG Typ Gatling, 3 × 35,6-cm-TR
Besatzung:	350

Name	Bauwerft	Kiellegung	Stapellauf	Fertigstellg.	Schicksal
Chiyoda	J. Brown, Clydebank	Nov. 1888	3.6.1890	Dez. 1890	Abbr 1927

Die *Chiyoda* war der Ersatz für den Geschützten Kreuzer *Unebi*, den Bauauftrag erhielt eine britische Werft. Da es zu verschiedenen unglücklichen Zwischenfällen gekommen war, hatten die Japaner das Vertrauen in französische Konstruktionen verloren und sich den Briten zugewandt. Die *Chiyoda* wurde der erste japanische Panzerkreuzer und eines der ersten Schiffe, das eine Armierung von 12-cm-Geschützen des Typs Elswick erhielt, die hinter Schilden und in Schwalbennestern der Breitseite sowie als Jagdkanonen auf dem Bug und Heck standen. Diese Schnellfeuergeschütze verliehen der *Chiyoda* gegenüber vergleichbaren Panzerkreuzern große Vorteile, denn anstelle früherer Treibladungen in Seidenbeuteln verwendete man Messingkartuschen. Das erübrigte das Verschlußauswischen nach jedem Schuß und erhöhte gegenüber älte-

ren Geschütztypen die Schußfolge um nahezu das Sechsfache.
Im Originalentwurf hatte man vorgesehen, dem Schiff 2 × 32-cm-Geschütze des Typs Canet zu geben. Da diese jedoch das Toppgewicht hätten anwachsen lassen, entschied man sich für 12-cm-Schnellfeuergeschütze.
Der Gürtelpanzer bestand aus Chromstahl und war schmal. Er erstreckte sich in der Wasserlinie auf

eine Länge von 61 m. Der Entwurf sah insgesamt 84 wasserdichte Räume vor. Die ursprünglich sechs Lokomotivkessel litten unter zahlreichen Störungen und wurden 1898 durch 12 Bellevillekessel ersetzt. Zur gleichen Zeit entfernte man aus Gründen der Stabilität die Gefechtsmarse an den drei Masten. *Chiyoda* nahm sowohl am japanisch-chinesischen als auch am russisch-japanischen Krieg teil.

Am 27. Juli 1904 lief sie in der Takhe-Bucht auf eine russische Mine und wurde nach Dalny geschleppt, wo die Reparatur erfolgte. Zur Schlacht von Tsushima war sie wieder einsatzbereit. Nach 1920 fand sie als U-Bootmutterschiff Verwendung und schied aus der aktiven Flotte aus. Im April 1922 erfolgte die Desarmierung und einige Jahre danach der Abbruch.

Asama-Klasse Panzerkreuzer

Verdrängung:	9700 ts
Abmessungen:	Lpp 124,36 m; Lüa 134,72 m; B 20,45 m; Tg 7,43 m
Maschinenanlage:	2 Wellen, Stehende Dreifachexpansionsmaschinen, 18 000 PSi ≙ 21,5 kn, 600/1406 ts Kohle
Panzerung:	Gürtelpanzer 90–178 mm, oberer Gürtelpanzer 127 mm, Deck 51 mm, Barbetten, Türme und Kasematten 152 mm, Kommandoturm 76–356 mm
Bewaffnung:	4 × 20,3 cm (2 × 2), 14 × 15,2-cm-QF (14 × 1), 12 × 12-Pdr-QF (12 × 1), 7 × 2,5-Pdr-QF (7 × 1), 5 × 45,7-cm-TR
Besatzung:	726

Der Entwurf dieser unter dem zweiten Marine-Erweiterungsprogramm von 1896 in Auftrag gegebenen Einheiten stammte von Sir Philip Watts und war eine verbesserte Version der chilenischen *O'Higgins*, mit vergrößertem Schiffsschutz und in besseren Positionen stehender stärkerer Armierung. Der aus Harvey-Nickelstahl bestehende Hauptgürtelpanzer

war 86,62 m lang und 2,13 m tief. Über diesem saß ein zweiter Gürtelpanzer mit 65,27 m Länge und 2,14 m Tiefe. Insgesamt gab es 163 wasserdichte Räume, von denen sich 32 im Doppelboden befanden. Den Dampf für die Maschinen erzeugten 12 Einenderkessel, mit 11,5 kn betrug der Fahrbereich 4600 sm. Bei den Probefahrten überschritten beide Einheiten ihre Konstruktionsgeschwindigkeit um etwa 1,5 kn. Sie erwiesen sich als wirtschaftliche Dampfschiffe, aber wegen mangelhafter Wartung verschlechterte sich ihr Zustand schnell. 1904 lief die *Asama* nur noch knapp 19 kn. 1910 erhielt *Tokiwa* neue Kessel und zwischen 1915 und 1917 folgte *Asama*. Beide wurden mit 16 Miyabara-Kesseln ausgerüstet. 1937/38 erhielt die *Tokiwa* nochmals andere Kessel: Acht Kanpon-Kessel.
In der Schlacht von Tsushima erlitten beide Beschädigungen, auf der *Asama* fiel die Ruderanlage aus. Nach dem Ersten Weltkrieg wurde *Asama* Schulschiff. Die *Tokiwa* baute man um zum Minenleger; sie konnte 300 Minen mitführen. Eine unbeabsichtigte Minenexplosion im August 1927 rief eine Reihe Schäden hervor, und *Tokiwa*

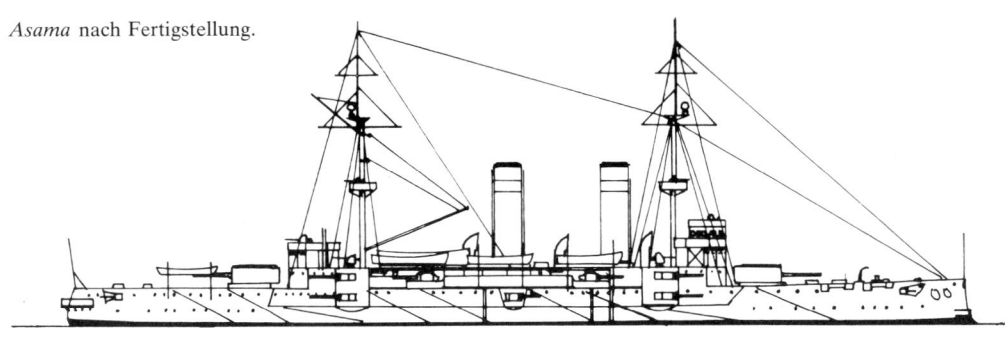

Asama nach Fertigstellung.

Name	Bauwerft	Kiellegung	Stapellauf	Indienst-stellung	Schicksal
Asama	Armstrong, Elswick	Nov. 1896	22.3.1898	18.3.1899	Abbr 1947
Tokiwa	Armstrong, Elswick	Jan. 1898	6.7.1898	18.5.1899	† 9.8.1945

wurde in den Reservestatus versetzt. Mit Ausbruch des chinesisch-japanischen Krieges 1937 erfolgte ihre Überholung und Wiederindienststellung. Die Minenkapazität war auf 500 Stück erhöht worden. Während des Krieges erfolgten zahlreiche kleinere Ände-rungen: Sie erhielt leichte Flak und etwa 1945 führte sie 4 × 15,2-cm-Geschütze, 1 × 7,62 cm, 2 × 40 mm und 30 × 25 mm, außerdem konnte sie 80 Wasserbomben mitführen. Im April 1945 lief *Tokiwa* auf eine Mine und sank in flachen Gewässern. Dort wurde sie durch Luftangriffe beschädigt. Nach dem Kriege ist das Wrack abgebrochen worden.

Asama bei der Probefahrt 1899. (Sammlung A. J. Watts)

Yakumo nach 1912. (CPL)

Die Auftragserteilung erfolgte unter dem zweiten Marine-Erweiterungsprogramm von 1896/97, mit dem Japan sich anschickte, auch die Hilfe deutscher Werften in Anspruch zu nehmen – bis dahin hatte Deutschland intensiv Kriegsschiffe für den vormaligen Gegner Japans, China, gebaut.

Der Schiffsschutz der *Yakumo* war gut durchkonstruiert: Der 68,47 m lange und 2,14 m tiefe Hauptgürtelpanzer befand sich in der Wasserlinie und bestand aus Kruppmaterial. Der obere Gürtelpanzer war 61,61 m lang und ebenfalls 2,14 m tief. Insgesamt gab es 247 wasserdichte Räume, von denen sich 38 im Doppelboden befanden.

Obwohl auf einer deutschen Werft gebaut, bestanden die Japaner auf der Ausrüstung mit britischen Elswick-Geschützen. Der Grund lag in der einheitlichen Munitionsversorgung mit anderen Hauptkriegsschiffen. Die Munitionsräume konnten 80 Schuß für die 20,3-cm-Geschütze und 150 Schuß für die 15,2-cm-Geschütze aufnehmen.

Yakumo nahm am gesamten russisch-japanischen Krieg teil und in der Schlacht von Tsushima spielte sie bei der Versenkung der *Admiral Ushakov* die Hauptrolle. Ab 1920 fand sie als Schulschiff Verwendung. Die Armierung wurde nach und nach reduziert. In den 20er Jahren ersetzte man die Kessel durch sechs von der *Haruna* stammende Yarrowkessel.

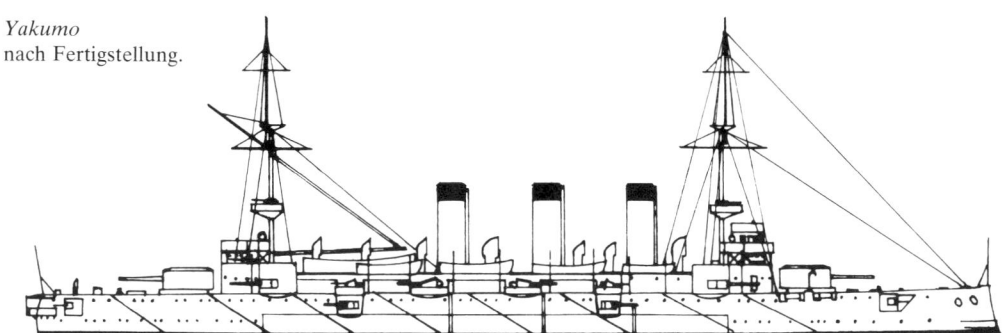

Yakumo
nach Fertigstellung.

Yakumo   Panzerkreuzer

Verdrängung:	9646 ts
Abmessungen:	Lpp 124,64 m; Lüa 132,3 m; B 19,57 m; Tg 7,24 m
Maschinenanlage:	2 Wellen, Stehende Dreifachexpansionsmaschinen, 15 500 PSi ≙ 20,5 kn, 600/1242 ts Kohle
Panzerung:	Gürtelpanzer 90–178 mm, oberer Gürtelpanzer 127 mm, Barbetten und Türme 152 mm, Deck 64 mm, Kasematten 51–152 mm, Kommandoturm 76–356 mm, Torpedoräume 152 mm
Bewaffnung:	4 × 20,3 cm (2 × 2), 12 × 15,2-cm-QF (12 × 1), 12 × 12-Pdr-QF (12 × 1), 7 × 2,5-Pdr-QF (7 × 1), 5 × 45,7-cm-TR
Besatzung:	700

Name	Bauwerft	Kiellegung	Stapellauf	Indienst-stellung	Schicksal
Yakumo	Vulcan, Stettin	März 1898	8.7.1899	20.6.1900	Abbr 1947

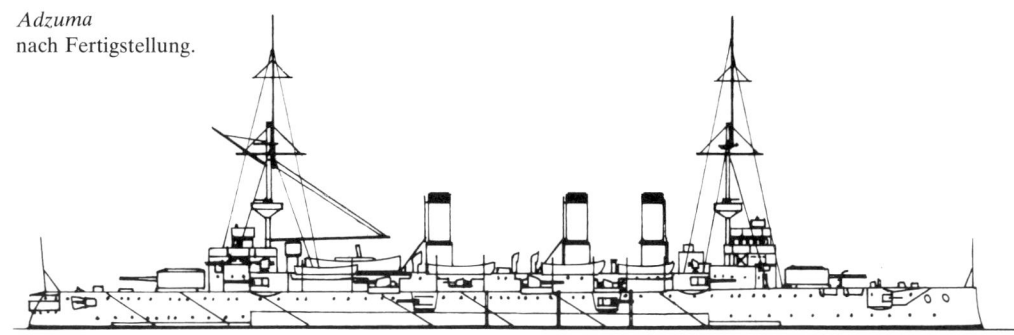

Adzuma
nach Fertigstellung.

Adzuma   Panzerkreuzer

Obwohl länger als vorherige Kreuzer, lag die Verdrängung der *Adzuma* etwas niedriger. Bei ihr fehlte das sonst auf in Großbritannien gebauten Kreuzern vorhandene hintere Panzerschott, wie z.B. auf der *Yakumo*. Trotz des Vorteils einer um etwa 400 ts geringeren Verdrängung war *Adzuma* nicht schneller als frühere

Verdrängung:	9307 ts
Abmessungen:	Lpp 131,5 m; Lüa 137,9 m; B 20,94 m; Tg 7,21 m
Maschinenanlage:	2 Wellen, Stehende Dreifachexpansionsmaschinen, 17 000 PSi ≙ 20 kn, 600/1275 ts Kohle
Panzerung:	Gürtelpanzer 90–178 mm, oberer Gürtelpanzer 127 mm, Deck 64 mm, Barbetten und Türme 152 mm, Kasematten 51–152 mm, Torpedoräume 152 mm, Kommandoturm 76–356 mm
Bewaffnung:	4 × 20,3 cm (2 × 2), 12 × 15,2-cm-QF (12 × 1), 12 × 12-Pdr-QF (12 × 1), 12 × 3-Pdr-QF (12 × 1), 5 × 45,7-cm-TR
Besatzung:	650

Kreuzer, daran änderte auch die um 1500 PSi stärkere Maschinenleistung nichts.

Die Gürtelpanzer waren 64,05 m lang und je 2,14 m tief. Die Bunkerfüllung und der Fahrbereich von 3900 sm mit 10,5 kn ähnelten den anderen Kreuzern.

Adzuma nahm am russisch-japanischen Krieg teil und wurde 1914 Schulschiff. 1921 hatte man sie

Name	Bauwerft	Kiellegung	Stapellauf	Indienst-stellung	Schicksal
Adzuma	Ateliers et Ch. de la Loire, St. Nazaire	März 1898	24.6.1898	28.7.1900	Abbr 1946

teilweise desarmiert, und sie führte nur noch 4 × 20,3 cm, 8 × 15,2 cm, 4 × 12 Pdr, eine 12-Pdr-Flak und 4 × 45,7-cm-TR. 1941 war sie völlig ohne Waffen und erlitt im Juli 1945 bei einem Luftangriff erhebliche Schäden. Nach dem Kriege erfolgte der Abbruch der Hulk.

Idzumo am 6. September 1900. (Sammlung A. J. Watts)

Adzuma. (Sammlung A. J. Watts)

Der von Sir Philipp Watts stammende Entwurf glich praktisch dem der frühen *Asama*. Bei den Maschinenanlagen hatte man insofern eine Verbesserung erzielt, daß es jetzt möglich war, diese Klasse mit je 24 Belleville-Kesseln auszurüsten, die wesentlich leichter und leistungsfähiger waren als die 12 Einender-Zylinderkessel auf der *Asama*. Insgesamt gesehen erbrachte die neue Maschinenanlage rund 300 ts Gewichtsersparnis.

Bewaffnung und Schiffsschutz ähnelten ebenfalls der *Asama*, allerdings verwendete man anstelle des Harvey-Nickelstahls auf *Asama* hier eine Krupp-KC-Panzerung. Auf der *Idzumo*-Klasse hatte man im Gegensatz zur *Asama* die Gürtelpanzerlänge verkürzt: Von 86,62 m auf 83,88 m, und den oberen Gürtelpanzer von 65,27 m auf 53,38 m (*Iwate* sogar 51,24 m). Die Gesamtzahl der wasserdichten

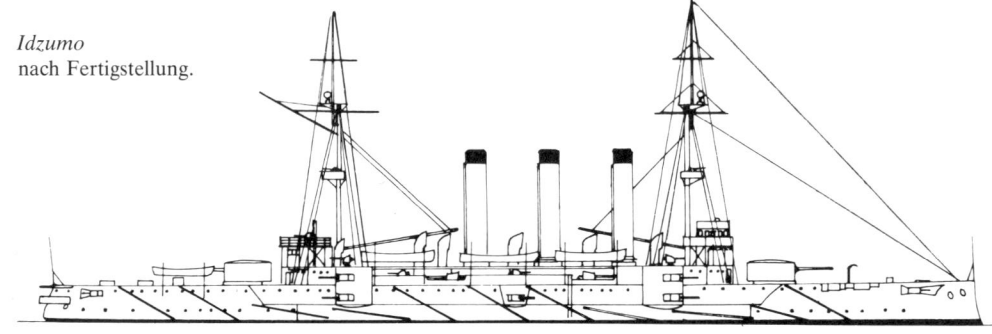

Idzumo nach Fertigstellung.

Idzumo-Klasse Panzerkreuzer

Verdrängung:	9750 ts
Abmessungen:	Lpp 121,9 m; Lüa 132,28 m; B 20,94 m; Tg 7,37 m
Maschinenanlage:	2 Wellen, Stehende Dreifachexpansionsmaschinen, 14 500 PSi ≙ 20,75 kn, 600/1402/1412 ts Kohle
Panzerung:	Gürtelpanzer 90–178 mm, oberer Gürtelpanzer 127 mm, Deck 64 mm, Barbetten 102–152 mm, Türme 152 mm, Kasematten 152 mm, Kommandoturm 76–356 mm
Bewaffnung:	4 × 20,3 cm (2 × 2), 14 × 15,2-cm-QF (14 × 1), 12 × 12-Pdr-QF (12 × 1), 8 × 2,5-Pdr-QF (8 × 1), 4 × 45,7-cm-TR
Besatzung:	672

Räume betrug 166, von denen 30 im Doppelboden saßen.

Wie alle vor dem Ersten Weltkrieg gebauten Kriegsschiffe wurden auch diese Panzerkreuzer als Folge des Washingtoner Abkommens reklassifiziert und teildesarmiert. Beide wurden Schulschiffe und erhielten neue Kessel: *Iwate* sechs Yarrowkessel und *Idzumo* sechs Kanpon-Kessel. Ihre Leistung betrug nun 7000 PSi, die Geschwin-

Name	Bauwerft	Kiellegung	Stapellauf	Indienst-stellung	Schicksal
Idzumo	Armstrong, Elswick	Mai 1898	19.9.1899	25.9.1900	Abbr 1947
Iwate	Armstrong, Elswick	Nov. 1898	29.3.1900	31.3.1901	Abbr 1947

digkeit 16 kn. Im Juli 1945 sanken beide Einheiten nach Bombenangriffen in flachen Gewässern.

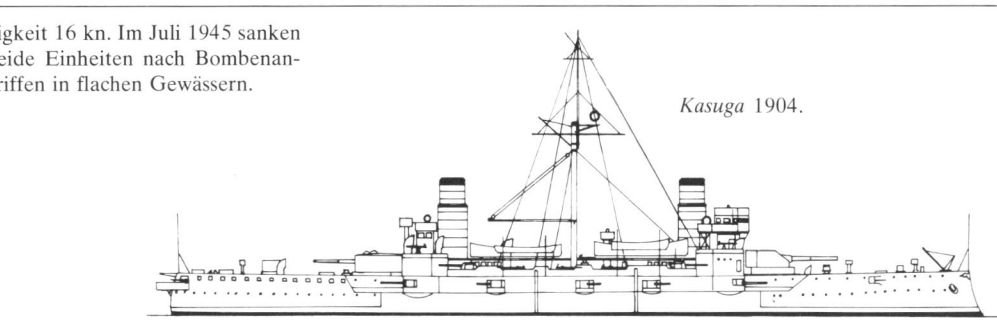

Kasuga 1904.

Kasuga-Klasse   Panzerkreuzer

Verdrängung:	7628 ts, *Nisshin* 7698 ts
Abmessungen:	Lcwl 108,8 m; Lüa 111,73 m; B 18,9 m; Tg 7,32 m
Maschinenanlage:	2 Wellen, Stehende Dreifachexpansionsmaschinen, 13 500 PSi ≙ 20 kn, 581/1565/1316 ts Kohle
Panzerung:	Gürtelpanzer 70–152 mm, Deck 25–38 mm, Barbetten 102–152 mm, Batterie 152 mm, Kommandoturm 152 mm,
Bewaffnung:	1 × 25,4 cm (nicht auf *Nisshin*), 2 × 20,3 cm (*Nisshin*), 14 × 15,2 cm (14 × 1), 10 × 7,62 cm (10 × 1), 6 × 3 Pdr, 2 MG Typ Maxim, 4 × 45,7-cm-TR
Besatzung:	600

Name	Bauwerft	Kiellegung	Stapellauf	Indienst-stellung	Schicksal
Kasuga	Ansaldo, Genua	10.3.1902	22.10.1902	7.1.1904	Abbr 1948
Nisshin	Ansaldo, Genua	Mai 1902	9.2.1903	7.1.1904	ab 1936 Zielschiff

Ursprünglich für die italienische Marine bestimmt, wurden sie unmittelbar nach dem Stapellauf an das mit Chile im Krieg stehende Argentinien verkauft. Da dieser aber noch vor der Fertigstellung beendet war, hatte Argentinien für diese großen Schiffe keine Verwendung mehr und verkaufte sie weiter an Japan.

Die *Kasuga* war als *Mitra* auf Stapel gelegt worden und erhielt von den Argentiniern den Namen *Rivadavia* und die als *Roca* auf Stapel gelegte *Nisshin* den Namen *Mariano Moreno*.

Die Einheiten waren die letzte Entwicklungsstufe der italienischen *Giuseppe Garibaldi*-Klasse und ausgesprochen kampfstarke Schiffe. Obwohl der Hauptgürtelpanzer – im Gegensatz zu den anderen japanischen Panzerkreuzern mit 178 mm – nur 152 mm dick war, erstreckte er sich über einen viel größeren Schiffskörperbereich, seine Dicke umfaßte auch eine größere Tiefe. Dafür gab es keinen dünneren oberen Gürtelpanzer. Der Gürtelpanzer reichte von der Wasserlinie bis zum Oberdeck und schloß die 15,2-cm-Geschütze der Mittschiffsbatterie mit ein.

Nach ihrer Verwendung im russisch-japanischen Krieg, in dessen Verlauf die *Nisshin* bei der Schlacht im Gelben Meer und auch vor Tsushima merkliche Schäden davongetragen hatte, wurden beide in den 20er Jahren teildesarmiert und als Schulschiffe verwendet. Die Zahl der 15,2-cm-Geschütze und 7,62-cm-Geschütze reduzierte sich auf jeweils vier.

Nisshin im Oktober 1917 in Port Said. (Sammlung A. J. Watts)

Geschützte Kreuzer

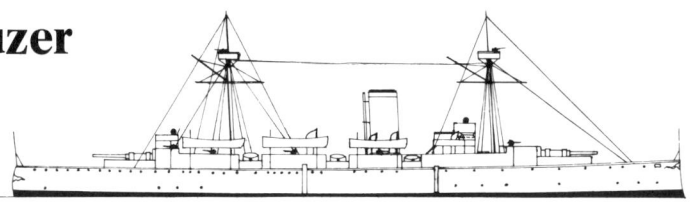

Naniwa 1886.

Dieses waren die ersten für die japanische Marine gebauten Geschützten Kreuzer, und ihr Entwurf basierte auf einer Verbesserung des von Sir William White erstellten Entwurfs der *Esmeralda*. Um den Schutz gegen Unterwasserschäden durch Minen oder eine Grundberührung zu erhöhen, versah man den Doppelboden mit Einzelzellen. So konnte man einzelne Bereiche sogar fluten, um den Trimm zu korrigieren, und die stete Einsatzbereitschaft der Geschütze zu sichern. Der Panzerschutz war sehr viel besser als auf der *Esmeralda,* und das hohe Freibord erlaubte dem Konstrukteur, das Panzerdeck über der Wasserlinie einzubauen. Weiteren Schutz boten die seitlichen Bereiche der Maschinenräume über und unter dem Panzerdeck, die man als Kohlenbunker nutzte.

Die Armierung ähnelte derjenigen auf der *Esmeralda*. Die 25 ts schweren 26,2-cm-Geschütze von Krupp besaßen – von der Mittschiffslinie aus gerechnet – einen vorderen und hinteren Bestreichungswinkel von 240°. Drei 15-cm-Geschütze vom Typ Krupp standen mittschiffs an Stb und Bb.

Naniwa-Klasse   Geschützte Kreuzer

Verdrängung:	3650 ts
Abmessungen:	Lpp 91,4 m; B 14 m; Einsatztiefgang 6,1 m
Maschinenanlage:	3 Wellen Liegende rückwirkende Verbundmaschinen, 7000 PSi ≙ 18,5 kn, 350/800 ts Kohle
Panzerung :	Deck 51–76 mm, Geschützschilde 38 mm, Kommandoturm 38 mm
Bewaffnung:	2 × 26,2 cm (2 × 1), 6 × 15 cm (6 × 1), 2 × 6 Pdr (2 × 1), 10 vierläufige Geschütze Typ Nordenfeldt, 4 MG Typ Gatling, 4 × 35,6-cm-TR
Besatzung:	325

Name	Bauwerft	Kiellegung	Stapellauf	Indienst-stellung	Schicksal
Naniwa	Armstrong, Walker	27.3.1884	18.3.1885	1.12.1885	26.6.1912 gestrandet
Takachiho	Armstrong, Walker	10.4.1884	16.5.1885	26.3.1886	† 17.10.1914

Sie hatten einen Bestreichungswinkel von 130°. Der Munitionsvorrat bestand aus 200 Granaten 26,2 cm und 450 Granaten 15 cm. Um 1900 ersetzte man die 15-cm-Geschütze durch Schnellfeuergeschütze vom Typ Elswick gleichen Kalibers. 1895 hatte man diese schon einmal geändert. 1903 besaßen beide Schiffe nur noch Schnellfeuergeschütze, die 26,2-cm-Geschütze waren nicht mehr vorhanden. 1898 hatte man auch die Gefechtsmarse abgebaut.

Beide Einheiten zeichneten sich in der Schlacht am Yalu und auch während des russisch-japanischen Krieges aus. Ab 1907 folgten nur noch zweitrangige Aufgaben. 1912 strandete die *Naniwa* vor den Uruppu-Inseln/Kurilen und wurde am 18. Juli 1912 zum Totalverlust erklärt. Die *Takachiho* fand im Ersten Weltkrieg als Minenleger Verwendung und wurde am 17. Oktober 1914 während eines Angriffs auf den deutschen Stützpunkt Tsingtau vom deutschen Torpedoboot *S 90* torpediert und versenkt.

Takachiho. (CPL)

124

Für den Bau dieses Schiffes wandte sich Japan einem anderen bekannten Kriegsschiffbauer zu, Frankreich. Die üblichen kompetenten französischen Konstrukteure waren zu dieser Zeit allerdings in Ungnade gefallen.

Im Bemühen, eine schwerere Armierung als bei der *Naniwa*-Klasse zu verwenden, wählten die Franzosen vier 18 ts schwere 24-cm-Geschütze von Krupp, die an jeder Seite in Mittschiffschwalbennestern Aufstellung fanden. Auch drei 15-cm-Geschütze kamen an jede Seite, während das siebte Jagdgeschütz auf dem Bug wurde. Nach Absolvierung der ersten Probefahrten wurde das Schiff im Dezember 1886 von den Japanern abgenommen. Hinsichtlich der Stabilität gibt es gewisse Spekulationen: Sie soll mangelhaft gewesen sein und die Metazentrische Höhe zu klein. Mit der schweren Breitseitarmierung und großen Segelspannweite war das Aufrichtmoment bei schwerem Schlingern wohl zu gering. Was auch immer die Ursache gewesen ist, man ist auf Vermutungen angewiesen, denn das Schiff verschwand während der Fahrt nach Japan im Oktober 1887 irgendwo zwischen Singapore und dem Heimatland.

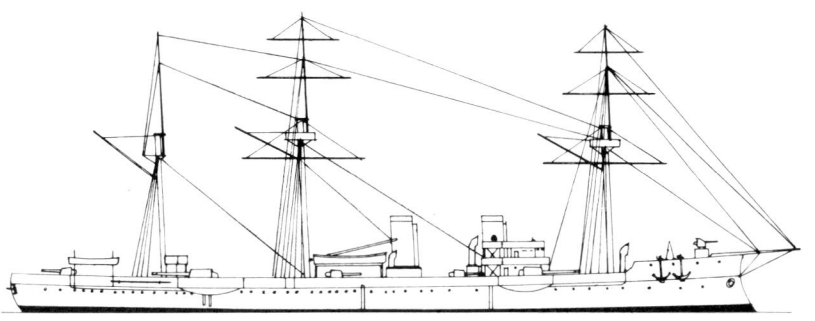

Unebi
nach Fertigstellung.

Unebi Geschützter Kreuzer

Verdrängung:	3615 ts
Abmessungen:	Lpp 98 m; B 13,1 m; Tg 5,72 m
Maschinenanlage:	2 Wellen, Liegende Dreifachexpansionsmaschinen, 6000 PSi ≙ 17,5 kn
Panzerung:	Deck 59 mm
Bewaffnung:	4 × 24 cm (4 × 1), 7 × 15 cm (7 × 1), 2 × 6 Pdr (2 × 1), 10 × 1 Pdr vierläufige Geschütze Typ Nordenfeldt, 4 MG Typ Gatling, 4 × 45-cm-TR
Besatzung:	280

Name	Bauwerft	Kiellegung	Stapellauf	Indienst-stellung	Schicksal
Unebi	Forges et Ch., Le Havre	Mai 1884	6.4.1886	Okt. 1886	† Okt. 1887

Die sich ständig verschlechternde Lage zwischen Japan und China zwang Japan Schiffe zu erwerben, mit denen es möglich war, die chinesische Flotte zu schlagen. Zu dieser Zeit besaß Japan jedoch noch nicht die nötige Erfahrung und Ausbildung, um große Schlachtschiffe zu bauen oder zu besetzen. Folglich wandte man sich an den französischen Konstrukteur Émile Bertin und bat um dessen Hilfe. Gefordert wurden Geschützte Kreuzer mit einer schweren Kanone, die die Panzerung chinesischer Schlachtschiffe durchschießen konnte. Eine der zur Zeit verfügbaren leistungsstarken Kanonen war das 32-cm-Geschütz von Canet. Es kam zwar fristgerecht zum Einbau, hatte aber eine langsame Schußfolge von einem

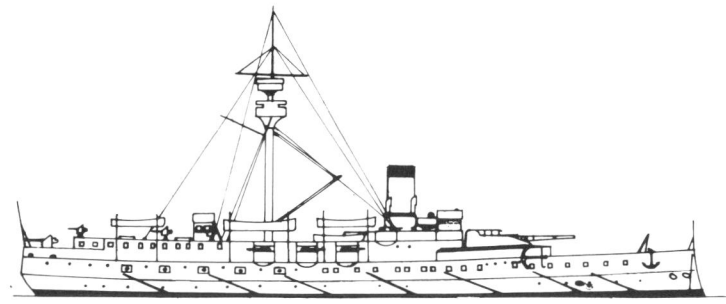

Hashidate
nach Fertigstellung.

Matsushima-Klasse Geschützte Kreuzer

Verdrängung:	4217 ts
Abmessungen:	Lcwl 91,81 m; B 15,59 m; Tg 6,05 m
Maschinenanlage:	2 Wellen, Liegende Dreifachexpansionsmaschinen, 5400 PSi ≙ 16,5 kn, 405/680 ts Kohle
Panze rung:	Deck 51 mm, Turm 305 mm, Geschützschilde 102 mm
Bewaffnung:	1 × 32 cm, 11 × (*Matsushima* 12 ×) 12 cm (11 × 1 bzw. 12 × 1), 5 × (*Matsushima* 16 ×) 6-Pdr-QF (5 × 1 bzw. 16 × 1), 11 × (*Matsushima* keine) 3-Pdr-QF (11 × 1), 6 × 1-Pdr-QF (nur *Matsushima*), 4 × 35,6-cm-TR
Besatzung:	360

Schuß pro fünf Minuten. Die Schlacht am Yalu zeigte seine Unbrauchbarkeit.

Die Konstruktion war kein Erfolg: Die festgesetzte Verdrängung erwies sich für die schwere Armierung als zu klein und auch der Schiffsschutz konnte logischerweise nur beschränkt sein. Eine Ausnahme bildete der Bereich rund um das schwere Geschütz. Für Geschosse von mehr als 12-cm-Kaliber erwiesen sich die Schiffe daher als äußerst verwundbar. Hinzu kam mangelnde Seetüchtigkeit, und die Konstruktionsgeschwindigkeit haben sie ebenfalls nie erreicht.

Die Matsushima hatte ihre schwere Kanone achtern und die MA-Geschütze vorne, auf der Itsukushima

Name	Bauwerft	Kiellegung	Stapellauf	Indienst-stellung	Schicksal
Hashidate	Marinewerft Yokosuka	Sept. 1888	24.3.1891	Juni 1894	Abbr 1927
Itsukushima	Forges et Ch., La Seyne	Jan. 1888	11.7.1889	Aug. 1891	Abbr 1922
Matsushima	Forges et Ch., La Seyne	Febr. 1888	22.1.1890	März 1891	† 30.4.1908

stand die 32-cm-Kanone vorne und die MA achtern. Bei der *Hashidate* war es wie auf der *Itsukushima*, mit Ausnahme der 6 Pdr, die in ungepanzerten Schwalbennestern standen. Man wollte ihnen so einen größeren Bestreichungswinkel geben. 1901/02 erhielten die Einheiten neue Kessel und die

Hashidate wurde das erste japanische Kriegsschiff mit acht Wasserrohrkesseln vom Typ Miyabara. *Matsushima* und *Itsukushima* erhielten je acht Bellevillekessel mit höherem Betriebsdruck.

Alle drei nahmen an der Schlacht am Yalu teil. Die *Matsushima* wurde in deren Verlauf von 25,4

cm- und 30,5-cm-Geschossen getroffen, die die Barbette beschädigten und 100 Opfer forderten. Auch die Schlacht von Tsushima machten alle drei mit. 1906 wurden sie Schulschiffe. 1908 ging die *Matsushima* im Hafen von Makung infolge einer Magazinexplosion verloren.

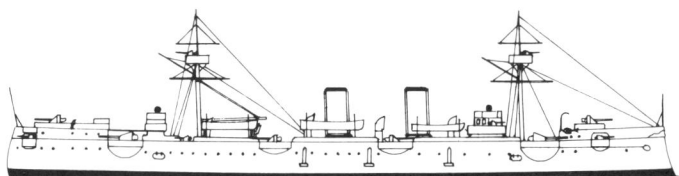

Akitsushima 1895.

Akitsushima   Geschützter Kreuzer

Verdrängung:	3100 ts
Abmessunge n:	Lpp 91,7 m; B 13,14 m; Tg 5,32 m
Maschinenanlage:	2 Wellen, Liegende Dreifachexpansionsmaschinen, 8400 PSi ≙ 19 kn, 500/800 ts Kohle
Panzerung:	Deck 76 mm, Geschützschilde 114 mm
Bewaffnung:	4 × 15,2-cm-QF (4 × 1), 6 × 12-cm-QF (6 × 1), 8 × 3-Pdr-QF (8 × 1), 4 × 35,6-cm-TR
Besatzung:	330

Name	Bauwerft	Kiellegung	Stapellauf	Indienst-stellung	Schicksal
Akitsushima	Marinewerft Yokosuka	März 1890	6.7.1892	Febr. 1894	Abbr 1923

Die *Akitsushima* wurde mittels importierter Materialien auf der Marinewerft Yokosuka gebaut. Der Entwurf war eine verkleinerte Version der amerikanischen *Baltimore*. Beide Entwürfe stammten von Sir William White und Armstrong. Das Schiff war kein Erfolg: Es erwies sich als schlechtes Seeschiff, litt unter heftigem Schlingern und war als Dampfschiff miserabel.

Die 15,2-cm-Geschütze standen in seitlichen Schwalbennestern auf der Back und Poop. Zwischen diesen befanden sich an jeder Seite zwei weitere Schwalbennester mit 12-cm-Geschützen. Die restlichen 12-cm-Geschütze standen auf der Back und Poop. Nach der Schlacht am Yalu unterstützte *Akitsushima* den Kreuzer *Naniwa* bei der Versenkung des chinesischen Kreuzers *Kuang Chi*. Auch am russisch-japanischen Krieg war sie beteiligt. 1921 verließ sie die aktive Flotte.

Yoshino. (NMM)

Yoshino Geschützter Kreuzer

Verdrängung:	4150 ts
Abmessungen:	Lpp 109,73 m; B 14,17 m; Tg 5,18 m
Maschinenanlage:	2 Wellen, rückwirkende Verbundmaschinen, 15 000 PSi ≙ 23 kn, 400/1000 ts Kohle
Panzerung:	Deck 114 mm in der Böschung, 44 mm in der Ebene, Geschützschilde 114 mm
Bewaffnung:	4 × 15,2-cm-QF (4 × 1), 8 × 12-cm-QF (8 × 1), 22 × 3-Pdr-QF (22 × 1), 5 × 35,6-cm-TR
Besatzung:	360

Name	Bauwerft	Kiellegung	Stapellauf	Indienst-stellung	Schicksal
Yoshino	Armstrong, Elswick	Febr. 1892	20.12.1892	Sept. 1893	† 15.5.1904

Die *Yoshino* wurde nach einem von Sir Philip Watts gefertigten verbesserten Entwurf der argentinischen *25. De Mayo* gebaut. Bei ihrer Fertigstellung war sie der schnellste verfügbare Kreuzer und mit ihrer starken Armierung gut verteilter Schnellfeuergeschütze für ihre Größe unübertroffen. Zwei 15,2-cm-Geschütze standen vorne und hinten in der Mittschiffslinie, die anderen beiden direkt hinter der Brücke in seitlichen Schwalbennestern an Oberdeck. Auch die 12-cm-Geschütze waren in seitlichen Schwalbennestern an Oberdeck aufgestellt.

In der Schlacht am Yalu spielte *Yoshino* mit ihren Schnellfeuergeschützen eine überragende Rolle und hatte wesentlichen Anteil am japanischen Sieg. Obwohl merklich leichter, erwiesen sich die neuen Schnellfeuergeschütze von Elswick den schwereren Kalibern mit ihrer langsamen Schußfolge und schlechten Munition weit überlegen. Nach einer Beschießung von Port Arthur wurde die *Yoshino* am 15. Mai 1904 durch den Panzerkreuzer *Kasuga* gerammt und sank.

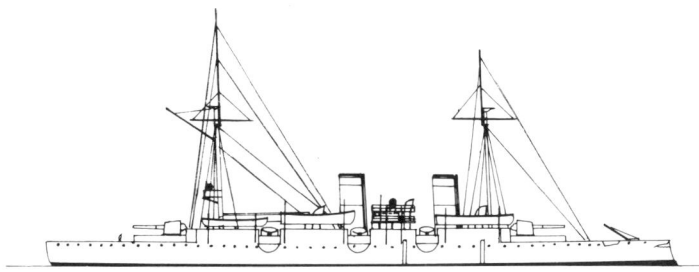

Idzumi
nach der Umrüstung 1899.

Idzumi Geschützter Kreuzer

Verdrängung:	2920 ts
Abmessungen:	Lpp 82,29 m; B 12,8 m; Tg 5,64 m
Maschinenanlage:	2 Wellen, Liegende rückwirkende Verbundmaschinen, 6083 PSi ≙ 18,25 kn, 400/600 ts Kohle
Panzerung:	Deck 25 mm in der Böschung, 13 mm in der Ebene
Bewaffnung:	2 × 25,4 cm (2 × 1), 6 × 15,2 cm (6 × 1), 2 × 6-Pdr-QF (2 × 1), 5 × 2-Pdr-QF, 2 MG Typ Gardner, 3 × 38,1-cm-TR
Besatzung:	300

Name	Bauwerft	Kiellegung	Stapellauf	Indienst-stellung	Schicksal
Idzumi	Armstrong, Elswick	5.4.1881	6.6.1883	15.7.1884	Abbr 1912

Der Kreuzer wurde im November 1894, während des chinesisch-japanischen Krieges, kurzfristig von Chile gekauft, wo er sich unter dem Namen *Esmeralda* in Dienst befand. Obwohl die Überführung nach Japan in kürzester Zeit erfolgte, verzögerte sich seine Fertigstellung so, daß eine Kriegsteilnahme nicht mehr erfolgte. Da sie für eine Verwendung in den relativ ruhigen südamerikanischen Gewässern gebaut worden war, entsprach sie nicht den Erfordernissen in den stürmischen Gebieten rund um Japan.

1899 erhöhte man die Stabilität: Die 15,2-cm-Geschütze wurden durch 12-cm-Geschütze ersetzt. 1901 ersetzte man auch die 25,4-cm-Geschütze durch 15,2-cm-QF und statt der 38,1-cm-TR kamen 45,7-cm-TR an Bord. Schließlich tauschte man ihre Kessel gegen solche vom Typ Niclausse.

Nach dem russisch-japanischen Krieg verwendete man sie für zweitrangige Aufgaben.

Sai Yen war die ex chinesische *Chi Yuan* und wurde am 12. Februar 1895 in Wei-Hai-Wei erbeutet. Ende der 90er Jahre erfolgte eine Überholung, und sie erhielt anstelle der 6 Pdr und 2 Pdr acht 3-Pdr-QF. Im russisch-japanischen Krieg lief sie auf eine Mine und sank.

Sai Yen Geschützter Kreuzer

Verdrängung:	2440 ts
Abmessungen:	Lpp 72 m; B 10,7 m; Tg 4,67 m
Maschinenanlage:	2 Wellen, Liegende rückwirkende Verbundmaschinen, 2800 PSi ≙ 15 kn, 230 ts Kohle
Panzerung:	Deck 76 mm, Turm 51 mm
Bewaffnung:	2 × 21 cm (1 × 2), 1 × 15 cm, 4 × 6-Pdr-QF, 6 × 2-Pdr-QF, 4 × 38,1-cm-TR
Besatzung:	230

Name	Bauwerft	Kiellegung	Stapellauf	Indienst-stellung	Schicksal
Sai Yen	Vulcan, Stettin	–	1883	1886	† 30.11.1904

Diese beiden Kreuzer wurden als erste nach eigenen japanischen Entwürfen und mit japanischem Material gebaut. Nur die Geschütze wurden aus Großbritannien importiert. Der Entwurf und die Geschützverteilung ähnelte in mancher Hinsicht der *Aktisushima* und die Abmessungen waren praktisch die gleichen. Die Antriebsmaschinen waren allerdings Dreifachexpansionsmaschinen stehender Bauart und nicht liegender wie auf der *Aktisushima*. Mit künstlichem Kesselzug glich die Leistung der auf der *Aktisushima*, aber die Geschwindigkeit lag einen Knoten höher. Dafür waren die Kesselleistungen nicht so effektiv: Es waren acht Lokomotivkessel (auf *Suma*) und neun Einender (auf *Akashi*). Die *Suma* erwies sich nach ihrer Fertigstellung als sehr nasses Schiff mit mangelnder Stabilität. Als diese Fehler erkannt wurden, befand sich die *Akashi* noch in Bau. In der Folge änderte man sie und gab ihr ein höheres Freibord. Dadurch wurde sie zum Glattdecker und erhielt in den Masten keine Gefechtsmarse. Später baute man auf beiden Einheiten den Großmast aus und entfernte auf der *Suma* den Gefechtsmars des Fockmastes. Außerdem erhielten beide neue Kessel: 1908 hatte *Suma* vier Miyabara-Wasserrohrkessel und *Akashi* 1912 neun Niclausse-Kessel.
Beide nahmen am russisch-japanischen Krieg teil. *Akashi* lief auf eine Mine und wurde später repariert. 1922 erfolgte ihre Desarmierung.

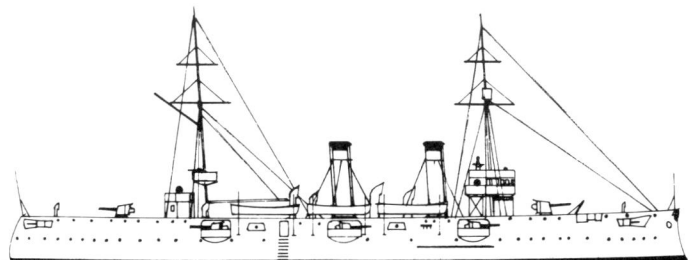

Akashi nach Fertigstellung.

Suma-Klasse Geschützte Kreuzer

Verdrängung:	2657 ts (*Akashi* 2756 ts)
Abmessungen:	Lpp 93,5 m (*Akashi* 90 m); B 12,24 m (*Akashi* 12,7 m); Tg 4,63 m (*Akashi* 4,8 m)
Maschinenanlage:	2 Wellen, Stehende Dreifachexpansionsmaschinen, 8500 PSi ≙ 20 kn, 200/600 ts Kohle
Panzerung:	Deck 51 mm in der Böschung, 25 mm in der Ebene, Geschützschilde 114 mm
Bewaffnung:	2 × 15,2-cm-QF (2 × 1), 6 × 12-cm-QF (6 × 1), 10 × 3-Pdr-QF (10 × 1), 4 × 2,5-Pdr-QF (2 × 1), 4 MG Typ Maxim, 2 × 38,1-cm-TR
Besatzung:	310

Name	Bauwerft	Kiellegung	Stapellauf	Indienst-stellung	Schicksal
Suma	Marinewerft Yokosuka	Aug. 1892	9.3.1895	Dez. 1896	Abbr 1928
Akashi	Marinewerft Yokosuka	Aug. 1894	18.12.1897	März 1899	† Aug. 1930 als Zielschiff

Takasago Geschützter Kreuzer

Verdrängung:	4160 ts
Abmessungen:	Lpp 109,73 m; Lüa 118,2 m; B 14,78 m; Tg 5,18 m
Maschinenanlage:	2 Wellen, Stehende Dreifachexpansionsmaschinen, 15 500 PSi ≙ 23,5 kn, 350/1000 ts Kohle
Panzerung:	Deck 114 mm in der Böschung, 64 mm in der Ebene, 20,3 cm-Geschützschilde 114 mm (Front), 64 mm (Seiten), 12 cm-Geschützschilde 64 mm
	2 × 20,3-cm-QF (2 × 1), 10 × 12-cm-QF (10 × 1), 12 × 12-Pdr-QF (12 × 1), 6 × 2,5-Pdr-QF (6 × 1), 5 × 45,7-cm-TR
Besatzung:	425

Suma (Sammlung Marius Bar)

Takasago nach Fertigstellung. (Sammlung A. J. Watts)

Name	Bauwerft	Kiellegung	Stapellauf	Indienst-stellung	Schicksal
Takasago	Armstrong, Elswick	April 1896	18.5.1897	6.4.1898	† 13.12.1904

Die von Sir Philip Watts entworfene *Takasago* war ein typischer Elswick-Kreuzer dieser Zeit: Mit hohem Freibord von Back und Poop, auf denen auch die 20,3-cm-Geschütze in hoher Position standen. Trotzdem litt sie unter schlechten Stabilitätsverhältnissen und schlingerte heftig in jeder Art Seegang. Immerhin war sie ein schnelles Dampfschiff und die vier Einender- und vier Doppelenderkessel versorgten die Maschinen mit Dampf für einen Fahrbereich von 5500 sm bei 10 kn Geschwindigkeit.

Der aus Harvey-Nickelstahl bestehende Schiffsschutz war so konstruiert, daß er dem Aufschlag von 20,3-cm-Panzersprenggranaten widerstand. Die wasserdichte Unterteilung bestand aus 109 Räumen, von denen sich 18 im Doppelboden befanden. Der tatsächliche Wert der *Takasago* lag in ihrer Armierung: Sie trug nur Schnellfeuergeschütze, und alles waren Elswickmodelle. Die 20,3-cm-Ge-schütze hatten eine Schußfolge von 4 Schuß/Minute. Die vorderen und achteren 12-cm-Geschütze besaßen Schutzschilde und standen in offenen Kasematten an Stb und Bb unterhalb der Brücke. Alle übrigen 12 cm-Geschütze befanden sich an Stb und Bb hinter Schilden und dem niedrigen Schanzkleid in der Schiffsmitte.

Frühere japanische Geschützte Kreuzer, einschließlich der bei Armstrong gebauten, hatten Stabilitätsprobleme. Um dem zu begegnen, setzte man bei der *Takasago* die Gefechtsmarse tiefer als bei früheren Schiffen. Jeder Mars trug zwei 2,5-Pdr-Geschütze. *Takasago* lief am 12. Dezember 1904 vor Port Arthur auf eine Mine. Am folgenden Tag sank sie unter einem Verlust von 204 Toten.

Chitose-Klasse   Geschützte Kreuzer

Verdrängung:	4760 ts (*Kasagi* 4900 ts)
Abmessungen:	Lpp 114,9 m; Lüa 120,4 m; B 15 m; Tg 5,37 m (*Chitose*), Lpp 114,1 m; Lüa 121,47 m; B 14,9 m; Tg 5,41 m (*Kasagi*)
Maschinenanlage:	2 Wellen, Stehende Dreifachexpansionsmaschinen, 15000 PSi ≙ 22,5 kn, 350/1000 ts Kohle
Panzerung:	Deck 114 mm in der Böschung, 64 mm in der Ebene, 20,3 cm-Geschützschilde 114 mm (Front), 64 mm (Seiten), 12 cm-Geschützschilde 64 mm, Kommandoturm 114 mm
Bewaffnung:	2 × 20,3-cm-QF (2 × 1), 10 × 12-cm-QF (10 × 1), 12 × 12-Pdr-QF (12 × 1), 6 × 2,5-Pdr-QF (6 × 1), 4 × 45,7-cm-TR
Besatzung:	434, *Kasagi* 405

Name	Bauwerft	Kiellegung	Stapellauf	Indienst-stellung	Schicksal
Chitose	Union Iron Wks., San Francisco	16.5.1897	23.1.1898	1.3.1899	† 19.7.1931 als Zielschiff
Kasagi	Cramp, Philadelphia	März 1897	20.1.1898	Dez. 1898	† 13.8.1916

Diese beiden Kreuzer waren äußerlich der *Takasago* nahezu identisch: Etwas länger als diese, hatten sie jedoch eine größere Verdrängung. Die Armierung entsprach der auf der *Takasago*, jedoch ohne Bugtorpedorohre, die in anderer Position standen.

Im Innern unterschieden sich die Schiffe grundsätzlich: Auf der *Chitose* wuchs die Zahl der wasserdichten Räume auf 130 und auf der *Kasagi* auf 142. Im Vergleich dazu besaß die *Takasago* nur 109. Andererseits hatte sich die Zahl der im Doppelboden sitzenden wasserdichten Räume auf der *Chitose* auf 16 reduziert und auf *Kasagi* waren es nur 15.

Auch die Maschinenanlage unterschied sich von der auf der *Takasago*: Es gab 12 Einenderkessel und die Maschinen hatten bei gleichem Kolbenhub etwas größere Zylinder. Beide Einheiten beteiligten sich an der Schlacht im Gelben Meer und der von Tsushima und wurden beschädigt. Ab 1910 fuhr die *Kasagi* als Schulschiff und strandete 1916 in der Tsugaru-Straße. Die *Chitose* wurde 1922 desarmiert und diente bis 1928 als Küstenschutzschiff. Nach Streichung aus der Liste fand sie im Juli 1931 als Zielschiff ihr Ende.

Chitose 1907.
(Sammlung A. J. Watts)

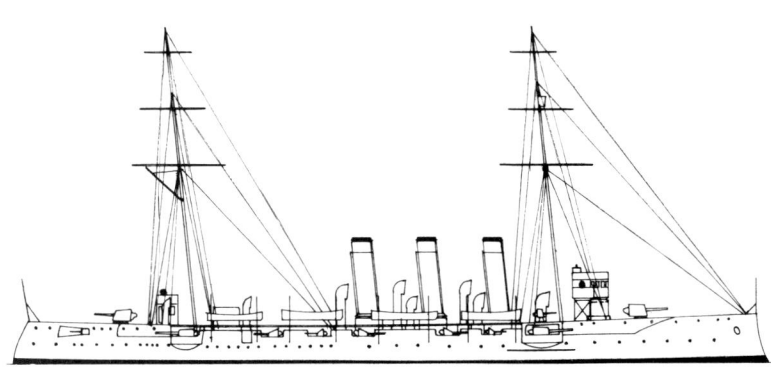

Niitaka 1905.

Tsushima-Klasse   Geschützte Kreuzer

Verdrängung:	3366 ts
Abmessungen:	Lpp 102 m; B 13,44 m; Tg 4,92 m
Maschinenanlage:	2 Wellen, Stehende Dreifachexpansionsmaschinen, 9500 PSi ≙ 20 kn, 250/600 ts Kohle
Panzerung:	Deck 64 mm, Kommandoturm 102 mm
Bewaffnung:	6 × 15,2-cm-QF (6 × 1), 10 × 12-Pdr-QF (10 × 1), 4 × 2,5-Pdr-QF (4 × 1)
Besatzung:	320

Name	Bauwerft	Kiellegung	Stapellauf	Indienst-stellung	Schicksal
Tsushima	Marinewerft Kure	1.10.1901	15.12.1912	14.2.1904	† 1944
Niitaka	Marinewerft Yokosuka	7.1.1902	15.11.1912	27.1.1904	† 26.8.1922

Dieses war die zweite Kreuzerklasse, die komplett nach japanischen Entwürfen gebaut wurde. Zwischen ihnen und der ebenfalls nach japanischen Entwürfen gebauten *Suma*-Klasse gab es einige kleine Unterschiede: Sie waren etwas größer, und die gewachsene Verdrängung erlaubte den Konstrukteuren, von vornherein die Lehren aus der *Suma*-Klasse zu berücksichtigen. Wie bei der gab es auch hier ein hohes Freibord, aber die 15,2-cm-Geschütze, die statt der 12-cm-Geschütze auf der *Suma*-Klasse in den Breitseitschwalbennestern standen, befanden sich weiter unten im Schiffskörper. Die Masten erhielten keine Gefechtsmarse. Die Kombination der tieferen postierten und stärkeren Bewaffnung ergab eine wesentlich bessere Seetüchtigkeit und machte die Schiffe leistungsstärker. Sie de-

klassierten viele der vergleichbaren Geschützten Kreuzer. Der Einbau von 12 Niclaussekesseln war gegenüber den Lokomotivkesseln auf der *Suma*-Klasse ein gewaltiger Fortschritt. Ihr Betriebsdruck lag bei 15 atü. Beide beteiligten sich am russisch-japanischen Krieg. Die *Niitaka* ging im August 1922 vor der Küste von Kamchatka in einem Taifun verloren. Die *Thushima* wurde 1922 umgerüstet und trug danach 6 × 15,2-cm-QF und 8 × 12 Pdr. Spä-

ter kam eine weitere 12 Pdr zur Aufstellung. 1930 erfolgte eine Teildesarmierung, und 1936 wurde sie Schulschiff. 1939 desarmierte man sie gänzlich. Die Hulk sank 1944 nach einem alliierten Luftangriff.

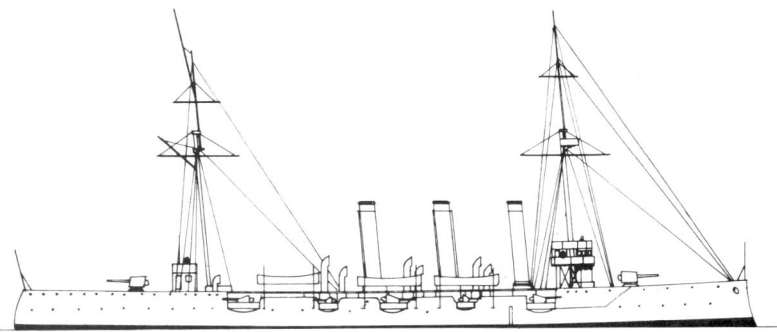

Otowa wurde unter dem 1896/97er Programm in Auftrag gegeben und war eine kleinere Version der *Tsushima*-Klasse. Die Armierung war leichter und der Entwurf kehrte zu den 12-cm-Geschützen in Schwalbennestern, wie auf der früheren *Suma*-Klasse, zurück. *Otowa* erhielt als erstes Schiff die in Japan konstruierten Kanpon-Wasserrohrkessel, deren Betriebsdruck im Vergleich zu 15 atü der Niclaussekessel 16 atü betrug. Die Maschinenanlage war mit der auf der *Tsushima*-Klasse identisch, allerdings lag die Leistung etwas höher. Die Kessel waren vom Dreitrommeltyp. Wenn man von den gebogenen Rohren absieht, hatten sie Ähnlichkeit mit dem Yarrowkessel.

Das Panzerdeck war 13 mm stärker als auf der *Tsushima*-Klasse, jedoch trotzdem nicht so dick wie das auf den Elswick-Kreuzern eingebaute. *Otowa* beteiligte sich an der Schlacht von Tsushima und ging im August 1917 nach einer Strandung vor der japanischen Küste verloren.

Otowa 1906.

Otowa Geschützter Kreuzer

Verdrängung:	3000 ts
Abmessungen:	Lpp 98 m; Lüa 103,88 m; B 12,62 m; Tg 4,8 m
Maschinenanlage:	2 Wellen, Stehende Dreifachexpansionsmaschinen, 10 000 PSi ≙ 21 kn, 270/575 ts Kohle
Panzerung:	Deck 76 mm (mittschiffs), an den Enden 51 mm, Geschützschilde 38 mm, Kommandoturm 102 mm
Bewaffnung:	2 × 15,2-cm-QF (2 × 1), 6 × 12-cm-QF (6 × 1), 4 × 12-Pdr-QF (4 × 1)
Besatzung:	312

Name	Bauwerft	Kiellegung	Stapellauf	Indienst-stellung	Schicksal
Otowa	Marinewerft Yokosuka	3. 1. 1903	2. 11. 1903	6. 9. 1904	† 1. 8. 1917

Fregatten, Korvetten, Ungeschützte Kreuzer

Fujijama Schraubenfregatte

Die mit einem hölzernen Schiffskörper und Vollschifftakelung versehene *Fujijama* wurde 1865 in den USA vom Shogun erworben und stellte 1869 für die Kaiserliche Marine in Dienst. Später erfolgte die Umrüstung auf 1 × 16,5 cm und 2 × 15,2 cm. Ab 1880 fuhr sie als Schulschiff.

Verdrängung:	1000 ts
Abmessungen:	Lcwl 63 m; B 10,3 m; Tg 3,27 m
Maschinenanlage:	1 Welle, Expansionsmaschine, 350 PSi ≙ 13 kn
Bewaffnung:	1 × 16-cm-ML, 2 × 15 cm, 10 kleinere Geschütze
Besatzung:	134

Name	Bauwerft	Kiellegung	Stapellauf	Fertigstellg.	Schicksal
*Fujijama**	New York	–	1864	1865/66	Verkauf 1896

Kasuga Radfregatte

Die *Kasuga* (ex *Chiangtzu*) war ein vollschiffgetakeltes hölzernes Schiff, das 1867 von der Satsuma-Sippe in China erworben wurde. Nachdem sie als persönliche Yacht des Shoguns gefahren war, stellte

Verdrängung:	1289 ts
Abmessungen:	Lcwl 75,7 m; B 8,8 m; Tg 3,96 m
Maschinenanlage:	Eine Liegende rückwirkende Expansionsmaschine, 1217 PSi ≙ 9 kn
Bewaffnung:	1 × 17,8 cm, 4 × 11,4 cm, 2 × 30 Pdr
Besatzung:	138

* Anm. d. Übers.: Den Namen *Fujijama* gibt es nur in der englischen Terminologie. Die japanische Schreibweise ist *Fuji*. Das Schiff führte stets nur den Namen *Fuji*.

sie 1869 für die Kaiserliche Marine in Dienst. Hier wurde sie vorwiegend als Aviso eingesetzt.

Name	Bauwerft	Kiellegung	Stapellauf	Fertigstellg.	Schicksal
Kasuga	J. S. White, Cowes	–	1863	1863/64	Abbr 1896

Tsukuba   Schraubenkorvette   *S. 157*

Diese hölzerne Schraubenkorvette war die frühere britische *Malacca*. Sie wurde 1870 erworben und erhielt 1892 4 × 15,2-cm-QF.

Verdrängung:	1947 ts
Abmessungen:	Lcwl 58,6 m; Lüa 60,3 m; B 10,6 m; Tg 5,48 m
Maschinenanlage:	1 Welle, Expansionsmaschine, 526 PSi ≙ 10 kn
Bewaffnung:	6 × 11,4 cm (6 × 1), 2 × 30 Pdr (2 × 1), 2 × 24 Pdr (2 × 1)
Besatzung:	301

Name	Bauwerft	Kiellegung	Stapellauf	Fertigstellg.	Schicksal
Tsukuba	Moulmein, Burma	–	9.4.1853	1854	Abbr 1906

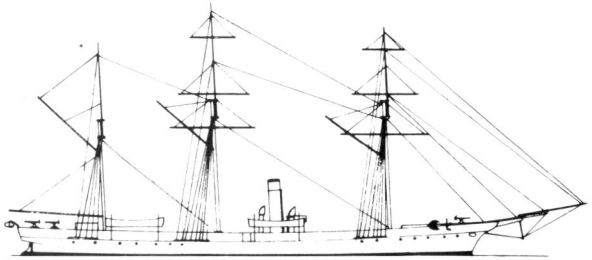

Nisshin nach Fertigstellung.

Nisshin   Schraubenkorvette   *S. 158*

Das hölzerne und barkgetakelte Schiff wurde ursprünglich für den Shogun gebaut. Da die Fertigstellung jedoch erst erfolgte, als die Streitkräfte des Shogunats geschlagen waren, kaufte die Hizen-Sippe es. Im Mai 1870 stellte es für die Kaiserliche Marine in Dienst. 1885 ersetzte man die 17,8-cm-ML vom Typ Armstrong und 30 Pdr durch sechs 12-cm-BL von Krupp. Am 30. Mai 1892 erfolgte die Streichung aus der aktiven Liste.

Verdrängung:	1490 ts
Abmessungen:	Lpp 61,8 m; B 8,76 m; Tg 4,2 m
Maschinenanlage:	1 Welle, Expansionsmaschine, 710 PSi ≙ 11 kn
Bewaffnung:	1 × 17,8 cm, 6 × 30 Pdr (6 × 1)
Besatzung:	145

Name	Bauwerft	Kiellegung	Stapellauf	Fertigstellg.	Schicksal
Nisshin	Gips & Son, Dordrecht	–	1869	1870	Abbr 1893

Asama   Kompositkorvette   *S. 158*

Die in Kompositbauweise gefertigte *Asama* wurde 1874 in Frankreich erworben und fuhr ab 1887 als Schulschiff. 1891 erfolgte die Streichung aus der Flottenliste. Danach gehörte sie zur Torpedoschule in Yokosuka.

Verdrängung:	1422 ts
Abmessungen:	Lpp 69,72 m; B 8,76 m; Tg 4,26 m
Maschinenanlage:	1 Welle, Liegende rückwirkende Verbundmaschine, 300 PSi ≙ 11 kn
Bewaffnung:	8 × 17 cm, 4 × 11,4 cm
Besatzung:	–

Name	Bauwerft	Kiellegung	Stapellauf	Fertigstellg.	Schicksal
Asama	Frankreich	–	1869	Juli 1874	Verkauf Dez. 1896

Die barkgetakelte, hölzerne *Seiki* war das erste von der Marinewerft Yokosuka gebaute Schiff. Die Werft stand unter der Leitung französischer Ingenieure, und *Seiki* wurde von Mr. Verny und seinem Stab entworfen und gebaut. Das betrifft auch die Maschinenanlage und die beiden Zylinderkessel. Die Hauptartillerie kam von Krupp, die 6 Pdr lieferte Armstrong. *Seiki* besuchte als erstes japanisches Kriegsschiff Großbritannien. 1888 strandete sie in der Mündung des Fuji/Suruga-Wan und ging verloren.

Seiki Schraubensloop

Verdrängung:	897 ts
Abmessungen:	Lcwl 60,96 m; B 9,14 m; Tg 3,96 m
Maschinenanlage:	1 Welle, Liegende rückwirkende Verbundmaschine, 443 PSi ≙ 9,5 kn
Bewaffnung:	1 × 15 cm, 1 × 12 cm, 1 × 6 Pdr, 3 vierläufige MG Typ Nordenfeldt
Besatzung:	167

Name	Bauwerft	Kiellegung	Stapellauf	Fertigstellg.	Schicksal
Seiki	Marinewerft Yokosuka	20.6.1873	5.5.1875	Juni 1876	7.12.1888 gestrandet

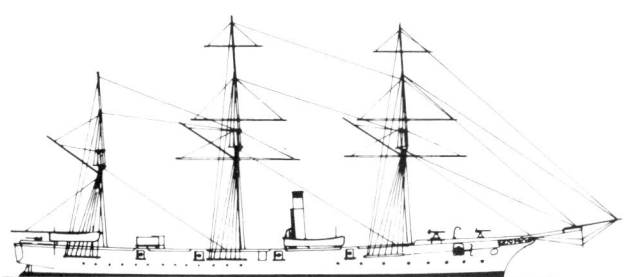

Amagi 1880.

Die hölzerne *Amagi* war eine größere und schwerer armierte Version der auf derselben Werft gebauten *Seiki*. Die auf der *Amagi* installierte Maschinenanlage entsprach der auf der *Seiki*, hatte jedoch mit 720 PSi gegenüber 443 PSi eine fast doppelt so große Leistung. Dadurch war *Amagi* auch 2 kn schneller. Die Armierung stammte ebenfalls von Krupp. Kurz vor Ausbruch des russisch-japanischen Krieges erfolgte der Verkauf zum Verschrotten.

Amagi Schraubensloop

Verdrängung:	911 ts
Abmessungen:	Lpp 62,17 m; B 10,89 m; Tg 4,36 m
Maschinenanlage:	1 Welle, Liegende rückwirkende Verbundmaschine, 720 PSi ≙ 11 kn, 150 ts Kohle
Bewaffnung:	1 × 17 cm, 4 × 12 cm, 3 × 12 Pdr, 3 vierläufige MG Typ Nordenfeldt
Besatzung:	159

Name	Bauwerft	Kiellegung	Stapellauf	Fertigstellg.	Schicksal
Amagi	Marinewerft Yokosuka	Sept. 1875	März 1877	April 1878	Verkauf 1903

Die Fertigstellung dieser hölzernen Radkorvette dauerte nahezu neun Jahre. Der Grund lag in den Schwierigkeiten beim Einbau der Maschinenanlage. Das Schiff wurde Kaiserliche Yacht und fuhr ab 1894 als Schulschiff.

Jingei Radkorvette

Verdrängung:	1465 ts
Abmessungen:	Lcwl 76 m; B 9,75 m; Tg 4,42 m
Maschinenanlage:	2 Schaufelräder, 1 direkt wirkende Diagonalmaschine, 1450 PSi ≙ 14 kn
Bewaffnung:	2 × 12 cm
Besatzung:	–

Name	Bauwerft	Kiellegung	Stapellauf	Fertigstellg.	Schicksal
Jingei	Marinewerft Yokosuka	Sept. 1873	1876	1881	1894 gestrichen

Diese barkgetakelten Korvetten waren die effektivsten Kriegsschiffe kleineren Typs, die sich Ende des 19. Jahrhunderts im Dienst der japanischen Marine befanden. Sie wurden unter französischer Anleitung gebaut und mit Krupp-Geschützen ausgerüstet. Später folgte eine Überholung: Der ursprünglich geschwungene hübsche Vorsteven wurde durch einen geraden ersetzt, und anstelle des Fock- und Großmastes erhielten sie Gefechtsmasten. Im russisch-japanischen Krieg führten sie eine Reihe von Unternehmungen durch, und die *Kaimon* ging dabei im Juli 1904 nach Minentreffer in der Talien-Wan-Bucht verloren. *Tenryu* überlebte den Krieg und verließ 1906 den aktiven Dienst.

Kaimon-Klasse   Schraubenkorvetten

S. 160

Verdrängung:	1358 ts (*Tenryu* 1525 ts)
Abmessungen:	Lpp 64,26 m (*Tenryu* 64,68 m); B 9,9 m (*Tenryu* 10,8 m); Tg 5 m (*Tenryu* 5,2 m)
Maschinenanlage:	1 Welle, Liegende rückwirkende Verbundmaschine, 1267 PSi ≙ 12 kn, 256 ts Kohle
Bewaffnung:	1 × 17 cm (*Tenryu* 15 cm), 6 × (*Tenryu* 4 ×) 12 cm, 1 × 3 Pdr, 4 vierläufige MG Typ Nordenfeldt, 1 vierläufiges 11,5-mm-MG Typ Nordenfeldt (nur *Kaimon*)
Besatzung:	210

Name	Bauwerft	Kiellegung	Stapellauf	Indienst-stellung	Schicksal
Kaimon	Marinewerft Yokosuka	Aug. 1877	Sept. 1882	13.8.1884	† 5.7.1904
Tenryu	Marinewerft Yokosuka	Jan. 1878	Sept. 1883	März 1885	1906 gestrichen

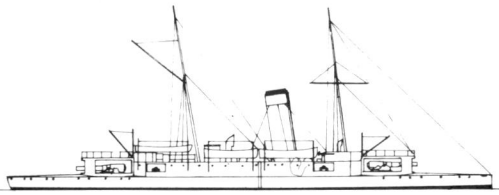

Tsukushi 1886.

Tsukushi   Ungeschützter Kreuzer   (Aviso)

Vom Entwurf her ähnelte sie den chinesischen Kreuzern der *Tchao Yung*-Klasse. Die *Tsukushi* wurde ursprünglich als *Arturo Prat* für die chilenische Regierung auf Stapel gelegt und nach einem Entwurf von Sir Edward Reed gebaut. Da er sich an den Rendel-Kanonenbooten orientierte, galt sie als Zwischenlösung. Trotzdem war das Schiff hinsichtlich seiner Armierung – mit Ausnahme der britischen *Inflexible* und der italienischen *Caio Duilio* – zur Zeit seiner Fertigstellung unübertroffen. Allerdings benötigten die Geschütze zum Nachladen 2,5 Minuten. Die Maschinenanlage wurde von fünf Zylinderkesseln mit Dampf gespeist und verlieh dem Schiff eine annehmbare Geschwindigkeit: Mit 8 kn hatte es einen Fahrbereich von 5380 sm. Kurz nach der Fertigstellung fand der chilenisch-peruanische Krieg sein Ende, und die *Arturo Prat* stand zum Verkauf. 1885 erwarben die Japaner sie mit Genehmigung des 1882er Programms. 1898 erfolgte eine Umrüstung: Die 9 Pdr und 1 Pdr wurden durch 12-Pdr-QF und 2 × 3-Pdr-QF ersetzt. 1907 aus der Flottenliste gestrichen, fuhr sie bis 1910 als Schulschiff und wurde dann abgewrackt.

Verdrängung:	1350 ts
Abmessungen:	Lpp 64 m; B 9,7 m; Tg 4,4 m
Maschinenanlage:	2 Wellen, Liegende rückwirkende Verbundmaschinen, 2887 PSi ≙ 16,5 kn, 300 ts Kohle
Bewaffnung:	2 × 25,4 cm (2 × 1), 4 × 12 cm, 2 × 9 Pdr, 4 × 1 Pdr Typ Hotchkiss, 2 × 45,7-cm-TR
Besatzung:	186

Name	Bauwerft	Kiellegung	Stapellauf	Fertigstellg.	Schicksal
Tsukushi	Armstrong, Elswick	2.10.1879	11.8.1880	Juni 1883	Abbr 1910 (?)

Tsukushi 1885, zur Überfahrt nach Japan ist das Vorschiff zugebaut. (CPL)

Der Auftrag für diese drei Kompo-sitschiffe erfolgte im Rahmen des 1882er Programms. Die *Katsura-gi*-Klasse war von wesentlich bes-serer Konstruktion als die vorhe-rige *Kaimon*-Klasse: Man gab ihr einen geraden Bug mit eingezoge-nen Geschützpforten, frühere Schiffe konnten nur zur Breitseite schießen.

Im Jahre 1900 wurden sie über-holt: Die Barktakelung kam von Bord, die Armierung änderte sich. Sie erhielten 8 × 2,5-Pdr-QF und sechs MG und die 38,1-cm-TR wurden durch 45,7-cm-TR ersetzt. 1907 folgte eine weitere Umrü-stung: Die Einheiten erhielten 4 × 7,62 cm und 4 × 50-mm-MG. Schließlich hatten sie nur noch 2 × 7,62-cm-Geschütze.

Die *Musashi* strandete am 30. 4. 1902 nahe Nemoro, wurde jedoch wieder instandgesetzt. 1907 reklassifizierte man alle drei zu Vermessungsfahrzeugen, als die sie noch eine Reihe von Jahren dien-ten. Ab 1935 fuhr die *Yamato* als Ausbildungsschiff und sank im September desselben Jahres bei einem Sturm im Hafen von Kobe. Das Wrack wurde 1950 abgebro-chen.

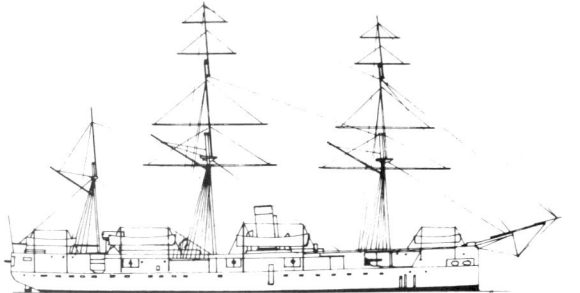

Yamato 1888.

Katsuragi-Klasse Schraubenkorvetten

Verdrängung:	1476 ts
Abmessungen:	Lpp 61,26 m; Lcwl 62,78 m; B 10,7 m; Tg 4,6 m
Maschinenanlage:	1 Welle (*Katsuragi* 2), Liegende rückwirkende Verbundmaschinen, 1622 PSi ≙ 13 kn, 145 ts Kohle
Bewaffnung:	2 × 17 cm (2 × 1), 5 × 12 cm (5 × 1), 1 × 7,62 cm, 4 vierläufige MG Typ Nordenfeldt, 2 × 38,1 cm-TR
Besatzung:	231

Name	Bauwerft	Kiellegung	Stapellauf	Indienst-stellung	Schicksal
Katsuragi	Marinewerft Yokosuka	Dez. 1882	31.3.1885	Okt. 1887	Verkauf zum Abbr 1913
Musashi	Marinewerft Yokosuka	Okt. 1884	30.3.1886	Febr. 1888	Abbr 1931
Yamato	Marinewerft Kobe, Onohama	Febr. 1883	April 1885	Okt. 1887	† 18.9.1935

Der Entwurf der unter dem 1882er Programm bewilligten *Takao* stammte von Émile Bertin. Sie war das erste auf einer japanischen Werft gebaute stählerne Kriegs-schiff. Der Kiel wurde im Oktober 1886 gestreckt, und am 16. No-vember 1889 stellte sie in Dienst. Die von Krupp gelieferte Haupt-armierung stand – ähnlich vielen französischen Kreuzern dieser Zeit – in Mittschiffschwalbennestern und das 12-cm-Geschütz auf dem Heck. 1907 erfolgte eine Umrü-stung auf 2 × 15,2 cm und 2 × 12 cm und 1911 die Streichung aus der Flottenliste. Danach fuhr sie als Vermessungsschiff und wurde 1918 zum Verkauf ausgeschrieben.

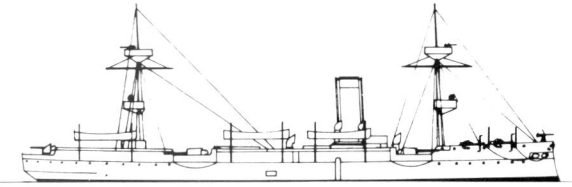

Takao 1895.

Takao Ungeschützter Kreuzer

Verdrängung:	1750 ts
Abmessungen:	Lcwl 70,4 m; B 10,5 m; Tg 4 m
Maschinenanlage:	2 Wellen, Liegende rückwirkende Verbundmaschinen, 2330 PSi ≙ 15 kn
Bewaffnung:	4 × 15 cm (4 × 1), 1 × 12 cm, 1 × 6 Pdr, 2 vierlaufige MG Typ Nordenfeldt, 2 × 38,1 cm-TR
Besatzung:	220

Name	Bauwerft	Kiellegung	Stapellauf	Indienst-stellung	Schicksal
Takao	Marinewerft Yokosuka	Okt. 1886	18.10.1888	16.11.1889	Verkauf 1918 (?)

Die *Yaeyama* wurde nach einem Entwurf des französischen Ingenieurs Bertin gebaut. Die aus Großbritannien importierte Maschinenanlage waren Dreifachexpansionsmaschinen. Bis dahin gab es auf japanischen Kriegsschiffen stets Verbundmaschinentypen. 1902 erhielt *Yaeyama* anstelle der ursprünglich sechs Zylinderkessel acht Niclausse-Kessel und einen zweiten Schornstein. Nach dem russisch-japanischen Krieg und zwischen 1906 und 1908 durchlief sie weitere Überholungen. Danach diente sie als Versuchsschiff für Erprobungen ölbefeuerter Kessel.

Yaeyama Stählerner Ungeschützter Kreuzer (Aviso)

Verdrängung:	1584 ts
Abmessungen:	Lpp 96,9 m; B 10,5 m; Tg ~ 4 m
Maschinenanlage:	2 Wellen, Liegende direkt wirkende Maschinen, 5630 PSi ≙ 20,75 kn, 350 ts Kohle
Bewaffnung:	3 × 12 cm, 8 × 3-Pdr-QF, 2 × 45,7-cm-TR
Besatzung:	200

Name	Bauwerft	Kiellegung	Stapellauf	Fertigstellg.	Schicksal
Yaeyama	Marinewerft Yokosuka	Juni 1887	März 1889	März 1892	Abbr 1911

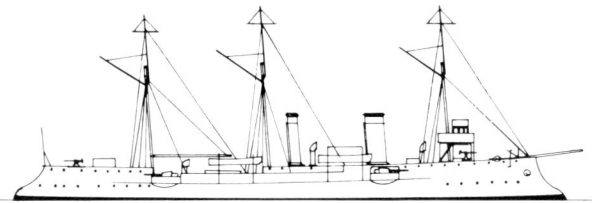

Chishima nach Fertigstellung.

Die *Chishima* wurde unter dem 1882er Programm in Auftrag gegeben und am 24. November 1892 abgeliefert. Die 7,62-cm-Geschütze standen in seitlichen Schwalbennestern und eines im Bug. Die 1-Pdr-Geschütze befanden sich zu zweien bei der Brücke, auf der Poop und an jeder Schiffsseite. Die TR standen über Wasser: Eines im Bug, zwei an Oberdeck. *Chishima* sank im November 1892 auf der Fahrt in den Binnengewässern nach einer Kollision mit dem britischen Frachter *Ravenna*.

Chishima Ungeschützter Kreuzer (Aviso)

Verdrängung:	741 ts
Abmessungen:	Lpp 71 m; B 7,7 m; Tg ~ 2,97 m
Maschinenanlage:	2 Wellen, Stehende Dreifachexpansionsmaschinen, 5000 PSi ≙ 22 kn
Bewaffnung:	5 × 7,62-cm-QF (5 × 1), 6 × 1-Pdr-QF (6 × 1), 3 × 38,1-cm-TR
Besatzung:	–

Name	Bauwerft	Kiellegung	Stapellauf	Fertigstellg.	Schicksal
Chishima	Ch. de la Loire, St. Nazaire	Jan. 1890	Nov. 1890	April 1892	† 30.11.1892

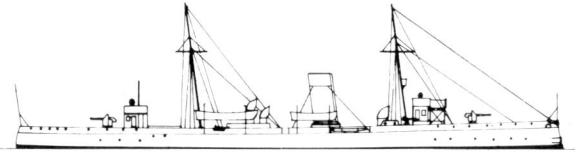

Tatsuta nach Fertigstellung.

Das Schiff wurde als Ersatz für die *Chishima* in Großbritannien bestellt und der Bau wegen des bevorstehenden Krieges forciert betrieben. *Tatsuta* befand sich auf dem Weg in den Fernen Osten und lief zur Brennstoffergänzung Aden an, als sie vom Kriegsausbruch überrascht wurde. Da sie als Konterbande interniert wurde, erreichte sie Japan erst nach Kriegsende im Dezember 1896. 1898 erfolgte die Umklassifizierung zum Aviso, und 1903 erhielt sie für ihre alten Zylinderkessel

Tatsuta Ungeschützter Kreuzer (Aviso)

Verdrängung:	850 ts
Abmessungen:	Lpp 73,1 m; B 8,38 m; Tg ~ 2,89 m
Maschinenanlage:	2 Wellen, Stehende Dreifachexpansionsmaschinen, 5500 PSi ≙ 21 kn, 188/200 ts Kohle
Bewaffnung:	2 × 12-cm-QF, 4 × 3-Pdr-QF, 5 × 2,5-Pdr-QF, 5 × 45,7-cm-TR (2 × 2, 1 × 1)
Besatzung:	100

Name	Bauwerft	Kiellegung	Stapellauf	Indienst-stellung	Schicksal
Tatsuta	Armstrong, Elswick	April 1893	6.4.1894	31.7.1894	Abbr 1926

vier engrohrige Kanpon-Kessel. Gleichzeitig ersetzte man den gedrungenen Einzelschornstein durch drei dünne Schornsteine und

Der Bauauftrag für die *Miyako* erfolgte unter dem 1892er Programm. Da sie erst im September 1899 richtig in Dienst kam, konnte sie am chinesisch-japanischen Krieg nicht mehr teilnehmen. Den benötigten Dampf erzeugten acht Lokomotivkessel. Im Mai 1904 lief sie vor Port Arthur auf eine Mine. Das Wrack wurde später gehoben und verschrottet.

armierte sie um: Die 3 Pdr wurden durch 12 Pdr ersetzt. Am 15. Mai 1904 strandete die *Tatsuta* vor den Elliotinseln, konnte aber wieder

repariert und flott gemacht werden. 1918 erhielt sie den Namen *Nagaura Maru*, da man den alten Namen für einen neuen Leichten

Kreuzer benötigte. Danach verwendete man sie als U-Bootmutterschiff und Werkstattschiff. 1926 erfolgte der Abbruch.

Miyako   Ungeschützter Kreuzer

Verdrängung:	1772 ts
Abmessungen:	Lpp 96 m; B 10,5 m; Tg ~ 4,28 m
Maschinenanlage:	2 Wellen, Stehende Dreifachexpansionsmaschinen, 6130 PSi ≙ 20 kn, 400 ts Kohle
Bewaffnung:	2 × 12-cm-QF (2 × 1), 8 × 3-Pdr-QF (8 × 1), 2 × 45,7-cm-TR
Besatzung:	200

Name	Bauwerft	Kiellegung	Stapellauf	Fertigstellg.	Schicksal
Miyako	Marinewerft Kure	März 1894	Okt. 1898	März 1899	† 14.5.1904

Die Kiellegung erfolgte unter dem Programm von 1896. Die bei der Fertigstellung vorhandenen Bug-TR wurden später wieder ausgebaut. Die vier Normandkessel arbeiteten mit einem Betriebsdruck von 14,8 atü.
1927 erfolgte die Streichung, und im Anschluß diente sie der Marineschule Etajima bis 1939 als Schulschiff. Am Ende des Zweiten Weltkrieges war die schwimmende Hulk in Kure noch immer vorhanden.

Chihaya   Ungeschützter Kreuzer (*Aviso*)

Verdrängung:	1238 ts
Abmessungen:	Lpp 83,19 m; Lüa 87,7 m; B 9,6 m; Tg ~ 2,76 m
Maschinenanlage:	2 Wellen, Stehende Dreifachexpansionsmaschinen, 6000 PSi ≙ 21 kn, 123/344 ts Kohle
Bewaffnung:	2 × 12-cm-QF (2 × 1), 4 × 12-Pdr-QF (4 × 1), 3 × 45,7-cm-TR
Besatzung:	125

7,6 cm

Name	Bauwerft	Kiellegung	Stapellauf	Fertigstellg.	Schicksal
Chihaya	Marinewerft Yokosuka	Mai 1898	26.5.1900	Sept. 1901	1939 gestrichen

Kanonenboote

Bei Festlegung der Größe der Kaiserlichen Marine im Februar 1872 galt sie noch als Teil der Armee. Neben anderen Einheiten übernahm sie auch eine Reihe alter Dampfschiffe, die bis dahin zur Shogunat-Flotte oder anderen Sippen gehört hatten. Zu dieser Gruppe zählten auch die ersten zwischen 1873 und 1887 gebauten Korvetten und Sloops sowie Fahrzeuge, die vom Entwurf

her als Kanonenboote geplant waren. Zu dieser Kategorie zählen ebenso Einheiten, die als Avisos, Kreuzer 3. Klasse oder Torpedokanonenboot klassifiziert werden können. Um 1898 waren die meisten dieser veralteten Fahrzeuge nur noch für Küstenschutzaufgaben verwendbar.

*Chiyodogata**

S. 193

Verdrängung:	140 ts
Abmessungen	Lpp 29,7 m; Lcwl 31,3 m; B 4,8 m; Tg ~ 2 m
Maschinenanlage:	1 Welle, Liegende direkt wirkende Kolbendampfmaschine, 60 PSi ≙ 5 kn
Bewaffnung:	1 × 13,8 cm, 2 kleinere Geschütze
Besatzung:	35

Dieses brigg-getakelte, hölzerne Kanonenboot 3. Klasse war das erste in Japan gebaute Kriegsschiff, wurde im Mai 1868 von der Shogunatflotte übernommen und im Bürgerkrieg am 4. Oktober 1868

* Anm. d. Übers.: In der meisten Literatur findet man den Namen *Chiyoda*.

erneut von den Streitkräften des Shoguns erbeutet. Nach Strandung in Hakodate eroberte man es wieder zurück. *Chiyodogata* wurde im Juni 1869 aus der aktiven Flotte entfernt und im Januar 1888 an eine Walfanggesellschaft verkauft. 1911 erfolgte der Abbruch.

Diese beiden barkgetakelten, hölzernen Kanonenboote gehörten der 3. Klasse an und waren ursprünglich für Handelszwecke gebaut worden. Die *Dai Ichi Teibo* war 1867 als *Hinda* fertiggestellt worden und die *Dai Ni Teibo* hieß *Assunta*. Beides waren Dampfschiffe.
1868 wurden sie von der Choshu-Sippe erworben und erhielten die Namen *Teibo Maru Nr. 1* und *Teibo Maru Nr. 2*. Anfang 1868 wurde *Teibo Nr. 1* zur Teilnahme am Bürgerkrieg an die Kaiserliche Marine ausgeliefert und erhielt für diesen Zweck eine Armierung. Im Juli 1868 erfolgte die Rückgabe an den Eigentümer. Dieser schenkte 1870 beide Schiffe der Kaiserli-

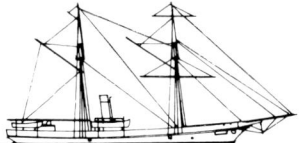

Chiyodogata nach Fertigstellung.

Name	Bauwerft	Kiellegung	Stapellauf	Fertigstell.	Schicksal
Chiyodogata	Marinewerft Ishikawajima	7.5.1861	2.7.1862	Mai 1863	Verkauf 28.1.1888

Teibo-Klasse

S. 193

Verdrängung:	236 ts
Abmessungen:	Lcwl 36,5 m; Lüa 38 m; B 6,4 m; Tg ~ 2,28 m
Maschinenanlage:	1 Welle, direkt wirkende Maschine, 60 PSi ≙ 10 kn
Bewaffnung:	*Dai Ichi Teibo* 1 × 15 cm, 1 × 13,8-cm-BLR
	Dai Ni Teibo 2 × 16,5-cm-BLR, 2 kleinere Geschütze
Besatzung:	87

Name	Bauwerft	Kiellegung	Stapellauf	Fertigstell.	Schicksal
Dai Ichi Teibo	London	–	1867	1867	† 1875
Dai Ni Teibo	London	–	1866	1867	† 2.4.1885

chen Marine. Nun erhielten sie die Namen *Dai Ichi Teibo* und *Dai Ni Teibo*. Ab 1873 verwendete man die *Dai Ichi Teibo* als Vermessungsschiff, das 1875 vor den Kurilen strandete. *Dai ni Teibo* verließ 1885 die aktive Flotte und strandete am 2. April 1885 am Anori Point/Shimane-Ken.

Kompositgebautes und schonergetakeltes Kanonenboot 3. Klasse. Die *Moshun* wurde 1867 als Dampfer *Eugénie* fertiggestellt, im Februar 1868 von der Hizen-Sippe erworben und im Juli 1869 von der Kaiserlichen Marine übernommen, die sie im Bürgerkrieg einsetzte. 1870 überließ die Sippe das Schiff der Kaiserlichen Marine als Geschenk. Ab 1887 verwendete man es nur noch als Hulk.

Moshun

S. 194

Verdrängung:	305 ts
Abmessungen:	Lcwl 43,5 m; Lüa 45,7 m; B 6,7 m; Tg ~ 2,36 m
Maschinenanlage:	1 Welle, Liegende direkt wirkende Dampfmaschine, 120 PSi ≙ 10 kn
Bewaffnung:	1 × 17,8 cm, 1 × 13,8 cm, 2 kleinere Geschütze
Besatzung:	88

Name	Bauwerft	Kiellegung	Stapellauf	Fertigstell.	Schicksal
Moshun	London	–	1865	1867	Abbr nach 1887

Hosho

S. 194

Die kompositgebaute und vollschiffgetakelte *Hosho* wurde 1872 erworben. Sie war als Handelsschiff *Ho Sho* fertiggestellt worden.

Verdrängung:	316 ts
Abmessungen:	Lpp 43,9 m; B 6,7 m; Tg 2,05 m
Maschinenanlage:	1 Welle, Liegende direkt wirkende Dampfmaschine, 240 PSi ≙ 11 kn, 810 ts Kohle*
Bewaffnung:	1 × 17,8 cm, 1 × 13,8 cm
Besatzung:	65

Name	Bauwerft	Kiellegung	Stapellauf	Fertigstell.	Schicksal
Hosho	A. Hall & Co., Aberdeen	–	1868	1869	Abbr 1899

* Anm. d. Übers.: Die Angabe des Kohlenvorrats im Vergleich zur Größe des Schiffes ist mit Sicherheit nicht richtig.

138

Banjo

Banjo war das kleinste hölzerne Schiff und konnte von den anderen durch die hervorstechende Poop ausgezeichnet unterschieden werden.

Verdrängung:	656 ts
Abmessungen:	L 46,9 m; B 7,88 m; Tg 3,9 m
Maschinenanlage:	1 Welle, Liegende Verbundmaschine, 590 PSi ≙ 10,5 kn, 107 ts Kohle
Bewaffnung:	1 × 15 cm, 1 × 12 cm, 2 × 12 Pdr, 3 vierläufige MG Typ Nordenfeldt
Besatzung:	112

Name	Bauwerft	Kiellegung	Stapellauf	Fertigstellg.	Schicksal
Banjo	Marinewerft Yokosuka	Febr. 1877	Juli 1878	Aug. 1880	Verkauf 1913 (?)

Raiden

Die bewaffnete radgetriebene Yacht *Raiden* war die ehemalige britische *HMS Emporer*. Sie hatte einen eisernen Schiffskörper, wurde 1856 als Geschenk der britischen Königin an den Shogun gebaut und trug eine Briggtakelung. Nach Ankunft in Shinagawa erhielt sie den Namen *Banryu*. Im März 1868 wurde das Schiff von der Kaiserlichen Marine erworben, lief aber im Oktober 1868 zu den Rebellen über*. Nach dem Bürgerkrieg an eine amerikanische Handelsfirma verkauft, erwarb der japanische Kaiser es 1873 zurück und 1877 stellte es erneut als *Raiden* für die Kaiserliche Marine in Dienst.

Verdrängung:	400 ts
Abmessungen:	Lpp 41,15 m; B 6,7 m; Tg 2,6 m
Maschinenanlage:	1 Welle, Liegende direkt wirkende Kolbenmaschine, 600 PSi ≙ 9 kn
Bewaffnung:	4 ML
Besatzung:	–

Name	Bauwerft	Kiellegung	Stapellauf	Fertigstellg.	Schicksal
Raiden	Blackwall	–	1856	1857	Verkauf 1888

* Anm. d. Übers.: Im Mai 1869 wurde das in Hakodate liegende Schiff von Kaiserlichen Truppen zerstört. Das Wrack wurde an eine US-Firma verkauft, wiederhergestellt und fuhr für diese unter dem alten Namen *Emporer*. Nach Rückkauf durch die Japaner führte es zuerst den Namen *Raiden Maru*. Erst nach endgültiger Übernahme durch die Marine hieß es erneut *Raiden*.

Maya-Klasse

Der Auftrag für diese vier schonergetakelten Einheiten erfolgte unter dem Programm von 1882. Die beiden ersten erhielten stählerne Schiffskörper, das dritte bestand aus einer Kombination von Stahl und Eisen und das vierte war völlig aus Stahl gebaut. Die *Akagi* unterschied sich durch ein erhöhtes Backdeck von den anderen.
Die Schiffe wurden später umarmiert: *Chokai* und *Maya* trugen danach 2 × 15 cm. 1906 erhielt die *Maya* nochmals andere Waffen: 4 × 12-cm-Geschütze. Die beiden anderen Einheiten erhielten je vier 12-cm-Schnellfeuergeschütze.

Verdrängung:	612 ts
Abmessungen:	Lpp 47 m; B 8,2 m; Tg 2,95 m
Maschinenanlage:	2 Wellen, Liegende direkt wirkende Verbundmaschinen, 960 PSi ≙ 12 kn, 60 ts Kohle
Bewaffnung:	1 × 21 cm, 1 × 12 cm
Besatzung:	104

Name	Bauwerft	Kiellegung	Stapellauf	Fertigstellg.	Schicksal
Maya	Onohama, Kobe	Mai 1885	18.8.1886	Dez. 1887	Abbr 1913
Chokai	Ishikawajima, Tokio	Dez. 1885	20.9.1887	Okt. 1888	Abbr 1914
Atago	Marinewerft Yokosuka	Juli 1886	Juni 1887	März 1889	† 6.11.1904
Akagi	Onohama, Kobe	Juni 1886	Aug. 1888	Juli 1890	Verkauf 1912

Bei der *Oshima* ist erwähnenswert, daß sie als erste mit in Japan gefertigten Dreifachexpansionsmaschinen ausgerüstet wurde. Der Entwurf des mit einem stählernen Schiffskörper versehenen Schiffes zeigte deutlich den französischen Einfluß: Es gab eine hervorstehende Ramme, die Geschütze standen auf der Back, der Poop und in seitlichen Schwalbennestern.

Oshima

Verdrängung:	630 ts
Abmessungen:	Lpp 53,5 m; B 8 m; Tg 2,75 m
Maschinenanlage:	2 Wellen, Stehende Dreifachexpansionsmaschinen, 1200 PSi $\triangleq$ 16 kn, 140 ts Kohle
Bewaffnung:	4 × 12-cm-QF, 5 × 3-Pdr-QF
Besatzung:	130

Name	Bauwerft	Kiellegung	Stapellauf	Fertigstellg.	Schicksal
Oshima	Onohama, Tokio	Aug. 1889	Sept. 1891	März 1892	† 17.5.1904

Uji war ein flachgehendes Schiff und für den Einsatz in Küstengewässern vorgesehen.

Uji

Verdrängung:	620 ts
Abmessungen:	Lüa 57,8 m; B 8,4 m; Tg 2,1 m
Maschinenanlage:	2 Wellen, Stehende Dreifachexpansionsmaschinen, 1000 PSi $\triangleq$ 13 kn, 150 ts Kohle
Bewaffnung:	4 × 12-Pdr-QF
Besatzung:	86

Name	Bauwerft	Kiellegung	Stapellauf	Fertigstellg.	Schicksal
Uji	Marinewerft Kure	Sept. 1902	14.3.1903	Aug. 1904	Abbr 1932

Torpedoboote, Zerstörer

Die Aufträge für die ersten Torpedoboote der Kaiserlich-japanischen Marine wurden erst 1879 vergeben. Zu dieser Zeit erholte sich das Reich von einer Reihe kleiner Aufstände; für Marinebelange gab es nur geringes nationales Interesse. Daher waren die Mittel für Marinebauten nur begrenzt. Hinzu kommt, die Kaiserliche Marine litt unter einem akuten Mangel an Erfahrungen, eine große Flotte zu führen und zu unterhalten. Aus diesem Grunde baute man nur eine kleine Anzahl Kriegsschiffe, die außerdem auch noch aus unterschiedlichsten Typen bestand. Andererseits ermöglichten diese, erste zufriedenstellende Erfahrungen zu sammeln.

Den ersten Auftrag – für nur vier Torpedoboote – erhielt die britische Firma Yarrow, die zu der Zeit die größten Erfahrungen auf diesem Gebiet besaß. Diese Boote, *Nr. 1* bis *Nr. 4*, wurden auf der Werft in Poplar fertiggebaut, auseinandergenommen, nach Japan verschifft und dort, nach ihrem Eintreffen im Juli 1880, auf der Marinewerft Yokosuka unter Aufsicht britischer Ingenieure wieder zusammengebaut. Vom Entwurf her erinnerten sie an die russische *Batum,* die ein sehr erfolgreicher »100 ft« Entwurf von Yarrow war und für einzelne Staaten in großer Zahl gebaut wurde. Diese Boote führten ursprünglich zwei Torpedorohre: eines in einer Art Spierenlafette auf der Back, das andere mittschiffs. 1885 ersetzte man sie durch drehbare TR mit Torpedos vom Typ Schwartzkopff. Die Geschützarmierung auf den achteren Aufbauten bestand aus doppellafettigen Hotchkisswaffen. Im Mai 1899 wurden die Boote aus der Flottenliste gestrichen.

Anfang der 80er Jahre tendierte man zur Theorie der »Jeune Ecole«: Eine Flotte schneller, leicht gepanzerter Kreuzer für den Handelskrieg, die von einem Schirm kleiner T-Boote mit hoher Geschwindigkeit umgeben und geschützt wurde. Diese sollten zugleich dem Küstenschutz dienen. Die »Jeune Ecole« sah das Schlachtschiffzeitalter als beendet an und legte Wert auf die Weiterentwicklung kleiner Schiffe. Das ganze war die klassische Formulierung einer schwächeren Seemacht, die sich außerstande sah, große und schwer gepanzerte Kriegsschiffe zu bauen und zu unterhalten.

Als vergleichbar aufstrebende Seemacht mit geringen Geldmitteln und großen zu überwachenden Seegebieten sowie der Wahrscheinlichkeit von Auseinandersetzungen mit weitaus stärkeren Gegnern stand Japan völlig unter dem Einfluß dieser französischen Idee.

Als Folge daraus entwickelte man ein Flottenkonzept, das sich auf Kreuzer als Hauptstreitmacht stützte. Zu deren Unterstützung waren T-Boote und Kanonenboote vorgesehen. Das 1885er Programm sah den Aufbau von drei Flotten vor: Jede sollte sechs Kreuzer, sechs Kanonenboote und eine T-Boot-Flottille umfassen. Letztere sollte aus einem Transporter mit acht kleinen T-Booten und sechs gepanzerten T-Booten bestehen. Diese waren eine völlige Neuentwicklung und ein entsprechender Auftrag für ein Versuchsboot, die *Kotaka,* erging an Yarrow. Das Boot wurde nach japanischen Wünschen in Sektionen gebaut, die man im Anschluß nach Japan verschiffte, wo der Zusammenbau erfolgte. Die offizielle Kiellegung der *Kotaka* erfolgte am 7. September 1886 in Japan. Der Stapellauf fand am 21. Januar 1887 statt und die Indienststellung am 10. Oktober 1888. Um den Forderungen eines gepanzerten T-Bootes zu entsprechen, hatte man das Deck und die Bootskörperseiten mit einem 25-mm-Panzer versehen. Der Entwurf erwies sich als nicht zufriedenstellend, und das Konzept der gepanzerten T-Boot-Flottillen wurde nicht weiter verfolgt. Die *Kotaka* wurde im April 1908 aufgelegt, die Hulk 1927 abgewrackt.

Abgesehen vom Versuchsboot *Kotaka* wurden unter dem 1885er Programm insgesamt 44 Boote geordert: 12 Boote 1. Klasse mit 50 ts und 32 Boote 2. Klasse mit 25 ts. Finanzielle Einschränkungen führten zu einer Programmänderung, und die Zahl der 50 ts-Boote erhöhte sich auf 16, die der kleineren wurde auf 12 gesenkt. Nachdem die Japaner mit den Yarrow-Booten genügend Erfahrungen gesammelt hatten, wandten sie sich Frankreich zu, das ebenfalls große Erfolge mit dem T-Bootbau aufweisen konnte. 14 der neuen Boote, *Nr. 5–Nr. 14* und *Nr. 16–Nr. 19,* die man dort bestellte, entsprachen dem 35-m-Standardtyp, zwei weitere gehörten zum modifizierten Normand-Typ mit 34 m (*Nr. 15* und *Nr. 20*). Die *Nr. 5*-Klasse unterschied sich von den französischen Booten: Das Bug-TR saß in Art einer Spiere auf dem Bug und nicht als Rohr im Bug, das zweite TR mittschiffs auf einer Drehlafette. Die *Nr. 15*-Klasse war dem französischen Boot *Nr. 130* ähnlich, besaß aber nur einen Schornstein und die TR waren wie bei der *Nr. 5*-Klasse aufgestellt. Alle Boote stellten zwischen 1892 und 1894 fertig und wurden um 1910 gestrichen.

Im Februar legte der Marineminister Pläne für eine Flottenverstärkung vor, die den Bau von 46 Kriegsschiffen, darunter 30 T-Boote, vorsahen. Wiederum strichen finanzielle Beschränkungen das Vorhaben zusammen. Nur drei T-Boote wurden genehmigt: *Nr. 21,* ein Normand-Entwurf, ähnlich dem französischen T-Boot *Nr. 126,* und die nach einem Entwurf der deutschen Schichauwerft gebauten *Nr. 22* und *Nr. 23.*

Im September 1890 kam es zur Vorlage eines weiteren Bauprogramms für 53 Kriegsschiffe, zu denen 20 T-Boote mit 100 ts und sechs T-Boote mit 30 ts gehörten. Wieder versagte man die Genehmigung und nur zwei T-Boote wurden in Auftrag gegeben: *Nr. 24* bei Normand und *Nr. 25* bei Schichau.

Nach dem Ende des chinesisch-japanischen Krieges wurden vier chinesische T-Boote in die Kaiserliche Marine übernommen: *Fukuriu ex Fooling, Nr. 26* und *Nr. 27 ex Yu Tui/Nr. 1* und ex *Yu Tui/Nr. 2,* außerdem ein kleines 16 ts-Boot. Die T-Booterfolge in diesem Krieg führten zu einem erneuten Vorstoß im Nachkriegsprogramm, das sich ganz auf den Bau einer großen T-Bootstreitmacht konzentrierte. Im Zehnjahresmarineprogramm von 1896 wurden die Mittel für 16 Boote mit 120 ts, 37 Boote mit 80 ts und zehn Boote mit 54 ts gefordert. Die *Aotaka*-Klasse bestand aus 15 Einheiten mit 120 ts, die in Japan zusammengebaut wurden. Das Baumaterial stammte von Normand und der Entwurf basierte auf der französischen *Cyclone.* Die zur gleichen Klasse gehörende *Shirataka* wurde in Deutschland bei Schichau gebaut. Alle stellten zwischen 1900 und 1914 fertig und wurden nach dem Ersten Weltkrieg abgewrackt. Die *Nr. 29* und *Nr. 30* waren 80 ts-Boote. Auch sie baute man in Japan zusammen. Das Material stammte ebenfalls von Normand und ihr Entwurf basierte auf *Nr. 201* der französischen Marine. Die *Nr. 31*-Klasse (*Nr. 31* bis *Nr. 38*, *Nr. 44* bis *Nr. 49*, *Nr. 60* und *Nr. 61*) wurde nach einem verbesserten 39-m-Typ von Schichau gebaut. Letztere Boote waren aus der *Nr. 22*-Klasse entwickelt worden. Der Schornstein saß mittschiffs und das Mittschiffs-TR hinter diesem statt davor, genauso verhielt es sich bei *Nr. 22*. Alle Boote stellten zwischen 1900 und 1901 fertig und die übriggebliebenen Boote wurden zwischen 1913 und 1916 abgewrackt.

Weitere zehn Boote, *Nr. 39–Nr. 43* und *Nr. 62–Nr. 66* baute Yarrow. Sie waren ein verbesserter Entwurf der österreichischen *Viper*. Die letzten neun in Auftrag gegebenen 80-ts-Boote waren *Nr. 67–Nr. 75*. Diese wurden nach japanischen Entwürfen gebaut, die aus dem 39-m-Typ von Schichau entstanden waren. Der Bau erfolgte auf japanischen Werften und ihre Fertigstellung erfolgte rechtzeitig zum russisch-japanischen Krieg. Ihre Streichung erfolgte 1922/23. Die ersten in Japan entworfenen und gebauten T-Boote waren die zehn Einheiten mit 54 ts der *Nr. 50*-Klasse: *Nr. 50–Nr. 59*. Diese Boote wurden aus dem 34-m-Typ von Normand entwickelt, erhielten jedoch eine größere Feuerkraft und modernere Maschinenanlagen.

Außer den unter dem Zehnjahresprogramm gebauten T-Booten entstanden auch 23 Zerstörer. Diese bestanden aus sechs Booten der bei Yarrow gebauten *Ikazuchi*-Klasse, sechs Booten vom Typ *Murakumo*, Entwurf Thornycroft, zwei vom Typ *Akatsuki*, Entwurf Yarrow, zwei vom Typ *Shirakumo*, Entwurf Thornycroft und sieben Booten der *Harusame*-Klasse, deren Entwurf in Japan nach der *Shirakumo* entwickelt wurde, und deren Bau auch in Japan erfolgte. Die *Ikazuchi*-Klasse waren die ersten für Japan in Auftrag gegebenen Zerstörer und wurden aus der bei Yarrow für Argentinien gebauten *Corrientes* entwickelt. Die Boote des Typs *Murakumo* entstanden aus der britischen *Angler*. Bei beiden stand die 12 Pdr achtern. Im Verlauf der Indiensthaltung wurde die vordere 6 Pdr durch eine 12 Pdr ersetzt. Die *Akatsuki*-Klasse und *Shirakumo*-Klasse waren vergrößerte Ausgaben der *Ikazuchi* und *Murakumo*: Sie erhielten leistungsstärkere Maschinenanlagen. Die *Akatsuchi*-Klasse hatte Kessel mit höherem Dampfdruck und die *Shirakumo* einen zusätzlichen Kessel.

Die ersten in Japan entworfenen und gebauten Zerstörer waren die der *Harusame*-Klasse und etwas größer als die *Shirakumo*. Die in Japan konstruierten Maschinenanlagen ähnelten dem Thornycroftmodell. Die übriggebliebenen Boote wurden alle Mitte der 20er Jahre verschrottet.

Zerstörer 23

Sazanami. (Sammlung A. J. Watts)

Ikazuchi-Klasse 6

Verdrängung:	305 ts
Abmessungen:	L 67,26 m; B 6,27 m; Tg 1,58 m
Maschinenanlage:	2 Wellen, Stehende Dreifachexpansionsmaschinen, 6000 PSi ≙ 31 kn
Bewaffnung:	1 × 12 Pdr, 5 × 6 Pdr, 2 × 45,7-cm-TR
Besatzung:	55

Murakumo-Klasse 6

Verdrängung:	275 ts
Abmessungen:	L 63,5 m; B 5,96 m; Tg 1,7 m
Maschinenanlage:	2 Wellen, Stehende Dreifachexpansionsmaschinen, 5800 PSi ≙ 30 kn
Bewaffnung:	1 × 12 Pdr, 5 × 6 Pdr, 2 × 45,7-cm-TR
Besatzung:	54

Akatsuki-Klasse 2

Verdrängung:	363 ts
Abmessungen:	L 67,26 m; B 6,26 m; Tg 1,73 m
Maschinenanlage:	2 Wellen, Stehende Dreifachexpansionsmaschinen, 6500 PSi ≙ 31 kn
Bewaffnung:	2 × 12 Pdr, 4 × 6 Pdr, 2 × 45,7-cm-TR
Besatzung:	59

Die *Ikazuchi*-Klasse (alle liefen 1899 vom Stapel) wurde 1899/1900 fertiggestellt und umfaßte folgende Boote: *Akebono, Ikazuchi, Inazuma, Niji, Oboro* und *Sazanami*. Die *Murakumo*-Klasse, Stapellauf und Fertigstellung von 1898 bis 1900, setzte sich aus folgenden Booten zusammen: *Kagero, Murakumo, Shinonome, Usugumo, Shiranu* und *Yugiri*. Die *Akatsuki*-Klasse bestand aus den Booten *Akatsuki* und *Kasumi*, wurde 1901 auf Stapel gelegt und lief 1901/02 vom Stapel. Die Fertigstellung erfolgte im gleichen Zeitraum.

Kasumi 1903. (Sammlung A. J. Watts)

Shirakumo-Klasse

Verdrängung:	342 ts
Abmessungen:	L 65,89 m; B 6,34 m; Tg 1,83 m
Maschinenanlage:	2 Wellen, Stehende Dreifachexpansionsmaschinen, 7000 PSi ≙ 31 kn
Bewaffnung:	2 × 12 Pdr, 4 × 6 Pdr, 2 × 45,7-cm-TR
Besatzung:	59

Harusame-Klasse

Asashio 1902. (Sammlung A. J. Watts)

Verdrängung:	375 ts
Abmessungen:	L 69,2 m; B 6,57 m; Tg 1,83
Maschinenanlage:	2 Wellen, Stehende Dreifachexpansionsmaschinen, 6000 PSi ≙ 29 kn
Bewaffnung:	2 × 12 Pdr, 4 × 6 Pdr, 2 × 45,7-cm-TR
Besatzung:	55

Asashio und Shirakumo von der Shirakumo-Klasse wurden 1901/02 auf Kiel gelegt, vom Stapel gelassen und fertiggestellt. Die Boote der Harusame-Klasse wurden um 1902/03 auf Stapel gelegt und kamen zwischen 1902 und 1905 zu Wasser. Ihre Fertigstellung erfolgte zwischen 1902 und 1905. Folgende Boote gehörten dazu: Arare, Ariake, Asagari, Fubuki, Harusame, Hayatori und Murasame.

Torpedoboote 1. Klasse

Kotaka 1886.

Kotaka

Verdrängung:	203 ts
Abmessungen:	L 50,3 m; B 4,9 m; Tg 1,5 m
Maschinenanlage:	2 Wellen, Stehende Dreifachexpansionsmaschinen, 4200 PSi ≙ 29 kn
Bewaffnung:	1 × 6 Pdr, 2 × 2,5 Pdr, 3 × 35,6-cm-TR
Besatzung:	–

Hayabusa-Klasse

Verdrängung:	150 ts
Abmessungen:	L 45 m; B 4,9 m; Tg 1,5 m
Maschinenanlage:	2 Wellen, Stehende Dreifachexpansionsmaschinen, 4200 PSi ≙ 29 kn
Bewaffnung:	1 × 6 Pdr, 2 × 2,5 Pdr, 3 × 35,6-cm-TR
Besatzung:	30

Shirataka

Verdrängung:	126 ts
Abmessungen:	L 46,5 m; B 5,1 m; Tg 1,26 m
Maschinenanlage:	2 Wellen, Stehende Dreifachexpansionsmaschinen, 2600 PSi ≙ 28 kn
Bewaffnung:	3 × 2,5 Pdr, 4 × 35,6-cm-TR
Besatzung:	26

Kotaka wurde am 7. September 1886 auf Stapel gelegt, kam am 21. Januar 1887 zu Wasser und stellte am 10. Oktober 1888 in Dienst. Die Kiellegung der Boote der Hayabusa-Klasse erfolgte zwischen 1899 und 1903, der Stapellauf zwischen 1899 und 1904 und die Fertigstellung zwischen 1900 und 1904. Zur Klasse gehörten: Aotaka, Azura, Chidori, Hashitaki, Hato, Hayabusa, Hibari, Kamome, Kari, Kasasagi, Kiji, Manazuru, Ootori, Sagi und Tsubame. Die Shirataka wurde am 24. Januar 1899 auf Stapel gelegt, kam am 10. Juni 1899 zu Wasser und stellte am 27. April 1900 in Dienst.

Torpedoboote 2. Klasse

Nr. 21- und Nr. 24-Klasse

Verdrängung:	79 ts
Abmessungen:	L 36 m; B 3,9 m; Tg 1,6 m
Maschinenanlage:	1 Welle, Stehende Dreifachexpansionsmaschine, 1121 PSi ≙ 20,75 kn
Bewaffnung:	2 × 1 Pdr, 3 × 35,6-cm-TR
Besatzung:	–

Nr. 22-, Nr. 23- und Nr. 25-Klasse

Verdrängung:	85 ts
Abmessungen:	L 39 m; B 4,8 m; Tg 1,8 m
Maschinenanlage:	1 Welle, Stehende Dreifachexpansionsmaschine, 990 PSi ≙ 22,5 kn
Bewaffnung:	2 × 1 Pdr, 3 × 35,6-cm-TR
Besatzung:	20

Nr. 29- und Nr. 30-Klasse

Verdrängung:	88 ts
Abmessungen:	L 37 m; B 4,1 m; Tg 1,2 m
Maschinenanlage:	1 Welle, Stehende Dreifachexpansionsmaschine, 2000 PSi ≙ 22,5 kn
Bewaffnung:	1 × 3 Pdr, 3 × 35,6-cm-TR
Besatzung:	20

Nr. 31−Nr. 61-Klasse

Verdrängung:	89 ts
Abmessungen:	L 39 m; B 4,8 m; Tg 1,6 m
Maschinenanlage:	1 Welle, Stehende Dreifachexpansionsmaschine, 1260 PSi ≙ 24 kn
Bewaffnung:	2 × 2,5 Pdr, 3 × 35,6-cm-TR
Besatzung:	20

Diese Boote wurden etwa zwischen 1893 und 1900 auf Stapel gelegt, kamen zwischen 1894 und 1901 zu Wasser und stellten zwischen 1894 und 1901 fertig.

Nr. 39-Klasse

Verdrängung:	110 ts
Abmessungen:	L 46,48 m; B 4,6 m; Tg 1,5 m
Maschinenanlage:	1 Welle, Stehende Dreifachexpansionsmaschine, 1920 PSi ≙ 26 kn
Bewaffnung:	2 × 3 Pdr
Besatzung:	20

Nr. 67-Klasse

Verdrängung:	89 ts
Abmessungen:	L 40,1 m; B 4,9 m; Tg 1,3 m
Maschinenanlage:	1 Welle, Stehende Dreifachexpansionsmaschine, 1200 PSi ≙ 23,5 kn
Bewaffnung:	2 × 3 Pdr, 3 × 35,6-cm-TR
Besatzung:	24

Der Zeitpunkt der Kiellegung von Booten der Nr. 39-Klasse ist unbekannt, sie liefen etwa 1900/01 vom Stapel und stellten 1901/02 fertig. Die Boote der Nr. 67-Klasse wurden 1901/02 auf Stapel gelegt, kamen 1902/03 zu Wasser und stellten 1903/04 fertig.

Torpedoboote 3. Klasse

Nr. 1−Nr. 4

Verdrängung:	40 ts
Abmessungen:	L 30,5 m; B 3,7 m; Tg 1 m
Maschinenanlage:	1 Welle, Liegende Verbundmaschine, 430 PSi ≙ 22 kn
Bewaffnung:	2 × 1 Pdr, 3 × 35,6-cm-TR
Besatzung:	−

TB Nr. 8. (Sammlung A. J. Watts)

Nr. 5−Nr. 19

Verdrängung:	54 ts
Abmessungen:	L 35 m; B 3,5 m; Tg 0,9 m
Maschinenanlage:	1 Welle, Liegende Verbundmaschine, 525 PSi ≙ 20 kn
Bewaffnung:	2 × 1 Pdr, 2 × 35,6-cm-TR

Nr. 15, Nr. 20

Verdrängung:	52 ts
Abmessungen:	L 34 m; B 3,5 m; Tg 0,9 m
Maschinenanlage:	1 Welle, Liegende Verbundmaschine, 657 PSi ≙ 21 kn
Bewaffnung:	2 × 1 Pdr, 2 × 35,6-cm-TR
Besatzung:	20

Nr. 50−Nr. 59

Verdrängung:	52 ts
Abmessungen:	L 34 m; B 3,5 m; Tg 0,9 m
Maschinenanlage:	1 Welle, Stehende Dreifachexpansionsmaschine, 660 PSi ≙ 20 kn
Bewaffnung:	1 × 2,5 Pdr, 2 × 35,6-cm-TR
Besatzung:	16

V. Rußland

Rußland und die russische Marine 1860–1905

Zwischen 1860 und 1905 entsprach Rußland keinesfalls dem, was man sich unter einem mächtigen Kaiserreich vorstellt. Die Bevölkerung zählte 1859 schätzungsweise 79 Mio Menschen. Bis 1905 sollte sie auf 146 Mio anwachsen. Das Reich erstreckte sich vom (polnischen) 17. Längengrad Ost bis zum fernöstlichen 174. Längengrad an der Beringstraße. 1905 bedeckte Rußland eine Fläche von 225 160 000 km², was einem Sechstel der Erdoberfläche entspricht. Wenn man allerdings die Schwierigkeiten ins Auge faßt, die es zu überwinden galt, ist es erstaunlich, was erreicht wurde. Die Bevölkerung war alles andere als einheitlich: Die Volkszählung von 1897 spricht allein unter der Kaukasusbevölkerung von 50 verschiedenen Sprachgruppen. Die Gesamtbevölkerung setzte sich aus zahlreichen Rassen zusammen.

Die Mehrheit der Bevölkerung wohnte im europäischen Rußland, zu dem auch Polen, Finnland und der Kaukasus zählen. Hingegen lebten nur 10,5 Prozent in den gewaltigen Gebieten Sibiriens und Zentralasiens. Auch die Russen selbst sind in Sprachgruppen einzuteilen: Es gibt Groß-, Klein- und Weißrussen. Auf die Volkszählung von 1897 bezogen, betrugen sie 65,5 Prozent der Gesamtbevölkerung. 1860 zählte die Stadtbevölkerung weniger als zehn Prozent, bis 1897 wuchs dieser Anteil im gesamten Kaiserreich auf 13 Prozent. Zu dieser Zeit gab es nur 20 Städte mit mehr als 100 000 Einwohnern.

Diese unterschiedliche Bevölkerung wurde von einer unfähigen Autokratie – wie man es am besten bezeichnet – regiert. An der Spitze stand der Zar, der die Minister bestimmte und ernannte. Am 1. November 1905 wurde per Gesetz zum ersten Mal das Amt eines Ministerpräsidenten geschaffen. Weder unter den relativ liberalen Gesetzen des Zaren Alexander II. (in den 60 er Jahren) noch unter den härteren Bedingungen seiner Nachfolger (Alexander III. und Nikolaus II.) änderte sich etwas daran. Das System blieb immer gleich. Erst die aufgrund des Desasters im russisch-japanischen Krieg entstandenen Unruhen führten zu ersten Schritten in Richtung einer mehr konstituierenden Monarchie. Das war im Jahre 1905.

Vermutlich lagen die Gründe für das Nichtfunktionieren des Staatsapparates im Mangel an fähigen und ehrlichen Beamten und Staatsdienern der mittleren und unteren Ebene, die für eine Regierungsform dieser Art notwendig waren. Zu viele waren bestechlich und unfähig. Das heißt natürlich nicht, daß Rußland nicht in der Lage war, fähige Männer hervorzubringen. Es gab viele, insbesondere namhafte Wissenschaftler, und die Universitäten vermittelten einen hohen Lehrstandard. Hingegen war der wirtschaftliche Standard niedrig und die Masse des Volkes ungebildet. 1897 gab es auf dem Lande 45 bis 89 Prozent Analphabeten, in den Städten zwischen 37 und 63 Prozent.

In einem so großen Land waren die Verkehrswege natürlich ein Hauptproblem. In Rußland setzte der Eisenbahnbau erst sehr spät ein: 1860 waren es weniger als 1600 km, um 1885 schon 25 848 km, 1895 dann 36 160 km und 1905 schließlich 72 080 km. Davon lagen 10 240 km im asiatischen Teil des Reiches. Insgesamt waren das etwa ein Fünftel des Streckennetzes der USA. Zu den wichtigen strategischen Linien gehörte die Transkaukasische Strecke, die von 1880 bis 1888 erbaut worden war und mit dem Hauptnetz Verbindung hatte. Sie führte nach Krasnowodsk am Kaspischen Meer und weiter nach Buchara, Sarmakand, Andischan und Taschkent. 1905 wurde die Strecke Taschkent–Orenburg fertiggestellt. Am wichtigsten war allerdings die Transsibirische Strecke. 1901 endete sie bei Stryetensk (heute Nikolajewsk) am Hafenbecken des dort mündenden Amur. Ein Teilabschnitt führte um den Baikalsee und wurde erst 1905 fertiggestellt. Eine Strecke von 2240 km, die von Chabarowsk am Amur entlang nach Wladiwostok weiterführen sollte (Fertigstellungsplanung 1898), wurde als zu teuer angesehen. Glücklicherweise kam es 1896 zu einem Abkommen mit China, das den Russen erlaubte, durch die Mandschurei hindurch eine gerade Strecke nach Wladiwostok zu bauen. Diese war 1903 vollendet. Dazu kam auch eine Verlängerung nach Port Arthur und Dairen auf der Kwantung-Halbinsel. Dieses Gebiet war 1898 aufgrund eines Leihvertrages von China erworben worden. Die Transsibirische Strecke war anfangs nicht sehr gut verlegt und das Befahren irgendwie abenteuerlich. Man verbesserte sie jedoch; im russisch-japanischen Krieg bewährte sie sich besser als man erwartet hatte. Die Flüsse und Kanäle waren für den Verkehr von großer Wichtigkeit. 1904 umfaßte der Umschlag nahezu 39 Mio Tonnen, was gegenüber 1894 einer Steigerung von über 66 Prozent gleichkam. Leider war die Binnenschiffahrt durch das Zufrieren der Wasserstraßen stark behindert. In diesem Fall konnte man sie nur als Schlittenwege benutzen. Die Wolga fror im nördlichen Teil für 150 Tage zu, bei Astrachan immerhin noch für 90 Tage. Der Don fror zwischen 100 und 110 Tage zu, der Dnjepr für 83 bis 122 Tage. Auch die Weichsel fror bei Warschau für 77 Tage zu, die großen sibirischen Flüsse Ob, Jenissej und Lena waren noch viel mehr betroffen. Die im Süden liegenden Teile lagen fünf bis sieben Monate unter Eis, und der Unterlauf der Lena war nur für 70 Tage frei. Der sich auf den südöstlichen Teil Sibiriens beschränkende Teil des Amurs war etwa sieben Monate verkehrsfrei.

Unter diesen Umständen kam dem Seeverkehr größere Wichtigkeit zu als dem Anwachsen des Eisenbahnnetzes. Es ist schon interessant, daß ein offizieller Bericht russischer Werften aus dem Jahre 1862 davon spricht, daß der billigste Weg, Güter von St. Petersburg (heute Leningrad) ins Schwarze Meer zu schicken, der sei, sie per Schiff nach London zu bringen, dort umzuladen und dann weiterzubefördern. Rußland hatte allerdings nur begrenzte Zugänge zum offenen Meer: Die Ostsee und das Schwarze Meer waren von Land eingeschlossen und die Bedingungen der langen arktischen Küste so schlecht, daß lediglich der äußere Westteil des Weißen Meeres für den Seeverkehr brauchbar war. Der Haupthafen Archangelsk konnte nur von Mai bis Oktober angelaufen werden. Das östliche Sibirien beschränkte sich auf das vernebelte Beringmeer und das Ochotskische Meer in den mehr nördlichen Bereichen. Südlich davon lag Wladiwostok.

Die vernachlässigte kleine russische Fluß-Schiffahrts-Handelsmarine umfaßte 1904 eine Gesamttonnage von 700 000 ts. Davon verteilten sich 70 Prozent gleichmäßig aufs Schwarze und Kaspische Meer. Nur 8,3 Prozent aller Schiffe, die im Handelsverkehr russische Häfen anliefen, gehörten russischen Eignern.

Der Schwerpunkt der russischen Produktion lag in der Landwirtschaft, die sich seit Aufhebung der Leibeigenschaft im Jahre 1861 aus freien Einzelbauern zusammensetzte. Allerdings war ihr Standard nicht sehr hoch. Dank der guten und fruchtbaren Bodenbeschaffenheit und großen Mutterbodendistrikte im europäischen Rußland sowie der recht fortschrittlichen Bebauungsmethoden in Polen gab es gewöhnlich große Getreideüberschüsse, die speziell nach Deutschland und Großbritannien exportiert wurden. Der Export verlieh dem russischen Kaiserreich eine vorzügliche Handelsbilanz: Zwischen 1902 und 1905 lag diese durchschnittlich bei 37 Mio £ im Jahr.

Es gab riesige Vorkommen an Bodenschätzen, aber die Ausbeute war unterentwickelt. Als Hauptbrennstoff galt Holz, von dem pro Jahr 170 Mio ts verbraucht wurden. Obwohl im Donezbecken die größten europäischen Kohlenvorräte lagerten, betrug die Gesamtförderung 1860 unter 300 000 ts, 1880 etwa 3,28 Mio ts und 1904 waren es 18,62 Mio ts; ein Zwölftel der britischen Förderung dieser Zeit. Die Ölfelder von Baku hatten in den 70er Jahren mit der Förderung begonnen, und so wurde Rußland schnell zum größten Ölförderland der Welt: Die Fördermenge betrug 10–11 Mio ts pro Jahr.

Etwa Zweidrittel des russischen Eisenerzbedarfs wurden im Land selbst gefördert; 1904 betrug die Roheisenmenge 2,9 Mio ts. Die Herstellung von Schmiedeeisen und Stahl lag bei 2,2 Mio ts. Der meiste Stahl wurde für den Eisenbahnbau, Schiffbau und die Waffenherstellung benötigt. Die Steigerung ging verhältnismäßig rasch voran, denn 1901 lag die Roheisenproduktion noch unter einer Mio ts.

Von 1895 bis 1905 wuchs das Steueraufkommen des russischen Reiches von 132 750 000 £ auf 214 360 000 £. Es basierte vorwiegend auf dem Staatsmonopol für Alkohol, der staatlichen Eisenbahn, den Zollgebühren, auf den Handelslizenzen und anderen

Steuern und Diensten. Die Bilanz war für gewöhnlich ausgeglichen, aber außergewöhnliche Ausgaben, wie der Bau der sibirischen Eisenbahn und der russisch-japanische Krieg führten zur Aufnahme von Anleihen für Finanzierungsvorhaben. 1862 betrug die Staatsverschuldung 145 500 000 £, 1892 waren es 526 109 000 £, und bis 1906 wuchs sie schließlich auf 812 040 000 £. Die Verzinsung betrug vier Prozent.

Die innere Verfassung des Reiches war nicht immer friedlich: Abgesehen von den Aktivitäten einiger Terroristen, denen 1881 Zar Alexander II. bei einem Attentat zum Opfer fiel, gab es 1863/64 einen gegen die russische Unterdrückung gerichteten polnischen Aufstand. 1904/05 kam es zu Unruhen im Kaukasus, in dessen Verlauf die Ölquellen bei Baku in Brand gesetzt wurden. Auch einige territoriale Begradigungen wurden durchgeführt: 1867 verkaufte man für 7,2 Mio Dollar Alaska und die Aleuten an die USA; eines der bemerkenswertesten Geschäfte in der Geschichte. 1875 kam es zu einem Abkommen mit Japan, das den Russen den Süden der Halbinsel Sachalin einbrachte und den Japanern die nördlichen Kurilen. Zeitweise Zwischenfälle in den 60er und 70er Jahren führten zur Forderung nach Annektierung von Westturkestan, obwohl Chiwa und Buchara bereits nominell Protektorate waren.

1885 machte Großbritannien dem weiteren Vordringen ein Ende: Es erklärte, daß ein Übergreifen auf Afghanistan zum Krieg führen würde. Trotzdem betrieben die Russen weiterhin eine offensive Expansionspolitik. Erst 1895 kam es zum britisch-russischen Abkommen. Der russisch-türkische Krieg 1877/78 war trotz des russischen Sieges wenig erfolgreich. Die Anwesenheit einer britischen Flotte im Marmarameer und die Furcht vor einem österreichischen Eingreifen zu Lande führten zum Friedensabschluß von San Stefano. Als einzigen Landgewinn erhielten die Russen das rumänische Bessarabien, das Gebiet um Batum und Ardahan sowie Kars am Ostufer des Schwarzen Meeres.

Der russisch-japanische Krieg von 1904/05 wurde zum totalen Desaster. Sein Ausgang war viel schlimmer, als ihn einige weitsichtige Russen, einschließlich des Kriegsministers Kuropatkin, für möglich gehalten hatten. 1895 begann Rußland mit Unterstützung Deutschlands und Frankreichs großen politischen Druck auf Japan auszuüben. Man wollte den Vertrag von Shimonoseki verändern, mit dem der chinesisch-japanische Krieg von 1894/95 beendet worden war. Aufgrund dieses Vertrages erhielt China von den Japanern die Halbinsel Kwantung, die Japaner umgekehrt Formosa. Rußland verhandelte mit China über die Baugenehmigung einer Eisenbahnstrecke und leihweise Abtretung der Kwantung-Halbinsel. Dabei verfolgten die Russen die Absicht, sich die Mandschurei als künftige russische Provinz einzuverleiben. Die Japaner hätten vermutlich diesem Ansinnen ohne weiteres zugestimmt, wenn sie selbst ähnliches mit Korea hätten machen dürfen. Da die Russen das nicht akzeptieren wollten, griffen die Japaner an. Sowohl an Land als auch auf dem Wasser wurden die Russen geschlagen, zwei Flotten von den Japanern vernichtet. Im Innern Rußlands kam es zu Unruhen, und der Krieg endete mit dem Vertrag von Portsmouth/USA: Rußland mußte den südlichen Teil der Halbinsel Sachalin abtreten, übertrug die Pacht für

Slava bei einem Besuch in Portsmouth, Kohlenübernahme. (CPL)

die Halbinsel Kwantung an Japan und erkannte die Einflußsphäre Japans in Korea an. Die Mandschurei wurde geräumt, und <u>nur die Kontrolle der nach Wladiwostok führenden Eisenbahnlinie verblieb den Russen.</u>

An der die Grenze nach Deutschland und Österreich-Ungarn bildenden Westfront spielte die Armee die größte Rolle. 1905 besaß das Heer eine Friedensstärke von mehr als eine Mio Soldaten, aber für die verwundbare Ostseeküste war eine Marine genauso wichtig wie eine starke Marine zum Schutz der Fernostgebiete. Der Marinehaushalt des Jahres 1905 wies nur eine Gesamtsumme von rund 12 Mio £ aus, etwa ein Drittel dessen, was der Armee zur Verfügung stand. Das Marinepersonal bestand aus Wehrpflichtigen und soweit möglich handelte es sich um Leute aus den Küsten- und Flußregionen. Obwohl die Finnen eigentlich die besten russischen Seeleute stellten, waren sie vom Wehrdienst befreit: Finnland bildete innerhalb des Reiches einen autonomen Teil und hatte einen Sonderstatus.

Die hauptsächlichsten Schiffswerften im Ostseeraum befanden sich in St. Petersburg. Die wichtigsten drei waren die Neue Admiralitätswerft, die Putilovwerft auf der Halbinsel Galerny Ostrov und die Baltische Schiffswerft und Maschinenfabrik St. Petersburg. St. Petersburg konnte man nur durch einen ausgebaggerten Kanal erreichen, und die großen Schiffe hatten Schwierigkeiten, in die Werften und den Stützpunkt Kronstadt einzulaufen. Für 1905 befand sich in Libau ein eisfreier Hafen in Bau. Für die Schwarzmeerflotte waren Sewastopol und die Bauwerften in Ni-

kolajew vorgesehen, Wladiwostok und später Port Arthur bildeten die Stützpunkte der Fernostflotte. Keiner der beiden Stützpunkte konnte schwierige Reparaturen durchführen. Eine Anzahl russischer Schiffe wurde durch Firmen in Frankreich, Deutschland, Großbritannien und den USA gebaut, einige wenige in Belgien, Schweden und Dänemark. Die Geschütze fertigte Obuchov, ab 1908 führte man Kruppkanonen ein. Später wurde auf Konstruktionen von Schneider-Canet umgestellt. Die 1905 auf Stapel gelegte *Rurik* erhielt allerdings Vickers-Geschütze.

Die Kaliberlänge der russischen Geschütze gibt wie bei den Deutschen und Österreichern stets die Gesamtlänge an und nicht wie in Großbritannien, Frankreich und den USA die des Rohrs. Die Torpedos lieferte anfangs Whitehead aus Fiume, später wurden sie bei Obuchov hergestellt.

Stärkemäßig rangierte die russische Marine der 60er Jahre hinter Großbritannien und Frankreich an dritter Stelle. In der Mehrzahl handelte es sich jedoch um hölzerne Schiffe mit Schraubenantrieb: Schlachtschiffe, Fregatten, Korvetten, Sloops sowie viele Kanonenboote und kleine Einheiten. Die Segelschiffe hatte man stufenweise ausgemustert, und die Hauptkriegsschiffe von 1862 besaßen Schraubenantrieb: Drei Dreidecker, sechs Zweideckerschlachtschiffe und sieben Fregatten. Von letzteren war eine sehr groß, zwei befanden sich in Bau und zwei in der Ausrüstung. Hinzu kamen 18 Korvetten, von denen sich zwei in der Ausrüstung und zwei noch in Bau befanden. Dazu gehörten noch neun Sloops, drei weitere rüsteten gerade aus. 1862 wurden praktisch alle noch in der aktiven Liste vorhandenen Segelschiffe gestrichen. Die Schlachtschiffe befanden sich in der Ostsee, die übrigen sowohl im Fernen Osten als auch im Mittelmeer, wo sie in Stützpunkten »befreundeter« Länder stationiert waren. Die russische Schwarzmeerflotte war aufgrund des den Krimkrieg beendenden Pariser Vertrages von 1856 in ihrer Größe und Stärke begrenzt: Es handelte sich um sechs Dampfschiffe von maximal 800 ts Verdrängung und einer Lcwl von 50 m. Dazu gehörten auch die vorerwähnten 18 Korvetten und vier kleinere Fahrzeuge mit maximal 200 ts Verdrängung.

Die Kämpfe von Hampton Roads im Jahre 1862 ließen die Russen aufhorchen; man entschloß sich, die beiden in Bau befindlichen Fregatten umzubauen: Die *Petropavlovsk* und *Sevastopol* wurden Breitseitpanzerschiffe. In Großbritannien bestellte man das etwas kleinere Breitseitpanzerschiff *Pervenetz*, und in Rußland selbst begann zwischen 1863 und 1867 der Bau des Turmschiffes *Minin* (später zum Panzerkreuzer umgebaut), von drei Breitseitpanzerschiffen und 17 Küstenschutzmonitoren. Der Schwerpunkt lag klar auf der Verteidigung der russischen Ostseeküste. 1869 wurde kein weiteres Schiff auf Stapel gelegt. Zwischen 1869 und 1881 verstärkte sich die Gesamtflotte um das große Turmschiff *Petr Veliki*, vier Panzerkreuzer, acht Sloops, neun Kanonenboote und 116 Torpedoboote. Letztere waren sehr klein. Obwohl Rußland 1871 die Marinerüstungsbegrenzungen des Pariser Vertrages widerrief, blieben die einzigen bis 1881 im Schwarzen Meer gebauten Einheiten die beiden kreisrunden Schiffe *Novgorod* und *Popov*, ein Kreuzer, ein Kanonenboot und ein Torpedoboot. Diese Einheiten sind in der vorerwähnten Gesamtstärke nicht enthalten. Es bleibt festzustellen, daß die meisten kleinen T-Boote mittels Eisenbahn ins Schwarze Meer transportiert werden konnten und daß dort normalerweise 12 bis 15 stationiert waren. Im russisch-türkischen Krieg von 1877/78 verwendete man im Schwarzen Meer Torpedolanciergeräte. Sie wurden entweder in den Davits von angekauften Handelsschiffen mitgeführt oder geschleppt. Der kleine türkische Monitor *Seife* wurde auf der Donau mit Spierentorpedos versenkt. Von den vier

Torpedos Typ Whitehead, die vor Batum eingesetzt wurden, fand man zwei am Strand, sie waren nicht detoniert. Kein Kriegsschiff hatte einen Treffer zu verzeichnen. Man vermutet allerdings, daß das Zollschiff *Intibakh* einem Torpedo zum Opfer fiel. Im Jahr 1882 gab es keine Bautätigkeit, aber von 1883 bis 1889 wurden insgesamt neun Schlachtschiffe, die meisten von nur mittelmäßiger Qualität, auf Stapel gelegt. Hinzu kamen zwei Panzerkreuzer, drei andere Kreuzer, elf Kanonenboote, drei Torpedokanonenboote und 26 T-Boote. Von diesen Fahrzeugen waren fünf Schlachtschiffe, zwei Torpedokanonenboote und 12 T-Boote für das Schwarze Meer bestimmt. Von 1890 bis 1897 wuchs die Gesamtflottenstärke dann auf acht Schlachtschiffe, drei Küstenpanzerschiffe, zwei große Panzerkreuzer, drei Kreuzer, drei Kanonenboote, sechs Torpedokanonenboote, drei Zerstörer und 37 T-Boote. Der Anteil der Schwarzmeerflotte war kleiner: Zwei Schlachtschiffe, ein Torpedokanonenboot, zehn T-Boote.

Von 1897 bis 1903 wuchs die Flotte weiter: Zwölf Schlachtschiffe wurden auf Stapel gelegt, außerdem zwei Panzerkreuzer, elf andere Kreuzer, 56 Zerstörer und 24 T-Boote. Einen weiteren Zerstörer erwarb man. Der Durchgangsverkehr ins Schwarze Meer (hinein oder heraus) war zwar nur eingeschränkt erlaubt, aber es gab auch keine größeren Bewegungen. Außerdem handelte es sich bei der Schwarzmeerflotte lediglich um drei Schlachtschiffe, zwei Kreuzer und 13 Zerstörer.

In den Kriegsjahren 1904/05 wurden ein Schlachtschiff, vier Panzerkreuzer, fünf Kanonenboote, 24 große und 34 kleine Zerstörer auf Stapel gelegt und ein turbinengetriebener Zerstörer erworben. Von diesen Einheiten waren nur vier große Zerstörer für das Schwarze Meer bestimmt. Bei Kriegsende betrugen die russischen Verluste 14 Schlachtschiffe, drei Küstenpanzerschiffe, zwei Panzerkreuzer, sechs Kreuzer, zwei alte Sloops, fünf Kanonenboote, zwei Torpedokanonenboote, zwei Minenleger, 21 Zerstörer und drei T-Boote. Ende 1905 verblieb der russischen Marine somit nur ein kleiner Rest echter großer Kriegsschiffe: Zwei Schlachtschiffe, zwei Panzerkreuzer mit gewissem Kampfwert und die Schwarzmeerflotte.

5 *

5 im engl. Original = richtig

Die russische Marine 1860 und 1861

Die nachfolgenden Listen enthalten nur Schiffe, die vor bzw. kurz vor 1860 auf Stapel gelegt wurden. Von den 1860 oder später auf Stapel gelegten und im einzelnen beschriebenen wurden 1862 nur die *Almaz* und *Jemtchug* fertiggestellt. Sie liefen im November nach China bzw. den USA aus, um in den dortigen Gewässern ihren Dienst anzutreten.*

Dreidecker mit Schraubenantrieb

Name	Stapellauf	Verdrängung (ts)	Kanonen	Leistung (nPS)	Verwendung 1862
Imperator Nikolai I	1860	5426	111	600	Ostsee
Sinop	1860	5585	131	800	Ostsee, gebaut in Nikolajew
Tsessarevitch	1860	5850	135	800	Ostsee, gebaut in Nikolajew

Zweidecker mit Schraubenantrieb

Name	Stapellauf	Verdrängung (ts)	Kanonen	Leistung (nPS)	Verwendung 1862
Constantin	Umbau 1856	3697	74	450	Ostsee
Gangut	Umbau 1859	3814	81	500	Ostsee, Artillerieschulschiff
Orel	Umbau 1856	3713	74	450	Ostsee
*Retvisan***	Umbau 1857	3823	84	500	Ostsee
Viborg	Umbau 1855	3505	74	450	Ostsee
Vola	Umbau 1858 (?)	3814	84	500	Ostsee

Schraubenfregatten

Name	Stapellauf	Verdrängung (ts)	Kanonen	Leistung (nPS)	Verwendung 1862
Alexander Nevski	1861	4500	51	800	Probefahrten Frühjahr 1863
Dmitri Donskoi	1861	4500	51	800	am 1.11.1862 ins Mittelmeer
General Admiral	1858	6000	68	800	Mittelmeer, bei Webb/New York gebaut
Gromoboi	1855 (?)	3200	53	360	vom Mittelmeer in die Ostsee verlegt
Ilia Murometz	1854 (?)	2900	45	360	Ostsee
Oleg	1857 (?)	4500 (?)	57	800	vom Mittelmeer in die Ostsee verlegt
*Osliabia**	1855 (?)	2976	45	360	Mittelmeer
*Peresviet**	1860	3827	53	450	Probefahrten Frühjahr 1863
*Svietlana***	1858	3200	40	450	Ostsee, von Fernost verlegt

Einige dieser Einheiten und auch von den nachfolgenden blieben ziemlich lange in Dienst. Eine Liste aus dem Jahre 1874 enthält die mit einem * gekennzeichneten; Schiffe mit einem zweiten * sind sogar noch in der Liste von 1882 enthalten. Die russische Marine des Jahres 1862 besaß darüber hinaus auch sieben Fregatten mit einer zwischen 1200 ts und 1900 ts liegenden Verdrängung. Sie hatten Radantrieb und waren in der Ostsee stationiert. Dazu gehörten noch 80 Schraubenkanonenboote, jedoch nicht die an anderer Stelle beschriebene *Opyt*. Auch diese Boote waren größtenteils in der Ostsee stationiert. Außerdem gab es noch 25 dampfgetriebene Schoner und 54 kleinere Dampfschiffe,

* Anm. des Übers.: Alle nachfolgenden Schiffs- u. Bootsnamen wurden von der engl. Originalausgabe unverändert übernommen.

zu denen auch Schlepper gehörten. Die Segelkriegsschiffe waren nahezu verschwunden. Die letzten neun Linienschiffe: *Ezekiel, Imperator Petr I, Imperatritsa Alexandra, Krasnoi, Netron Menya, Pamiat Azova, Prokhor, Veliki Kniaz Mikhail* und *Vladimir* wurden 1862 gestrichen, genauso die Fregatten *Borodino, Narva, Sissoi Veliki, Vilagosh* und die Korvetten *Kniaz Varshavski, Olivutsa* und *Smolensk*. Die einzigen verbliebenen Segelkriegsschiffe waren die Fregatte *Castor* und die Korvette *Buivol*, die aus Schraubenschiffen umgebaut wurden und zehn Schoner.

Schraubenkorvetten

Name	Stapellauf	Verdrängung (ts)	Kanonen	Leistung (nPS)	Verwendung 1862
Bayan	1857	2000	17	300	Ostsee, bei Arman/Bordeaux als Kompositbau gebaut
*Bogatyr***	1860	2215	17	360	Ferner Osten
*Boyarin**	1856 (?)	903	11	160	Ostsee
*Griden***	1856	870	11	160	vom Fernen Osten in die Ostsee verlegt
Kalevala	1857 (?)	1500 (?)	15	250	Ferner Osten
Kinda	1856 (?)	900 (?)	11	200	vom Fernen Osten in die Ostsee verlegt
Krechet	1860	800	9	220	Mittelmeer, in Nikolajew gebaut
Novik	1856 (?)	900 (?)	11	200	vom Fernen Osten in die Ostsee verlegt
Posadnik	1856 (?)	900 (?)	11	200	Ferner Osten
Rhys	1856 (?)	800	11	200 (?)	Schwarzes Meer
*Sokol***	1859	1060	11	220	Ostsee, in Nikolajew gebaut
Udav	1856 (?)	800	11	200	Schwarzes Meer
Vepr	1856 (?)	800	11	200 (?)	Schwarzes Meer
*Voievoda***	1856	940	11	160	Ostsee
Vol	1856 (?)	900 (?)	11	200	Ostsee
Volk	1856 (?)	800	11	200 (?)	Schwarzes Meer
*Yastreb**	1860	800	9	220	Schwarzes Meer
Zubr	1856 (?)	800	11	200 (?)	Schwarzes Meer

Schraubensloops (in der russischen Marine als *Klipper* bezeichnet)

1863 weilte der russische VAdm Popoff mit dem russischen Pazifikgeschwader zu einem Besuch in Melbourne und überreichte der Staatsbücherei von Victoria – zusammen mit der 1860er Ausgabe – die 1861er Ausgabe der »Pamiatnaia Knizhkai«. Dieses Blatt wurde in St. Petersburg verlegt, und die 1861er Ausgabe enthielt vermutlich erstmalig Einzelheiten über russische Kriegsschiffe. Nach der von der russischen Regierung herausgegebenen »Pamiatnaia Knizhka« bestand die russische Flotte 1861 aus nachfolgenden Hauptkriegsschiffen:

Name	Stapellauf	Verdrängung (ts)	Kanonen	Leistung (nPS)	Verwendung 1862
*Abrek***	1860	1070	5	300	Ferner Osten
Djigit	1856 (?)	–	6	150	Ostsee
*Gaidamak***	1860	1215	7	250	vom Fernen Osten in die Ostsee verlegt, in Großbritannien gebaut
Najezdnik	1856 (?)	–	6	90	Ferner Osten
Opritchnik	1856 (?)	–	6	150	Ferner Osten
Razboinik	1856 (?)	–	6	150	Ferner Osten
Stryelok	1856 (?)	–	6	150	vom Fernen Osten in die Ostsee verlegt
Vsadnik	1860	1225	5	300 (?)	Die Probefahrten waren ein Fehlschlag, das Schiff erhielt neue Maschinen

Baltische Flotte (Ostseeflotte)[1]

Name	Baujahr	Kanonen	Leistung (nPS)	Verdrängung (ts)	Tonnage[2]
Schraubenlinienschiffe					
Orel	1854	54	450	3713	2385
Constantin	1854	78	450	3697	2631
Viborg	1854	72	450	3605	2496
Retvisan	1855	81	500	3823	2641
Gangut	1856	81	500	3814	2659
Vola	1856	81	500	3814	2659
Sinop	1857	135	800	5585	3813
Tsessarevitch	1857	135	800	5563	3821
Imperator Nikolai I	1860	111	600	5426	3469
Schraubenfregatten					
Polkan	1853	44	360	2316	1793
Askold	1854	45	360	2834	2126
Ilia Murometz	1857	53	360	3199	2337
Gromoboi	1857	53	360	3199	2337
General Admiral	1858	70	800	5669	4386
Svietlana	1858	40	450	3188	2458
Osliabia	1860	45	360	2959	2280
Peresviet	1860	51	450	3837	2921
Oleg	1860	57	800	4408	3371
Alexander Nevski	–	51	800	4562	3316
Dmitri Donskoi	–	51	800	4562	3316
Sevastopol	1861	58	800	5274	3590
Petropavlovsk	1861	58	800	5274	3590
Schraubenkorvetten					
Boyarin	1856	11	200	885	762
Posadnik	1856	11	200	885	762
Rynda	1856	11	200	885	762
Voievoda	1856	11	200	885	762
Novik	1856	11	200	885	762
Griden	1856	11	200	885	762
Vol	1856	11	200	885	762
Medvied	1856	11	200	885	762
Kalevala	1858	15	250	1290	1062
Bayan	1857	16	300	1969	1478
Bogatyr	1860	17	360	2155	1586
Variag	–	17	360	2156	1609
Vitiaz	–	17	360	2156	1609

[1] einschließlich der Schiffe im Fernen Osten
[2] bm → siehe Abkürzungen/Erläuterungen

Schraubensloops (Klipper)

Name	Baujahr	Kanonen	Leistung (nPS)	Verdrängung (ts)	Tonnage
Rasboinik	1856	6	150	615	548
Opritchnik	1856	6	150	615	548
Strielok	1856	6	150	615	548
Najesdnik	1856	6	150	615	548
Djigit	1856	6	150	615	548
Vsadnik	1860	5	300	1069	895
Abrek	1860	5	300	1069	895
Gaidamak	1860	7	250	1094	1001
Jemtchug	–	7	350	1585	1154
Almaz	–	7	350	1585	1154
Izumrud	–	7	350	1585	1154
Yakhont	–	7	350	1585	1154

Raddampfer

Name	Baujahr	Kanonen	Leistung (nPS)	Verdrängung (ts)	Tonnage
Kamchatka	1841	14	540	2124	1375
Olaf	1852	14	400	1796	1203
Gremiachi	1851	4	400	1501	1126
Smieli	1844	8	400	1784	1173
Groziachi	1844	4	400	1500	1103
Rurik	1852	4	300	1507	983
Khrabry	1844	8	300	1450	975
Vladimir	1846	5	350	?	759

Segellinienschiffe

110 Kanonen: *Imperator Petr I*
84 Kanonen: *Prokhor*[3], *Andrei, Vladimir, Imperatritsa Alexandra, Krasnoi, Netron Menya*
74 Kanonen: *Pamiat Azova, Ezekiel, Veliki Kniaz Mikhail*

Segelfregatten:

60 Kanonen: *Sissoi Veliki, Vilagosh, Borodino, Narva*
44 Kanonen: *Castor*

Segelkorvetten:

30 Kanonen: *Smolensk*
20 Kanonen: *Kniaz Varshavski, Olivutsa*

Segelbriggs

20 Kanonen. *Agamemnon, Palinur*

[3] Artillerieschulschiff

Schwarzmeerflotte[1]

Name	Baujahr	Kanonen	Leistung (nPS)	Verdrängung (ts)	Tonnage[2]
Schraubenkorvetten					
Zubr	1856	11	200	885	762
Buivol	1856	11	200	885	762

[1] Zahlreiche frühere Kriegsschiffe befanden sich ebenfalls noch im Dienst: Die größten davon waren die vormaligen Radfregatten *Vladimir* (Baujahr 1848, Verdrängung 1731 ts, ? bm) und *Tigr* (ex britisch *Tiger*, 1848 erbeutet[3], 400 nPS, Verdrängung 1975 ts, 1278 ts bm)
[2] bm → siehe Abkürzungen/Erläuterungen
[3] Nach Strandung am 12. 5. 1854 vor Odessa.

Name	Baujahr	Kanonen	Leistung (nPS)	Verdrängung (ts)	Tonnage[2]
Rhys	1856	11	200	885	762
Vepr	1856	11	200	885	762
Volk	1856	11	200	885	762
Udav	1856	11	200	885	762
Sokol	1858	9	220	1017	?
Yastreb	1859	9	220	1017	?
Krechet	1860	9	220	980	?
Voin[4]	1858	4	205	1820	?

[4] Ursprünglich als Transporter klassifiziert und in den 70er Jahren zur Korvette umbenannt

Großkampfschiffe

Das Schiff wurde am 16. März 1861 als hölzerne, ungepanzerte Fregatte von 5212 ts auf Stapel gelegt und als mit voll umbautem Seitenpanzer versehenes Panzerschiff fertiggestellt. Der Panzer reichte bis 1,58 m unter die Konstruktionswasserlinie, lediglich ein Bereich von 15,76 m vor und hinter dem Batteriedeck war davon ausgenommen. Offizielle britische Berichte sprechen von einer einheitlichen Panzerstärke von 114 mm. Andere Beschreibungen geben an den Enden eine Reduzierung auf 102 mm bis 76 mm an und unter Wasser für das Achterschiff nur 51 mm. Von den 20,3-cm-Geschützen standen 14 in der gepanzerten Batterie. Die *Sevastopol*

Die Kiellegung erfolgte am 9. Sept. 1861 als Schwesterschiff der *Sevastopol* und der Umbau zum Panzerschiff während des Baues. Die Panzerung war die gleiche und bis auf kleinere Abweichungen ähnlich verteilt. Von den 20,3-cm-Geschützen standen 20 in der gepanzerten Batterie. Die Ramme der *Petropavlovsk* erstreckte sich über 2,44 m nach voraus. Die Takelung hatte keine Marsstengen. Ein Bericht aus dem Jahre 1878 besagt, daß ihr Bauholz von guter Qualität war.

Sevastopol   Breitseitpanzerschiff

Verdrängung:	6130 ts
Abmessungen:	Lcwl 89,9 m; B 15,85 m; Tg 7,92 m maximal
Maschinenanlage:	Kofferkessel, 1 Welle, Liegende Maschine mit rückwirkender Pleuelstange, 3090 PSi ≙ 12 kn
Panzerung:	Schmiedeeisen: Seiten 114 mm, Batterie 114 mm
Bewaffnung:	Ursprünglich vorgesehen: 28 × 60-Pdr-SB, später jedoch 16 × 20,3 cm/L 22, 1 × 15,2 cm/L 23, 8 × 8,6 cm
Besatzung:	607

Name	Bauwerft	Umbaubeginn	Stapellauf	Fertigstellg.	Schicksal
Sevastopol	Kronstadt	26.7.1862	ausgedockt 24.8.1864	1865	~ 1887 gestrichen

hatte einen abgestumpften Rammbug und eine kleine Dreimastschonertakelung.

Petropavlosk   Breitseitpanzerschiff

Verdrängung:	6040 ts
Abmessungen:	Lcwl 89,38 m; B 17,07 m; Tg 7,47 m maximal
Maschinenanlage:	Kofferkessel, 1 Welle, Liegende Maschine mit rückwirkender Pleuelstande, 2800 PSi ≙ 11,9 kn
Panzerung:	Schmiedeeisen: Seiten 114 mm, Batterie 114 mm
Bewaffnung:	24 × 20,3 cm/L 22, 4 × 15,2 cm/L 25, 10 × 8,6 cm, Spieren- und Torpedos Typ Harvey
Besatzung:	680

Name	Bauwerft	Umbaubeginn	Stapellauf	Fertigstellg.	Schicksal
Petropavlovsk	Neue Admiralitätswerft	1862	1864	1865	~ 1885 gestrichen

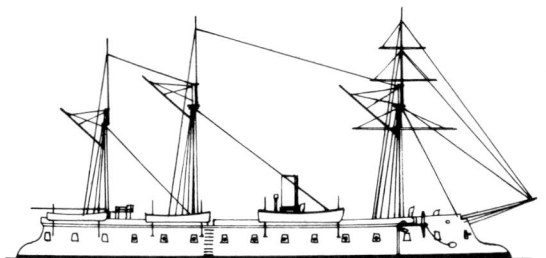

Pervenetz nach Fertigstellung 1864.

Pervenetz-Klasse   Küstenpanzerschiffe

Breitseit-Küstenpanzerschiffe mit eisernem, über Wasser völlig gepanzertem Schiffskörper, vorstehendem Bug und – besonders auf der *Pervenetz* – stark eingezogenen Bordwänden. Bei der *Kreml* reichte der Batteriepanzer nicht bis zum Bug und Heck. Die 20,3-cm- und 15,2-cm-Geschütze befanden sich mit Ausnahme von 3 × 15,2 cm, die auf der *Pervenetz* an Oberdeck standen, in der Batterie. Bei der *Kreml* gab es 2 × 15,2-cm-Geschütze außerhalb der Batterie und auf der *Netron Menya* 2 × 20,3 cm. Die Maschinenanlage der beiden letzten Einheiten stammte aus hölzernen Schraubenschiffen. Alle drei führten eine Dreimastschonertakelung.

Konstr.-Verdräng.:	3412 ts
Verdrängung:	3277 ts *(Pervenetz)*, 3340 ts *(Netron Menya)*, 4000 ts *(Kreml)*
Abmessungen:	Lcwl 67,59–68,6 m; B 16,15–16,38 m; Tg 4,95–5,94 m maximal
Maschinenanlage:	Kofferkessel, 1 Welle, Liegende direkt wirkende Maschine, 1067–1630 PSi ≙ 9–10 kn, 250/500 ts Kohle
Panzerung:	Schmiedeeisen: Seiten 114 mm, Batterie 114 mm *(Kreml* 142 mm), Kommandoturm 114 mm
Bewaffnung:	*Pervenetz* ursprünglich 34 SB-Geschütze, später: 6 × 20,3 cm/L 22, 9 × 15,2 cm/L 23, 4 × 10,6 cm, 4 × 8,6 cm, 5 × 1-Pdr-Revolverkanonen *Kreml* 8 × 20,3 cm/L 22, 6 × 15,2 cm/L 23, 8 × 8,6 cm, 2 × 1-Pdr-Revolverkanonen *Netron Menya* 14 × 20,3 cm/L 22, 4 × 8,6 cm, 2 × 2,5 Pdr
Besatzung:	Ursprünglich 395, später 170–190

Name	Bauwerft	Kiellegung	Stapellauf	Fertigstellg.	Schicksal
Pervenetz	Thames Iron Wks.	1862	8. 5.1863	1864	1905 gestrichen
Kreml	Baltische Schiffswerft	20. 9.1863	1865	1866	1905 gestrichen
Netron Menya	Mitchell, St. Petersburg	19.11.1863	11. 6.1864	1865	1905 gestrichen

Pervenetz in den 1890er Jahren. (Sammlung Aldo Fraccaroli)

154

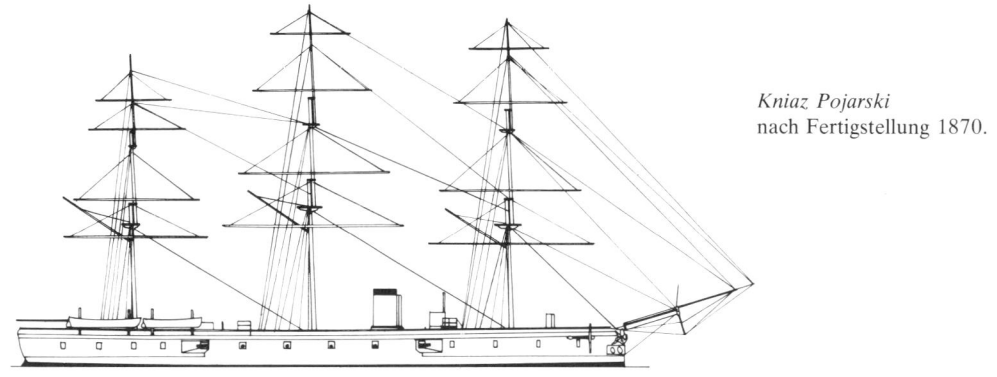

Kniaz Pojarski
nach Fertigstellung 1870.

Kniaz Pojarski Zentralbatterieschiff

Zentralbatterieschiff mit eisernem Schiffskörper und Holzbeplankung. Der Schiffskörper war vorne und achtern eingezogen, um der in der Schiffsmitte befindlichen Batterie ein gutes Voraus- und Achterausschießen zu ermöglichen. Die 20,3-cm-Geschütze standen in einer kurzen Batterie, die 15,2 cm vorne und hinten auf dem Oberdeck. Der Gürtelpanzer bedeckte die gesamte Wasserlinie und nach voraus erstreckte sich eine 2,44 m lange Ramme. *Kniaz Pojarski* hatte eine Vollschifftakelung und man sagt, sie ist ein schlechtes Seeschiff gewesen.

Konstr.-Verdräng.:	4506 ts
Tatsächl. Verdräng.:	5138 ts
Abmessungen:	Lcwl 83,1 m; B 14,94 m; Tg 7,47 m maximal
Maschinenanlage:	8 Zylinderkessel, 1 Welle, Liegende direkt wirkende Maschine, 2835 PSi $\triangleq$ 11,7 kn, 380/600 ts Kohle
Panzerung:	Schmiedeeisen: Gürtelpanzer 114 mm, Batterie 114 mm
Bewaffnung:	8 × 20,3 cm/L 22, 2 × 15,2 cm/L 23, 4 × 8,6 cm, 3 Spieren- und 3 Schlepptorpedos, später 4 × 3-Pdr-Revolverkanonen, 6 × 1-Pdr-Revolverkanonen, 2 × 38, 1-cm-UTR
Besatzung:	455

Name	Bauwerft	Kiellegung*	Stapellauf*	Fertigstellg.	Schicksal
Kniaz Pojarski	Mitchell, St. Petersburg	30.11.1864	12.9.1867	1873	1907 gestrichen

* Anm. d. Übers.: Daten gem. Gregorianischem Kalender

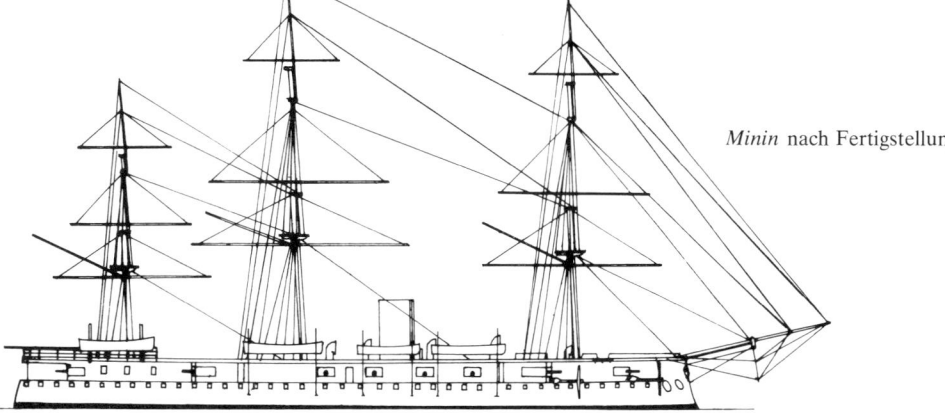

Minin nach Fertigstellung 1878.

Die *Minin* lief ursprünglich als Turmschiff mit niedrigem Freibord vom Stapel und glich mit ihrer Vollschifftakelung der britischen *Captain*. Sie hatte 4 × 28-cm-Geschütze in Doppeltürmen und 4 × 15,2-cm-Geschütze, die zu je zwei auf der Back und Poop standen. Nach dem Desaster der *Captain* im Jahre 1871 stoppte man den Fertigbau und konstruierte das Schiff um zum Panzerkreuzer.

Der komplette Wasserliniengürtelpanzer reichte von 61 cm über der Einsatzwasserlinie bis 1,58 m unter diese und darüber befand sich ein 25-mm-Stahldeck. Die Geschütze an Oberdeck waren allerdings ungeschützt. Die 20,3-cm-Geschütze standen in Schwalbennestern.

Minin hatte eine Holzbeplankung mit Kupferbeschlag und führte eine Vollschifftakelung. Einzelheiten des Schiffes wurden zu ver-

Minin Turmschiff/Panzerkreuzer

Verdrängung:	6136 ts
Abmessungen:	Lcwl 89,91 m; B 15,09 m; Tg 7,75 m maximal
Maschinenanlage:	12 Zylinderkessel, 1 Welle, Stehende Verbundmaschine, 5290 PSi $\triangleq$ 14 kn, maximal 1000 ts Kohle
Panzerung:	Compound: Gürtelpanzer 178–152 mm
Bewaffnung:	4 × 20,3 cm/L 22, 12 × 15,2 cm/L 23, 4 × 8,6 cm, 8 × 1-Pdr-Revolverkanonen, 2 × 38,1-cm-TR, Spierentorpedos und 150 Minen
Besatzung:	545

schiedenen Zeiten mehrfach geändert: Ein Bericht aus dem Jahre 1893 spricht von 20,3-cm/L 30-Geschützen, 15,2-cm/L 28-Geschützen und zusätzlichen 8 × 3-Pdr-Revolverkanonen. Als Schulschiff wurden die 20,3-cm- und 15,2-cm-Geschütze durch 10 × 15,2-cm/L 45-Geschütze ersetzt. Außerdem erhielt sie 18 Bellevillekessel und eine bis zur Bartakelung reduzierte Takelage. 1909 wurde sie Minenleger und umbenannt in *Ladoga*. Die Minenkapazität betrug 900 Minen. Nachdem sie in der Ostsee auf eine vom deutschen U-Boot *UC 4* gelegte Mine gelaufen war, ging sie schließlich unter.

Minin mit Vollschifftakelung. (CPL)

Name	Bauwerft	Kiellegung	Stapellauf	Fertigstellg.	Schicksal
Minin	Baltische Schiffswerft	24.11.1866	3.11.1869	1878	† 15.8.1915

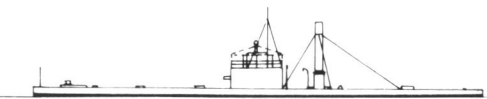

Uragan nach Fertigstellung 1866.

Bronenosetz-Klasse   Küstenschutzmonitore

Verdrängung:	1565 ts (siehe Beschreibung)
Abmessung:	Lcwl 61,26 m; B 14,02 m; Tg 3,48−3,84 m maximal
Maschinenanlage:	2 Kofferkessel, 1 Welle, Liegende direkt wirkende Maschine, 340−530 PSi ≙ 6,5−8 kn, 100 ts Kohle
Panzerung:	Schmiedeeisen (zusammengesetzt aus 25 mm-Platten: Seiten 228−76 mm, Turm 254 mm, Steuerhaus 203 mm
Bewaffnung:	Ursprünglich 2 × 22,8-cm-SB, dann 2 × 22,8 cm/L 20 (1 × 2), noch später *Latnik*, *Lava*: 2 × 22,8 cm/L 22, 4 × 2,5-Pdr
Besatzung:	111

Diese Monitore waren amerikanischen Typs mit niedrigem Freibord und einem Turm. Die beiden in Seraing gebauten Einheiten wurden in Sektionen nach Rußland geschickt und dort zusammengebaut. Der Seitenpanzer reichte bis 93 cm unter die Wasserlinie und verstärkte sich nach voraus von 127 mm auf 228 mm. Zur Unterkante hin nahm er auf 76 mm ab. Der Schornsteinunterbau hatte eine Dicke von 203 mm. Um den Turm herum gab es einen 38,1 cm hohen und 127 mm dicken Schutz. Die Schiffe besaßen einen Doppelboden. Nur die *Perun* verfügte über ein 25-mm-Panzerdeck, bei den anderen Einheiten fehlte es und war somit ein ernster Schwachpunkt. Es scheint, daß die Schiffskörperform der amerikanischen *Passaic*-Klasse sehr ähnlich war, allerdings ist dann die in der Tabelle angegebene Verdrängung zu klein: Sie müßte etwa bei 2000 ts liegen.

Name	Bauwerft	Kiellegung	Stapellauf	Fertigstellg.	Schicksal
Bronenosetz	Carr & Macpherson, St. Petersburg	5.6.1863	12.3.1864	1865/66	~ 1900 gestrichen
Edinorog	Putilovwerft	1.6.1863	1864	21.5.1864	~ 1900 gestrichen
Koldun	Cockerill, Seraing	1863	28.4.1864	1865/66	~ 1900 gestrichen
Latnik	Carr & Macpherson, St. Petersburg	5.6.1863	10.3.1864	1865/66	~ 1900 gestrichen
Lava	Baltische Schiffswerft	15.6.1863	27.5.1864	1865/66	~ 1900 gestrichen
Perun	Baltische Schiffswerft	15.6.1863	18.6.1864	1865/66	~ 1900 gestrichen
Stryelets	Putilovwerft	1.6.1863	1864	21.5.1864	~ 1900 gestrichen
Tifon	Neue Admiralitätswerft	1863	4.6.1864	1865/66	~ 1900 gestrichen
Uragan	Neue Admiralitätswerft	23.6.1863	15.5.1864	1865/66	~ 1900 gestrichen
Vyeshtchun	Cockerill, Seraing	1863	28.4.1864	1865/66	~ 1900 gestrichen

Smerch Küstenschutz-Turmschiff

Ein Turmschiff mit sehr niedrigem Freibord und ähnlich der dänischen → *Rolf Krake,* jedoch in einigen Punkten, wie dem speziellen Doppelboden, von dieser abweichend. Der Schiffskörper war über Wasser völlig gepanzert und es gab auch ein 25-mm-Panzerdeck. *Smerch* hatte drei Pfahlsignalmasten.

Verdrängung:	1460 ts
Abmessungen:	Lcwl 57,35 m; B 11,63 m; Tg 3,66 m maximal
Maschinenanlage:	2 Kofferkessel, 2 Wellen, Liegende direkt wirkende Maschinen, 700 PSi $\cong$ 8 kn, 100/250 ts Kohle
Panzerung:	Schmiedeeisen: Seiten 114 mm, Türme 152–114 mm
Bewaffnung:	4 × 60-Pdr-SB (2 × 2), später 2 × 22,8 cm/L 20 (2 × 1), 4 × 1-Pdr-Revolverkanonen
Besatzung:	155

Name	Bauwerft	Kiellegung	Stapellauf	Fertigstellg.	Schicksal
Smerch	Mitchell, St. Petersburg	19.11.1863	23.6.1864	1865	~ 1900 gestrichen

Charodeika-Klasse Küstenschutz-Turmschiffe

Turmschiffe mit niedrigem Freibord und über der Wasserlinie komplett gepanzertem Schiffskörper. Als Takelung hatten sie zwei Pfahlmasten. Nach Angabe verschiedener Quellen sollen sie ein 25-mm-Deck gehabt haben, was in britischen Unterlagen jedoch nicht verzeichnet ist.

Verdrängung:	2100 ts
Abmessungen:	Lcwl 62,94 m; B 12,8 m; Tg 3,84 m maximal
Maschinenanlage:	2 Kofferkessel, 2 Wellen, Liegende direkt wirkende Maschinen, 875 PSi $\cong$ 8,5 kn, maximal 250 ts Kohle
Panzerung:	Schmiedeeisen: Seiten 114 mm, Türme 152 mm
Bewaffnung:	4 × 22,8 cm/L 20 (2 × 2), 4 × 8,6 cm, später ersetzte man 2 × 22,8-cm-Geschütze durch 2 × 22,8 cm/L 22, zusätzlich kamen 2 × 3 Pdr und 2 × 1-Pdr-Revolverkanonen an Bord
Besatzung:	178

Name	Bauwerft	Kiellegung	Stapellauf	Fertigstellg.	Schicksal
Charodeika	Mitchell, St. Petersburg	März 1866	12.9.1867	1868	1907 gestrichen
Russalka	Mitchell, St. Petersburg	1866	12.9.1867	1868	† 19.9.1893

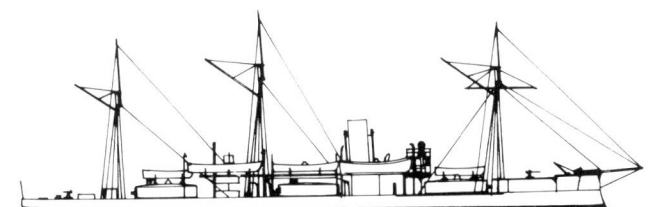

Admiral Lazarev 1895.

Admiral Lazarev-Klasse Küstenschutz-Turmschiffe

Diese beiden Turmschiffe waren praktisch eine Wiederholung der britischen → *Prince Albert,* von der sie sich nur durch die Turmzahl unterschieden. Der Seitenpanzer war komplett und reichte bei Konstruktionstiefgang von 1,68 über der Wasserlinie bis 18,3 m unter diese. Der kleine Kommandoturm saß auf der Brücke und hatte zum Deck hin keinen Verbindungs-

Verdrängung:	*Lazarev* 3820 ts, *Greig* 3768 ts
Konstr.-Verdräng.:	3462 ts
Abmessungen:	Lcwl 77,67 m; B 13,11 m; Tg 6,15–6,25 m maximal
Maschinenanlage:	4 Kofferkessel, 1 Welle, Liegende direkt wirkende Maschine, 2020 PSi $\cong$ 10,5–11 kn, maximal 300 ts Kohle
Panzerung:	Schmiedeeisen: Seiten 114 mm, Türme 114 mm, Kommandoturm 127 mm
Bewaffnung:	Ursprünglich 6 × 22,8 cm/L 20 (3 × 2), dann 3 × 22,8 cm/L 20 (3 × 1), später 3 × 28 cm/L 22, außerdem 2–4 × 8,6 cm und noch später 1 × 3 Pdr und 2 × 1-Pdr-Revolverkanonen
Besatzung:	269–274

schacht. Ursprünglich hatte man eine Fock- und Hintertakelung vorgesehen, stellte dann aber drei Masten auf. Die Schiffe erhielten zweimal neue Kessel. Bei der zwischen 1900 und 1903 durchgeführten Erneuerung rüstete man sie mit Zylinderkesseln aus.

Name	Bauwerft	Kiellegung	Stapellauf	Fertigstellg.	Schicksal
Admiral Lazarev	Carr & Macpherson, St. Petersburg	1866	9.9.1867*	1870	1907 gestrichen
Admiral Greig	Carr & Macpherson, St. Petersburg	28.4.1866	18.10.1868	1870	1907 gestrichen

* Anm.: Nach Julianischem Kalender. Bis zum 31.3.1918 galt in Rußland der Julianische Kalender, ab 1.4.1918 wurde der Gregorianische Kalender eingeführt. Bei unterschiedlichen Daten zwischen diesem Buch und anderen Flottenhandbüchern ist zu berücksichtigen, daß z.B. das Datum 9.9.1867 (J. K.) dem 21.9.1867 im Gregorianischen Kalender entspricht. Die Anmerkung gilt für alle Daten im Rußland-Kapitel.

Admiral Lazarev mit Original-schonertakelung. (CPL)

Admiral Chichagov-Klasse   Küstenschutz-Turmschiffe

Ähnlich der *Lazarev*-Klasse, jedoch mit zwei Türmen und schwererer Panzerung. Die *Chichagov* erhielt 1887 Zylinderkessel und *Spiridov* 1904.

Konstr.-Verdräng.	3492 ts
Verdrängung:	*Chichagov* 3925 ts, *Spiridov* 3851 ts
Abmessungen:	Lcwl 77,5 m; B 13,11 m; Tg 5,94–6,22 maximal
Maschinenanlage:	4 Kofferkessel, 1 Welle, Liegende direkt wirkende Maschine, 2030 PSi $\cong$ 10,5 kn, maximal 300 ts Kohle
Panzerung:	Schmiedeeisen: Seiten 152 mm, Türme 152 mm (*Chichagov*) 178 mm (*Spiridov*)
Bewaffnung:	Ursprünglich 4 × 22,8 cm/L 20 (2 × 2), später 2 × 28 cm/L 20 (2 × 1), zuletzt 2 × 28 cm/L 22 (*Chichagov*), außerdem 4 × 8,6 cm und schließlich 1 × 3 Pdr und 4 × 1-Pdr-Revolverkanonen
Besatzung:	260

Name	Bauwerft	Kiellegung	Stapellauf	Fertigstellg.	Schicksal
Admiral Chichagov	Baltische Schiffswerft	8.11.1866	1868	1870	1907 gestrichen
Admiral Spiridov	Baltische Schiffswerft	1867	1868	1870	1907 gestrichen

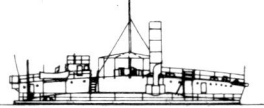

Schwarzmeerflotte. Die *Novgorod* war das erste der beiden berühmten »Kreis«-Schiffe, die für die Verteidigung Nikolajews und des Mündungsgebietes des Dnjeprs geplant waren. Die einzelnen Schiffskörpersektionen wurden in St. Petersburg vorgefertigt und in Nikolajew zusammengebaut. Der Seitenpanzer erstreckte sich von der 45,8 cm über der Einsatzwasserlinie liegenden Deckoberkante bis 1,37 m unter Wasser. Die oberen 91 cm waren 228 mm dick. Nach unten zu nahm er ab auf 178 mm. Als Hinterlage verwendete man schwere Eisenträger. Das 70 mm dicke Deck erhob sich bis zu 1,6 m über die Wasserlinie und die 228-mm-Barbette wiederum 2,14 m über das Deck. Die Schornsteine hatten einen 92 cm hohen und 114 mm starken Schutz. Auf

Novgorod nach Fertigstellung 1874.

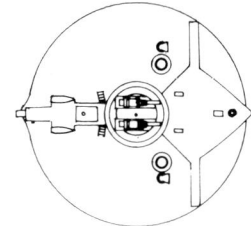

Novgorod Küstenschutzschiff

Verdrängung:	2491 ts
Abmessungen:	Durchmesser 30,78 m; Tg 4,11 m maximal
Maschinenanlage:	8 Zylinderkessel, 6 Wellen, Liegende Verbundmaschinen, 3000 PSi ≙ 6–7 kn, 160 ts Kohle
Panzerung:	Schmiedeeisen: Seiten 228–178 mm, Barbette 228 mm
Bewaffnung:	2 × 28 cm/L 20 (2 × 2), 2 × 8,6 cm, 2 × 2,5 Pdr, Spierentorpedos
Besatzung:	149

Name	Bauwerft	Kiellegung	Stapellauf	Fertigstellg.	Schicksal
Novgorod	Nikolajew	17. 12. 1871	21. 5. 1873	1874	1900 gestrichen

dem Seitenpanzer des Schiffskörpers saß eine 69 cm starke Holzbeplankung mit Kupferbeschlag. Die beiden Außenpropeller und zugehörigen Maschinen wurden später ausgebaut. Dadurch reduzierte sich die Leistung auf 2000 PSi und die Geschwindigkeit fiel ab auf 5,5 kn.

Schwarzmeerflotte. Bis zum 9. Okt. 1873 hieß sie *Kiew*. Die *Popov* war eine vergrößerte Ausgabe der *Novgorod*, deren Seiten- und Barbettpanzerung dem Vorgänger glich. Außen hatte man jedoch zusätzliche 178-mm-Platten montiert und zwischen diesen und der inneren Panzerung saß eine 102 mm dicke Holzschicht. Der untere Schornsteinteil hatte einen 178-mm-Schutz und die Deckstärke war auf 76 mm gewachsen. Die 30,5-cm-Geschütze saßen in hydraulisch bewegbaren Lafetten. Wie schon bei der *Novgorod*, baute man auch hier nachträglich die beiden Außenpropeller und die dazugehörigen Maschinen aus. Die Leistung sank auf 3066 PSi, die Geschwindigkeit auf 6 kn.

Vice-Admiral Popov Küstenschutzschiff

Verdrängung:	3550 ts
Abmessungen:	Durchmesser 36,58 m; Tg 4,11 m maximal
Maschinenanlage:	8 Zylinkerkessel, 6 Wellen, Liegende Verbundmaschinen, ~ 4500 PSi ≙ 8 kn, 170 ts Kohle
Panzerung:	Schmiedeeisen: Seiten 406–356 mm, Barbette 406 mm
Bewaffnung:	2 × 30,5 cm/L 20 (1 × 2), 8 × 8,6 cm (später 6), 2 × 1-Pdr-Revolverkanonen, Spierentorpedos
Besatzung:	203

Name	Bauwerft	Kiellegung	Stapellauf	Fertigstellg.	Schicksal
Vice-Admiral Popov	Nikolajew	17. 12. 1871	25. 9. 1875	1876	~ 1900 gestrichen

Dieses Turmschiff hatte ein maximales Freibord von 2,44 m Höhe, das mit Ausnahme des Schiffsmittellinienbereichs achtern heruntergesetzt war. Der das gesamte Schiff umschließende Gürtelpanzer befand sich bei Einsatzverdrängung nahezu gänzlich unter der Wasserlinie. Die Zitadelle war nur 48,8 m lang. Den Seitenpanzer hatte man mit einer Holzhinterlage nach dem System »Hughes« versehen: Zwischen den beiden 178-mm-Pan-

Petr Veliki Turmschiff

Konstr.-Verdräng.:	9665 ts
Verdrängung:	10406 ts
Abmessungen:	Lüa 103,53 m; B 18,97 m; Tg 8,28 m maximal
Maschinenanlage:	Ursprünglich 12 Kofferkessel, 2 Wellen, Liegende Maschinen mit rückwirkender Pleuelstange, ab 1881/82: 2 Wellen, Stehende Verbundmaschinen, Ovalkessel, 8250 PSi ≙ 14 kn, 960/1200 ts Kohle
Panzerung:	Schmiedeeisen: Gürtelpanzer 356–293 mm, die Enden des Gürtelpanzers 254–203 mm, Türme 356 mm (178 + 178 mm), Zitadelle 356 mm, Kommandoturm ohne
Bewaffnung:	4 × 30,5 cm/L 20 (2 × 2), 6 × 8,6 cm (später auf 4 reduziert), zusätzlich 6 × 3 Pdr, 2 × 38,1-cm-UTR
Besatzung:	432

zerplatten saß 56 mm dickes Holz. Das über dem Gürtelpanzer sitzende Panzerdeck hatte oberhalb der Zitadelle nur eine Stärke von 38 mm. Verursacht durch extrem niedrige Temperaturen, rief das Schießen der schweren Geschütze im Winter 1876/77 starke Schäden an Schiffskörper und Maschinen hervor.

Anläßlich einer 1881 in Glasgow durchgeführten Werftzeit ersetzte man daher die nie ganz zufriedenstellenden Maschinen durch solche vom Typ Elder. Die Metazentrische Höhe wird mit 2,63 m angegeben, es ist jedoch nicht bekannt, für welchen Beladungszustand dieser Wert gilt. Es ist daher auch nicht verwunderlich, wenn das Schiff stark schlingerte. 1905/06 erfolgte der Umbau zum Zweischornsteinschiff mit hohem Freibord. Danach standen in den Schwalbennestern des Oberdecks 4 × 20,3-cm/L 50-Geschütze. An den vormaligen Positionen befanden sich jetzt 12 × 15,2-cm/L 45-Geschütze. Außerdem hatte sie Zylinderkessel erhalten und verdrängte im Anschluß 9790 ts. 1917 erfolgte die Umbenennung in Republikanets.

Petr Veliki in den 1890er Jahren. (CPL)

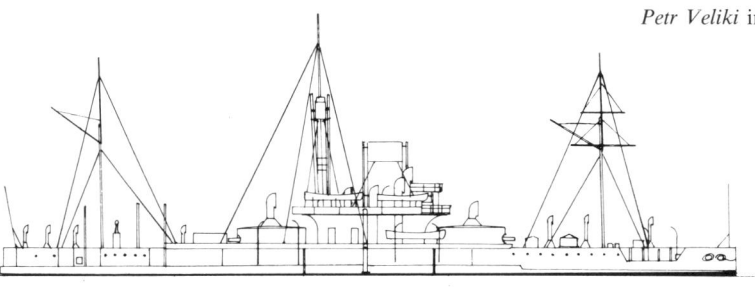

Petr Veliki
nach Fertigstellung 1878.

Name	Bauwerft	Kiellegung	Stapellauf	Fertigstellg.	Schicksal
Petr Veliki	Putilovwerft	1.6.1869	27.8.1872	14.10.1876	Abbr 1922

Schwarzmeerflotte. Die Tabelle zeigt Unterschiede zwischen den vier Einheiten. Nur die Aufstellung der 30,5-cm-Geschütze in den Ecken der mittschiffs liegenden dreieckigen Brustwehr war einheitlich: Einmal an jeder Seite nach voraus und einmal in der Schiffsmittellinie nach achteraus. Auf der *Ekaterina* befanden sich die 30,5-cm-Geschütze in hydraulischen, von Easton & Anderson gefertigten Lafetten. Alle hatten 76 mm bis 51 mm starke Schutzschilde unterschiedlicher Größe. Die 15,2-cm-Geschütze standen in ungepanzerten Positionen des H-Decks.

Der untere Gürtelpanzerstreifen war komplett und hatte mittschiffs eine Dicke von 406 mm. Zur Unterkante verjüngte er sich auf 203 mm. Bei normalem Tiefgang befand er sich nur etwa 30,5 cm

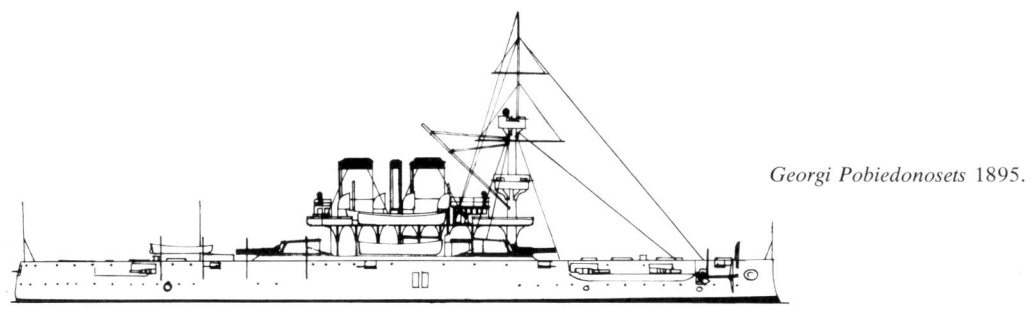

Georgi Pobiedonosets 1895.

Ekaterina II-Klasse   Barbettschiffe

Konstr.-Verdräng.:	10 100 – 10 280 ts
Verdrängung:	11 032 – 11 395 ts
Abmessungen:	Lüa 103,48 m; B 21,03 m; Tg 8,48–8,76 m maximal
Maschinenanlage:	*Ekaterina, Tchesma:* 14 Zylinderkessel, 2 Wellen, Stehende Verbundmaschinen, 9100 PSi ≙ 15 kn, *Georgi, Sinop:* 16 Zylinderkessel, 2 Wellen, Stehende Dreifachexpansionsmaschinen, 13 000 PSi ≙ 16–16,5 kn. Alle 700–800 ts Kohle
Panzergut:	Compound, auf *Georgi* jedoch Stahl: Gürtelpanzer 402–203 mm, Gürtelpanzerenden 203–152 mm, Schanzkleid 305 mm, Kommandoturm 228–203 mm (*Georgi* 305 mm)
Bewaffnung:	6 × 30,5 cm/L 30 (*Ekaterina, Sinop*), 6 × 30,5 cm/L 35 (*Tchesma, Georgi*), jeweils 3 × 2; 7 × 15,2 cm/L 35, 8 × 3 Pdr (außer auf *Georgi* alles Revolverkanonen), 4 × 1-Pdr-Revolverkanonen (*Georgi* 10× 1 Pdr), 7 × 38,1-cm-TR, 100 Minen
Besatzung:	650–674

über der Einsatzwasserlinie. Der 31,11 m lange obere Gürtelpanzer wurde von 254 mm bis 228-mm-Schotts abgeschlossen. Das über dem unteren Gürtelpanzer sitzende Panzerdeck maß 57 mm, das über dem oberen Gürtelpanzer und der Brustwehr 51 mm. Bei der *Ekaterina* waren es über dem oberen Gürtelpanzer jedoch nur 38 mm und bei der Brustwehr fehlte es ganz. Von allen vier war die *Tchesma* das schwerste Schiff und man erzählt, daß sie eine mangelhafte Stabilität besaßt. 1914 erhielt die *Sinop* für die Verwendung als Sperrbrecher oder »Mine-bumper« (Minenfänger) eine Art Wulst. Zu dieser Zeit bestand ihre Armierung aus 4 × 20,3 cm und 8 × 15,2 cm. *Georgi Pobiedonosets* fand zuletzt als Hafenwachtschiff Verwendung und trug 8 × 15,2 cm. Außerdem hatten *Sinop* und *Georgi Pobiedonosets* auch einige 3-Pdr-Flak. *Tchesma* und *Georgi Pobiedonosets* wurden auf der Werft der Russischen Dampfschiffahrts Co. gebaut.

Ekaterina II. (Sammlung Aldo Fraccaroli)

Name	Bauwerft	Kiellegung	Stapellauf	Fertigstellg.	Schicksal
Ekaterina II	Nikolajew	Nov. 1883	10.5.1886	1889	1907 gestrichen
Tchesma	Sewastopol	Nov. 1883	6.5.1886	1889	1907 gestrichen
Sinop	Sewastopol	April 1883	20.6.1887	1890	Abbr 1922
Georgi Pobiedonosets	Sewastpol	Juli 1889	9.3.1892	1894	1920 nach Bizerta

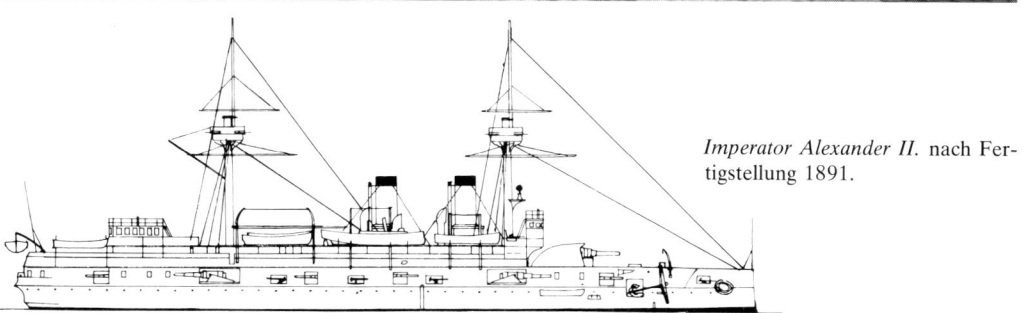

Imperator Alexander II. nach Fertigstellung 1891.

Imperator Alexander II.-Klasse Barbett-/Turmschiffe

Konstr.-Verdräng.:	8440 ts
Verdrängung:	9500 ts, *Nikolai* hatte 1905 9672 ts
Abmessungen:	Lcwl 101,65 m; B 20,42 m; Tg 7,87 m maximal
Maschinenanlage:	12 Zylinderkessel, *Alexander* 2 Wellen, Stehende Verbundmaschinen, *Nikolai* 2 Wellen, Liegende Dreifachexpansionsmaschinen, 8500 PSi ≙ 15,3 kn, maximal 1000−1200 ts Kohle
Panzerung:	Compound: Gürtelpanzer 356−152 mm, Barbette/Turm 254 mm, MA-Geschütze 152−76 mm, Kommandoturm 254 mm (*Alexander*) 203 mm (*Nikolai*)
Bewaffnung:	2 × 30,5 cm/L 30 (1 × 2), 4 × 22,8 cm/L 35, 8 × 15,2 cm/L 35, 10 × 3-Pdr-Revolverkanonen, 8 × 1-Pdr-Revolverkanonen, 5 × 38,1-cm-TR (*Nikolai* 6)
Besatzung:	611

Auf der *Alexander* befanden sich die 30,5-cm-Geschütze in einer Barbette mit 76-mm-Schilden und auf der *Nikolai* in einem Turm. Beide trugen ihre 22,8-cm- und 15,2-cm-Geschütze auf dem Hauptdeck, aber nur die 22,8-cm-Geschütze waren geschützt. Der komplette Gürtelpanzer war etwa 2,44 m tief, über ihm saß in der Horizontalen ein 64 mm-Deck. Zwischen 1898 und 1900 erhielt die *Nikolai* 16 Bellevillekessel, die Revolverkanonen wurden durch

Name	Bauwerft	Kiellegung	Stapellauf	Fertigstellg.	Schicksal
Imperator Alexander II	Neue Admiralitätswerft	Nov. 1885	11.7.1887	Juni 1891	1925 gestrichen
Imperator Nikolai I	Putilovwerft	23.7.1886	20.5.1889	Juli 1891	1918 gestrichen

16 × 3 Pdr ersetzt. Das Schiff nahm an der Seeschlacht von Tsushima teil und ergab sich am folgenden Tag den Japanern. Nach einer Grundüberholung stellten diese sie als *Iki* in Dienst. Die *Alexander* wurde von 1902 bis 1904 bei La Seyne/Frankreich umgebaut: Die alten 22,8 cm- und 15,2-cm-Geschütze wurden durch 5 × 20,3-cm/L 45-Geschütze (davon eines achtern mit Schutzschild) und 8 × 15,2-cm/L 45-Geschütze ersetzt und die Revolverkanonen durch 10 × 3 Pdr. Die TR baute man aus. 1917 erhielt sie den Namen *Saria Svobodi*.

Dvienadsat Apostolov etwa 1905. (CPL)

Schwarzmeerflotte. Die 30,5 cm-Geschütze standen in Barbetten und hatten kuppelartige 76 mm-Schilde. In der Hauptdeckbatterie befanden sich die 15,2-cm-Geschütze. Der untere Gürtelpanzer-streifen maß 67,1 m und der obere 64,66 m. Seine Dicke betrug 356–305 mm und verjüngte sich zur Unterkante auf 178–152 mm. Er wurde von 305–228-mm-Schotts abgeschlossen. Oberhalb des Gürtelpanzers saß ein 51-mm-Panzerdeck, das sich an den Enden auf 64 mm verstärkte. Das Schiff erwies sich wesentlich besser als die *Imperator Alexander II*-Klasse.

Dvienadsat Apostolov Barbettschiff

Konstr.-Verdräng.:	8076 ts
Verdrängung:	8709 ts
Abmessungen:	Lüa 104,24 m; B 18,29 m; Tg 8,38 m maximal
Maschinenanlage:	8 Zylinderkessel, 2 Wellen, Stehende Dreifachexpansionsmaschinen, 8750 PSi ≙ 15,7 kn, maximal 800 ts Kohle
Panzerung:	Compound: Gürtelpanzer 356–152 mm, Barbetten 305–254 mm, Batterie 127 mm-Stahl, Kommandoturm 203 mm-Stahl
Bewaffnung:	4 × 30,5-cm/L 30 (2 × 2), 4 × 15,2 cm/L 35, 12 × 3 Pdr, 10 × 1 Pdr, 4 × 1-Pdr-Revolverkanonen, 6 × 38,1-cm-TR
Besatzung:	599

Name	Bauwerft	Kiellegung	Stapellauf	Fertigstellg.	Schicksal
Dvienadsat Apostolov	Nikolajew	Febr. 1886	11.10.1890	Dez. 1892	1911 gestrichen

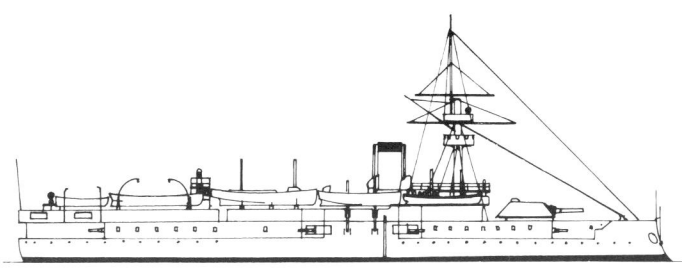

Gangut nach Fertigstellung 1894.

Gangut Barbettschiff

Eine verkleinerte Version der *Imperator Alexander II*-Klasse mit geringem Tiefgang. Das 30,5-cm-Geschütz stand hinter einem 102-mm-Schild in einer Barbette und die 22,8-cm-Geschütze in der gepanzerten H-Deckbatterie. Die 15,2-cm-Geschütze waren ungeschützt. Der 58,87 m lange Gürtelpanzer wurde von 228-mm-Schotts abgeschlossen, war 2,44 m tief und schloß oben mit einem 51-mm-Panzerdeck ab, das sich an den Enden auf 76 mm verstärkte. *Gangut* ging infolge Kollision mit einem nicht verzeichneten Felsen verloren.

Verdrängung:	6590 ts
Abmessungen:	Lcwl 88,32 m; B 18,9 m; Tg 6,4 m maximal
Maschinenanlage:	8 Zylinderkessel, 2 Wellen, Stehende Dreifachexpansionsmaschinen, 6000 PSi ≙ 14,7 kn, 500/600 ts Kohle
Panzerung:	Compound: Gürtelpanzer 406−254 mm, Barbette 228−178 mm, Batterie 127 mm, Kommandoturm 254 mm
Bewaffnung:	1 × 30,5 cm/L 30, 4 × 22,8 cm/L 35, 4 × 15,2 cm/L 35, 4 × 3 Pdr, 10 × 1 Pdr, 6 × 1-Pdr-Revolverkanonen, 6 × 38,1-cm-TR
Besatzung:	521

Name	Bauwerft	Kiellegung	Stapellauf	Fertigstellg.	Schicksal
Gangut	Neue Admiralitätswerft	10.11.1888	6.10.1890	1894	† 1897

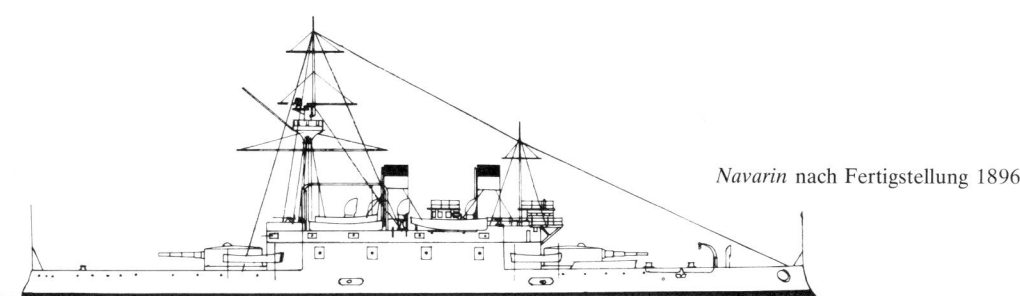

Navarin nach Fertigstellung 1896.

Navarin Turmschiff

Dieses Turmschiff hatte bei seiner Fertigstellung ein 3,05 m hohes Freibord. Seine Turmbasis war nicht besonders gepanzert, die 15,2-cm-Geschütze standen in der Oberdeckbatterie. Der 67,1 m lange Gürtelpanzer hatte einen unteren Streifen von 406−356 mm Dicke und verjüngte sich zur Unterkante hin auf 203 mm. Er reichte von 1,58 m unterhalb der Einsatzwasserlinie bis 61 cm über diese. Der obere Gürtelpanzerstreifen war 45,75 m lang, 2,44 m tief und maß einheitlich 305 mm. Den Abschluß bildeten 305-mm-Schotte. Das Panzerdeck über dem Gürtelpanzer maß 51−64 mm und an den Enden 76 mm.

Konstr.Verdräng.:	9476 ts
Verdrängung:	10206 ts
Abmessungen:	Lüa 109 m; B 20,42 m; Tg 8,38 m maximal
Maschinenanlage:	12 Zylinderkessel, 2 Wellen, Stehende Dreifachexpansionsmaschinen, 9140 PSi ≙ 15,5 kn, 400/700 ts Kohle
Panzerung:	Compound: Gürtelpanzer 406−203 mm, Türme 305 mm Nickelstahl, Batterie 127 mm, Kommandoturm 254 mm Nickelstahl
Bewaffnung:	4 × 30,5 cm/L 35 (2 × 2), 8 × 15,2 cm/L 35, 8 × 3 Pdr, 15 × 1 Pdr, 6 × 38,1-cm-TR
Besatzung:	622

Name	Bauwerft	Kiellegung	Stapellauf	Fertigstellg.	Schicksal
Navarin	Putilowwerft	1889	20.10.1891	1896	† 28.5.1905

Die *Navarin* litt unter einer mangelhaften Kesselleistung, hingegen besaß sie für ihre Zeit einen guten Schutz. Die Placierung ihrer vier Schornsteine verlieh ihr ein ungewöhnliches Äußeres: Sie standen in einer paarweise seitlichen Position. In der Schlacht von Tsushima widerstand sie allen Geschossen, vermutlich führte ein achtern treffender Torpedo zu ihrem Untergang. Es kann aber auch eine der 24 quer vor ihren Kurs geworfenen Minen daran schuld gewesen sein.

Navarin etwa 1900. (CPL)

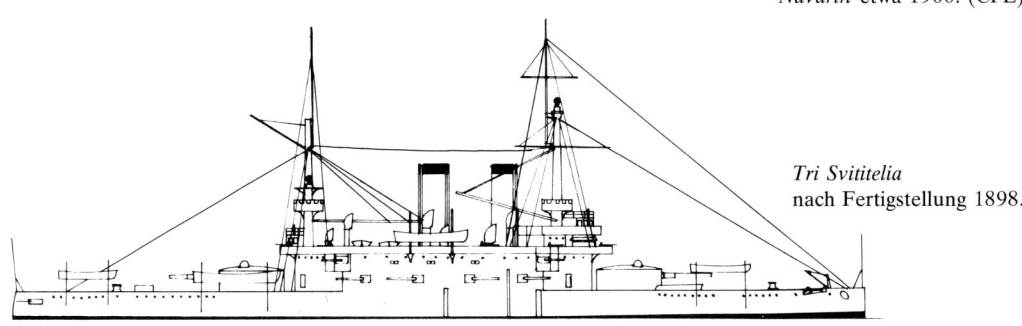

Tri Svititelia
nach Fertigstellung 1898.

Schwarzmeerflotte. In seiner allgemeinen Konzeption glich das Schiff in etwa der britischen → *Nile* und → *Trafalgar*, allerdings hatten die Turmbasen keinen besonderen Schutz. Die 15,2-cm-Geschütze standen in einer engen Oberdeckbatterie, die 12 cm- und sechs der 3-Pdr-Geschütze in einer ungepanzerten Batterie darüber. Der 75,03 m lange untere Gürtelpanzerstreifen reichte von 0,46 m über der Einsatzwasserlinie bis 1,98 m unter diese, war maximal 457 mm dick und verjüngte sich zur Unterkante hin auf 228 mm und nach vorne und achtern auf 406 mm. Den Abschluß bildeten Schotts von 406 m bzw. 356 m Stärke. Der obere Streifen maß 66,49 m in der Länge, 2,44 m in der Tiefe, 406 mm in seiner Dicke und endete in gebogenen 406-mm-Schotts. Das 76 mm- bis 51-mm-Panzerdeck befand sich außerhalb der vom oberen Gürtelpanzerstreifen geschützten Abteilungen.
1912 erfolgte ein Totalumbau: Die Aufbauten wurden reduziert und

Tri Svititelia Turmschiff

Konstr.-Verdräng.:	12 480 ts
Verdrängung:	13 318 ts
Abmessungen:	Lüa 115,14 m; B 22,25 m; Tg 8,66 m maximal
Maschinenanlage:	14 Zylinderkessel, 2 Wellen, Stehende Dreifachexpansionsmaschinen, 11 300 PSi ≙ 17 kn, 750/1000 ts Kohle
Panzerung:	Harvey und NS: Gürtelpanzer 457–228 mm, Türme 406 mm, MA-Geschütze 127 mm, Kommandoturm 305 mm
Bewaffnung:	4 × 30,5 cm/L 40 (2 × 2), 8 × 15,2 cm/L 45, 4 × 12 cm/L 45, 10 × 3 Pdr, 30 × 1 Pdr, 10 × 1-Pdr-Revolverkanonen, später 34 × 1 Pdr, 4 × 1-Pdr-Pom Pom, 6 × 45,7-cm-TR (4 über Wasser, 2 unter Wasser)
Besatzung:	753

Name	Bauwerft	Kiellegung	Stapellauf	Fertigstellg.	Schicksal
Tri Svititelia	Nikolajew	14. 8. 1891	12. 11. 1893	1898	Abbr 1922

die 4 × 12-cm-Geschütze und andere kleinere Waffen durch weitere 4 × 15,2 cm in Schilden ersetzt. Letztere kamen oben auf die Batterie. Auch die TR wurden ausgebaut. Dafür kamen später 4 × 6-Pdr-Flak an Bord, die auf den Turmdecken Aufstellung fanden. Obwohl in der Konstruktion völlig veraltet, bildete sie im Ersten Weltkrieg einen wertvollen Bestandteil der Schwarzmeerflotte. Mit anderen Vor-Dreadnoughts nahm sie an verschiedenen Operationen teil.

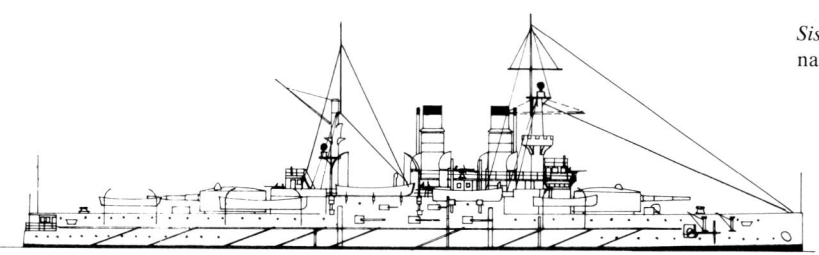

Sissoi Veliki
nach Fertigstellung 1896.

Für die schwere Armierung war es nur ein kleines Schlachtschiff mit mäßig hohem Freibord und einer axialen Rohrhöhe der 30,5-cm-Geschütze von 7,02 m. Die Türme der 30,5-cm-Geschütze waren vom französischen Mittelpivottyp. Alle 15,2-cm-Geschütze standen in einer Hauptdeckbatterie. Die Maße des unteren Gürtelpanzers waren 406–305 mm, die zur Unterkante hin auf 102 mm abnahmen. Die ihn abschließenden Schotts hatten eine Stärke von 228 mm. Der obere Gürtelpanzer war 127 mm dick. Über dem unteren Gürtelpanzer saß ein 44-mm-Panzerdeck, das sich an den Enden auf 76 mm verstärkte.

1897 kam es auf *Sissoi* zu einem schwerwiegenden Unfall: Bei einem der 30,5-cm-Geschütze löste sich trotz unverriegeltem Verschluß ein Schuß. In der Seeschlacht von Tsushima erlitt sie durch Geschützfeuer erhebliche Schäden und wurde achterlich von einem Torpedo getroffen. Wenn man – um einer Eroberung durch die Japaner zuvorzukommen – nicht die Bodenventile geöffnet hätte, wäre sie sicherlich schwimmen geblieben.

Sissoi Veliki etwa 1900. (CPL)

Diese Einheiten waren als Gegenpart zu schwedischen Schiffen gedacht. Für die um den halben Erdball führende und bei Tsushima endende Reise waren sie denkbar ungeeignet. Die *Ushakov* ging bei Tsushima unter, *Seniavin* und *Apraksin* ergaben sich den Japanern, die sie alsbald unter dem Namen *Mishima* und *Okinoshima* in Dienst stellten. Die 25,4-cm-Geschütze waren von leichterer

Sissoi Veliki   Schlachtschiff

Verdrängung:	10400 ts
Abmessungen:	Lüa 107,23 m; B 20,73 m; Tg 7,77 m maximal
Maschinenanlage:	12 Belleville-Kessel, 2 Wellen, Stehende Dreifachexpansionsmaschinen, 8500 PSi ≙ 15,7 kn, 500/800 ts Kohle
Panzerung:	Nickelstahl: Gürtelpanzer 406–102 mm, Türme 305 mm, MA-Geschütze 127 mm, Kommandoturm 203 mm
Bewaffnung:	4 × 30,5 cm/L 40 (2 × 2), 6 × 15,2 cm/L 45, 12 × 3 Pdr, 18 × 1 Pdr, 6 × 45,7-cm-TR
Besatzung:	586

Name	Bauwerft	Kiellegung	Stapellauf	Fertigstellg.	Schicksal
Sissoi Veliki	Neue Admiralitätswerft	Mai 1892	11.6.1894	1896	(†) 28.5.1905 nach Tsushima

Admiral Ushakov-Klasse   Küstenschutz-Schlachtschiffe

Konstr.-Verdräng.:	4126 ts
Verdrängung:	*Seniavin* bei Probefahrten 4971 ts
Abmessungen:	Lüa 87,32 m; B 15,85 m; Tg 5,94 m maximal
Maschinenanlage:	8 Zylinderkessel (*Ushakov* 4), 2 Wellen, Stehende Dreifachexpansionsmaschinen, 5750 PSi ≙ 16 kn, 300/450 ts Kohle
Panzerung:	Harvey: Gürtelpanzer 254–102 mm, Türme 203 mm, Kommandoturm 203 mm
Bewaffnung:	4 × 25,4 cm/L 45 (2 × 2), *Apraksin* 3 × 25,4 cm/L 45, 4 × 12 cm/L 45, 6 × 3 Pdr, 10 × 1 Pdr, 6 × 1-Pdr-Revolverkanonen, 4 × 38,1-cm-TR
Besatzung:	404

Bauart als auf der → *Peresviet*-Klasse und hatten eine geringere Schußfolge. *Apraksin* unterschied sich durch den hinteren Einzelturm von den anderen. Der Gürtelpanzer war 51,85 m lang und 2,14 m tief. Er wurde von Schotts mit 203–152 mm Dicke begrenzt. Das Panzerdeck hatte 51 mm Stärke und an den Enden 76 mm.

Name	Bauwerft	Kiellegung	Stapellauf	Fertigstellg.	Schicksal	
Admiral Ushakov	Neue Admiralitätswerft	Juni 1892	8.9.1893	1895	† 28.5.1905	
Admiral Seniavin	Baltische Schiffswerft	1892	22.8.1894	1896	Abbr 1920	*Mishima*
Generaladmiral Graf Apraksin	Neue Admiralitätswerft	Okt. 1894	12.5.1896	1899	Abbr 1926	*Okinoshima*

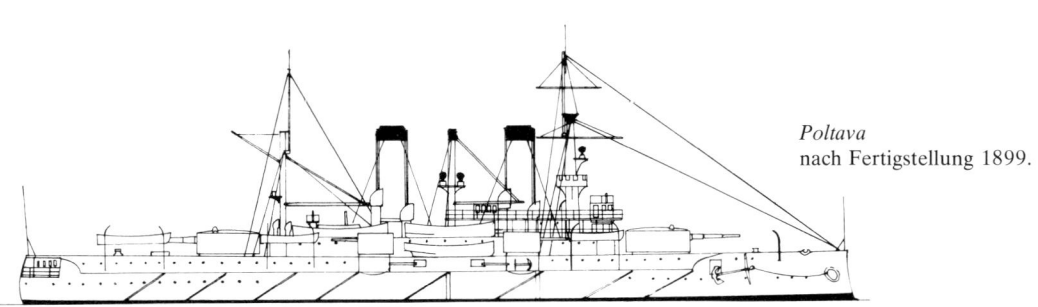

Poltava
nach Fertigstellung 1899.

Petropavlovsk-Klasse   Schlachtschiffe

Konstr.-Verdräng.:	10960 ts
Verdrängung:	*Petropavlovsk* 11354 ts, *Sevastopol* 11842 ts
Abmessungen:	Lcwl 112,47 m; B 21,34 m; Konstruktionstiefgang ~ 7,77 m
Maschinenanlage:	12–16 Zylinderkessel, 2 Wellen, Stehende Dreifachexpansionsmaschinen, 11250 PSi ≙ 16,5 kn, 700/1500 ts Kohle
Panzerung:	Harvey-NS: Gürtelpanzer 406–127 mm (*Sevastopol* 369–127 mm), Türme 356–254 mm, Türme der MA 127 mm, Kommandoturm 203 mm
Bewaffnung:	4 × 30,5 cm/L 40 (2 × 2), 12 × 15,2 cm/L 45 (4 × 2, 4 × 1), 12 × 3 Pdr, 28 × 1 Pdr, 6 × 45,7-cm-TR (2 über Wasser, 4 unter Wasser), 60 Minen
Besatzung:	632

Name	Bauwerft	Kiellegung	Stapellauf	Fertigstellg.	Schicksal	
Petropavlovsk	Putilovwerft	Mai 1892	9.11.1894	1899	† 13.4.1904	
Poltava / *Tchesma*	Neue Admiralitätswerft	Mai 1892	6.11.1894	1899	Abbr 1923	*Tango*
Sevastopol	Putilovwerft	Mai 1892	1.6.1895	1899	(†) 2.1.1905	

Glattdecker mit beträchtlich eingefallener Bordwand. Die *Sevastopol* hatte kürzere Schornsteine als die beiden anderen. Die 30,5-cm-Geschütze standen in Türmen französischer Konstruktion. Sie hatten zur Wasserhöhe eine axiale Rohrhöhe von 6,56 m. Die vier 15,2-cm-Türme befanden sich mittschiffs an jeder Seite, die restlichen dazwischen auf dem H-Deck. Der 73,2 m lange und 2,29 m tiefe Hauptgürtelpanzer verjüngte sich nach vorne und hinten auf 356 mm und zur Unterkante hin auf 203 mm. Auf der *Sevastopol* waren es nur 152 mm. Der Gürtelpanzer endete in Schotts von 228–203 mm Stärke. Oberhalb des Gürtels saß ein weiterer Streifen von 2,29 m Tiefe und einheitlich 127 mm Dicke. Der Bereich über dem H-Deck war seitlich ungepanzert. Über dem Hauptgürtel saß ein zu den Enden hin auf 76 mm zunehmendes 57-mm-Panzerdeck.

Alle drei Einheiten befanden sich bei Kriegsausbruch mit Japan in Port Arthur. Die *Petropavlovsk* flog nach einer durch Minentreffer verursachten Magazinexplosion in die Luft. Die *Poltava* wurde am 10. August 1904 in der Schlacht im Gelben Meer von 14 30,5-cm-

Granaten getroffen und merklich beschädigt. Während der Belagerung von Port Arthur trafen sie sechs 28-cm-Haubitzengeschosse, von denen eines einen gefährlichen Magazinbrand entfachte. Nach Hebung durch die Japaner fuhr sie bis 1916 als *Tango* in der japanischen Marine. 1916 wurde sie von den Russen zurückgekauft und stellte unter dem Namen *Tchesma* in Dienst. Ihr Einsatzgebiet war

das Weiße Meer. Die *Sevastopol* lief zweimal auf eine Mine: Am 23. Juni und am 23. August 1904. Die Schäden waren nicht sehr groß. In der Schlacht im Gelben Meer erhielt sie die gleiche Trefferzahl wie die *Poltava*. Während der Belagerung von Port Arthur schleppte man sie nach fünf 28-cm-Treffern aus dem Hafen. Durch Netze und Sperren geschützt überstand sie drei Torpedoexplosionen in den

dicht am Schiffskörper hängenden Netzen und einen direkten Hecktreffer. Bei der Kapitulation wurde sie in tieferes Wasser geschleppt und selbstversenkt.

Sevastopol kurz vor Ausbruch des russisch/japanischen Krieges. (CPL)

Rostilav Schlachtschiff

Das ursprünglich als Schwesterschiff der *Sissoi Veliki* vorgesehene Schlachtschiff gehörte zur Schwarzmeerflotte. Die 25,4-cm-Geschütze standen in Türmen französischer Konstruktion. Ihre 15,2-cm-Türme befanden sich mittschiffs an jeder Seite. Der 69,24 m lange und 2,14 m tiefe Hauptgürtelpanzer hatte in der Wasserlinie eine Dicke von 356–254 mm und maß an seiner Unterkante 203–152 mm. Die Schotte bestanden aus Compound- und nicht aus Harvey-Panzermaterial. Der obere Gürtelpanzer war 45,75 m lang, 2,29 m tief und 127 mm dick. Über dem Hauptgürtelpanzer saß ein 51-mm-Panzerdeck mit 76-mm-Enden. Die Turmdecken maßen 64 mm.

Konstr.-Verdräng.:	8880 ts
Abmessungen:	Lüa 107,23 m; B 20,73 m; Tg 6,71 m maximal
Maschinenanlage:	12 Zylinderkessel, 2 Wellen, Stehende Dreifachexpansionsmaschinen, 8700 PSi ≙ 15,6 kn, 500/800 ts Kohle
Panzerung:	Harvey: Gürtelpanzer 356–127 mm, Türme 254–127 mm, Türme der MA 127 mm, Kommandoturm 152 mm
Bewaffnung:	4 × 25,4 cm/L 45 (2 × 2), 8 × 15,2 cm/L 45 (4 × 2), 20 später 12 × 3 Pdr, 16 × 1 Pdr, 6 × 45,7-cm-TR (4 über Wasser, 2 unter Wasser)
Besatzung:	650

Name	Bauwerft	Kiellegung	Stapellauf	Fertigstellg.	Schicksal
Rostilav	Nikolajew	1895	2.9.1896	1898	† Nov. 1920

Obwohl die *Rostilav* ein langsames und schwaches Schiff war, nahm sie im Ersten Weltkrieg an zahlreichen frühen Unternehmungen im Schwarzen Meer teil. Zeitweise hatte sie zusätzlich 4 × 11-Pdr-Flak. Nachdem sie nicht viel mehr als eine Hulk war, wurde sie bei Kertsch in flachem Wasser versenkt.

Peresviet-Klasse Schlachtschiffe

Dreischornsteinschiffe mit hohem, bis zum Großmast reichendem Backdeck und stark einfallenden Bordwänden. Sie waren eine durch und durch unzureichende Konstruktion: Bewaffnung und Schiffsschutz zu schwach, die Geschwindigkeit völlig unzureichend.
Die 25,4-cm-Geschütze standen in Türmen französischer Konstruktion und von den 15,2-cm-Geschützen befanden sich sechs in

Verdrängung:	12 683 ts
Abmessungen:	Lüa 132,43 m; B 21,89 m; Tg 7,92 m maximal (*Pobieda* 8 m)
Maschinenanlage:	32 Belleville-Kessel (*Pobieda* 30), 3 Wellen, Stehende Dreifachexpansionsmaschinen, 15 000 PSi ≙ 18–18,5 kn, 1500/2100 ts Kohle, später 250 ts Öl
Panzerung:	KC und Harvey (*Pobieda* KC): Gürtelpanzer 228–127 mm, Türme 228–127 mm (*Pobieda* 254–127 mm), Kasematten 127 mm, Kommandoturm 152 mm (*Pobieda* 210 mm)
Bewaffnung:	4 × 25,4 cm/L 45 (2 × 2), 11 × 15,2 cm/L 45, 20 × 11 Pdr, 20 × 3 Pdr, 8 × 1 Pdr, 5 × 38,1-cm-TR (3 über Wasser, 2 unter Wasser), Minen
Besatzung:	752

Oberdeck- und vier in Hauptdeck-
kasematten. Eines stand ungeschützt im Bug. Die Mehrzahl der
11 Pdr waren in ungeschützten
Oberdeck- und Hauptdeckkase-
matten postiert. Der 95,16 m lange
und 2,39 m tiefe Hauptgürtelpanzer war 228 m−178 mm dick und
verjüngte sich zur Unterkante hin
auf 127 mm. Der obere Gürtelpanzer war 57,34 m lang und
reichte bis zum H-Deck. Beide
Gürtel schlossen mit 102-mm-
Schotts. Zwischen den äußeren
Endkasematten saßen ähnliche
Schotte. Das Panzerdeck hatte
mittschiffs eine Stärke von
64 mm−51 mm und maß an den
Enden 76 mm. Auf der *Pobieda*
hatte man hierfür eine Stahllegie-
rung verwendet. Die *Osliabia*
wurde bei Tsushima durch Geschützfeuer versenkt. Schuld daran
waren in erster Linie Geschosse,
die nahe der Wasserlinie ins Vorschiff schlugen. Die beiden anderen Einheiten befanden sich im
Februar 1904 in Port Arthur. Die
Peresviet erlitt in der Schlacht im
Gelben Meer schwere Beschädigungen durch Geschützfeuer und
wurde am 7. Dezember 1904 während der Belagerung Port Arthurs
selbstversenkt. Sie war zuletzt von

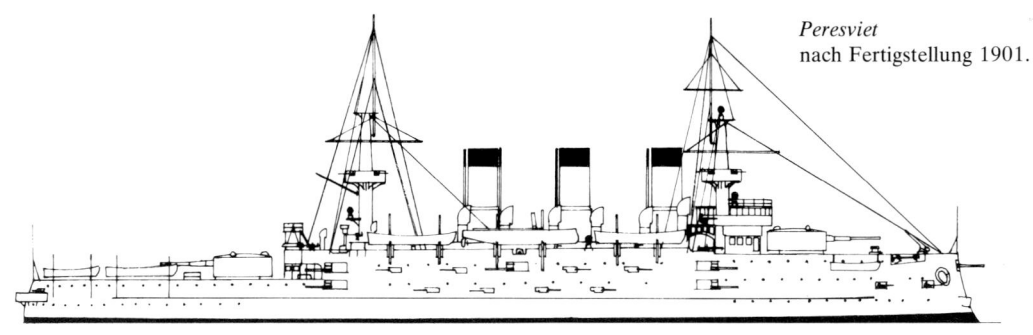

Peresviet
nach Fertigstellung 1901.

Name	Bauwerft	Kiellegung	Stapellauf	Fertigstellg.	Schicksal	
Peresviet	Neue Admirali-tätswerft	21.11.1895	19.5.1898	Juli 1901	† 4.1.1917	*Sagami*
Osliabia	Neue Admirali-tätswerft	21.11.1898	8.11.1898	1901	† 27.5.1905 bei Tsushima	
Pobieda	Baltische Schiffswerft	1.8.1898	24.5.1900	Juni 1902	Abbr 1922	*Suwo*

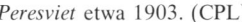

insgesamt 23 28-cm-Haubitzen-
granaten getroffen worden. Die
Japaner hoben sie, stellten sie wieder her und als *Sagami* in Dienst.
1916 erhielten die Russen sie zurück. Am 26. Mai 1916 lief das
Schiff vor Wladiwostok auf Grund
und verblieb dort bis Juli. Schließlich sank sie vor Port Said auf einer

vom deutschen U-Boot *U 73* gelegten Mine. Die *Pobieda* lief am
13. April 1904 auf eine Mine, die
unter einem Hauptkohlenbunker
detonierte. Die Reparatur währte
bis Mitte Juni. In der Schlacht im
Gelben Meer erlitt sie keine so
schweren Beschädigungen wie *Peresviet*. Nachdem das Schiff in Port

Arthur von 21 28-cm-Granaten
getroffen worden war, sank es am
7. Dezember 1904. Nach Bergung
und Wiederherstellung durch die
Japaner stellte es unter dem Namen *Suwo* in Dienst. Fast 20 Jahre
später erfolgte der Abbruch.

Peresviet etwa 1903. (CPL)

Schwarzmeerflotte. Der erste Name war *Kniaz Potemkin Tavritsheski*. Die Namensänderung erfolgte nach der berüchtigten Meuterei. Im April 1917 hieß sie erneut *Potemkin* und einen Monat später dann *Boretz za Svoboda*.

Es war ein achtern bis zur H-Deckebene heruntergebautes Dreischornsteinschiff. Die 30,5-cm-Geschütze standen in Türmen französischen Ursprungs, vier 15,2-cm-Geschütze in Kasematten des Oberdecks und 12 × 15,2-cm-Geschütze in H-Deckkasematten. Der 72,29 m lange und 2,29 m tiefe Hauptgürtelpanzer maß 228–203 mm und an der Unterkante 127 mm. Der obere Gürtelpanzer war mit 47,58 m Länge 4,29 m kürzer als die Batterie und hatte 152 mm Dicke. Die Schotte maßen 178 mm bis 127 mm. Das aus legiertem Panzerstahl bestehende Panzerdeck war in der Ebene 51 mm stark und hatte in den außerhalb der Batterie liegenden Bereichen eine 64-mm-Böschung. An den Enden verstärkte sich das Deck auf 76 mm. Auch die Batteriedecke war 38 mm dick. Die Turmdecken maßen 76 mm.

Die *Pantelimon* nahm im Ersten Weltkrieg an vielen Unternehmungen teil. Während dieser Zeit erhielt sie zusätzlich 2 × 11-Pdr-Flak.

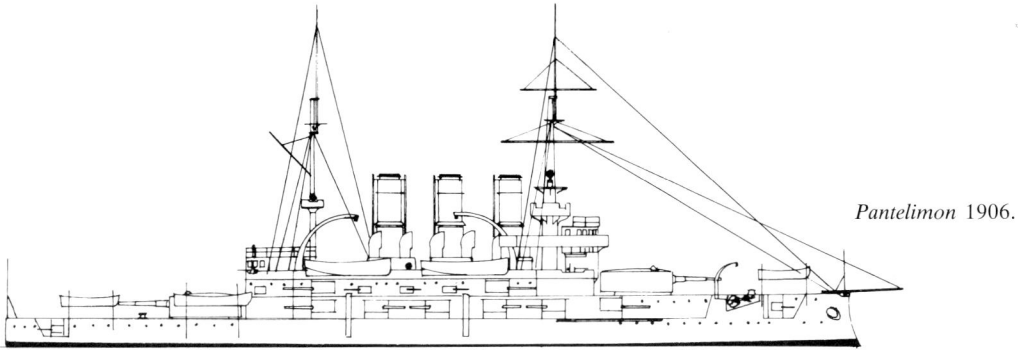

Pantelimon 1906.

Pantelimon Schlachtschiff

Verdrängung:	12 582 ts
Abmessungen:	Lüa 115,36 m; B 22,25 m; Tg 8,23 m
Maschinenanlage:	22 Belleville-Kessel, 2 Wellen, Stehende Dreifachexpansionsmaschinen 10 600 PSi ≙ 16,6 kn, maximal 870 ts Kohle
Panzerung:	KC: Gürtelpanzer 228–127 mm, Türme 254–127 mm, Batterie 127 mm, Kasematten 152 mm, Kommandoturm 228 mm
Bewaffnung:	4 × 30,5 cm/L 40 (2 × 2), 16 × 15,2 cm/L 45, 14 × 11 Pdr, 6 × 3 Pdr, 5 × 38,1-cm-TR
Besatzung:	750

Name	Bauwerft	Kiellegung	Stapellauf	Fertigstellg.	Schicksal
Pantelimon	Nikolajew	Febr. 1898	29.10.1900	Nov. 1903	Abbr 1922

Glattdeckertyp mit drei Schornsteinen, von den bisher beschriebenen russischen Schlachtschiffen wohl das beste. Die 30,5-cm-Geschütze standen in Türmen französischer Konstruktion, 4 × 15,2-cm-Geschütze in Oberdeckkasematten und 8 × 15,2-cm-Geschütze in der H-Deckbatterie. Der Gürtelpanzer war komplett und reichte von 1,22 m unter der Einsatzwasserlinie bis 1,07 m darüber. Seine Maße waren: 228 mm Dicke, zur Unterkante abnehmend auf 127 mm und Länge 78,06 m. Der obere Streifen reichte bis zum H-Deck und war zwischen den Türmen 152 mm dick. Die Bereiche des Gürtelpanzers wurden durch 178-mm-Schotte begrenzt. Zum Bug und Heck hin verjüngte

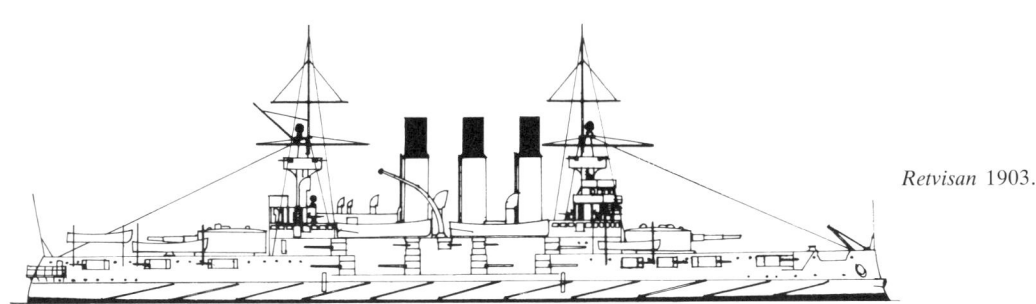

Retvisan 1903.

Retvisan Schlachtschiff

Verdrängung:	12 900 ts
Abmessungen:	Lüa 117,85 m; B 22 m; Tg 7,92 m maximal
Maschinenanlage:	24 Niclausse-Kessel, 2 Wellen, Stehende Dreifachexpansionsmaschinen, 17 000 PSi ≙ 18 kn, 1000/2000 ts Kohle
Panzerung:	KC: Gürtelpanzer 228–127 mm, Enden des Gürtelpanzers 51 mm, Türme 228–203 mm, Batterie und Kasematten 127 mm, Kommandoturm 254 mm
Bewaffnung:	4 × 30,5 cm/L 40 (2 × 2), 12 × 15,2 cm/L 45, 20 × 11 Pdr, 24 × 2 Pdr, 8 × 1 Pdr, 6 × 38,1-cm-TR (4 über Wasser, 2 unter Wasser), 45 Minen
Besatzung:	738

Name	Bauwerft	Kiellegung	Stapellauf	Fertigstellg.	Schicksal
Retvisan	Cramp	Mai 1898	Okt. 1900	Dez. 1901	† Juli 1924 als Zielschiff

sich der Gürtelpanzer auf 51 mm Stärke. Das Panzerdeck bestand aus legiertem Stahl und hatte in der Ebene eine Dicke von 76 mm. An den Seiten bildete es eine 51-mm-Böschung. Die *Retvisan* wurde am 9. Februar 1904 im Hafen von Port Arthur torpediert und übernahm als Folge davon 2100 ts Wasser. In der <u>Schlacht im Gelben Meer</u> erhielt sie 18 mal 30,5-cm- und 20,3 cm-Treffer. Während der Belagerung Port Arthurs erwischten sie 13 mal 28-cm-Haubitzengeschosse. Am 6. Dezember 1904 sank sie. Drei Geschosse, von denen eines in einem der Kesselräume detonierte, riefen erhebliche Schäden hervor. Nachdem die Japaner sie gehoben hatten, stellten sie sie wieder her und als <u>*Hizen*</u> in Dienst.

Retvisan etwa 1903. (CPL)

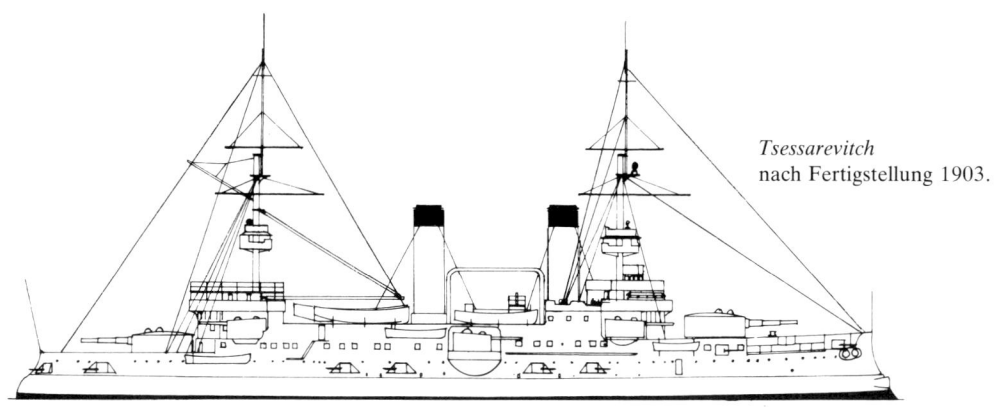

Tsessarevitch nach Fertigstellung 1903.

Tsessarevitch   Schlachtschiff

Verdrängung:	12 915 ts
Abmessungen:	Lüa 118,5 m; B 23,2 m; Tg 7,92 m maximal
Maschinenanlage:	20 Belleville-Kessel, 2 Wellen, Stehende Dreifachexpansionsmaschinen, 16 500 PSi ≙ 18,5 kn, maximal 1350 ts Kohle
Panzerung:	KC: Gürtelpanzer 254–178 mm, Enden des Gürtelpanzers 170–121 mm, Türme 254 mm, Türme der MA 152 mm, Kommandoturm 254 mm
Bewaffnung:	4 × 30,5 cm/L 40 (2 × 2), 12 × 15,2 cm/L 45 (6 × 2), 20 × 11 Pdr, 20 × 3 Pdr, 4 × 38,1-cm-TR (2 über Wasser, 2 unter Wasser), später nur noch 2 UTR, 45 Minen
Besatzung:	782

Name	Bauwerft	Kiellegung	Stapellauf	Fertigstellg.	Schicksal
Tsessarevitch	La Seyne	Juni 1899	23.2.1901	Aug. 1903	Abbr 1922

Das 1917 auf den Namen *Grashdanin* umgetaufte Schiff mit seinem bis zum Großmast reichenden Backdeck war ein typisch französischer Entwurf. Die Bordwände waren nach oben hin erheblich eingezogen, die 15,2-cm-Türme standen vorne und hinten seitlich in der Backdecksebene, die mittleren hingegen aus der gebogenen Seiten heraus bis zur Oberdecksebene. Der Gürtelpanzer war komplett und reichte von 1,53 m unter der Einsatzwasserlinie bis 2,29 m über diese. Sein unterer Streifen hatte mittschiffs eine Dicke von 254 mm und an der Unterkante von 178 mm. Der obere Streifen war 203 mm dick. Nach vorne und achtern verjüngte sich der untere Streifen auf 152 mm bzw. 170 mm, der obere auf 146 mm stark. Es gab zwei Panzerdecks: Das

H-Deck über dem Gürtelpanzer maß 64 mm und das Zwischendeck 38 mm. Letzteres bildete nach den Seiten hin eine Böschung, so daß es als Torpedoschott fungierte. Es reichte vom Turm A bis hinter den Turm Y. Der Schiffsschutz entsprach den 1890 vor Toulon

durchgeführten Versuchsergebnissen. Der maximale Innenabstand von 2,03 m war jedoch unzureichend.

Tsessarevitch wurde am 9. Februar 1904 in Port Arthur torpediert. Da der Treffer jedoch zu weit achtern saß, wurde das Torpedoschott nicht beschädigt. In der Schlacht im Gelben Meer am 10. August 1904 tötete ein 30,5-cm-Treffer im Fockmast den KAdm Witthöft. Ein weiteres Geschoß traf den Sehschlitz des Kommandoturms und verklemmte die Haube. Das Schiff war nun ohne Führung und wurde nach der Schlacht in Tsingtau interniert. Obwohl von 13 30,5-cm-Granaten getroffen, gab es außer diesen beiden Treffern keine größeren Schäden. Im Ersten Weltkrieg war *Tsessarevitch* in der Ostsee stationiert. Am 17. Oktober 1917 kam es im Sund der Insel Moon zu einem Gefecht mit dem kampfstarken deutschen Linienschiff *Kronprinz*. Sie entkam mit zwei Treffern.

Tsessarevitch nach Fertigstellung. (CPL)

Diese unglückliche Klasse war eine Wiederholung der *Tsessarevitch*; obgleich man ihr eine andere Panzerung gegeben hatte, war sie dadurch nicht besser geworden. Der Gürtelpanzer war dünner und 30,5 cm schmäler, der zwischen H- und Oberdeck sitzende, die 11-Pdr-Batterie deckende, 76-mm-Seitenpanzer taugte gar nichts. Das Oberdeck über dieser Batterie maß 64 mm bis 38 mm, das H-Deck 51 mm, das Zwischendeck 38 mm bis 25 mm und das Torpedoschott 32 mm. Letzteres war nicht länger gebogener Teil des Zwischendecks, sondern Deck und Schott waren durch ein schmales in der Ebene sitzendes Verbindungsstück miteinander verbunden.

Die vier ersten Einheiten waren an der Schlacht von Tsushima beteiligt: Die *Borodino* flog infolge einer durch einen Granattreffer verursachten Magazinexplosion in die Luft. Die *Alexander* ging vermutlich durch ein riesiges Trefferloch nahe der vorderen Wasserlinie,

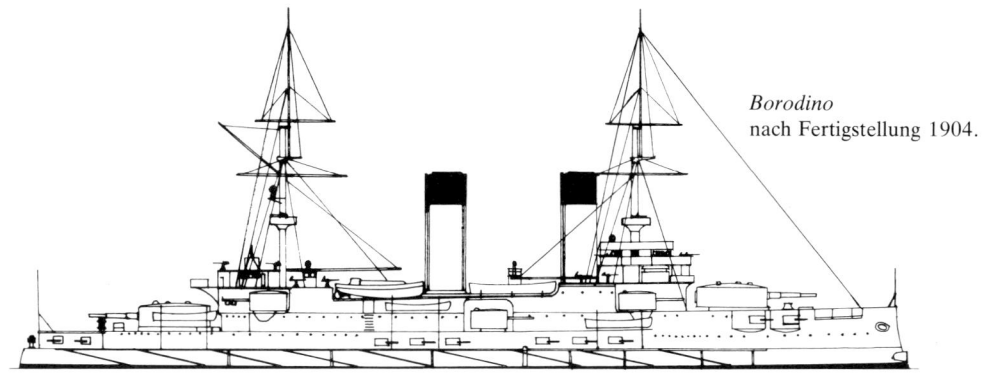

Borodino nach Fertigstellung 1904.

Borodino-Klasse   Schlachtschiffe

Konstr.-Verdräng.:	13 516 ts (siehe → Beschreibung)
Abmessungen:	Lüa 121 m; B 23,22 m; Tg 7,97 m maximal (siehe → Beschreibung)
Maschinenanlage:	20 Belleville-Kessel, 2 Wellen, Stehende Dreifachexpansionsmaschinen, 16 300 PSi $\triangleq$ 17,5−17,8 kn, 800/1520 ts Kohle
Panzerung:	KC: Gürtelpanzer 191-152 mm, Enden des Gürtelpanzers 146−102 mm, Türme 254−102 mm, Türme der MA 152 mm, 11-Pdr-Batterie 76 mm, Kommandoturm 203 mm
Bewaffnung:	4 × 30,5 cm/L 40 (2 × 2), 12 × 15,2 cm/L 45 (6 × 2), 20 × 11 Pdr, 20 × 3 Pdr, 4 × 38,1-cm-TR (2 über Wasser, 2 unter Wasser)
Besatzung:	835

durch das das Schiff rasch überflutet wurde, verloren. Die von Geschossen durchsiebte *Suvarov* sank nach einem 45,7 cm- und 2–4 35,6-cm-Torpedotreffern. Die *Orel* entging zwar schweren Treffern nahe der Wasserlinie, wurde aber an anderer Stelle schwer getroffen und ergab sich am folgenden Tag den Japanern. Nach einem Teilumbau versah sie als <u>*Iwami*</u> Dienst in der japanischen Marine. Die *Slava* wurde im Ersten Weltkrieg vorwiegend im Rigaer Meerbusen eingesetzt. Am 17. Oktober 1917 erlitt sie durch das deutsche Linienschiff *König* so schwere Beschädigungen, daß sie in dem flachen Wasser dort nicht entkommen konnte. Man versenkte sie selbst mit Torpedos. Die Rohrerhöhung ihrer 30,5-cm-Geschütze hatte man auf 30° gesteigert. Dadurch deklassierte sie die leistungsfähigeren 30,5-cm-L 50-Geschütze der *König*, deren Rohrerhöhung bei nur 16° lag.

Am 9. März 1905 betrug die Verdrängung der *Orel* 16 800 ts. Allerdings befand sie sich zu dieser Zeit auf der bei Tsushima endenden Reise, hatte 2450 ts Kohlen an Bord, einen vorderen Tiefgang von 9,91 m und hinteren von 9,3 m.

Name	Bauwerft	Kiellegung	Stapellauf	Fertigstellg.	Schicksal	
Borodino	Neue Admiralitätswerft	Juli 1899	8.9.1901	Aug. 1904	† 27.5.1905	
Imperator Alexander III	Baltische Schiffswerft	Juli 1899	3.8.1901	Nov. 1903	† 27.5.1905	
Orel	Putilovwerft	März 1900	19.7.1902	Okt. 1904	Abbr 1922	*Iwami*
Kniaz Suvarov	Baltische Schiffswerft	Juli 1901	25.9.1902	Sept. 1904	† 27.5.1905	
Slava	Baltische Schiffswerft	Okt. 1902	29.8.1903	Juni 1905	† 17.10.1917	

Slava etwa 1909. (CPL)

Evstafi-Klasse   Schlachtschiffe

Verdrängung:	12 840 ts
Abmessungen:	Lüa 118,03 m; B 22,55 m; Tg 8,23 m maximal
Maschinenanlage:	22 Belleville-Kessel, 2 Wellen, Stehende Dreifachexpansionsmaschinen, 10 800 PSi ≙ 16,5 kn, maximal 800 ts Kohle
Panzerung:	KC: Gürtelpanzer 228–127 mm, Enden des Gürtelpanzers 76 mm, Türme 254–102 mm, Batterie und Kasematten 127 mm, 11-Pdr-Kasematte 76 mm, Kommandoturm 228 mm
Bewaffnung:	4 × 30,5 cm/L 40 (2 × 2), 4 × 20,3 cm/L 50, 12 × 15,2 cm/L 45, 14 × 11 Pdr, 6 × 3 Pdr, 3 × 45,7-cm-UTR
Besatzung:	879

Name	Bauwerft	Kiellegung	Stapellauf	Fertigstellg.	Schicksal
Evstafi	Nikolajew	Dez. 1903	3.11.1906	5.8.1910	Abbr 1922
Ioann Zlatoust	Sewastopol	Nov. 1903	13.5.1906	11.8.1910	Abbr 1922

Schwarzmeerflotte. Ähnlich der *Pantelimon*, aber mit Änderungen, die sich aus Erfahrungen des russisch-japanischen Krieges ergeben hatten: Die 4 × 15,2-cm-Geschütze auf dem Oberdeck hatte man durch 20,3-cm-Geschütze ersetzt. Der Hauptgürtelpanzer war an den Enden um 76 mm verstärkt worden, desgleichen die zwischen den 20,3 cm-Geschützen stehenden 11-Pdr-Geschützen. Das Panzerdeck hatte man ebenfalls auf 70 mm verstärkt und über dem Bereich zwischen Haupt- und oberem Gürtelpanzer befand sich eine 76-mm-Böschung.

Beide Einheiten nahmen im Ersten Weltkrieg an zahlreichen Operationen im Schwarzen Meer teil. Dabei fungierte die *Evstafi* zeitweise als Flaggschiff. Im Verlauf des Krieges erhielten sie zusätzlich 2 × 11-Pdr-Flak. Beide Einheiten trafen gemeinsam mit der *Pantelimon* und *Tri Svititelia* zweimal mit dem kampfstarken deutschen Schlachtkreuzer *Goeben* zusammen. Jede Seite war bei einer dieser Aktionen der anderen jeweils überlegen.

Der Entwurf dieser Klasse wurde aufgrund der Lehren des russisch-japanischen Krieges mehrfach geändert und so entstanden Glattdecker mit komplett gepanzertem Schiffskörper ohne Öffnungen. Die Geschütze standen in Türmen französischer Konstruktion, ihre Rohre hatten bis zu 35° Erhöhung. Den achteren Turm hatte man so weit wie möglich zum Heck hin aufgestellt. Die 20,3-cm-Türme befanden sich mittschiffs an der Seite, die übrigen 20,3-cm-Geschütze in der Oberdecksbatterie. In der darübersitzenden Batterie waren die 12-cm-Geschütze hinter einer 90-mm-Panzerung postiert. Der zwischen 216 mm und 165 m dicke Gürtelpanzer reichte 1,98 m über die Einsatzwasserlinie. Darüber maß er nur noch 127 mm. Das H-Deck hatte eine Stärke von 57 mm bis 32 mm, das Zwischendeck von 38 mm. Hier saß auch eine 76-mm-Böschung. Es gab kein dickes Torpedoschott.

Die Schiffe besaßen ursprünglich Gittermasten, die später bis zur Schornsteinhöhe heruntergebaut wurden: Zuerst auf der *Pavel*, dann auf der *Andrei*. Die Pfahlmasten stufte man ebenfalls ab. An den Kampfhandlungen des Ersten Weltkrieges nahmen sie nur wenig teil. 1917 erhielt die *Pavel* den Namen *Republika*. Die *Andrei* wurde am 18. 8. 1919 im Verlauf eines CMB-Angriffs torpediert*. Beide Einheiten waren gut zu unterscheiden: *Pavel* führte Schwa-

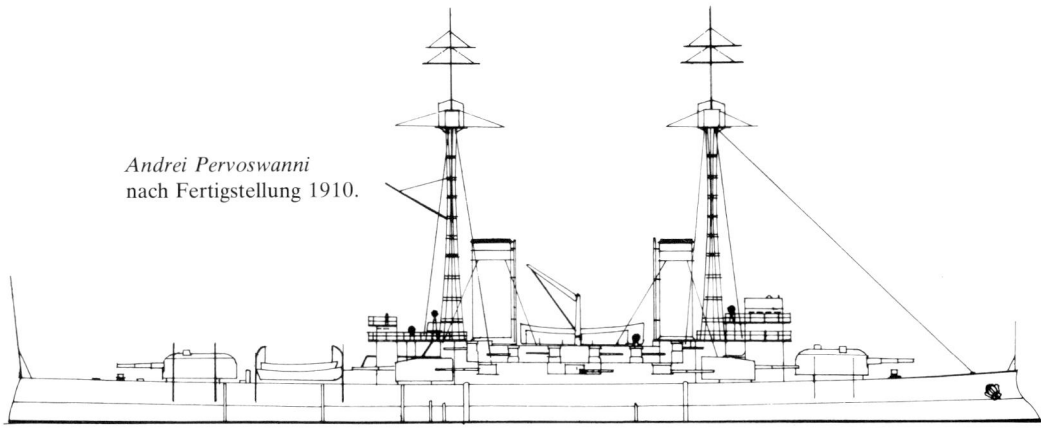

Andrei Pervoswanni nach Fertigstellung 1910.

Imperator Pavel-Klasse Schlachtschiffe

Verdrängung:	17 400 ts
Abmessungen:	Lüa 140,2 m; B 24,38 m; Tg ~ 8,23 m
Maschinenanlage:	22 Belleville-Kessel, 2 Wellen, Stehende Dreifachexpansionsmaschinen, 18 000 PSi ≙ 17,5 kn, maximal 1325−1500 ts Kohle
Panzerung:	KC: Gürtelpanzer 216−127 mm, Enden des Gürtelpanzers 127−89 mm, Türme 203−102 mm, Türme der MA 152−102 mm, Batterie 165−127 mm, Kommandoturm 203 mm
Bewaffnung:	4 × 30,5 cm/L 40 (2 × 2), 14 × 20,3 cm/L 50 (4 × 2, 6 × 1), 12 × 12 cm/L 45, 4 × 3 Pdr, 3 × 45,7-cm-UTR
Besatzung:	933

Name	Bauwerft	Kiellegung	Stapellauf	Fertigstellg.	Schicksal
Imperator Pavel	Baltische Schiffswerft	April 1904	7. 9. 1907	7. 9. 1910	Abbr 1923
Andrei Pervoswanni	Putilovwerft	April 1903	20. 10. 1906	27. 7. 1910	Abbr 1925

nenhalsbootskräne, *Andrei* Ladebäume. Während des Ersten Weltkrieges erhielten beide zusätzlich 2 × 11-Pdr-Flak.

---

* Anm. d. Übers.: CMB = Coastal Motor Boat, britisches Motortorpedoboot. Während des russischen Bürgerkrieges griffen wiederholt alliierte Streitkräfte auf seiten der »Weißen« in die Kämpfe ein.

Ioann Zlatoust 1918 in Sewastopol mit deutscher Flagge. (Sammlung Aldo Fraccaroli)

Andrei Pervoswanni nach Fertigstellung 1910. (Sammlung Aldo Fraccaroli)

Panzerkreuzer

General Admiral mit Vollschifftakelung jedoch abgenommenen Marsstengen. (Sammlung Aldo Fraccaroli)

Die Schiffe hatten einen eisernen Schiffskörper ohne Ramme, eine Vollschifftakelung und eine Holzbeplankung mit Kupferbeschlag. Zur Zeit des Baues bezeichnete man sie als die ersten Panzerkreuzer. Der Gürtelpanzer war komplett und reichte von 61 cm über der Einsatzwasserlinie bis 1,53 m unter diese. Über dem Gürtelpanzer saß ein 25-mm-Deck, und um die Maschinenraumschächte hatte man ein 1,37 m hohes und 152 mm dickes Süll gezogen. Weitere Panzerungen gab es nicht.

Die 20,3-cm-Geschütze standen mittschiffs auf dem Oberdeck, die 15,2-cm-Geschütze unter der Back und Poop. Im Verlauf der langen Indiensthaltung änderte sich die Armierung: 1889 führte die *Gerzog Edinburgski* 4 × 20,3 cm/L 30, 5 × 15,2 cm/L 28, 6 × 10,2 cm/L 20 und 10 × 1-Pdr-Revolverkanonen. 1892 bzw. 1896 erhielten beide neue Maschinenanlagen und je vier Zylinderkessel. Zuletzt fanden sie als Schulschiffe Verwendung. Schließlich erfolgte der Umbau zu Minenlegern.

Die als *Alexander Nevski* auf Stapel gelegte *Gerzog Edinburgski* wurde am 26. Jan. 1874 umbenannt und erhielt am 25. Okt. 1909 den Namen *Onega* und aus der *General Admiral* wurde am 25. Okt. 1909 die *Narova* und später die 25. *Oktiabrya*. Als Minenleger konnten sie 600 Minen mitführen.

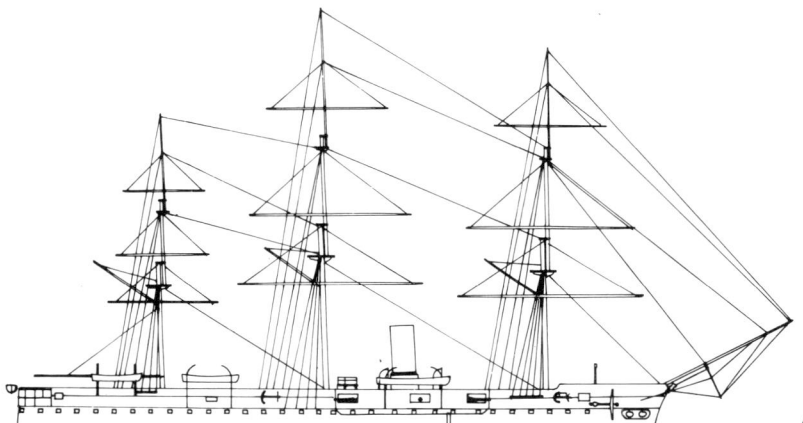

General Admiral 1880.

General Admiral-Klasse

Konstr.-Verdräng.:	4602 ts
Verdrängung:	*General Admiral* 5031 ts, *Gerzog Edinburgski* 4838 ts
Abmessungen:	Lcwl 87,12 m; B 14,63 m; Tg 7,32–7,44 m maximal
Maschinenanlage:	12 Kofferkessel, 1 Welle, Stehende Verbundmaschine, *General Admiral* 4470 PSi $\cong$ 12,3 kn, *Gerzog Edinburgski* 5222 PSi $\cong$ 13,2 kn, 500/1000 ts Kohle
Panzerung:	Schmiedeeisen: Gürtelpanzer 152–127 mm
Bewaffnung:	6 × 20,3 cm/L 22, 2 × 15,2 cm/L 23, 8 × 1-Pdr-Revolverkanonen, 4 × 8,6 cm, zusätzlich 2 × 38,1-cm-TR
Besatzung:	480–490

Name	Bauwerft	Kiellegung*	Stapellauf*	Fertigstellg.	Schicksal
General Admiral	Nevskiwerft	27.11.1870	3.10.1873	1875	1938 gestrichen
Gerzog Edinburgski	Baltische Schiffswerft	27.9.1870	10.9.1875	1877	ab 1915 Hulk

* Anm. d. Übers.: Daten gem. Gregorianischem Kalender

Das Schiff hatte ursprünglich eine schwere Vollschifftakelung und besaß ebenfalls einen kompletten 152-mm-Gürtelpanzer, der von 76 cm über der Einsatzwasserlinie bis 1,68 unter diese reichte. Zwischen dem H-Deck und Oberdeck saßen Schotte, die acht der 15,2-cm-Geschütze und die vier in Schwalbennestern stehenden 20,3-cm-Geschütze vor einfallendem Feuer sichern sollten. Ansonsten waren alle Geschütze ungedeckt. Das Panzerdeck war zwischen 76 mm und 51 mm stark.

1897/98 wurde *Monomakh* modernisiert und umgerüstet auf 5 × 15,2-cm-/l 45-Geschütze, 8 × 12-cm/L 45-Geschütze und 8 × 3 Pdr. Die 1 Pdr und TR verblieben an Bord. Bei Tsushima wurde sie in der Nacht torpediert und ergab sich am folgende Tag, konnte aber nicht schwimmfähig gehalten werden.

Vladimir Monamakh, im Hintergrund *Dmitri Donskoi*. Beide sind modernisiert und haben leichte Pfahlmasten anstelle der ursprünglichen Vollschifftakelung. (Sammlung Aldo Fraccaroli)

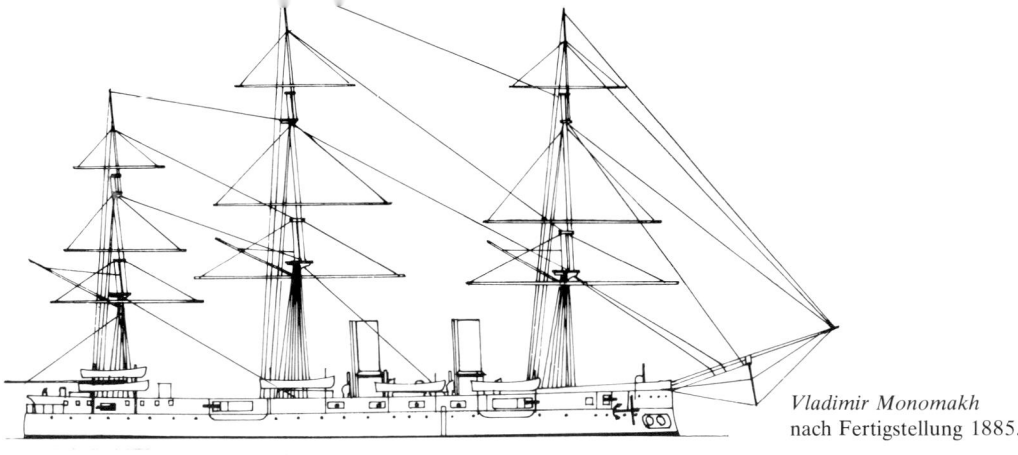

Vladimir Monomakh
nach Fertigstellung 1885.

Vladimir Monomakh

Konstr.-Verdräng.:	6000 ts
Verdrängung:	1905: 5593 ts
Abmessungen:	Lcwl 90,3 m; B 15,85 m; Tg 8 m maximal
Maschinenanlage:	6 Zylinderkessel, 2 Wellen, Stehende Verbundmaschinen, 7000 PSi ≙ 15,2 kn, 900–1100 ts Kohle
Panzerung:	Compound: Gürtelpanzer 152–114 mm, Batterie 102–76 mm (nur die Schotte)
Bewaffnung:	4 × 20,3 cm/L 30 (4× 1), 12 × 15,2 cm/L 28, 4 × 8,6 cm, 4 × 3-Pdr-Revolverkanonen, 8 × 1-Pdr-Revolverkanonen, 3 × 38,1-cm-TR
Besatzung:	566, später 495

Name	Bauwerft	Kiellegung*	Stapellauf	Fertigstellg.	Schicksal
Vladimir Monomakh	Baltische Schiffswerft	9.5.1881	10.10.1882	1.7.1883	† 28.5.1905

* Anm. d. Übers.: Kronenfels nennt als Datum der Kiellegung 12.2.1881, eine weitere Quelle 16.2.1881

Dmitri Donskoi vor Modernisierung mit schwerer Barktakelung. (Sammlung Aldo Fraccaroli)

Dmitri Donskoi

Konstr.-Verdräng.:	5796 ts
Verdrängung:	1905: 6200 ts
Abmessungen:	Lcwl 90,43 m; B 15,85 m; Tg 7,85 m maximal
Maschinenanlage:	6 Zylinderkessel, 1 Welle, 2 Stehende Verbundmaschinen, 7000 PSi ≙ 16,5 kn, maximal 800 ts Kohle
Panzerung:	Compound: Gürtelpanzer 152–114 mm
Bewaffnung:	2 × 20,3 cm/L 30 (2 × 1), 14 × 15,2 cm/L 28, 4 × 8,6 cm, 14 × 1-Pdr-Revolverkanonen, 5 × 38,1-cm-TR
Besatzung:	571, später 507

Name	Bauwerft	Kiellegung	Stapellauf	Fertigstellg.	Schicksal
Dmitri Donskoi	Neue Admiralitätswerft	9.5.1881	18.8.1883	1884/85	(†) 29.5.1905

Wenn man offiziellen britischen Berichten folgt, hatte die *Donskoi* ursprünglich eine schwere Vollschifftakelung und sehr schlechte Unterteilung. Im Fall der Überflutung ihres großen Maschinenraumes wäre sie gesunken. Der Gürtelpanzer glich dem der *Monomakh*. Es gab allerdings ein 51-mm-Deck.

Die 14 × 15,2-cm-Geschütze hatten auf dem H-Deck keinen Schutz und die beiden in Oberdeckschwalbennestern postierten 20,3-cm-Geschütze nur kleine 51-mm-Schilde. 1895 modernisierte man das Schiff. Danach führte es 6 × 15,2-cm/L 45-Geschütze, 10 × 12-cm/L 45-Geschütze, 6 × 3 Pdr und 10 × 1 Pdr. Die Revolverkanonen und TR verblieben an Bord. Die *Donskoi* überstand Tsushima und auch einen in der Nacht des 28. Mai 1905 stattfindenden Zerstörerangriff. Am folgenden Morgen versenkte sie sich selbst.

Admiral Nakhimov etwa 1900 mit veränderter Takelung. (Sammlung Aldo Fraccaroli)

Die *Nakhimov* war in vielerlei Hinsicht eine direkte Kopie der britischen *Imperieuse* und *Warspite*, von deren Entwurf man den Russen eine Anzahl Pläne überlassen hatte. Es gab allerdings auch eigene Konstruktionsmerkmale: Durch die Änderung der Bunker und Luken schwächte man den Schutz der Maschinenanlage. Das Schiff war holzbeplankt und kupferbeschlagen und anfangs brigggetakelt. Der 44,84 m lange Gürtelpanzer war an seiner Unterkante 152 m dick und reichte von 91 cm über die Einsatzwasserlinie bis 1,53 m unter diese. Er endete in 254−152 mm dicken Schotts. Die Barbetten waren 203 mm dick (an den Seiten jedoch nur 203−178 mm) und saßen auf dem H-Deck. Unter ihnen befanden sich 76-mm-Munitionsförderschächte. Die Schutzschilde der Barbetten maßen 64−51 mm-Schutzschilde. Die auf dem H-Deck stehenden 15,2-cm-Geschütze waren ungeschützt. Über dem Bereich des Gürtelpanzers und in der Ebene der Gürtelpanzerunterkante vorne und achtern saß ein 76-mm-Panzerdeck.

1899 erhielt *Nakhimov* neue Kessel. Gleichzeitig baute man die 3 × 8,6-cm-Geschütze aus und änderte die leichtere Armierung in 12 × 3 Pdr und 4 × 1-Pdr-Revolverkanonen. Es scheint, daß sie bei Tsushima schweren Granattreffern entging. Während der Nacht wurde sie torpediert, was die Besatzung veranlaßte, die Bodenventile zu öffnen. Dadurch fiel sie nicht in die Hände der Japaner.

Ein holzbeplanktes und kupferbeschlagenes sowie ursprünglich mit einer Bartakelung ohne Royals ausgerüstetes Dreischornsteinschiff. Der Gürtelpanzer endete 14,33 m vor dem Bug und 10,68 m vor dem Heck, dabei von 76 cm über die Einsatzwasserlinie bis 1,53 m unter diese reichend. Mittschiffs war er 152 mm dick und verjüngte sich nach vorne und achtern sowie zur Unterkante hin auf

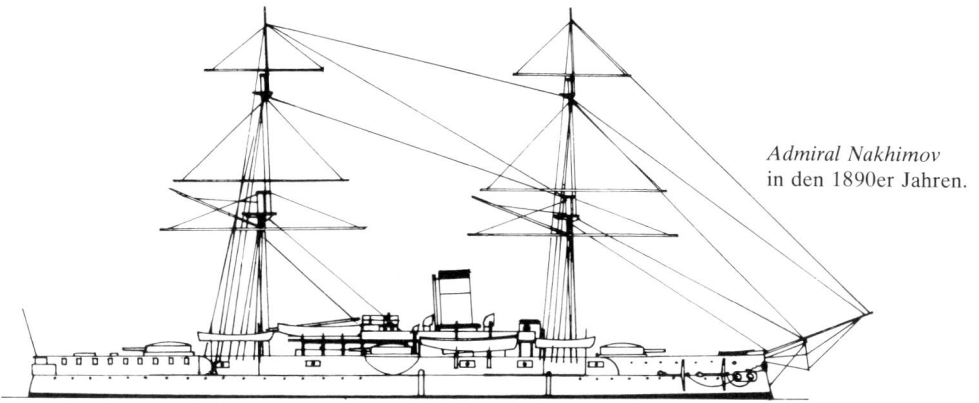

Admiral Nakhimov
in den 1890er Jahren.

Admiral Nakhimov

Verdrängung:	8524 ts
Abmessungen:	Lcwl 101,5 m; B 18,59 m; Tg 8,38 m maximal
Maschinenanlage:	12 Zylinderkessel, 2 Wellen, Stehende Verbundmaschinen, 9000 PSi ≙ 17 kn, maximal 1200 ts Kohle
Panzerung:	Compound: Gürtelpanzer 254−152 mm, Barbetten 203−76 mm, Kommandoturm 152 mm
Bewaffnung:	8 × 20,3 cm/L 35 (4 × 2), 10 × 15,2 cm/L 35, 4 × 8,6 cm, 6 × 3-Pdr-Revolverkanonen, 4 × 1-Pdr-Revolverkanonen, 3 × 38,1-cm-TR, 40 Minen
Besatzung:	570

Name	Bauwerft	Kiellegung	Stapellauf	Fertigstellg.	Schicksal
Admiral Nakhimov	Baltische Schiffswerft	Juli 1884	21.10.1885	3.12.1887	(†) 28.5.1905

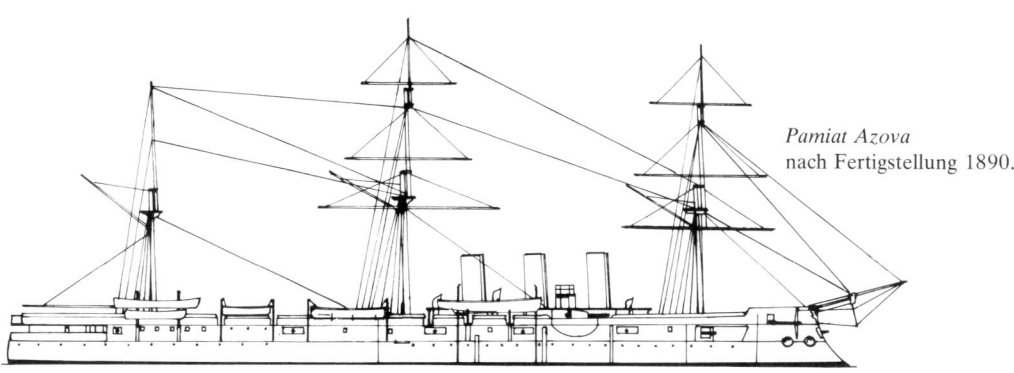

Pamiat Azova
nach Fertigstellung 1890.

Pamiat Azova

Konstr.-Verdräng.:	6000 ts
Verdrängung:	6674 ts
Abmessungen:	Lüa 117,19 m; B 17,22 m; Tg 8,18 m maximal
Maschinenanlage:	6 Zylinderkessel, 2 Wellen, Stehende Dreifachexpansionsmaschinen, 8500 PSi ≙ 17 kn, maximal 1200 ts Kohle
Panzerung:	Compound: Gürtelpanzer 152−102 mm, Kommandoturm 38 mm
Bewaffnung:	2 × 20,3 cm/L 35 (2 × 1), 13 × 15,2 cm/L 35, 7 × 3 Pdr, 8 × 1-Pdr-Revolverkanonen, 3 × 38,1-cm-TR
Besatzung:	640

102 mm. Den Abschluß bildeten 102-mm-Schotte.

Die in Schwalbennestern stehenden 20,3-cm-Geschütze besaßen kleine 51-mm-Schilde, die im H-Deck befindlichen 15,2-cm-Geschütze waren hingegen ungeschützt. Das 64-mm-Panzerdeck reduzierte sich an den Enden auf 38 mm.

1904 wurde *Pamiat Azova* umgebaut und erhielt 18 Belleville-Kessel. Offizielle russische Daten ohne Datumsangabe geben eine Leistung von nur 5664 PSi ≙ 16 kn an. Ab 1909 fuhr sie als Torpedoschulschiff mit Namen *Dvina*. Bei einem Angriff auf Kronstadt fiel sie einem Torpedo des *CMB 79* zum Opfer.

Pamiat Azova mit voller Barktakelung. (CPL)

Name	Bauwerft	Kiellegung*	Stapellauf*	Fertigstellg.	Schicksal
Pamiat Azova	Baltische Schiffswerft	24.7.1886	1.6.1888	1889	† 18.8.1919

* Anm. d. Übers.: Daten gem. Gregorianischem Kalender

Bei ihrem ersten Erscheinen erregte *Rurik* zwar merkliches Aufsehen, war jedoch ein durch und durch unbefriedigender Entwurf: In der Breitseite war stets nur die halbe Rohrzahl einsetzbar, der Schiffsschutz erwies sich als ungenügend und die Raumeinteilung als schlecht.

Der 97,6 m lange und 2-06 m tiefe Gürtelpanzer hatte eine Dicke von 254–203 mm und nahm zur Unterkante hin ab auf 127 mm. Den Abschluß bildeten bis zum Oberdeck reichende Schotte von 254–228 mm Stärke.

Die 20,3-cm-Geschütze standen in Schwalbennestern, die 15,2-cm-Geschütze im H-Deck und die 12-cm-Geschütze hinter Schutzschilden an Oberdeck. Den 15,2-cm-Geschützen gaben die Schotte einen gewissen Schutz. Das über dem Gürtelpanzer sitzende Panzerdeck war 64 mm dick und nahm nach vorne zu auf 90 mm und nach achtern auf 76. Die *Rurik* hatte eine Barktakelung, eine Holzbeplankung und einen Kupferbeschlag.

Sie wurde bei Ulsan durch japanisches 20,3-cm- und 15,2-cm-Geschützfeuer versenkt.

Rurik nach Fertigstellung 1895.

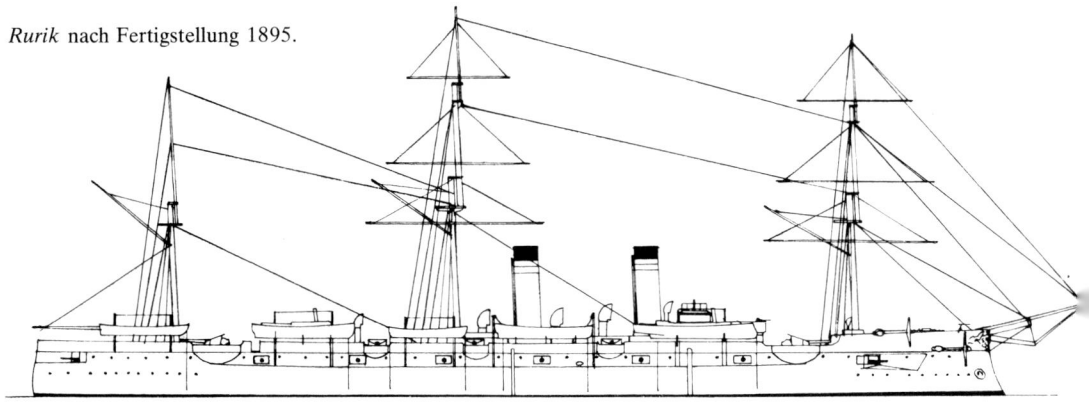

Rurik

Konstr.-Verdräng.:	10933 ts
Verdrängung:	11690 ts
Abmessungen:	Lüa 132,58 m; B 20,42 m; Tg 8,3 m maxiaml
Maschinenanlage:	8 Zylinderkessel, 2 Wellen, 4 Stehende Dreifachexpansionsmaschinen, 13250 PSi ≙ 18,7 kn (bei Leerverdrängung), maximal 2000 ts Kohle
Panzerung:	Stahl: Gürtelpanzer 254–127 mm, Batterie 254–228 mm (nur die Schotte), Kommandoturm 203 mm
Bewaffnung:	4 × 20,3 cm/L 35 (4 × 1), 16 × 15,2 cm/L 45, 6 × 12 cm/L 45, 6 × 3 Pdr, 10 × 1 Pdr, 4 × 38,1-cm-TR
Besatzung:	683 (bei Ulsan 817)

Name	Bauwerft	Kiellegung	Stapellauf	Fertigstellg.	Schicksal
Rurik	Baltische Schiffswerft	31.5.1890	3.11.1892	1895	† 14.8.1904

Rurik in der Anfangszeit. (CPL)

Rossia nach Fertigstellung 1897.

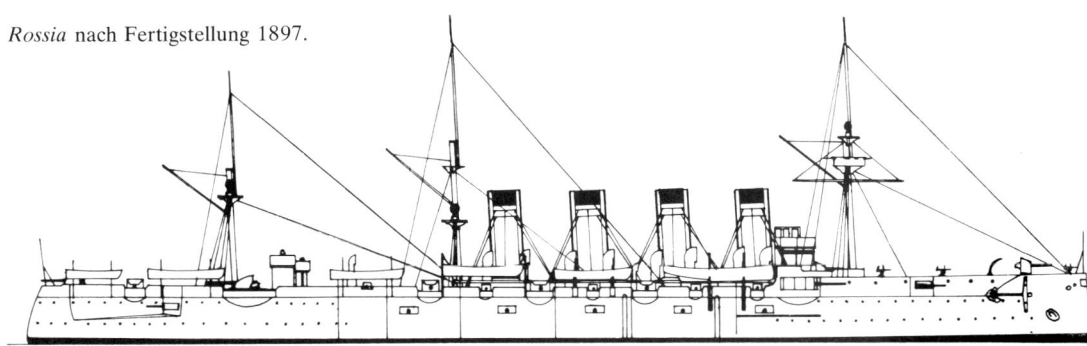

Obwohl gegenüber der *Rurik* wesentlich verbessert, war es ein unglücklicher Entwurf: Der Gürtelpanzer verlief vom Heck bis 24,4 m an den Bug heran, reichte von 1,37 m über die Einsatzwasserlinie bis 1,22 m unter diese und hatte eine Dicke von 203–152 mm, die zur Unterkante hin auf 102 mm abnahm. Nach vorne schloß er mit einem 178-mm-Schott. Über dem Gürtelpanzer saß zum Schutz der Maschinenräume ein 127-mm-Seitenpanzer mit vorderem 127-mm-Schott. Dazu gehörte auch eine zwischen H- und Zwischendeck sitzende 76-mm-Schutzwand. Abgesehen von den Batterieschotts hatten die Geschütze selbst nur kleine Schilde, 25-mm-Traversen und die 20,3-cm-Geschütze noch schwach gepanzerte Munitionsaufzüge. Das aus weichem Stahl bestehende Panzerdeck hatte im Bereich des Gürtelpanzers eine Stärke von 95 mm und nahm nach vorne ab auf 51 mm.

Die 20,3-cm-Geschütze standen in Schwalbennestern des Oberdecks, drei 15,2-cm-Geschütze befanden sich unter der Back, eines achtern und jeweils sechs an jeder Hauptdeckseite. Bei voller Fahrt benutzte man auch die beiden Außenpropeller, die dem Schiff die in der Tabelle angegebene Geschwindigkeit verliehen. Die Kesselleistung langte nicht, der Mittelmaschine die erforderlichen 2500 PSi zu liefern. Folglich benutzte man diese nur für die Marschfahrt und kuppelte die beiden Außenwellen dabei ab. Die *Rossia* war holzbeplankt und kupferbeschlagen.

1906 wurde das Schiff umfassend umgerüstet: Aufs Oberdeck ka-

Rossia

Konstr.-Verdräng.:	12 195 ts
Verdrängung:	13 675 ts
Abmessungen:	Lüa 146,45 m; B 20,88 m, Tg 7,92 m maximal
Maschinenanlage:	32 Belleville-Kessel, 3 Wellen, Stehende Dreifachexpansionsmaschinen (siehe → Beschreibung), 15 500 PSi ≙ 20,2 kn, maximal 2500 ts Kohle
Panzerung:	Harvey-Nickel: Gürtelpanzer 203–102 mm, Batterie 127 mm (nur die Schotte), Kommandoturm 305 mm
Bewaffnung:	4 × 20,3 cm/L 45 (4 × 1), 16 × 15,2 cm/L 45, 12 × 11 Pdr, 20 × 3 Pdr, 16 × 1 Pdr, 5 × 38,1-cm-TR
Besatzung:	842

Name	Bauwerft	Kiellegung	Stapellauf	Fertigstellg.	Schicksal
Rossia	Baltische Schiffswerft	1894	12.6.1896	1897	Abbr 1922

men zusätzlich 6 × 15,2-cm-Geschütze in Schwalbennestern. Die vordersten 15,2-cm-Geschütze baute man aus und stellte sie auf die Back. Alle leichteren Geschütze wurden auf 15 × 11 Pdr und 2 × 3 Pdr reduziert. Bis auf zwei kamen alle TR von Bord. 1917 verminderte man die 15,2-cm-Geschütze auf 14 und stellte auf den Bug und das Heck zusätzlich 2 × 20,3-cm-Geschütze. Damit erhöhte sich deren Zahl auf insgesamt sechs. 1904 erlitt sie bei Ulsan erhebliche Beschädigungen durch japanische Panzerkreuzer und hatte hohe Verluste. Trotzdem gelang es ihr, zu entkommen. Im Ersten Weltkrieg kam sie in der Ostsee zeitweise als Minenleger mit 100 Minen zum Einsatz.

Rossia im Oktober 1910. (CPL)

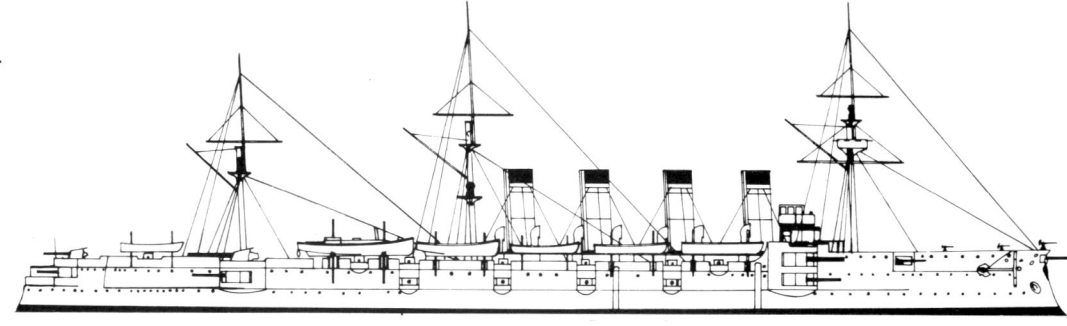

Gromoboi nach Fertigstellung 1900.

Allgemein ähnelte sie der Rossia, aber abgesehen von der üblichen Dreiwellenvortriebsanlage gab es doch einige wichtige Änderungen: Der 91,5 m lange Gürtelpanzer reichte von 84 cm über der Einsatzwasserlinie bis 1,53 m unter diese. Den Abschluß bildeten 152-mm-Schotte. Die 20,3 cm- und 15,2-cm-Geschütze standen wie auf der Rossia, hingegen waren die beiden vorderen 20,3 cm und die mittschiffs stehenden 12 × 15,2-cm-Geschütze in 127-mm-Kasematten postiert. Diese hatten für 10 × 15,2-cm-Geschütze 64-mm-Rückwände und 38-mm-Munitionsaufzüge. Die beiden 20,3 cm- und die vordersten der insgesamt 16 × 15,2-cm-Geschütze befanden sich in einer doppelstöckigen Kasematte, die quer über das ganze Schiff verlief und zwei Schotte besaß.

Das Nickelstahlpanzerdeck hatte mittschiffs eine Dicke von 51 mm und nahm zur Böschung hin zu auf 76 mm. Vorne und hinten maß es 51 mm.

1906 wurde Gromoboi leicht umgerüstet: Aufs Oberdeck kamen zusätzlich 6 × 15,2-cm-Geschütze und die vordersten 15,2-cm-Geschütze stellte man auf die Back. Die leichteren Geschütze setzten sich danach aus 19 × 11 Pdr und 6 × 3 Pdr zusammen. 1916/17 wurden die Bug- und Heck-15,2-cm-Geschütze durch 2 × 20,3 cm/L 45 und 4 × 11-Pdr-Flak ersetzt. Nach dem Gefecht von Ulsan, in dem sie merklich beschädigt wurde und schwerere Verluste als die Rossia hatte, gelang es ihr, unbehelligt zu entkommen. Am 23. Mai 1905 lief sie vor Wladiwostok auf eine Mine, wurde aber wieder hergestellt und fand im Ersten Weltkrieg in der Ostsee Verwendung.

Gromoboi

Konstr.-Verdräng.:	12 960 ts
Verdrängung:	13 220 ts
Abmessungen:	Lüa 146,6 m; B 20,88 m; Tg 8,48 m maximal
Maschinenanlage:	32 Belleville-Kessel, 3 Wellen, Stehende Dreifachexpansionsmaschinen, 15 500 PSi ≙ 20 kn, maximal 1720 ts Kohle
Panzerung:	KC: Gürtelpanzer 152 mm, Kasematten 127–51 mm, Kommandoturm 305 mm
Bewaffnung:	4 × 20,3 cm/L 45 (4 × 1), 16 × 15,2 cm/L 45, 24 × 11 Pdr, 4 × 3 Pdr, 4 × 1 Pdr, 4 × 38,1-cm-Utr
Besatzung:	877

Name	Bauwerft	Kiellegung	Stapellauf	Fertigstellg.	Schicksal
Gromoboi	Baltische Schiffswerft	1897	20.5.1899	1900	Abbr 1922

Gromoboi vor der Umrüstung 1906. (CPL)

Bayan (I) nach Fertigstellung 1903.

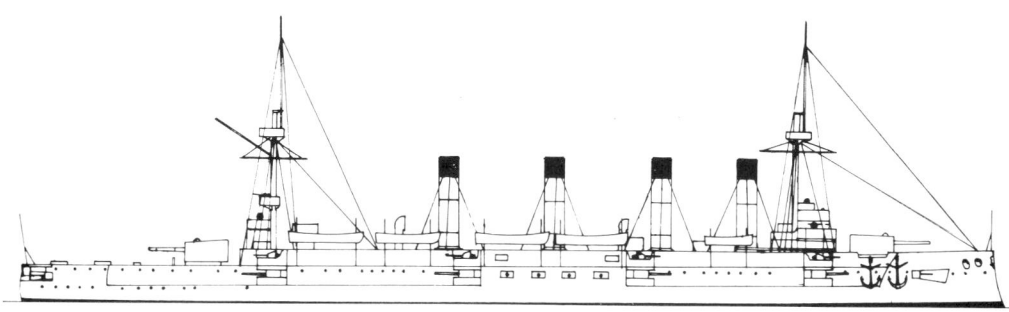

Bayan-Klasse

Verdrängung:	7775 ts, *Bayan (I)* 7725 ts
Abmessungen:	Lüa 137,03 m; B 17,52 m; Tg 6,48–6,71 m maximal
Maschinenanlage:	26 Belleville-Kessel, 2 Wellen, Stehende Dreifachexpansionsmaschinen, 16 500 PSi $\cong$ 21 kn (*Makarov* bei Probefahrten 19 000 PSi $\cong$ 22,5 kn), maximal 950–1100 ts Kohle
Panzerung:	KC, *Bayan (I)* Harvey-Nickelstahl: Gürtelpanzer 203–64 mm, Türme 152–133 mm, Kommandoturm 139 mm, *Bayan (I)* Gürtelpanzer 203–64 mm, Türme 171–152 mm, Kommandoturm 171 mm
Bewaffnung:	2 × 20,3 cm/L 45 (2 × 1), 8 × 15,2 cm/L 45, 20 × 11 Pdr, 4 × 6 Pdr, 2 × 45,7-cm-UTR; *Bayan (I)* 16 × 11 Pdr, 8 × 3 Pdr, 2 × 38,1-cm-TR
Besatzung:	568–593

Name	Bauwerft	Kiellegung	Stapellauf	Fertigstellg.	Schicksal
Bayan (I)	La Seyne	Febr. 1899	12.6.1900	April 1903	† 8.8.1932 als Zielschiff *Aso*
Admiral Makarov	La Seyne	April 1905	27.3.1906	April 1908	Abbr 1922
Bayan (II)	Neue Admiralitätswerft	Aug. 1905	15.8.1907	Dez. 1911	Abbr 1922
Pallada (II)	Neue Admiralitätswerft	Aug. 1905	10.11.1906	Febr. 1911	† 11.10.1914

Panzerkreuzer mittlerer Größe, die in ihrer Konstruktion der *Rossia* entsprachen. Der Hauptgürtelpanzer verlief vom Vorsteven bis zum achteren Turm und reichte von 61 cm über der Einsatzwasserlinie bis 1,22 unter diese. Er wurde durch 178–203 mm dicke Schotte abgeschlossen. Zur Unterkante und nach den Enden hin verjüngte sich der Gürtelpanzer auf 102 mm. Der obere Gürtelpanzer maß 64 mm und reichte bis zum Hauptdeck. Dieselbe Stärke hatten die Kasematten der 15,2-cm-Geschütze und die Batterie mit acht der 11-Pdr-Geschütze. Das Panzerdeck war einheitlich 51 mm dick.

Die *Bayan (I)* nahm am russisch-japanischen Krieg teil, lief am 27. Juli 1904 auf eine Mine und fiel in Port Arthur japanischem Haubitzenbeschuß zum Opfer. Gehoben und repariert, stellten die Japaner sie als *Aso* in Dienst. *Pallada* wurde im Ersten Weltkrieg durch das deutsche U-Boot *U 26* versenkt. Die beiden übrigen Einheiten erhielten zusätzlich 2 × 11-Pdr-Flak oder 3-Pdr-Flak und wurden als Minenleger mit bis zu 150 Minen eingesetzt. *Bayan (II)* nahm am 17. Oktober 1917 am Gefecht im Moon-Sund teil und erhielt durch das deutsche Linienschiff *König* einen 30,5-cm-Treffer, der einen gefährlichen Brand auslöste.

Admiral Makarov kurz nach Fertigstellung 1909. (CPL)

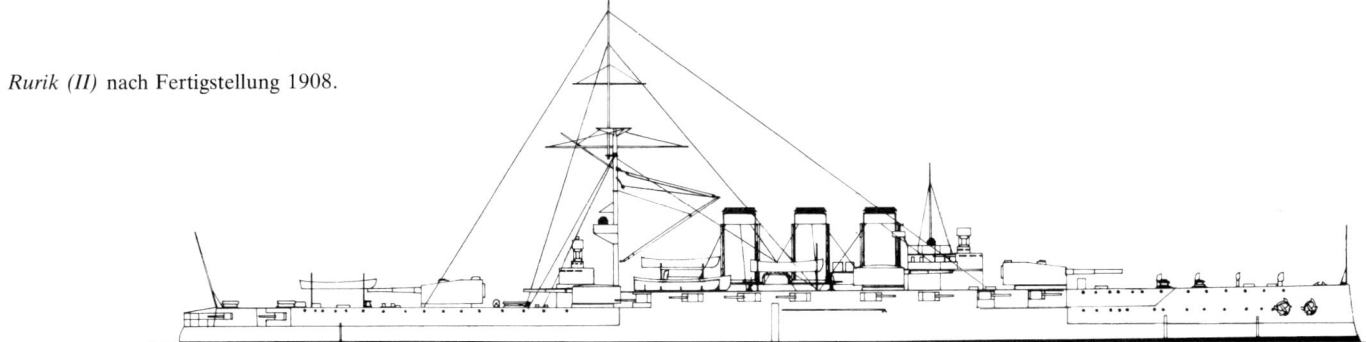

Rurik (II) nach Fertigstellung 1908.

Rurik

Verdrängung:	15190 ts
Abmessungen:	Lüa 161,23 m; B 22,86 m; Tg 7,92 m maximal
Maschinenanlage:	28 Belleville-Kessel, 2 Wellen, Stehende Dreifachexpansionsmaschinen, 19700 PSi $\triangleq$ 21 kn, maximal 1920 ts Kohle
Panzerung:	KC: Gürtelpanzer 152–102 mm, Enden des Gürtelpanzers 102–76 mm, Türme 203–184 mm, Türme der MA 178–152 mm, Batterie 76 mm, Kommandoturm 203 mm
Bewaffnung:	4 × 25,4 cm/L 50 (2 × 2), 8 × 20,3 cm/L 50 (4 × 2), 20 × 12 cm/L 50, 4 × 3 Pdr, 2 × 45,7-cm-UTR
Besatzung:	899

Name	Bauwerft	Kiellegung	Stapellauf	Fertigstellg.	Schicksal
Rurik	Vickers	Aug. 1905	17.11.1906	Sept. 1908	Abbr 1923

Das beste bis 1905 für die russische Marine auf Stapel gelegte Schiff und einer der besten Panzerkreuzer, die je gebaut worden sind. Die 25,4-cm-Geschütze hatten eine Rohrerhöhung bis zu 35°, die Fluteinrichtung der Magazine und ihre Sprühanlage waren der britischen Praxis weit voraus. Der Gürtelpanzer erstreckte sich von 2,36 m über der Einsatzwasserlinie bis 1,53 m unter diese. Zwischen den beiden 25,4-cm-Barbetten maß er 152 mm, im unteren Teil 102 mm und an der Oberkante 127 mm. Nach voraus setzte er sich mit 102 mm bis 76 mm fort und nach achtern mit 76 mm. Den Gürtelpanzerabschluß bildeten 76-mm-Schotts. Der 76-mm-Panzer der Oberdecksbatterie setzte sich nach unten bis zum Zusammentreffen mit der Gürtelpanzeroberkante fort. Die Hauptgeschütztürme hatten 64-mm-Decken und 203-mm-Wandungen. Hinter dem Seitenpanzer reduzierten sich die 184-mm-Barbetten auf 108–51 mm. Die MA-Türme hatten 178-mm-Seiten und 51-mm-Decken. Ihre Barbetten maßen 152 mm und reduzierten sich auf 76–38 mm. Es gab zwei Panzerdecks: Das H-Deck war 38 mm, das Zwischendeck 25 mm. In diesem Deck gab es außerdem eine 38-mm-Mittschiffsböschung. Auch das Batteriedeck war 25 mm stark. Zwischen den Barbetten und etwa 3,36 m von der Bordwand entfernt erstreckte sich ein 38-mm-Torpedoschott.

Während des Ersten Weltkriegs fand *Rurik* in der Ostsee Verwendung. Für gewöhnlich diente sie als

Flaggschiff der Kreuzergeschwader. Zeitweise fuhr sie auch als Minenleger, und man sagt, daß sie 400 Minen unterbringen konnte. Während des Krieges erhielt sie zusätzlich 2 × 3-Pdr-Flak. *Rurik* wurde im Vorschiff insgesamt zweimal schwer beschädigt: Am 13. Februar 1915 lief sie auf eine Untiefe und am 19. November 1916 auf eine Mine. Bei ihrer Fertigstellung hatte sie nur einen Großmast. Später kam ein Fockmast hinzu, den man 1917 in einen Dreibeinmast umwandelte.

Rurik 1912.
(Sammlung John Roberts)

182

Kreuzer

Schraubenkorvetten mit hölzernem Schiffskörper und Vollschifftakelung. Die später auf den Namen *Skobeleff* umgetaufte *Vitiaz* war unter Segeln sehr langsam. *Variag* hatte die Maschinenanlage der älteren Schraubenfregatte *Balkan* erhalten. Nach den Gefechten von Hampton Roads kam es zu merklichen Zweifeln, ob sich ein Weiterbau der *Askold* lohnen würde. Und so wurde sie zum letzten ungepanzerten Schiff mit mehr als 2000 ts Verdrängung, das für die folgenden 20 Jahre gebaut wurde.

Die Armierung änderte sich zwischenzeitlich, 1884 bestand sie aus: *Variag* 1 × 15,2 cm/L 23, 10 × 10,6-cm-/L 20 – *Vitiaz* 8 × 15,2 cm/L 23, 4 × 10,6-cm/L 20 – *Askold* wie *Vitiaz*, jedoch mit 1 × 8,6 cm und Spierentorpedos.

Azia und *Afrika* mit 2500–2590 ts und *Europa* mit 3160 ts waren schraubengetriebene, barkgetakelte Handelsschiffe mit eisernen Schiffskörpern. Sie wurden zwischen 1874 und 1878 in den USA gebaut und von der russischen Marine gekauft, um sie dann als Kreuzer auszurüsten. Ihre Maschinenanlagen saßen teilweise über der Wasserlinie und man kann sie nicht als echte Kriegsschiffe ansprechen.

Schwarzmeerflotte. Die ursprünglich *Yaroslav* heißende *Pamiat Merkuria* hatte eine Barktakelung und war ein Ungeschützter Kreuzer, bei dessen Bau man Eisen und Stahl verwendete. Er führte einen vorspringenden Rammbug und wird als gutes Seeschiff beschrieben. Die 15,2-cm-Geschütze hatten keine Schilde und standen auf der Back und dem Heck. Die restlichen vier befanden sich in Oberdecksschwalbennestern. Die kleineren Geschütze bestanden zuletzt aus 4 × 3 Pdr, 2 × 1 Pdr und 2 × 1-Pdr-Revolverkanonen, hinzu kamen zwei Torpedorohre.

Variag-Klasse   Hölzerne Schraubenkorvetten

Verdrängung:	*Variag* 2155 ts, *Vitiaz* 2350 ts, *Askold* 2200 ts
Abmessungen:	Lcwl 66,29 m; B 12,09 m; Tg 5,87–6,12 m maximal
Maschinenanlage:	Kofferkessel, 1 Welle, 910–1018 PSi ≙ 10 kn
Bewaffnung:	17 SB (siehe → Beschreibung)
Besatzung:	324

Name	Bauwerft	Kiellegung	Stapellauf	Fertigstellg.	Schicksal
Askold	Ochta	1862	1863	1864	~ 1890 gestrichen
Variag	Uleaborg	1861	1862	1863	~ 1887 gestrichen
Vitiaz	Berneborg	1861	1862	1863	~ 1894 gestrichen

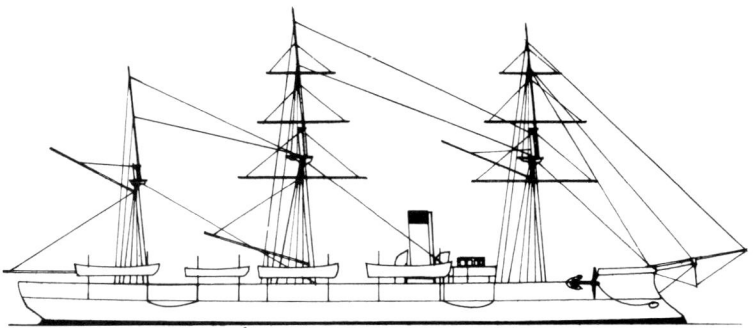

Pamiat Merkuria etwa 1890.

Pamiat Merkuria   Ungeschützter Kreuzer

Verdrängung:	2997 ts
Abmessungen:	Lcwl 90 m; B 12,4 m; Tg 5,97 m maximal
Maschinenanlage:	6 Zylinderkessel, 1 Welle, Liegende Verbundmaschine, 3000 PSi ≙ 14 kn, maximal 300 ts Kohle
Bewaffnung:	6 × 15,2 cm/L 28, 4 × 10,6 cm/L 20, 5 × 2,5 Pdr, 4 × 1-Pdr-Revolverkanonen, 4 × 38,1-cm-TR
Besatzung:	341

Name	Bauwerft	Kiellegung	Stapellauf	Fertigstellg.	Schicksal
Pamiat Merkuria	Le Havre	1878	1879	1881	1906 gestrichen

Pamiat Merkuria mit Originalbarktakelung. (CPL)

Rynda in den 1890er Jahren. (CPL)

Teilweise Geschützte Kreuzer mit stählernem und eisernem Schiffskörper, Klipperbug und Barktakelung. Die Holzbeplankung war kupferbeschlagen. Man glaubt, daß die *Rynda* zuletzt gewisse Ermüdungserscheinungen aufzeigte und verstärkt worden ist. Der Schiffsschutz beschränkte sich auf ein 38-mm-Deck über der Maschinenanlage und den Kesselräumen. Die 15,2-cm-Geschütze standen an Oberdeck: Vier in Schwalbennestern und jeweils drei an jeder Seite. Die *Rynda* fuhr zuletzt als Schulschiff; Berichte aus dem Jahre 1901 sagen, daß ihre Armierung zu dieser Zeit aus 4 × 15,2 cm/L 28, 2 × 8,6 cm, 2 × 11 Pdr, 10 × 1-Pdr-Revolverkanonen und 4 × 38,1-cm-TR bestand. Andere Berichte erwähnen, daß sie 1911 zu Versuchszwecken einen Dieselmotorantrieb erhielt.

Vitiaz-Klasse   Geschützte Kreuzer

Konstr.-Verdräng.:	2950 ts
Verdrängung:	*Rynda* 3537 ts
Abmessungen:	Lcwl 79,4 m; B 13,72 m; Tg 6,07 m maximal
Maschinenanlage:	10 Zylinderkessel, 1 Welle, Liegende Verbundmaschine, 3000 PSi ≙ 14,4 kn, maximal 500 ts Kohle
Bewaffnung:	10 × 15,2 cm/L 28, 4 × 8,6 cm, 8 × 1-Pdr-Revolverkanonen, 3 × 38,1-cm-TR
Besatzung:	330

Name	Bauwerft	Kiellegung	Stapellauf	Fertigstell.	Schicksal
Vitiaz	Putilovwerft	1883	1884	1886	Mai 1893 gestrandet
Rynda	Putilovwerft	1883	1885	1887	1914 gestrichen

Admiral Kornilov   Geschützter Kreuzer

Ein (Stahl-) Geschützter Kreuzer mit Holzbeschichtung, Kupferbeschlag, ausgeprägtem Rammbug und ursprünglich mit einer Barktakelung versehen. Es gab ein Deck mit 64–25 mm Stärke und einen 76-mm-Kommandoturm, außerdem hatten die Maschinenraumschächte einen aus Platten zusammengesetzten 114–76-mm-Schutz.
Nur die 15,2-cm-Geschütze besaßen Schilde. Die Geschütze standen an den Seiten des Oberdecks, die an den äußersten Enden dabei in leichten Schwalbennestern. Über dem überwiegenden Teil des

Konstr.-Verdräng.:	4950 ts
Verdrängung:	5863 ts
Abmessungen:	Lüa 112,16 m; B 14,83 m; Tg 7,77 m maximal
Maschinenanlage:	8 Zylinderkessel, 2 Wellen, Stehende Dreifachexpansionsmaschinen, 5977 PSi ≙ 17,6 kn, maximal 1000 ts Kohle
Bewaffnung:	14 × 15,2 cm/L 35, 6 × 3 Pdr, 10 × 1-Pdr-Revolverkanonen, 6 × 38,1-cm-TR
Besatzung:	479

Name	Bauwerft	Kiellegung	Stapellauf	Fertigstell.	Schicksal
Admiral Kornilov	St. Nazaire	1886	9.4.1887	1888	1911 gestrichen

Wasserlinienbereichs befand sich ein mit Kokosnußfasern gefüllter Kofferdamm.
1904/05 wurde die *Kornilov* umgerüstet: Die 14 älteren 15,2-cm-Geschütze ersetzte man durch 10 × 15,2 cm/L 45. Ab 1908 fuhr sie als Torpedoschulschiff.

Admiral Kornilov etwa 1912 mit verminderter Takelung. (Sammlung Aldo Fraccaroli)

Ein Dreischornsteinkreuzer mit auffälligem Rammbug und holzbeschichtetem, kupferbeschlagenem Schiffskörper. In Friedenszeiten war *Svietlana* als Yacht ausgerüstet und diente als solche dem die russische Marine kommandierenden Großfürsten. Aus diesem Grunde war im Schiff auch eine große Menge Bauholz verwendet worden. Es gab lediglich ein 25-mm-Deck mit 51-mm-Böschungen und eine 51-mm-Abdeckung über den Maschinenräumen, deren Schächte noch einen zusätzlichen 127-mm-Schutz hatten. Der Kommandoturm besaß einen 102-mm-Schutz und die Munitionsförderschächte des Backgeschützes und die die Breitseit-TR verdeckenden Streifen wurden durch einen 51-mm-Panzer geschützt.

Vier 15,2-cm-Geschütze standen in Hauptdeckschwalbennestern, zwei weitere jeweils vorne und achtern auf dem Oberdeck. Die *Svietlana* wurde einen Tag nach der Schlacht von Tsushima durch die japanischen Kreuzer *Otowa* und *Niitaka* versenkt.

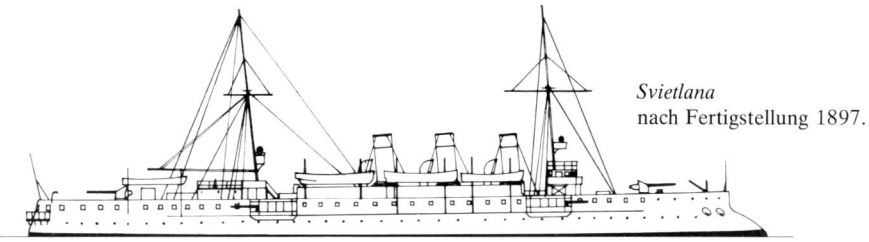

Svietlana
nach Fertigstellung 1897.

Svietlana   Geschützter Kreuzer

Verdrängung:	3862 ts, 1905: 3727 ts
Abmessungen:	Lcwl 101 m; B 13 m; Tg 5,69 m maximal
Maschinenanlage:	18 Belleville-Kessel, 2 Wellen, Stehende Dreifachexpansionsmaschinen, 8500 PSi $\triangleq$ 21,6 kn, maximal 400 ts Kohle
Bewaffnung:	6 × 15,2 cm/L 45, 10 × 3 Pdr, 2 × 38,1-cm-TR, 20 Minen
Besatzung:	401

Name	Bauwerft	Kiellegung	Stapellauf	Fertigstellg.	Schicksal
Svietlana	Le Havre	Dez. 1895	6.12.1896	1897	† 28.5.1905

Svietlana in den 1890er Jahren. (CPL)

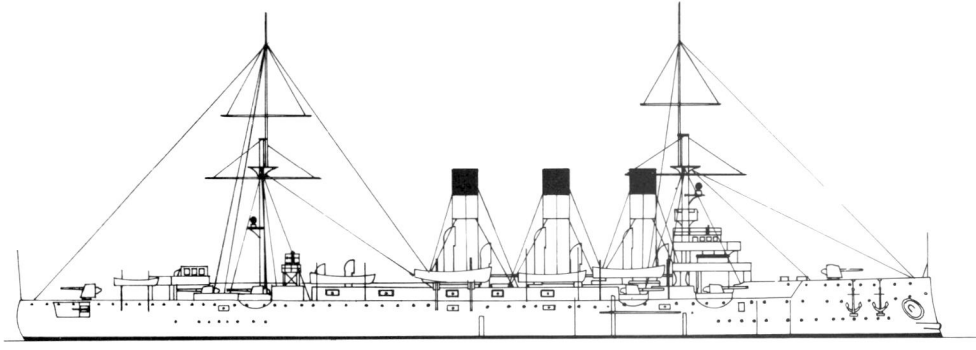

Aurora nach Fertigstellung 1903.

Pallada-Klasse   Geschützte Kreuzer

Konstr.-Verdräng.:	6731 ts
Verdrängung:	*Pallada* 6823 ts, *Diana* 6657 ts
Abmessungen:	Lüa 126,69 m; B 16,76 m; Tg 6,35−6,55 m maximal
Maschinenanlage:	24 Belleville-Kessel, 3 Wellen, Stehende Dreifachexpansionsmaschinen, 12 000−13 000 PSi ≙ 19−19,3 kn, maximal 1430 ts Kohle
Bewaffnung:	8 × 15,2 cm/L 45, 24 × 11 Pdr, 8 × 1 Pdr, 3 × 38,1-cm-UTR
Besatzung:	571−581

(handschriftlich neben Bewaffnung: 10 ?)

Name	Bauwerft	Kiellegung*	Stapellauf*	Fertigstellg.*	Schicksal
Pallada *(1)*	Putilovwerft	Dez. 1895	26.8.1899	1902	Abbr 1923 *Tsugaru*
Diana	Putilovwerft	Dez. 1895	13.10.1899	1902	Abbr 1922
Aurora	Neue Admiralitätswerft	4.6.1897	24.5.1900	16.7.1903	noch vorhanden

* Anm.: Daten gem. Gregorianischem Kalender

Diese Dreischornsteinkreuzer hatten ein bis zum Großmast verlaufendes Backdeck und ein 51-mm-Schutzdeck mit 76-mm-Böschungen. Der Kommandoturm besaß einen 152-mm-Schutz, die Schornsteinhälse und Aufzüge der 15,2-cm-Geschütze wurden durch ein Deck von 64 mm bzw. 38 mm geschützt. Alle drei Einheiten hatten Holzbeplankung und Kupferbeschlag.

Auf dem vorderen Backdeck befand sich ein 15,2-cm-Geschütz, vier weitere standen in Brückennähe und am vorderen Schornstein in Oberdeckschwalbennestern und die restlichen drei achtern. Die 11 Pdr waren auf dem H- und Oberdeck postiert. Später kamen zwei weitere 15,2-cm-Geschütze am Großmast zur Aufstellung, und im Ersten Weltkrieg steigerte sich die Armierung der *Aurora* auf 14 × 15,2-cm-Geschütze, während die *Diana* statt der 15,2-cm-Geschütze 10 × 13-cm/L 55-Geschütze trug. Zusätzlich stellte man 1−2 × 11-Pdr-Flak auf.

Während des japanischen Angriffs vom 8./9. Februar 1904 wurde die *Pallada* torpediert, erlitt aber keine großen Schäden. Am 8. Dezember 1904 fiel sie jedoch dem Beschuß mit 28-cm-Haubitzen zum Opfer. Nach Hebung und Wiederherstellung kam sie als *Tsugaru* für die Japaner in Dienst. Die *Aurora* ist immer noch gegenwärtig: Das Revolutions-Erinnerungssymbol dient als Museumsschiff.

Aurora 1910. (Sammlung John Roberts)

186

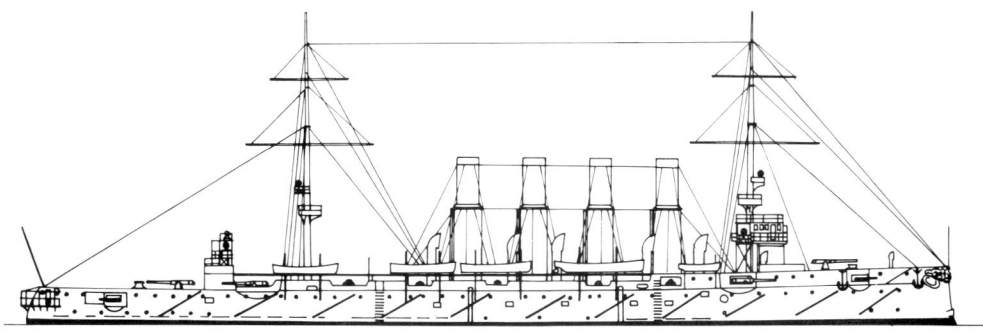

Variag nach Fertigstellung 1900.

Variag Geschützter Kreuzer

Verdrängung:	6500 ts
Abmessungen:	Lüa 129,54 m; B 15,85 m; Tg 6,3 m maximal
Maschinenanlage:	30 Niclausse-Kessel, 2 Wellen, Stehende Dreifachexpansionsmaschinen, 21 000 PSi ≙ 23,2 kn, maximal 1300 ts Kohle
Bewaffnung:	12 × 15,2 cm/L 45, 12 × 11 Pdr, 8 × 3 Pdr, 2 × 1 Pdr, 6 × 38,1-cm-TR, 22 Minen
Besatzung:	580

Name	Bauwerft	Kiellegung	Stapellauf	Fertigstellg.	Schicksal
Variag	Cramp	Okt. 1898*	31.10.1899	2.1.1901	Abbr 1921 *Soya*

* Anm. d. Übers.: Die offizielle Kiellegung erfolgte jeoch erst am 10. Mai 1899, als man bereits 1102 ts verbaut hatte

Vierschornsteinkreuzer mit sich bis zwischen die beiden ersten beiden Schornsteine erstreckendem Backdeck. Die 15,2-cm-Geschütze hatten keine Schutzschilde und standen zu je zwei an den vorderen und achteren Seiten, die übrigen acht in Schwalbennestern hinter dem Fock- und Großmast an Oberdeck. Mit Ausnahme der beiden hintersten waren alle 11 Pdr an Oberdeck postiert.

Das Schutzdeck maß 38 mm, seine Böschungen 76 mm. Der Kommandoturm hatte einen 152-mm-Schutz und die Munitionsförderschächte einen von 38 mm. Darüber hinaus gab es für die Bug- und Heck-TR einen 76-mm-Streifen.

Variag wurde am 9. Februar 1904 bei Inchon schwer beschädigt und entzog sich einer Eroberung durch seinen japanischen Gegner, den Panzerkreuzer *Asama*, durch Selbstversenkung. Nach Hebung und Reparatur kam der Kreuzer als *Soya* in japanischen Dienst. 1916 von den Russen zurückgekauft, verlegte das Schiff nach einer Verwendung im Weißen Meer im Februar 1917 zur Werftliegezeit nach Liverpool. Diese kam nie zur Durchführung, *Variag* verblieb dort als Hulk und wurde in britischen Gewässern abgewrackt.

Variag etwa 1903. (CPL)

187

Askold

Askold nach der ersten Indienststellung. (CPL)

Mit seinen fünf schlanken Schornsteinen war es ein Schiff von ein-
maligem Aussehen. *Askold* war ein
Glattdecker mit kurzen vorderen
Aufbauten, die jedoch nicht bis
zum Vorsteven liefen. Eines der
15,2-cm-Geschütze stand auf den
Aufbauten, die übrigen in Oberdecksebene: Eines achtern, die anderen zu je fünf an den Seiten. Die
11 Pdr befanden sich auf dem
H-Deck. Das Schutzdeck maß
51 mm und endete in 76-mm-Bö-
schungen. Über den Maschinen-
raumschächten saßen 102-mm-
Platten und der Kommandoturm
hatte einen 152-mm-Schutz. Die
Munitionsförderschächte hatten
einen Schutz von 38 mm und die
Bug- und Heck-TR 38-mm-Strei-
fen.

Die *Askold* wurde allgemein als
schnellster russischer Kreuzer angesehen. Im Ersten Weltkrieg befand sie sich im Mittelmeer und
zeitweise im Weißen Meer, wo sie
später von den Briten besetzt und
im August 1918 als *Glory IV* für
die Royal Navy in Dienst stellte.

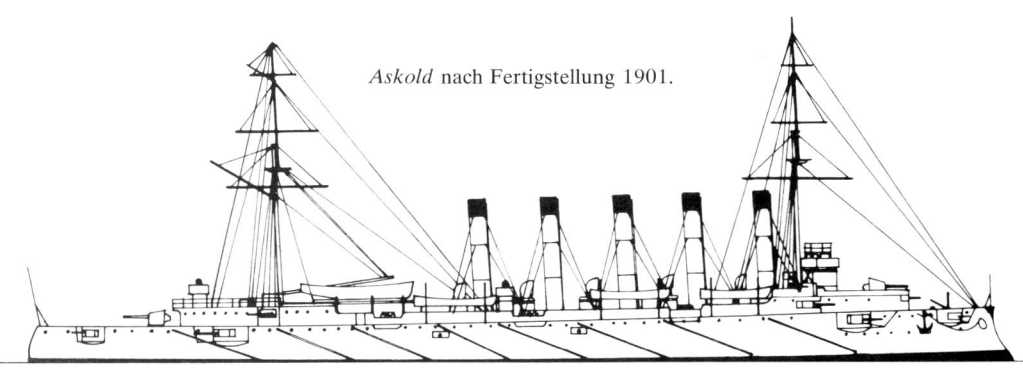

Askold nach Fertigstellung 1901.

Askold Geschützter Kreuzer

Verdrängung:	5905 ts
Abmessungen:	Lüa 133,2 m; B 15 m; Tg 6,2 m maximal
Maschinenanlage:	9 Schulz-Thornycroft-Kessel, 3 Wellen, Stehende Dreifachexpansionsmaschinen, 20420 PSi ≙ 23,8 kn (mit 25 mm WS Kesselzug), 720/1100 ts Kohle
Bewaffnung:	12 × 15,2 cm/L 45, 12 × 11 Pdr, 8 × 3 Pdr, 2 × 1-Pdr-Pom Pom, 6 × 38,1-cm-UTR
Besatzung:	576

Name	Bauwerft	Kiellegung	Stapellauf	Fertigstellg.	Schicksal
Askold	Krupp-Germania	März 1899	15.3.1900	1901	Abbr 1921

Bogatyr-Klasse Geschützte Kreuzer

Die *Kagul* ex *Ochakov*, später
kurzzeitig abermals *Ochakov* hei-
ßend, befand sich schließlich als
General Kornilov in Dienst. Die ab
7. April 1905 *Pamiat Merkuria*
heißende ex *Kagul* fuhr zuletzt unter dem Namen *Komintern*. Beide
gehören zur Schwarzmeerflotte.

Verdrängung:	6645 ts
Abmessungen:	Lüa 134 m; B 16 m; Tg 6,29 m maximal
Maschinenanlage:	16 Normand-Kessel, 2 Wellen, Stehende Dreifachexpansionsmaschinen, 23 000 PSi ≙ 23 kn, 720/1100 ts Kohle
Bewaffnung:	12 × 15,2 cm/L 45 (2 × 2, 8 × 1), 12 × 11 Pdr, 8 × 3 Pdr, 2 × 1 Pdr, 2 × 38,1-cm-UTR
Besatzung:	576–589

Es waren Dreischornsteinkreuzer mit kurzem Backdeck und einer Poop. Die 15,2-cm-Geschütze standen vorne und achtern in Doppeltürmen, in vier Kasematten beim Fock- und Großmast und in Schwalbennestern des mittleren Oberdecks. Acht 11 Pdr standen an Oberdeck und vier über den Kasematten.

Das Schutzdeck maß in der Ebene 27 mm und in der Böschung 53 mm, verstärkte sich im Bereich der Kessel- und Maschinenräume auf 69 mm und bildete über den Maschinenanlagen einen Dom von 74–27 mm. Die Türme hatten einen Schutz von 127–90 mm und 25-mm-Decken, die Kasematten waren 95–19 mm stark und die Munitionsförderschächte 76–27 mm. Der 140-mm-Kommandoturm hatte ein 25-mm-Dach und die Schornsteinhälse über ein Deck einen 38-mm-Schutz. Alles in allem besaßen sie einen besseren Schutz als alle vorangegangenen russischen Geschützten Kreuzer dieses Typs.

Im Ersten Weltkrieg wurden Oleg und Bogatyr umgerüstet: Sie erhielten 16 × 13,3-cm/L 55-Geschütze und zusätzlich 4 × 11-Pdr-Flak. Außerdem konnten sie 100 Minen mitführen. Kagul erhielt 12 × 13,3 cm/L 55. Bei der Pamiat Merkuria scheint es, daß sie 16 × 15,2 cm/L 45 bekam. Beide trugen zusätzlich 2 × 11-Pdr-Flak. Die Bogatyr wurde schwer beschä-

Name	Bauwerft	Kiellegung	Stapellauf	Fertigstellg.	Schicksal
Bogatyr	Vulcan, Stettin	1898	30.1.1901	1902	Abbr 1922
Oleg	Neue Admiralitätswerft	1901	28.8.1903	1904	† 17.6.1919
Kagul	Sewastopol	1900	4.10.1902	1905	ab 1920 in Bizerta
Pamiat Merkuria	Nikolajew	1901	2.6.1902	Juli 1905	† 17.7.1942

БОГАТЫРЬ
Bagatyr

Bogatyr kurz nach Fertigstellung. (CPL)

digt, als sie am 15. Mai 1904 vor Wladiwostok auf Grund lief. Die Oleg fiel den Torpedos des britischen CMB 4 zum Opfer. Komintern diente zuletzt als Schulschiff: Den hintersten Schornstein hatte man ausgebaut, und als sie versenkt wurde, war sie nur noch ein unbewaffnetes Stützpunktschiff. Sie wurde am 2. Juli 1942 in Noworossisk durch Bomben schwer beschädigt und nach dem Hafen von Poti verholt. Dort trafen sie am 16. Juli 1942 erneut schwere Bomben. Nachdem man sie zum Verlust erklärt hatte, wurde sie in der Hafeneinfahrt von Poti als Wellenbrecher versenkt.

Ein Dreischornsteinkreuzer mit nur einem, zwischen dem zweiten und dritten Schornstein stehenden Mast und Rammbug. Mit ihrer leichten Bauweise glich Novik eher einem großen Zerstörer, hatte jedoch ein 38-mm-Schutzdeck mit einer 51-mm-Böschung und 76-mm-Verstärkung über den Maschinenanlagen. Die 12-cm-Geschütze standen vorne und achtern und zu je zwei an den Seiten.

Für ihre Zeit war Novik ein sehr

Novik Geschützter Kreuzer

Verdrängung:	3080 ts
Abmessungen:	Lcwl 109,86 m; B 12,2 m; Tg 5 m maximal
Maschinenanlage:	12 Schulz-Thornycroft-Kessel, 3 Wellen, Stehende Dreifachexpansionsmaschinen, 17 000 PSi ≙ 25 kn, maximal 500 ts Kohle
Bewaffnung:	6 × 12 cm/L 45, 6 × 3 Pdr, 5 × 38,1-cm-TR
Besatzung:	337

Name	Bauwerft	Kiellegung	Stapellauf	Fertigstellg.	Schicksal
Novik	Schichau	1899	15.8.1900	1901	1913 gestrichen *Suzuya*

schnelles Schiff, sie erzielte bei Probefahrten 19 000 PSi, die einer Geschwindigkeit von 25,6 kn entsprachen. Sie wurde bei Korsakow/Halbinsel Sachalin selbstversenkt, nachdem sie am 20. August 1904 ein Gefecht mit dem japanischen Leichten Kreuzer *Tsushima* gehabt hatte. Später wieder hergestellt, fuhr sie unter dem Namen *Suzuya* für die japanische Marine.

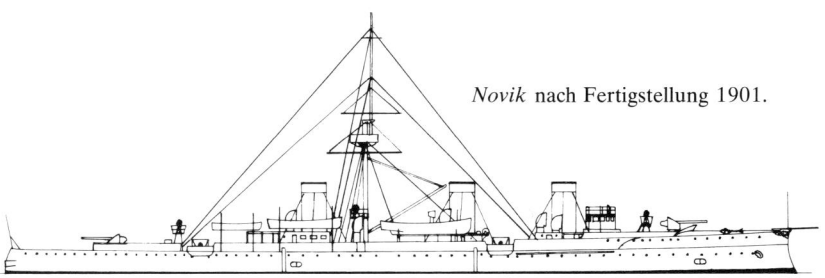

Novik nach Fertigstellung 1901.

Novik nach Fertigstellung. (CPL)

Boyarin etwa 1903. (CPL)

Dieser Kreuzer unterschied sich von der *Novik* durch sein gänzlich anderes Aussehen und war mehr eine verkleinerte Ausgabe der *Bogatyr*-Klasse: Mit kürzerer Back und Poop, drei Schornsteinen und zwei Masten.

Es gab ein 32-mm-Deck mit mittschiffs ausgebildeter 51-mm-Böschung und für den Kommandoturm einen 76-mm-Schutz. Eine 12 cm/L 45 stand ganz vorne, eine weitere achtern und die übrigen zu je zwei beim Fock- und Großmast in Oberdeckschwalbennestern.

Die *Boyarin* lief nahe Port Arthur bei Dairen auf eine Mine und wurde von der Besatzung verlassen. Ein Abschleppen wurde versucht, aber während der Nacht riß sie sich los, trieb auf eine weitere Mine und sank.

Boyarin   Geschützter Kreuzer

Verdrängung:	3200 ts
Abmessungen:	Lcwl 105,16 m; B 12,5 m; Tg 4,86 m maximal
Maschinenanlage:	16 Belleville-Kessel, 2 Wellen, Stehende Dreifachexpansionsmaschinen, 11 500 PSi ≙ 22 kn, maximal 600 ts Kohle
Bewaffnung:	6 × 12 cm/L 45, 8 × 3 Pdr, 4 × 1 Pdr, 5 × 38,1-cm-TR
Besatzung:	266

Name	Bauwerft	Kiellegung	Stapellauf	Fertigstellg.	Schicksal
Boyarin	Burmeister & Wain	1900	8.6.1901	1902	† 12.2.1904

Jemtchug 1904 nach Fertigstellung. (CPL)

Diese Dreischonersteinkreuzer erinnern an die *Novik*, hatten aber drei Masten. Das Schutzdeck maß 30 mm, in der Böschung 51 mm und verstärkte sich über den Maschinenanlagen auf 76 mm. Der Kommandoturm hatte einen 32-mm-Schutz. Die Aufstellung der 12-cm-Geschütze folgte der *Novik*. Später erhielt die *Jemtchug* zwei Kanonen dazu, so daß sie jetzt 8 × 12-cm-Geschütze führte. Nachdem die *Izumrud* bei Tsushima entkommen war, strandete sie nordöstlich Wladiwostok, und die *Jemtchug* wurde bei einem Überraschungsangriff des deutschen Kleinen Kreuzers *Emden* in Penang durch Torpedo und Geschützfeuer versenkt.

Izumrud-Klasse   Geschützter Kreuzer

Verdrängung:	3103 ts
Abmessungen:	Lüa 110,95 m; B 12,2 m; Tg 5 m maximal
Maschinenanlage:	15 Yarrow-Kessel, 3 Wellen, Stehende Dreifachexpansionsmaschinen, 17 000 PSi ≙ 24 kn, maximal 510 ts Kohle
Bewaffnung:	6 × 12 cm/L 45, 6 × 3 Pdr, 2 × 1 Pdr, 3 × 45,7-cm-TR
Besatzung:	350

Name		Bauwerft	Kiellegung	Stapellauf	Fertigstellg.	Schicksal
Izumrud	⊤	Nevskiwerft	1902	24.10.1903	1904	29.5.1905 gestrandet
Jemtchug	⊤	Nevskiwerft	14.6.1902	27.8.1903	1904	† 28.10.1914

Sloops

Schiffe mit hölzernem Schiffskörper und Barktakelung, deren Schornstein zwischen Fock- und Großmast stand. Sie waren von vornherein dafür vorgesehen, die russischen Interessen in abgelegenen Gewässern zu vertreten. Die *Jemtchug* erzielte bei den Probefahrten 11,96 kn, allerdings bei einem vorderen bzw. hinteren Tiefgang von nur 3,66 m bzw. 4,65 m. Alle Geschütze standen an Oberdeck.

Einige Zeit gehörten die beiden 1865 in Nikolajew vom Stapel gelaufenen *Lvitza* und *Pamiat Merkuria* zu dieser Klasse: Hölzerner Schiffskörper, 994 ts bzw. 1028 ts Verdrängung, Maschinenleistung 411 PSi bzw. 382 PSi. Sie erwiesen sich jedoch als zu langsam, um den Qualitäten einer Dampfsloop zu entsprechen.

Almaz-Klasse

Verdrängung:	1530 ts; 1884: *Almaz* 1820 ts, *Jemtchug* 1725 ts
Abmessungen:	Lcwl 73,15 m; B 9,37 m; Tg 4,88−5,23 m maximal
Maschinenanlage:	? Kofferkessel, 1 Welle, Liegende direkt wirkende Maschine ?, 1250−1450 PSi $\cong$ 11 kn
Bewaffnung:	7 Geschütze, später 3 × 15,2 cm/L 23, 4 × 10,6 cm/L 20
Besatzung:	169

Name	Bauwerft	Kiellegung	Stapellauf	Fertigstellg.	Schicksal
Almaz	Mitchell, St. Petersburg (?)	1860	1861	Nov. 1862	1884 gestrichen
Izumrud	Neue Admiralitätswerft (?)	1861	Sept. 1862	1863	~ 1887 gestrichen
Jemtchug	Mitchell, St. Petersburg (?)	1860	Okt. 1861	Nov. 1862	~ 1887 gestrichen
Yakhont	Putilovwerft (?)	1861	Okt. 1862	1863	~ 1880 gestrichen

Djigit vor Gravesund. (CPL)

Die Einheiten besaßen überwiegend eiserne Schiffskörper, bei der *Vyestnik* verwendete man jedoch teilweise Stahl und *Nayezdnik, Plastun* und *Opritchnik* wurden in Kompositbauweise gefertigt. Alle hatten eine schwere Barktakelung und doppelte Marssegelrahen. Die Einheiten mit eisernem Schiffskörper waren holzbeschichtet und hatten einen »Muntz«-Metallbeschlag*. Obwohl es noch weitere Unterschiede gab, ist es vertretbar, sie als eine Klasse abzuhandeln.

Die 15,2-cm-Geschütze standen an Oberdeck und konnten nach jeder Breitseite hin schießen. Bei einigen Einheiten änderte sich später die Bewaffnung: *Kreiser* und *Djigit* führten dann 2 × 15,2 cm/L 28; *Nayezdnik* und *Stryelok* 1 × 15,2 cm/L 28 und 2 × 15,2 cm/L 23; *Razboinik* 2 × 15,2 cm/L 23. <u>*Razboinik* und *Djigit* versenkten sich in Port Arthur selbst.</u> Eine weitere Einheit, die *Zabiaka*, aus einem in den USA erworbenen Handelsschiff umgebaut, war kein echtes Kriegsschiff.

* Anm. d. Übers.: Muntz(metall) = $3/5$ Kupfer + $2/5$ Zink

Kreiser-Klasse

Konstr.-Verdräng.:	1335 ts
Verdrängung:	*Kreiser* auf 1653 ts gewachsen
Abmessungen:	Lcwl 63,24 m; B 10,06 m; Tg 4,42–5,08 m maximal
Maschinenanlage:	Zylinderkessel, 1 Welle, Liegende Verbundmaschine, 1200–1780 PSi ≙ 11,4–13,5 kn, maximal 200–250 ts Kohle
Bewaffnung:	3 × 15,2 cm/L 23, 4 × 10,6 cm/L 20, 4–6 × 1-Pdr-Revolverkanonen, 1 × 38,1-cm-TR (*Nayezdnik* 2, *Djigit* keine)
Besatzung:	185

Name	Bauwerft	Kiellegung	Stapellauf	Fertigstellg.	Schicksal
Kreiser	Putilovwerft	Nov. 1873	10.9.1875	1876	1908 gestrichen
Djigit	Putilovwerft	März 1874	15.10.1876	1877	(†) 2.1.1905
Nayezdnik	Putilovwerft	2.10.1877	1878	1879	1902 gestrichen
Razboinik	Nevskiwerft	2.10.1877	1878	1880	(†) 2.1.1905
Plastun	Baltische Schiffswerft	1877	1879	1880	1906 gestrichen
Stryelok	Baltische Schiffswerft	1878	1879	1880	1906 gestrichen
Opritchnik	Baltische Schiffswerft	1879	1880	1881	ab 1898 Hulk
Vyestnik	Nevskiwerft	1878	1880	1881	1905 gestrichen

Gepanzerte Kanonenschiffe (Panzerkanonenboote)

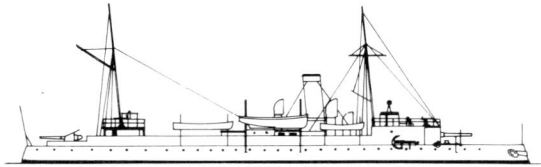

Grozyashchi nach Fertigstellung 1891.

Grozyashchi-Klasse

Diese Klasse umfaßte einen ungewöhnlichen Typ kleiner Panzerfahrzeuge: Das 22,8-cm-Geschütz stand vorn und war völlig umbaut. Eine große Pforte erlaubte einen 100°-Bestreichungswinkel. Achtern stand das 15,2-cm-Geschütz. Der Gürtelpanzer erstreckte sich vom Heck bis etwa 9,15 m vor die Ramme und endete in einem

Konstr.-Verdräng.:	1492 ts
Verdrängung:	*Grozyashchi* 1627 ts, *Gremyashchi* 1700 ts, *Otvajni* 1854 ts
Abmessungen:	Lüa 72,26 m; B 12,67 m, Tg 3,71 m maximal
Maschinenanlage:	6 Belleville-Kessel, 2 Wellen, Stehende Dreifachexpansionsmaschinen, 2050–2500 PSi ≙ 13–14 kn, maximal 160–200 ts Kohle
Panzerung:	Stahl: Gürtelpanzer 127–64 mm, Kommandoturm 25 mm
Bewaffnung:	1 × 22,8 cm/L 35, 1 × 15,2 cm/L 35, 4–6 × 3 Pdr, 4 × 1-Pdr-Revolverkanonen, 2 × 38,1-cm-TR, 20 Minen
Be satzung:	178–188

90-mm-Schott. Er reichte von 61 cm über der Wasserlinie bis 92 cm unter diese. Das 25-mm-Schutzdeck verstärkte sich nach vorn auf 38 mm.

Die *Grozyashchi* erfuhr im Ersten Weltkrieg eine Umrüstung auf 4 × 15,2 cm/L 45, von denen eines vorne und die anderen in der Mittschiffslinie achtern standen. Hinzu kamen 2 × 11-Pdr-Flak. Die *Gremyashchi* sank nahe Port Arthur nach einem Minentreffer und *Otvajni* versenkte sich in Port Arthur selbst

Name	Bauwerft	Kiellegung	Stapellauf	Fertigstellg.	Schicksal
Grozyashchi	Neue Admiralitätswerft	1889	31.5.1890	1891	Abbr 1922
Gremyashchi	Neue Admiralitätswerft	1890	19.5.1892	1893	† 18.8.1904
Otvajni	Baltische Schiffswerft	1890	19.5.1892	1894	(†) 2.1.1905

Groszyashchi etwa 1900. (CPL)

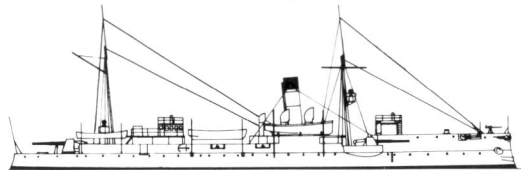

Khrabri nach Fertigstellung 1897.

Khrabri

Nach der Revolution erhielt das Schiff den Namen *Krasnoye Znamya*. Die 20,3-cm-Geschütze standen in Schwalbennestern beim Fockmast und das 15,2-cm-Geschütz achtern. Alle Geschütze waren mit 38-mm-Schutzschilden versehen. Die weitere Panzerung entsprach in der Anordnung der *Grozyashchi*-Klasse. Die *Khrabri* hatte ursprünglich mehr Gewicht als in der Tabelle angegeben, aber 1899/1900 wurde in einer Werftzeit in Toulon die Panzerungshinterlage zwecks Tiefgangsminderung merklich reduziert.

Im Ersten Weltkrieg bestand die Armierung aus 5 × 13,3-cm-/L 55-Geschützen, die sich in den

Konstr.-Verdräng.:	1492 ts
Verdrängung:	1735 ts
Abmessungen:	Lüa 72,26 m; B 12,67 m; Tg 3,81 m maximal
Maschinenanlage:	8 Niclausse-Kessel, 2 Wellen, Stehende Dreifachexpansionsmaschinen, 2100 PSi ≙ 14 kn, maximal 200 ts Kohle
Panzerung:	Harvey: Gürtelpanzer 127–90 mm
Bewaffnung:	2 × 20,3 cm/L 45, 1 × 15,2 cm/L 45, 5 × 3 Pdr, 4 × 1 Pdr, 1 × 38,1-cm-TR, 20 Minen
Besatzung:	199

Name	Bauwerft	Kiellegung	Stapellauf	Fertigstellg.	Schicksal
Khrabri	Neue Admiralitätswerft	1894	11.9.1895	1897	Abbr 1962

Schwalbennestern, vorn in der Schiffsmittellinie und zwei achtern befanden. Hinzu kamen 2 × 3 Pdr und 1 × 3-Pdr-Flak. Nach einer langen Verwendungszeit als Artillerietender zwischen den Kriegen wurde *Krasnoye Znamya* am 18. November 1942 vor der Insel Lavansaari durch ein finnisches Motortorpedoboot versenkt. Nach der Bergung baute man sie um.

Khrabri in Toulon, vermutlich anläßlich der Modernisierung 1899/1900. (CPL)

Kanonenschiffe (Kanonenboote)

Sivuch-Klasse

Prahmartige Fahrzeuge mit schlanker Bugform und ursprünglicher Briggtakelung. Das 22,8-cm-Geschütz stand vorn als Jagdkanone mit seitlichem Bestreichungswinkel von 36°. Das achtern stehende 15,2-cm-Geschütz besaß einen Gesamtschwenkbereich von 270°. Später erhielten die Schiffe drei Masten.

Die *Bobr* sank während der Belagerung von Port Arthur und die *Sivuch* nach Sprengung durch die Besatzung auf dem Liaofluß.

Konstr.-Verdräng.:	950 ts
Verdrängung:	*Sivuch* 1134 ts, *Bobr* 1230 ts
Abmessungen:	Lcwl 57,14 m; B 10,67 m; Tg 2,9 m maximal
Maschinenanlage:	6 Zylinderkessel, Liegende Verbundmaschinen, 2 Wellen, 1130 PSi ≙ 11,5 kn, maximal 250 ts Kohle
Bewaffnung:	1 × 22,8 cm/L 30, 1 × 15,2 cm/L 28, 6 × 10,6 cm/L 20, 4 × 1-Pdr-Revolverkanonen
Besatzung:	170

Name	Bauwerft	Kiellegung	Stapellauf	Fertigstellg.	Schicksal
Sivuch (1)	Bergsund, Stockholm	1883	1884	1885	(†) 2.8.1904
Bobr (1)	Crichton, Abo	1883	1885	1885	† 26.12.1904

Sivuch mit Originalbriggtakelung. (CPL)

Korietz etwa 1900, bei einem Besuch in einem französischen Hafen. (CPL)

Korietz-Klasse

Barkgetakelte Schiffe. Die *Korietz* hatte einen weiter vorspringenden Rammbug als *Mandjur*. Beiden sagte man schlechte Segeleigenschaften nach.

Die 20,3-cm-Geschütze standen vorne hinter 19-mm-Schutzschilden in Schwalbennestern und das 15,2-cm-Geschütz befand sich achtern. Die 10,6-cm-Geschütze befanden sich in der Breitseite, auf der *Korietz* jedoch in Schwalbennestern. Letztere versenkte sich nach dem Gefecht von Chemulpo, an dem sie eigentlich gar nicht beteiligt gewesen war, selbst.

Verdrängung:	*Korietz* 1270 ts, *Mandjur* 1437 ts				
Abmessungen:	Lcwl 62,79 m *(Korietz)*; Lüa 66,75 m *(Mandjur)*; B 10,67 m; Tg 3,2–3,76 m maximal				
Maschinenanlage:	6 Zylinderkessel, 2 Wellen, Liegende Verbundmaschinen, 1560–1960 PSi ≙ 13,3 kn, maximal 250 ts Kohle				
Bewaffnung:	2 × 20,3 cm/L 35, 1 × 15,2 cm/L 35, 4 × 10,6 cm/L 20, 2 × 3-Pdr-Revolverkanonen, 4 × 1-Pdr-Revolverkanonen, 1 × 38,1-cm-TR				
Besatzung:	179				

Name	Bauwerft	Kiellegung	Stapellauf	Fertigstellg.	Schicksal
Korietz ( )	Bergsund, Stockholm	1885	4.9.1886	1887	(†) 9.2.1904
Mandjur	Burmeister & Wain	1886	4.12.1886	1888	Abbr 1923

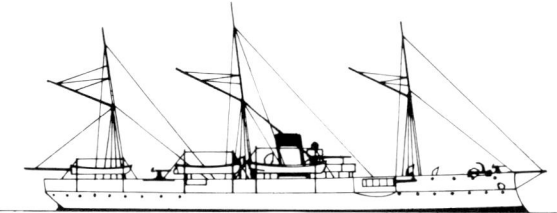

Kubanetz nach Fertigstellung 1888.

Kubanetz-Klasse

Alle gehörten zur Schwarzmeerflotte. Die in Sewastopol gebauten Einheiten wurden auf der Werft der Russischen Dampfschiffahrtsgesellschaft gefertigt. Nach der Revolution erhielt *Teretz* den Namen *Znamya Sozialisma*.

Die allgemeine Konstruktion

Verdrängung:	1224–1393 ts
Abmessungen:	Lüa 67,21 m; B 10,67 m; Tg 3,61–3,86 m maximal
Maschinenanlage:	6 Zylinderkessel, 2 Wellen, Liegende Verbundmaschinen (bei den in Sewastopol gebauten Einheiten), Liegende Dreifachexpansionsmaschinen (bei den in Nikolajew gebauten Einheiten), 1500 PSi ≙ 12–14 kn, maximal 250 ts Kohle
Bewaffnung:	2 × 20,3 cm/L 35, 1 × 15,2 cm/L 35, 6 × 3-Pdr-Revolverkanonen, 2 × 38,1-cm-TR
Besatzung:	180

196

wurde als schwach angesehen und auch die in Nikolajew gebauten Einheiten waren nicht besser: Vorne standen die 20,3-cm-Geschütze in Schwalbennestern und achtern befand sich das 15,2-cm-Geschütz. Nur die Geschütze der in Nikolajew gebauten Schiffe hatten Schutzschilde. Mit Ausnahme von *Zaporozhetz* und *Chernomoretz* erhielten später alle 2 × 15,2 cm/L 45, 1 × 12 cm/L 45 und 2 × 11 Pdr, außerdem vier Belleville-Kessel.

Auf den verbliebenen Einheiten baute man im Ersten Weltkrieg die Fock- und Kreuzmasten aus. *Do-*

Name	Bauwerft	Kiellegung	Stapellauf	Fertigstellg.	Schicksal
Kubanetz	Sewastopol	1886	9. 4. 1887	1888	† 1941/45
Teretz	Sewastopol	1886	Aug. 1887	1889	Abbr ~ 1946
Uraletz	Sewastopol	1886	Dez. 1887	1889	1914 gestrichen
Zaporozhetz	Nikolajew	1886	Juni 1887	1890	1911 gestrichen
Chernomoretz	Nikolajew	1886	Sept. 1887	1890	1911 gestrichen
Donetz	Nikolajew	1886	Nov. 1887	1890	† Mai 1919

netz wurde am 29. Oktober 1914 im Hafen von Odessa durch das türkische Torpedoboot *Gairet* versenkt, aber wieder gehoben und hergestellt. Die *Znamya Sozia-* *lisma* war zuletzt Taucherschulschiff, und die *Kubanetz* ging unter dem Namen *Krasni Kuban* verloren. Zu dieser Zeit fuhr letztere als Tanker.

Die *Gilyak*, ein weiteres Boot, Stapellauf 1896, wurde als großes Flußkanonenboot fertiggestellt und daher nicht in die Liste aufgenommen.

(1) Gilyak (Giljag) [1897] 1250 ts celelt (siehe Weyer 1905 S. 84)

63 × 11 × 2,6 m

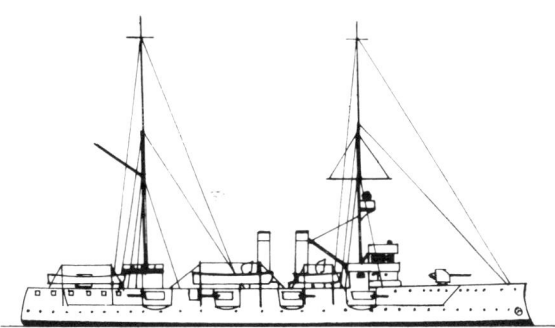

Khivinetz nach Fertigstellung 1906.

Khivinetz

Das mit relativ hohem Freibord und ursprünglich nur einem Fockmast ausgerüstete Zweischornsteinschiff erhielt nach der Revolution den Namen *Krasnaya Zviezda*. Die 12-cm-Geschütze standen vorne und achtern an Oberdeck, die 11 Pdr hingegen in ungepanzerten Hauptdeckskasematten. Nur der Kommandoturm hatte einen stählernen 46-mm-Schutz. Im Ersten Weltkrieg erfolgte die Umrüstung auf 4 × 12-cm-Geschütze und 2 × 3-Pdr-Flak. Zuletzt fand sie als Artillerietender Verwendung.

Verdrängung:	1340 ts
Abmessungen:	Lüa 70,46 m; B 11,28 m; Tg 3,45 m maximal
Maschinenanlage:	8 Belleville-Kessel, 2 Wellen, Stehende Dreifachexpansionsmaschinen, 1400 PSi ≙ 13,5 kn, maximal 250 ts Kohle
Bewaffnung:	2 × 12 cm/L 45, 8 × 11 Pdr
Besatzung:	161

Name	Bauwerft	Kiellegung	Stapellauf	Fertigstellg.	Schicksal
Khivinetz	Neue Admiralitätswerft	1904	Mai 1905	1906	Abbr 1946

(2) *Gilyak* vor dem Ersten Weltkrieg. (CPL)

Allgemein gesehen eine verkleinerte Ausgabe der *Khivinetz*, jedoch achtern heruntergebaut und mit einem Gefechts(Fock-)mast und Pfahl(Groß-)mast. Nur die beiden vorderen 11 Pdr standen in Kasematten. 1915 führte die *Korietz* zusätzlich 4 × 11 Pdr. Die *Sivuch* wurde im Rigaer Meerbusen durch das deutsche Linienschiff *Posen* versenkt. *Bobr* wurde am 9. April 1918 in den Schären bei Abo/Finnland vom deutschen Hilfskreuzer *Möwe* aufgebracht und als *Biber* in deutsche Dienste gestellt. 1919 überließen die Deutschen sie Estland, das sie als *Lembit* in Dienst stellte. Die *Gilyak* wurde 1918 von den Finnen übernommen.

Gilyak-Klasse

Verdrängung:	875 ts
Abmessungen:	Lüa 66,5 m; B 10,97 m; Tg 2,41 m maximal
Maschinenanlage:	4 Belleville-Kessel, 2 Wellen, Stehende Dreifachexpansionsmaschinen, 900 PSi ≙ 12 kn, maximal 130 ts Kohle
Bewaffnung:	2 × 12 cm/L 45, 4 × 11 Pdr, 40 Minen
Besatzung:	140

Name	Bauwerft	Kiellegung	Stapellauf	Fertigstellg.	Schicksal
Gilyak (2)	Neue Admiralitätswerft	1905	27. 10. 1906	1908	Abbr 1922
Bobr (2)	Nevskiwerft	1905	Aug. 1907	1908	Abbr 1927
Sivuch (2)	Nevskiwerft	1905	1. 8. 1907	1908	† 19. 8. 1915
Korietz (2)	Putilovwerft	1905	Mai 1907	1908	(†) 20. 8. 1915

Torpedokanonenboote

Leitenant Ilin

Ein Zweischornsteinschiff mit zwei Masten und Rammbug, bei dem der vordere Schornstein und vordere Mast sehr weit vorne standen. Einen gewissen Schutz verlieh das 19–13-mm-Deck. Es gab fünf festeingebaute TR: Zwei nach voraus, eines nach jeder Bugseite und eines im Heck. In der Breitseite waren noch zwei drehbare TR vorhanden. 16 Torpedos von 5,56 m Länge konnten mitgeführt werden, die in Racks des Zwischendecks lagerten. Dazu gehörte das passende Geschirr, mit dem sie unter einer Transportschiene hängend in der ganzen Schiffslänge bis hinter die Rohre verbracht werden konnten. Später wechselte die Armierung in 5 × 3 Pdr, 10 × 1 Pdr und fünf TR. Die drehbaren TR hatte man entfernt.

Verdrängung:	714 ts
Abmessungen:	Lüa 72,31 m; B 7,42 m; Tg 3,23 m maximal
Maschinenanlage:	6 Lokomotivkessel, 2 Wellen, Stehende Dreifachexpansionsmaschinen, 3500 PSi ≙ 20,8 kn, maximal 97 ts Kohle
Bewaffnung:	7 × 3 Pdr, 6 × 3-Pdr-Revolverkanonen, 6 × 1-Pdr-Revolverkanonen, 7 × 38,1-cm-TR
Besatzung:	132

Leitenant Ilin vor Umrüstung.
(CPL)

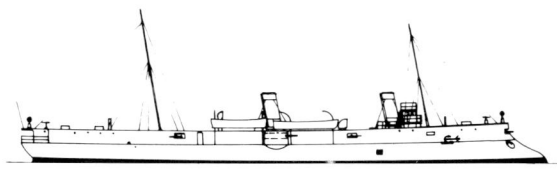

Leitenant Ilin nach Fertigstellung 1887.

Name	Bauwerft	Kiellegung	Stapellauf	Fertigstellg.	Schicksal
Leitenant Ilin	Baltische Schiffswerft	1885	24.7.1886	1887	1911 gestrichen

Kapitan Saken

Zur Schwarzmeerflotte gehörig und bis auf die in der Tabelle angeführten Unterschiede der *Leitenant Ilin* ähnlich. Mindestens 19 Torpedos konnten mitgenommen werden. 1898 erhielt das Schiff sechs Belleville-Kessel und später kamen vier TR zum Ausbau. Nach einigen Berichten führte sie zu dieser Zeit 45,7-cm-TR.

Verdrängung:	742 ts
Abmessungen:	Lüa 71,63 m; B 7,42 m; Tg 3,12 m maximal
Maschinenanlage:	6 Lokomotivkessel, 2 Wellen, Stehende Dreifachexpansionsmaschinen, 3000 PSi ≙ 18,3 kn, maximal 97 ts Kohle
Bewaffnung:	6 × 3 Pdr, 4 × 1-Pdr-Revolverkanonen, 7 × 38,1-cm-TR
Besatzung:	125

Name	Bauwerft	Kiellegung	Stapellauf	Fertigstellg.	Schicksal
Kapitan Saken	Nikolajew	1886	Mai 1889	1890	1907 gestrichen

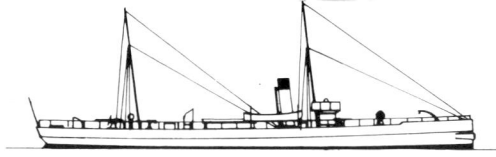

Kazarski 1896.

Kazarski und *Griden* gehörten zur Schwarzmeerflotte. Es waren kleine Einschornstein-Torpedokanonenboote: Mit zwei Masten, einem im Bug eingebauten und einem drehbar an Deck stehenden Torpedorohr. Die drei bei Schichau gebauten Boote fanden im Ersten Weltkrieg als Avisos Verwendung und trugen als Armierung 2–3 × 11 Pdr. Die *Vsadnik* wurde am 15. Dezember 1904, die *Gaidamak* am 2. Januar 1905 versenkt. Beide befanden sich zu dieser Zeit im belagerten Port Arthur. Von den Japanern später gehoben und repariert, stellten sie unter dem Namen *Makikumo* und *Shikinami* in Dienst. *Voevoda* und *Posadnik* wurden 1918 von den Finnen übernommen und erhielten die Namen *Klas Horn* bzw. *Matti Kurki*. Die letzten sieben Jahre vor ihrem Abbruch war *Kazarski* unbewaffnet.

Kazarski-Klasse

Verdrängung:	394–432 ts
Abmessungen:	Lüa 60,2 cm; B 7,42 m; Tg 3,25–3,5 m maximal
Maschinenanlage:	2 Lokomotivkessel, 1 Welle, Stehende Dreifachexpansionsmaschine, 3500 PSi ≙ 21–22,5 kn, maximal 90 ts Kohle
Besatzung:	65

Name	Bauwerft	Kiellegung	Stapellauf	Fertigstellg.	Schicksal
Kazarski	Schichau	1889	1889	1890	Abbr 1927
Voevoda	Schichau	1891	1892	1892	Abbr 1938
Posadnik	Schichau	1891	1892	1892	Abbr 1938
Vsadnik	Crichton, Abo	1892	Juli 1893	1894	Abbr 1914
Gaidamak	Crichton, Abo	1892	Juli 1893	1894	Abbr 1914
Griden	Nikolajew	1892	Nov. 1893	1895	1911 gestrichen

Voevoda Ende der 1890er Jahre.
(CPL)

Das zweimastige Einschornstein-schiff galt als verbesserte Ausgabe der *Leitenant Ilin* und war seetüch-tiger als diese. Die 11 Pdr hatten 25-mm-Schilde. Sie führte acht 6,4 m lange Torpedos mit, die für die beiden TR vorgesehen waren, von denen sich eines fest im Bug und das andere achtern drehbar an Deck befand. Im Ersten Weltkrieg wurde die *Abrek* als Aviso und zwischendurch auch als Yacht im Postdienst verwendet.

Abrek

Verdrängung:	675 ts
Abmessungen:	Lüa 65,53 m; B 7,75 m; Tg 3,2 m maximal
Maschinenanlage:	4 Normand-Du Temple-Kessel, 2 Wellen, Stehende Dreifachexpansionsmaschinen, 4500 PSi × 21,2 kn, maximal 120 ts Kohle
Bewaffnung:	2 × 11 Pdr, 4 × 3 Pdr, 2 × 40,6-cm-TR
Besatzung:	88

Name	Bauwerft	Kiellegung	Stapellauf	Fertigstellg.	Schicksal
Abrek	Chrichton, Abo	Juni 1895	1896	Sept. 1897	Abbr 1920

Ein Schiff mit eisernem – ur-sprünglich gepanzertem – Schiffs-körper. *Opyt* erhielt später den Namen *Mina*, die 8,6-cm-Ge-schütze wurden nachträglich durch 2,5 Pdr ersetzt, während man die 28 cm anscheinend ausbaute. Ein Bericht aus dem Jahre 1901 be-sagt, daß sie zu dieser Zeit die Ma-schinen der vorherigen *TB 75* und *TB 81* erhalten hat. Zuletzt fuhr sie als Tender für die Torpedo-schule.

Opyt

Verdrängung:	270 ts
Abmessungen:	L 37,67 m; B 6,78 m; Tg 1,83 m maximal
Maschinenanlage:	1 Kessel, 2 Wellen, Hochdruckmaschinen, 195 PSi ≙ 9 kn
Bewaffnung:	3 SB, später 1 × 28 cm/L 20, 2 × 8,6 cm/L 20
Besatzung:	43

Name	Bauwerft	Kiellegung	Stapellauf	Fertigstellg.	Schicksal
Opyt	Carr & Macpherson, St. Petersburg	1861	Okt. 1861	1862	1906 gestrichen

Sobol-Klasse

Diese hölzernen Schiffe glichen mit ihrer Barktakelung den um 1860 gebauten Kanonenbooten. Die 64 Pdr – später die 15,2-cm-Geschütze – standen vorne und hinten. Es waren Pivotkanonen. Beide Einheiten unterstanden die überwiegende Dienstzeit über dem russischen Gesandten in Peking.

Verdrängung:	455 ts
Abmessungen:	L 45,34 m; B 6,98 m; Tg 2,54 m maximal
Maschinenanlage:	80 nPS
Bewaffnung:	2 × 64-Pdr-SB, 4 × 9-Pdr-SB, später 2 × 15,2 cm/L 23, 4 × 8,6 cm/L 20
Besatzung:	90

Name	Bauwerft	Kiellegung	Stapellauf	Fertigstellg.	Schicksal
Sobol	Berneborg	Sept. 1862	Mai 1863	1864	ab 1888 Hafendienst
Gornostai	Berneborg	Sept. 1862	Mai 1863	1864	ab 1888 Hafendienst

Pishtchal-Klasse

Kanonenboote mit eisernem Schiffskörper und wegen des dort verfügbaren Heizöls für eine Verwendung auf dem Kaspischen Meer gebaut. 1872 erhielten sie durch Sormof neue Maschinen. Es ist nicht ganz klar, ob es eine Verbindung gibt zwischen diesen beiden Einheiten und den vorherigen Kanonenbooten gleichen Namens, die 1862 aus der Ostsee ins Kaspische Meer verlegten.

Verdrängung:	328 ts
Abmessungen:	L 36,96 m; B 7,67 m; Tg 2,18 m maximal
Maschinenanlage:	120–170 PSi, als Brennstoff benutzte man Ölrückstände
Bewaffnung:	1 × 15,2 cm/L 23, 2 × 8,6 cm/L 20
Besatzung:	–

Name	Bauwerft	Kiellegung	Stapellauf	Fertigstellg.	Schicksal
Pishtchal	Watkins	–	1866	–	~ 1898 gestrichen
Syekira	Watkins	–	1866	–	~ 1898 gestrichen

Ersh

Kompositschiffskörper. Die 28 cm war pivotlaffetiert und stand auf einer herabgesetzten Plattform. Sie konnte – von der Mittschiffslinie gerechnet – nur 12° nach jeder Seite drehen. An gleicher Stelle befand sich auch die dampfgetriebene Ankerwinde. Anscheinend baute man die 28 cm später aus.

Verdrängung:	321 ts
Abmessungen:	Lcwl 29,57 m; B 8,53 m; Tg 2,23 m maximal
Maschinenanlage:	2 Zylinderkessel, 2 Wellen, Liegende Verbundmaschinen, 240 PSi ≙ 8 kn
Bewaffnung:	1 × 28 cm/L 20, später auch noch 1 × 3-Pdr-Revolverkanone und 1 × 1-Pdr-Revolverkanone
Besatzung:	53

Name	Bauwerft	Kiellegung	Stapellauf	Fertigstellg.	Schicksal
Ersh	Neue Admiralitätswerft	8.10.1873	5.8.1874	1874	1906 gestrichen

Nerpa

Obwohl in Nikolajew gebaut, verbrachte die mit einem hölzernen Schiffskörper versehene Nerpa die meiste Zeit im Fernen Osten, speziell unter dem Kommando des russischen Gesandten in Peking. Die Maschinenanlage wurde anscheinend 1860 in New York gefertigt. Ein Schwesterschiff, das Sivuch heißen sollte, wurde nie begonnen.

Verdrängung:	380 ts
Abmessungen:	L 37,99 m; B 7,47 m; Tg 2,44 m maximal
Maschinenanlage:	60 nPS
Bewaffnung:	1 × 15,2 cm/L 23, 2 × 10,6 cm/L 20, 2 × 8,6 cm/L 20
Besatzung:	90

Name	Bauwerft	Kiellegung	Stapellauf	Fertigstellg.	Schicksal
Nerpa	Nikolajew	1876(?)	1877	1877/78(?)	ab 1888 Hafendienst

Burya nach Fertigstellung 1882.

Burun-Klasse

Verdrängung:	383–400 ts
Abmessungen:	Lcwl 36,37 m; B 8,84 m; Tg 2,36–2,44 m maximal (Burun, Tutcha, Burya, Groza), Lcwl 33,53 m; B 10,8 m; Tg 2,44–2,59 m maximal (Dojd, Snyeg, Grad), Lcwl 33,53 m; B 11,58 m; Tg 2,13 m maximal (Vikhr)
Maschinenanlage:	2 Zylinderkessel, 2 Wellen, Liegende Verbundmaschinen (Burun, Tutcha, Burya, Groza), 250 PSi ≙ 8–9 kn (Dojd, Snyeg, Grad, Vikhr) 440 PSi ≙ 8–9 kn
Bewaffnung:	1 × 28 cm/L 20 (Burya 1 × 28 cm/L 22), alle auch 2 × 8,6 cm/L 20
Besatzung:	54–57

Name	Bauwerft	Kiellegung	Stapellauf	Fertigstellg.	Schicksal
Burun	Neue Admiralitätswerft	16. 6. 1878	12. 9. 1879	1880	gestrichen 14.8.1907, ab 11. 5. 1908 Hafendienst gestrichen 7. 5. 1914
Tutcha	Neue Admiralitätswerft	16. 6. 1878	12. 9. 1879	1880	gestrichen 9.5.1906
Burya	Neue Admiralitätswerft	23. 1. 1879	5. 7. 1880	1881/82	1906 gestrichen
Groza	Neue Admiralitätswerft	23. 1. 1879	5. 7. 1880	1881/82	1906 gestrichen
Dojd	Neue Admiralitätswerft	18. 9. 1878	9. 10. 1879	1880	14.8.1907 gestrichen
Vikhr	Neue Admiralitätswerft	27. 9. 1878	25. 10. 1879	1880	14.8.1907 gestrichen
Snyeg	Crichton, Abo	1880	1881	1881/82	12.4.1902 gestrichen
Grad	Crichton, Abo	1880	1881	1881/82	5.11.1904 gestrichen

Die Einheiten waren in Kompositbauweise gefertigt und ihre 28 cm/L 20 stand vorne als Pivotgeschütz auf einer herabgesetzten Plattform. Bei den meisten Einheiten ersetzte man die 8,6-cm-Geschütze später durch 2 × 2,5 Pdr. Burun, Tutcha und Dojd hatten darüber hinaus noch 2 × 1-Pdr.-Revolverkanonen und 1 × 3 Pdr. Die Tutcha wurde 1899 auf Leichter verladen und auf dem Kanalweg ins Kaspische Meer verbracht. Dort richtete man sie für eine Heizölverwendung her. Eine Liste aus dem Jahre 1901 spricht Tutcha und Burun folgende Armierung zu: 4 × 8,6 cm/L 20 und 3 × 3-Pdr-Revolverkanonen. 1902 verlegte die Vikhr ebenfalls ins Kaspische Meer. Es scheint, daß nur die Burya ihre 28 cm bis zum Ende trug.

Amur (I)-Klasse   Minenleger

Verdrängung:	3010 ts
Abmessungen:	Lcwl 91,44 m; B 12,5 m; Tg 5,49 m maximal
Maschinenanlage:	12 Belleville-Kessel, 2 Wellen, Stehende Dreifachexpansionsmaschinen, 4700 PSi ≙ 18 kn, 400 ts Kohle
Bewaffnung:	5 × 11 Pdr, 7 × 3 Pdr, 1 × 38,1-cm-TR, 500 Minen
Besatzung:	317

Minen- oder Torpedotransportdampfer, die in ihrer äußeren Erscheinung Kleinen Kreuzern glichen. Im russisch-japanischen Krieg fanden sie als Minenleger Verwendung. Die Amur führte am 14. Mai 1904 eine der erfolgreichsten Minenoperationen durch: Auf einem von ihr verlegten Minenfeld mit 50 Minen sanken die japanischen Schlachtschiffe Hatsuse und Yashima. Die Yenisei ging auf einer ihrer eigenen Minen verloren. Die Amur fiel in Port Arthur japanischem 28-cm-Haubitzenfeuer zum Opfer.

Yenisei (I) etwa 1900. (CPL)

Name	Bauwerft	Kiellegung	Stapellauf	Fertigstellg.	Schicksal
Amur	Baltische Schiffswerft	1898	8.11.1898	1899	† 18.12.1904
Yenisei	Baltische Schiffswerft	1898	20.5.1899	1899	† 11.2.1904

Amur (II)-Klasse Minenleger

Zweischornsteinschiffe mit Rammbug und eingezogenem Heck. Im Ersten Weltkrieg änderte sich die Armierung der *Amur* auf 9 × 12 cm und 1 × 11-Pdr-Flak. Die *Yenisei* wurde vom deutschen U-Boot *U 26* versenkt. *Amur* fuhr zuletzt als Schulschiff.

Verdrängung:	2926 ts
Abmessungen:	Lüa 91,44 m; B 14,02 m; Tg ~ 4,42 m
Maschinenanlage:	12 Belleville-Kessel, 2 Wellen, Stehende Dreifachexpansionsmaschinen, 4700 PSi ≙ 17 kn, maximal 670 ts Kohle
Bewaffnung:	1 × 12 cm/L 45, 11 × 11 Pdr, 320 Minen
Besatzung:	318

Name	Bauwerft	Kiellegung	Stapellauf	Fertigstellg.	Schicksal
Amur	Baltische Schiffswerft	Mai 1905	Juni 1907	1909	Abbr ~ 1950
Yenisei	Baltische Schiffswerft	Mai 1905	Juli 1906	1910	† 4.6.1915

Bewaffnete Yachten

Almaz

Bewaffnete Yacht mit zwei Schornsteinen, drei Masten, Klipperbug und Bugspriet. Die *Almaz* besaß keinerlei Qualitäten, die rechtfertigen, sie als echtes Kriegsschiff anzusehen, aber ihr Lebenslauf ist interessant: Mit Ausnahme von zwei Zerstörern erreichte sie nach dem Desaster von Tsushima als einziges Schiff Wladiwostok. 1911 verlegte sie ins Schwarze Meer; sie fuhr dort im Ersten Weltkrieg als Seeflugzeugtender. Zu dieser Zeit war sie mit 7 × 12 cm/L 45 und 4 × 11-Pdr-Flak armiert, sie konnte bis zu vier Seeflugzeuge mitführen.

Verdrängung:	3285 ts
Abmessungen:	Lüa 111,45 m; B 13,26 m; Tg 5,33 m maximal
Maschinenanlage:	Belleville-Kessel, 2 Wellen, Stehende Dreifachexpansionsmaschinen, 7500 PSi ≙ 19 kn, 560 ts Kohle
Bewaffnung:	4 × 11 Pdr, 8 × 3 Pdr
Besatzung:	336

Name	Bauwerft	Kiellegung	Stapellauf	Fertigstellg.	Schicksal
Almaz	Baltische Schiffswerft	April 1902	2.6.1903	Dez. 1903	ab 1920 in Bizerta

Almaz nach Fertigstellung 1903. (CPL)

АЛМАЗЪ
Almas

Zerstörer

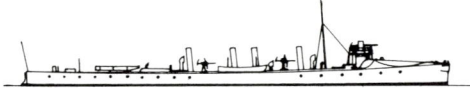

Sokol nach Fertigstellung 1895.

Pruitki

Ein Vierschornsteinzerstörer mit Rammbug und Einzelmast. Später wurde ein zweiter Mast aufgestellt. Die 11 Pdr stand auf dem Dach des Kommandostandes, die 3 Pdr mit zwei vorne und einer achtern. Die beiden drehbaren TR befanden sich in der achteren Bootsmittellinie. Insgesamt konnten sechs Torpedos mitgeführt werden.
Die spätere 11 Pdr wurde in Hecknähe aufgestellt. Für den Bau des Bootskörpers verwendete man viel Nickelstahl und für die Einbauten Aluminium. Die *Pruitki* war einer der schnellsten Zerstörer und unter ihrem ersten Namen *Sokol* recht bekannt. Im Ersten Weltkrieg fuhr sie als Minensucher.

Verdrängung:	220 ts
Abmessungen:	Lüa 57,91 m; B 5,64 m; Tg ~ 2,29 m
Maschinenanlage:	8 Yarrow-Kessel, 2 Wellen, Stehende Dreifachexpansionsmaschinen, 3800 PSi ≙ 29 kn (bei Probefahrten 4500 PSi ≙ 30,2 kn), 60 ts Kohle
Bewaffnung:	1 × 11 Pdr, 3 × 2 Pdr (später nur 2 × 11 Pdr), 2 × 38,1-cm-TR, zuletzt nur noch 10 Minen
Besatzung:	54

Name	Bauwerft	Kiellegung	Stapellauf	Fertigstellg.	Schicksal
Pruitki (bis 1902 *Sokol*)	Yarrow	1894	22.8.1895	1895	Abbr 1922

Rastoropni kurz vor der Selbstversenkung 1904. CPL)

Die ex-Namen wurden bis 1902 geführt. Die vier bei Crichton, Okhta gebauten Boote verlegten nach ihrer Fertigstellung ins Schwarze Meer. *Ryeshitelni, Razyashchi, Rastoropni* und die neun auf der Nevskiwerft gebauten Boote (Anfangsbuchstabe *S*) wurden in Sektionen in den pazifischen Raum verbracht und in Port Arthur zusammengebaut. Allgemein gesehen handelte es sich bei dieser Klasse um eine Neuausgabe der *Pruitki*. Allerdings hatten die 13 Boote der Nevskiwerft einen geraden Vorsteven. *Puilki, Poslushni, Prochni, Porazhayushchi, Pronzitelni, Ryeshitelni* und *Podvizhni* (?) besaßen acht Kessel, alle anderen

Puilki-Klasse

Verdrängung:	220–240 ts
Abmessungen:	Lüa 57,91 m; B 5,64 m; Tg ~ 2,29 m
Maschinenanlage:	4–8 Yarrow-Kessel, 2 Wellen, Stehende Dreifachexpansionsmaschinen, 3800 PSi ≙ 26,5–27,5 kn, 60 ts Kohle
Bewaffnung:	1 × 11 Pdr, 3 × 3 Pdr (später nur 2 × 11 Pdr), 2 × 38,1-cm-TR, einige später 10–12 Minen

Name	Bauwerft	Kiellegung	Stapellauf	Fertigstellg.	Schicksal
Puilki ex *Kretchet*	Crichton, Abo	1896	1898	1898	Abbr 1911
Poslushni ex *Korshun*	Crichton, Abo	1896	1898	1898	Abbr 1921
Prochni ex *Yastreb*	Izhora	1897	1898	1900	Abbr 1922
Porazhayushchi ex *Nyrok*	Izhora	1897	1898	1900	Abbr 1922
Pronzitelni ex *Berkut*	Izhora	1897	1899	1900	Abbr 1911

vier (dafür aber größere). Obwohl die *Podvizhni* mit 29 kn angegeben wird, erwies sich keines der Boote schneller als die *Pruitki*. Alle in Port Arthur zusammengebauten Boote nahmen am russisch-japanischen Krieg teil. Die *Silni* versenkte sich in Port Arthur am 2. Januar 1905 selbst, wurde gehoben und stellte für die Japaner als *Fumizuki* in Dienst. Die *Ryeshitelni* wurde am 12. August 1904 in Yingkou erbeutet und stellte als *Yamabiko* für Japan in Dienst. Die vier verbliebenen Zerstörer *Serditi*, *Smyeli*, *Skori* und *Statni* waren im Ersten Weltkrieg in Wladiwostok stationiert. Von den Schwarzmeereinheiten erhielten nach der Revolution *Strogi* und *Sviryepi* den Namen *Badina* bzw. *Leitenant Schmidt*. *Puilki* und *Pronzitelni* verlegten 1907 ins Kaspische Meer, und alle anderen fanden im Ersten Weltkrieg in der Ostsee als Minensucher Verwendung. *Ryani*, *Prozorlivi*, *Ryezvi*, *Poslushni* und *Podvizhni* wurden 1918 von den Finnen als *S 1* bis *S 5* übernommen.

Name	Bauwerft	Kiellegung	Stapellauf	Fertigstellg.	Schicksal
Ryeshitelni ex *Kondor*	Izhora	1897	Zusammenbau 1902		Abbr 1918
Prozorlivi ex *Gagara*	Nevskiwerft	1898	1899	1901	† Okt. 1925
Ryezvi ex *Voron*	Nevskiwerft	1898	1899	1901	Abbr 1921
Retivi ex *Filin*	Nevskiwerft	1898	1900	1901	Abbr 1922
Ryani ex *Sova*	Nevskiwerft	1898	1900	1901	1930 gestrichen
Podvizhni ex *Albatross*	Izhora	1898	1900	1901	1930 gestrichen
Razyashchi ex *Drozd*	Izhora	1899	Zusammenbau 1902		(†) 21.1.1905
Rastoropni ex *Dyatel*	Izhora	1899	Zusammenbau 1902		(†) 16.11.1904
Strogi ex *Lebed*	Crichton, Okhta	1899	1901	1902	1939 gestrichen (?)
Smyetlivi ex *Pelikan*	Crichton, Okhta	1899	1901	1902	(†) 18.6.1918
Sviryepi ex *Pavlin*	Crichton, Okhta	1899	1901	1902	1939 gestrichen (?)
Stremitelni ex *Fasan*	Crichton, Okhta	1899	1901	1902	(†) 18.6.1918
Serditi ex *Bekas*	Nevskiwerft	1899	Zusammenbau 1902		Abbr 1922
Smyeli ex *Gorlitza*	Nevskiwerft	1899	Zusammenbau 1902		Abbr 1922
Skori ex *Perepel*	Nevskiwerft	1900	Zusammenbau 1903		Abbr 1922
Statni ex *Shtchegol*	Nevskiwerft	1900	Zusammenbau 1903		Abbr 1922
Silni ex *Baklan*	Nevskiwerft	1899	Zusammenbau 1902		Abbr 1913
Steregushchi ex *Kulik*	Nevskiwerft	1900	Zusammenbau 1903		† 10.3.1904
Storozhevoi ex *Gratch*	Nevskiwerft	1899	Zusammenbau 1902		(†) 2.1.1905
Strashni ex *Skvoretz*	Nevskiwerft	1900	Zusammenbau 1903		† 13.4.1904
Stroini ex *Strij*	Nevskiwerft	1900	Zusammenbau 1903		† 13.11.1904

Boevoi

Ein Vierschornsteinzerstörer des normalen Laird-Typs. Die 11 Pdr stand vorne und die beiden TR einzeln hinter dem zweiten und vierten Schornstein. *Boevoi* wurde am 24. Juli 1904 durch ein japanisches Verkehrsboot torpediert, konnte Port Arthur jedoch erreichen.

Verdrängung:	350 ts
Abmessungen:	Lcwl 64,92 m; B 6,55 m; Tg 2,92 m maximal
Maschinenanlage:	4 Laird-Kessel, 2 Wellen, Stehende Dreifachexpansionsmaschinen, 6000 PSi ≙ 27,5 kn, 80 ts Kohle
Bewaffnung:	1 × 11 Pdr, 5 × 3 Pdr, 2 × 38,1-cm-TR
Besatzung:	62

Name	Bauwerft	Kiellegung	Stapellauf	Fertigstellg.	Schicksal
Boevoi (bis 1902 *Som*)	Laird	1898	27.6.1899	1900	(†) 2.1.1905

Bezstrashni-Klasse

Zweischornsteinzerstörer mit zwei Masten, vorne stehender 11 Pdr, drei Decks-TR und sechs mitzuführenden Torpedos. Die TR standen in der Bootmittellinie: Zwei zwischen den Schornsteinen, eines dahinter. Die *Bditelni* versenkte sich im russisch-japanischen Krieg in Port Arthur selbst, und die anderen drei wurden nach der Schlacht am 10. August 1904 in Tsingtau interniert. Im Ersten Weltkrieg waren sie in Wladiwostok und im Weißen Meer eingesetzt. Die ex-Namen wurden bis 1902 geführt.

Verdrängung:	346 ts
Abmessungen:	Lüa 61,75 m; B 6,7 ; Tg 2,9 m maximal
Maschinenanlage:	4 Schichau-Kessel, 2 Wellen, Stehende Dreifachexpansionsmaschinen, 6000 PSi $\triangleq$ 27 kn, 80 ts Kohle
Bewaffnung:	1 × 11 Pdr, 5 × 3 Pdr (später nur 2 × 11 Pdr), 3 × 38,1-cm-TR
Besatzung:	64

Name	Bauwerft	Kiellegung	Stapellauf	Fertigstellg.	Schicksal
Bezstrashni ex *Delfin*	Schichau	1898	1899	1900	Abbr 1922
Bditelni ex *Kit*	Schichau	1898	1900	1900	(†) 2.1.1905
Bezposhtchadni ex *Skat*	Schichau	1898	1900	1900	Abbr 1923
Bezshumni ex *Kasatka*	Schichau	1898	1900	1900	Abbr 1922

Leitenant Burakov

Dieses war ursprünglich der chinesische Zerstörer *Hai Hoha*, der während des Angriffs auf die Taku-Forts von den britischen Zerstörern *Fame* und *Whiting* erobert wurde und an Rußland ging. Das Boot hatte zwei große Schornsteine und war mit seinen beiden Decks-TR im russisch-japanischen Krieg wohl das schnellste der russischen Flottille. Es fiel östlich Port Arthur in der Ta-Ho-Bucht den Verkehrsbooten der *Mikasa* und *Fuji* zum Opfer.

Verdrängung:	280 ts
Abmessungen:	Lüa 59 m; B 6,4 m; Tg 2,6 m maximal
Maschinenanlage:	4 Thornycroft-Kessel, 2 Wellen, Stehende Dreifachexpansionsmaschinen, 6000 PSi $\triangleq$ 33,6 kn, 67 ts Kohle
Bewaffnung:	6 × 3 Pdr, 2 × 35,6-cm-TR (es ist möglich, daß die TR auf 38,1 cm Durchmesser gewechselt wurden)
Besatzung:	56

Name	Bauwerft	Kiellegung	Erwerb durch Rußland	Schicksal
Leitenant Burakov	Schichau	1898	1900	† 24.7.1904

Vnimatelni-Klasse

Die Boote ähnelten der französischen *Durandal*-Klasse, hatten aber vier in zwei Gruppen zusammenstehende Schornsteine. Die 11 Pdr befand sich vorne und auf dem Dach des Kommandostandes. Die Decks-TR standen jeweils hinter den Schornsteingruppen. Im russisch-japanischen Krieg wurde die *Vnushitelni* durch die japanische Flotte vernichtet, und die *Vuinoslivi* lief auf eine Mine. Die *Grozovoi* wurde nach der Schlacht am 10. August 1904 in Shanghai interniert, und die *Vlastni* befand sich nach dem Fall Port Arthurs in Chefoo und später in Wladiwostok. Im Ersten Weltkrieg fand sie im Weißen Meer Verwendung und wurde 1918 von den Briten übernommen. Die ex-Namen wurden bis 1902 geführt.

Verdrängung:	312 ts
Abmessungen:	Lüa 56,6 m; B 5,9 m; Tg 3,02 m maximal
Maschinenanlage:	4 Normand-Kessel, 2 Wellen, Stehende Dreifachexpansionsmaschinen, 5200 PSi $\triangleq$ 26,5 kn, 60–70 ts Kohle
Bewaffnung:	1 × 11 Pdr, 5 × 3 Pdr (später nur 2 × 11 Pdr), 2 × 38,1-cm-TR
Besatzung:	57–59

Name	Bauwerft	Kiellegung	Stapellauf	Fertigstellg.	Schicksal
Vnimatelni ex *Forel*	Normand	1898	1900	1901	26.5.1904 gestrandet
Vuinoslivi ex *Sterlyad*	Normand	1898	1901	1902	†24.8.1904
Vnushitelni ex *Osetr*	F.&C., Le Havre	1898	1900	1902	† 25.2.1904
Vlastni ex *Kefal*	F.&C., Le Havre	1899	1901	1902	Abbr 1921
Grozovoi ex *Losos*	F.&C., Le Havre	1899	1902	1902	Abbr 1921

Boiki-Klasse

22

Verdrängung:	350 ts
Abmessungen:	Lüa 64 m; B 6,4 m; Tg 2,59 m maximal
Maschinenanlage:	4 Yarrow- oder Normand-Kessel, 2 Wellen, Stehende Dreifachexpansionsmaschinen, 5700 PSi ≙ 26 kn, 80 ts Kohle
Bewaffnung:	1 × 11 Pdr, 5 × 3 Pdr (später nur 2 × 11 Pdr), 3 × 38,1-cm-TR, später 2 TR und einige vermutlich 45,7-cm-TR, 12−18 Minen
Besatzung:	62−69

Name	Bauwerft	Kiellegung	Stapellauf	Fertigstellg.	Schicksal
Boiki ex Akuvla	Nevskiwerft	1900	1901	1902	1923 gestrichen
Buini ex Bychok	Nevskiwerft	1900	1901	1902	(†) 28.5.1905
Burni ex Makrel	Nevskiwerft	1900	1901	1902	11.8.1904 auf Land getrieben
Bravi ex Nalim	Nevskiwerft	1900	1901	1902	1931 gestrichen (?)
Blestyashtchi ex Okun	Nevskiwerft	1900	1901	1902	(†) 28.5.1905
Buistri ex Plotva	Nevskiwerft	1900	1901	1902	28.5.1905 auf Land getrieben
Bodri ex Peskar	Nevskiwerft	1900	1902	1903	Abbr 1922
Byedovi ex Keta	Nevskiwerft	1900	1902	1903	Abbr 1922
Bezuprechni ex Paltus	Nevskiwerft	1900	1902	1903	† 28.5.1905
Vidni ex Sig	Nevskiwerft	1900	1902	1905	Abbr 1922
Zavidni ex Karp	Belgische Werke	1902	1902	1903	1938 gestrichen
Zaveytni ex Beluga	Belgische Werke	1902	1902	1903	Abbr 1922
Zadorni	Belgische Werke	1903	1904	1905	† 9.3.1916
Zorki	Belgische Werke	1903	1905	1905	1920 nach Bizerta
Zvonki	Belgische Werke	1903	1905	1905	1920 nach Bizerta
Zhivoi	Nikolajew	1902	1904	1905	† 16.11.1920
Zhivuchi	Nikolajew	1902	1904	1906	† 25.4.1916
Zhutki	Nikolajew	1902	1904	1906	Abbr 1922
Zharki	Nikolajew	1902	1904	1906	1920 nach Bizerta
Gromki	Nevskiwerft	1903	1904	1904	† 28.5.1905
Grozni	Nevskiwerft	1903	1904	1904	1923 gestrichen
Gromyaschi	Nevskiwerft	1903	1904	1905	Abbr 1922

Die ex-Namen wurden bis 1902 geführt, *Zadorni* hieß später *Leitenant Pushchin*. Die fünf auf den Belgischen Werken/Nikolajew gebauten Zerstörer und die vier in Nikolajew gebauten gehörten zur Schwarzmeerflotte. Sie waren vom Typ Yarrow und ähnelten einer vergrößerten → *Pruitki*: Es gab zwei Einzel-TR an Deck und eines auf dem Vorsteven. Letzteres baute man später jedoch aus. Insgesamt konnten sechs Torpedos mitgeführt werden. Nur die fünf Boote der Belgischen Werke hatten Normand-Kessel.

Im russisch-japanischen Krieg lagen *Boiki* und *Burni* in Port Arthur. Die *Boiki* konnte vor der Kapitulation entkommen. *Buini, Bravi, Buistri, Blestyashtchi, Bodri, Byedovi, Bezuprechni, Gromki* und *Grozni* waren an der Schlacht bei Tsushima beteiligt. Die *Byedovi* hatte den schwerverwundeten Admiral Rojestwenskij an Bord und ergab sich den Japanern. Sie stellte als *Satsuki* für diese in Dienst. *Boiki, Bravi, Bodri* und *Grozni* befanden sich im Ersten Weltkrieg in Wladiwostok, *Vidni* und *Gromyaschi* in der Ostsee. Die *Zhivoi* ging im Asowschen Meer verloren. Zu dieser Zeit gehörte sie zu den noch regierungstreuen Truppen des Generals Wrangel, die die bolschewistische Revolution bekämpften. Nach der Revolution erhielten *Bravi, Zavidni* und *Grozni* die Namen *Anisimov, Marti* und *Balyank*.

Tverdi-Klasse

Verdrängung:	240 ts
Abmessungen:	Lüa 57,91 m; B 5,64 m; Tg ~ 2,29 m
Maschinenanlage:	4 Yarrow-Kessel, 2 Wellen, Stehende Dreifachexpansionsmaschinen, 3800 PSi ≙ 26 kn, 60 ts Kohle
Bewaffnung:	1 × 11 Pdr, 3 × 3 Pdr (später nur 1 × 11 Pdr), 2 × 45,7-cm-TR
Besatzung:	60

Diese Boote waren eine Neuauflage der *Puilki*-Klasse, jedoch mit 45,7-cm-TR. Sie wurden sektionsweise nach Wladiwostok geschickt, wo der Zusammenbau erfolgte. Nach der Revolution wurden *Tverdi* und *Tochni* umbenannt in *Lazo* und *Potapenko*.

Name	Bauwerft	Kiellegung	Zusammenbau	Schicksal
Tverdi	Nevskiwerft	1904	1906	1931 gestrichen (?)
Tochni	Nevskiwerft	1904	1906	1931 gestrichen (?)
Trevozhni	Nevskiwerft	1904	1906	Abbr 1923
Leitenant Malyeev	Crichton, Okhta	1905	1908	Abbr 1922
Ing Mech Anastasov	Crichton, Okhta	1905	1908	Abbr 1922

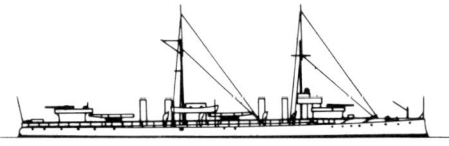

Lovki-Klasse nach Fertigstellung 1906.

Lovki-Klasse

Zerstörer französischen Typs mit vier in zwei Gruppen hinter Fock- und Großmast stehenden Schornsteinen. Die 11 Pdr befanden sich auf den Dächern des vorderen und hinteren Kommandostandes und die beiden Einzel-TR hinter den beiden Schornsteingruppen. Alle befanden sich im Ersten Weltkrieg in der Ostsee. Die *Ispolnitelni* ging durch die Explosion einer eigenen Mine verloren und *Letuchi* kenterte in einem zu dieser Zeit herrschenden ungewöhnlichen Schneesturm. Die *Burakov* lief während eines Einsatzes als Aviso auf eine Mine.

Verdrängung: 335 ts
Abmessungen: Lüa 56,6 m; B 6,4 m; Tg 3,4 m maximal
Maschinenanlage: 4 Normand-Kessel, 2 Wellen, Stehende Dreifachexpansionsmaschinen, 5700 PSi ≙ 27 kn, 100–110 ts Kohle
Bewaffnung: 2 × 11 Pdr, 2 × 45,7-cm-TR, später auch 10 Minen
Besatzung: 67

Name	Bauwerft	Kiellegung	Stapellauf	Fertigstellg.	Schicksal
Lovki	Normand	1904	1905	1906	Abbr 1922
Letuchi	Normand	1904	1905	1906	† 12.12.1914
Likhoi	Normand	1904	1905	1906	Abbr 1922
Iskusni	La Seyne	1904	1905	1906	Abbr 1922
Ispolnitelni	La Seyne	1904	1905	1906	† 12.12.1914
Kryepki	La Seyne	1904	1905	1906	Abbr 1925
Legki	La Seyne	1904	1905	1906	Abbr 1922
Leitenant Burakov	F.&C., Le Havre	1904	1905	1906	† 12.8.1917
Moshchni	F.&C., Le Havre	1904	1905	1906	Abbr 1923
Molodetzki	F.&C., Le Havre	1904	1905	1906	Abbr 1922
Myetki	F.&C., Le Havre	1904	1905	1906	Abbr 1922

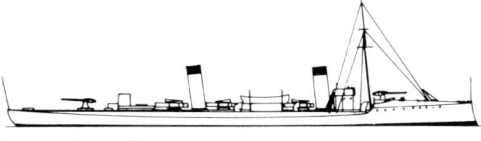

Bditelni-Klasse nach Fertigstellung 1906.

Bditelni-Klasse

Zerstörer mit Rammbug, kurzer Back und zwei auseinanderstehenden Schornsteinen. Die 11 Pdr standen vorne auf der Back und auf dem hinteren Achterdeck, die drei Einzel-TR in der Bootsmittellinie: Zwei zwischen den Schornsteinen und eines zwischen dem hinteren Schornstein und Groß-

Verdrängung: 380 ts
Abmessungen: Lüa 63,55 m; B 7 m; Tg 2,6 m maximal
Maschinenanlage: 4 Schulz-Thornychroft-Kessel, 2 Wellen, Stehende Dreifachexpansionsmaschinen, 6000 PSi ≙ 27 kn, 125 ts Kohle
Bewaffnung: 2 × 11 Pdr, 3 × 45,7-cm-TR, später auch 16 Minen
Besatzung: 65

mast. Es scheint, daß zumindest von dieser Klasse *Vuinoslivi* am schnellsten war: Bei Probefahrten lief sie 28,72 kn.

Im Ersten Weltkrieg befanden sich *Yurasovski* und *Sergyeev* in Wladiwostok und später im Weißen Meer. Die übrigen waren in der Ostsee eingesetzt. Dort ging die *Bditelni* auch verloren. Nach der Revolution wurden *Dmitriev*, *Zvyerev*, *Vnushitelni* und *Vuinoslivi* umbenannt in *Rashal II*, *Zhemshuzhny*, *Martinov* und *Artenev*. Zuletzt befanden sie sich als Schulboote im Einsatz. Nach einigen Berichten soll *Vnimatelni* den Namen *Osoaviakhim* getragen haben.

Name	Bauwerft	Kiellegung	Stapellauf	Fertigstellg.	Schicksal
Bditelni	Schichau	1904	1905	1906	† 27.11.1917
Boevoi	Schichau	1904	1905	1906	Abbr 1922
Burni	Schichau	1904	1905	1906	Abbr 1922
Ing Mech Dmitriev	Schichau	1904	1905	1906	1946 gestrichen (?)
Ing Mech Zvyerev	Schichau	1904	1905	1906	1946 gestrichen (?)
Kapitan Yurasovski	Schichau	1904	1905	1906	Abbr 1923
Leitenant Sergyeev	Schichau	1904	1905	1906	Abbr 1923
Vnimatelni	Schichau	1904	1905	1906	Abbr 1922 (?)
Vnushitelni	Schichau	1904	1905	1906	1948 gestrichen (?)
Vuinoslivi	Schichau	1904	1905	1906	1948 gestrichen (?)

Storozhevoi-Klasse

Der *Boiki*-Klasse ähnliche Vierschornsteinboote des Yarrow-Typs. Die 11 Pdr standen auf dem Dach des vorderen Kommandostandes und ganz achtern. Ihre beiden Einzel-TR waren an Deck und vor und hinter dem achteren Kommandostand aufgestellt.

Alle gehörten im Ersten Weltkrieg zur Baltischen Flotte. Die *Stroini* strandete in der Rigaer Bucht und wurde von einer 60-kg-Bombe, die ein großes deutsche Seeflugzeug warf, getroffen. Die Schäden waren so schwer, daß man auf eine Bergung verzichtete. Einige setzte man im Bürgerkrieg auf der Wolga ein, andere verlegten ins Kaspische Meer.

Verdrängung:	350 ts
Abmessungen:	Lüa 64 m; B 6,4 m; Tg 2,6 m maximal
Maschinenanlage:	4 Normand-Kessel, 2 Wellen, Stehende Dreifachexpansionsmaschinen, 5800 PSi ≙ 27 kn, 100 ts Kohle
Bewaffnung:	2 × 11 Pdr, 2 × 45,7-cm-TR, später auch 12 Minen
Besatzung:	67

Name	Bauwerft	Kiellegung	Stapellauf	Fertigstellg.	Schicksal
Storozhevoi	Nevskiwerft	1904	1906	1906	Abbr 1925
Silni	Nevskiwerft	1904	1905	1906	Abbr 1922
Stroini	Nevskiwerft	1904	1906	1907	† 21.8.1917
Razyashchi	Nevskiwerft	1904	1906	1907	Abbr 1922
Rastoropni	Nevskiwerft	1905	1907	1907	Abbr 1922
Dostoini	Nevskiwerft	1905	1907	1907	Abbr 1922
Dyelni	Nevskiwerft	1905	1907	1907	Abbr 1922
Dyeyatelni	Nevskiwerft	1905	1907	1907	Abbr 1923

Diese Klasse bestand aus den ersten großen russischen Zerstörern. Der Rammbug, die hohe Back, das abgerundete Heck und die drei Schornsteine verliehen ihnen ein unverwechselbares Aussehen. Die 11 Pdr standen vorne und achtern, die 6 Pdr an den Seiten. Ein Einzel-TR befand sich zwischen dem zweiten und dritten Schornstein und ein Doppelrohrsatz hinter dem Großmast.

Ursprünglich sagte man ihnen mangelhafte Stabilität nach. Später

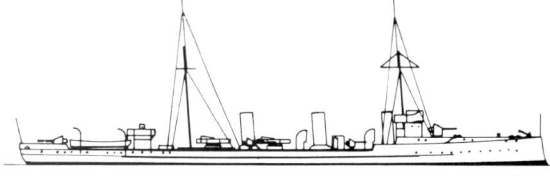

Ukraina-Klasse nach Fertigstellung, Aussehen der ersten Boote 1905.

Ukraina-Klasse

Verdrängung:	580 ts
Abmessungen:	Lüa 73,15 m; B 7,16 m; Tg ~ 2,3 m
Maschinenanlage:	4 Normand-Kessel, 2 Wellen, Stehende Dreifachexpansionsmaschinen, 7000 PSi ≙ 26 kn, 134 ts Kohle
Bewaffnung:	2 × 11 Pdr, 4 × 6 Pdr, 3 × 45,7-cm-TR
Besatzung:	90

änderte sich die Armierung in 2 × 10,2-cm/L 60-Geschütze, die vorne und achtern standen, und zwei Einzel-TR, die vor und hinter dem dritten Schornstein zur Aufstellung kamen. Der Erste Weltkrieg sah sie in der Ostsee im Einsatz. Die *Kazanetz* ging auf einer Mine verloren. In dieser Zeit änderte sich die Geschützausrüstung erneut: Achtern kamen 3 × 10,2 cm/L 60 zur Aufstellung und die Back erhielt eine 40-mm-Flak. Nach der Revolution wurden *Ukraina*, *Voiskovoi* und *Turkmenetz Stavropolski* umbenannt in *Bakinski Rabochi*, *Markin* und *Altvater*. Jetzt fanden sie auf dem Kaspischen Meer als Kanonenboot Verwendung.

Name	Bauwerft	Kiellegung	Stapellauf	Fertigstellg.	Schicksal
Ukraina	Lange & Sohn	1904	1904	1905	1958 gestrichen (?)
Voiskovoi	Lange & Sohn	1904	1904	1905	1958 gestrichen (?)
Turkhmenetz Stavropolski	Lange & Sohn	1904	1905	1905	1958 gestrichen (?)
Kazanetz	Lange & Sohn	1904	1905	1905	† 28.10.1916
Steregushchi	Lange & Sohn	1904	1905	1906	Abbr 1922
Strashni	Lange & Sohn	1905	1906	1906	Abbr 1922
Donskoi Kazak	Lange & Sohn	1905	1906	1906	Abbr 1922
Zaibaikaletz	Lange & Sohn	1904	1906	1906	Abbr 1922

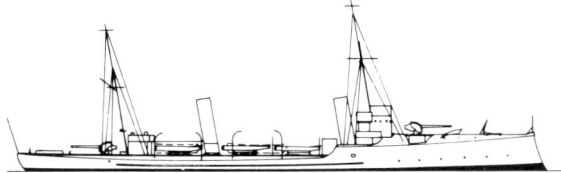

Dobrovoletz nach Fertigstellung 1906.

Emir Bukharski-Klasse

Verdrängung:	570 ts
Abmessungen:	Lüa 71,86 m; B 7,16 m; Tg ~ 2,4 m
Maschinenanlage:	4 Schulz-Thornycroft-Kessel, 2 Wellen, Stehende Dreifachexpansionsmaschinen, 6500 PSi ≙ 25 kn, maximal 150 ts Kohle
Bewaffnung:	2 × 11 Pdr, 6 × 6 Pdr, 3 × 45,7-cm-TR
Besatzung:	99

Name	Bauwerft	Kiellegung	Stapellauf	Fertigstellg.	Schicksal
Emir Bukharski	Skeppsdocka, Helsingfors	1904	1905	1905	1938 gestrichen (?)
Finn	Skeppsdocka, Helsingfors	1904	1905	1905	1937 gestrichen (?)
Moskvityanin	Putilovwerft	1904	1905	1905	† 21.5.1919
Dobrovoletz	Putilovwerft	1904	1905	1906	† 21.8.1916

Diese Zerstörer wurden nach Plänen der Schichauwerft gebaut, die auch die Maschinenanlagen lieferte. Die Einheiten ähnelten einer vergrößerten *Bditelni*-Klasse. Ihre 11 Pdr standen vorne und achtern und die 6 Pdr an den Seiten. Die drei Einzel-TR befanden sich in der Bootsmittellinie: Zwei zwischen den Schornsteinen und eines hinter dem achteren Schornstein. Kurz vor Ausbruch des Ersten Weltkrieges wurden die Geschütze gegen 2 × 10,2 cm/L 60 ausgetauscht. Während des Krieges kam 1 × 37-mm-Flak hinzu. Außerdem waren auch 20 Minen vorgesehen. Die *Dobrovoletz* ging auf einer russischen Mine verloren und die *Moskvityanin* im Feuer von 15,2-cm- und 10,2-cm-Geschützen einer improvisierten britischen Kaspischen Flottille bei einem Gefecht vor Alexandrowsk. Nach der Revolution erhielten *Emir Bukharski* und *Finn* die Namen *Yacob Sverdlov* und *Karl Liebknecht*. Sie waren im Kaspischen Meer stationiert.

Gaidamak-Klasse

Verdrängung:	570 ts
Abmessungen:	Lüa 71,86 m; B 7,16 m, Tg ~ 2,4 m
Maschinenanlage:	4 Schulz-Thornycroft-Kessel, 2 Wellen, Stehende Dreifachexpansionsmaschinen, 6500 PSi ≙ 25 kn, maximal 205 ts Kohle
Bewaffnung:	2 × 11 Pdr, 6 × 6 Pdr, 3 × 45,7-cm-TR
Besatzung:	99

Zweischornsteinerzerstörer mit hoher Back und geradem Vorsteven. Das Baumaterial für *Amuretz* und *Ussurietz* lieferte Krupp-Germania. Die 11 Pdr standen vorne und achtern, 4 × 6 Pdr an den Seiten und die beiden restlichen in

Schwalbennestern unterhalb der Brücke. Zum besseren Vorausfeuer hatte man die Back nach vorne hin eingezogen. In der Bootsmittellinie waren die Einzel-TR drehbar postiert. Sie befanden sich zwischen den Schornsteinen, hinter dem zweiten Schornstein und hinter dem Großmast. Kurz vor Ausbruch des Ersten Weltkrieges wurden sie umarmiert und erhielten 2 × 10,2 cm/L 60. Die Schwalbennester entfernte man und die eingezogene Back wurde geändert. Im Krieg erfolgte ihr Einsatz in der Ostsee, in dieser Zeit gab man ihnen auch 1 × 37-mm-Flak und die Möglichkeit, 25 Minen mitzuführen.

Nach der Revolution gab man *Vasdnik*, *Amuretz* und *Ussurietz* den Namen *Saldkov*, *Zhelesniakov*

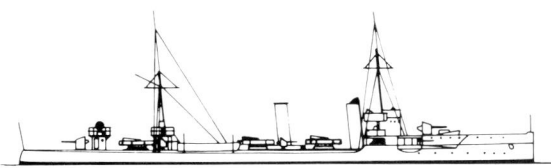

Ussurietz nach Fertigstellung 1907.

Name	Bauwerft	Kiellegung	Stapellauf	Fertigstellg.	Schicksal
Gaidamak	Krupp-Germania	1904	1905	1906	Abbr 1926
Vsadnik	Krupp-Germania	1904	1905	1906	1942 gestrichen (?)
Amuretz	Broberg, Helsingfors	1905	1905	1906	1945 gestrichen (?)
Ussurietz	Broberg, Helsingfors	1905	1905	1907	1939 gestrichen (?)

und *Roshal*. Zuletzt verwendete man sie als Kanonenboot bzw. Schulboot.

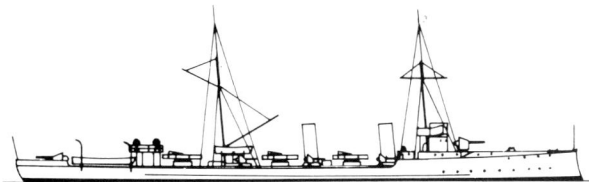

Okhotnik nach Fertigstellung 1906.

Okhotnik-Klasse

Verdrängung:	615 ts
Abmessungen:	Lüa 75,18 m; B 8,18 m; Tg ~ 2,44 m
Maschinenanlage:	4 Normand-Kessel, 2 Wellen, Stehende Dreifachexpansionsmaschinen, 7300 PSi ≙ 25,5 kn, maximal 215 ts Kohle
Bewaffnung:	2 × 11 Pdr, 6 × 6 Pdr, 3 × 45,7-cm-TR
Besatzung:	102

In ihrer äußeren Erscheinung glichen sie einer Zweischornsteinversion der *Ukraina*-Klasse. Die 11 Pdr standen vorne und achtern, die 6 Pdr an jeder Seite und die Einzel-TR zwischen den Schornsteinen, hinter dem zweiten Schornstein und hinter dem Großmast: Alle in der Bootsmittellinie. Obwohl einige Veröffentlichungen statt der 11 Pdr eine Armierung mit 2 × 12 cm/L 30 angeben, zeigen Fotos einwandfrei die angeführte Ausrüstung.

Im Ersten Weltkrieg wurden die vorderen und hinteren Geschütze durch 2 × 10,2 cm/L 60 ersetzt. Der Einsatz erfolgte im Ostseeraum. Später verstärkte man die Bewaffnung auf 3 × 10,2 cm/L 60, wobei das dritte Geschütz achtern Aufstellung fand. Zusätzlich kamen 2 × 3-Pdr-Flak an Bord, und mit einer Ladung von 40 Minen fanden sie als Minenleger Verwendung. Sie bildeten als Minenleger eine besondere Halbflottille.

Die *Okhotnik* ging durch eine

Name	Bauwerft	Kiellegung	Stapellauf	Fertigstellg.	Schicksal
Okhotnik	Crichton, Abo	1905	1905	1906	† 26.9.1917
Pogranichnik	Crichton, Abo	1905	1905	1906	Abbr 1925
General Kondratenko	Skeppsdocka, Helsingfors	1905	1905	1906	Abbr 1922
Sibirski Stryelok	Skeppsdocka, Helsingfors	1905	1905	1906	1957 gestrichen (?)

deutsche Mine verloren. Nach der Revolution wurde *Sibirski Stryelok* umbenannt in *Konstruktor* und fuhr als Führerboot der Minensucher. Zuletzt war sie Kanonenboot.

Leitenant Shestakov-Klasse

<table>
<tr><td>Verdrängung:</td><td colspan="5">640 ts</td></tr>
<tr><td>Abmessungen:</td><td colspan="5">Lüa 74,14 m; B 8,28 m; Tg 2,74 m maximal</td></tr>
<tr><td>Maschinenanlage:</td><td colspan="5">4 Normand-Kessel, 2 Wellen, Stehende Dreifachexpansionsmaschinen, 6500 PSi ≙ 25 kn, maximal 200 ts Kohle</td></tr>
<tr><td>Bewaffnung:</td><td colspan="5">1 × 12 cm/L 30, 5 × 11 Pdr, 3 × 45,7-cmTR</td></tr>
<tr><td>Besatzung:</td><td colspan="5">91</td></tr>
</table>

Name	Bauwerft	Kiellegung	Stapellauf	Fertigstellg.	Schicksal
Leitenant Shestakov	Belgische Werke	1905	28.7.1907	1908	(†) 18.6.1918
Kapt Leitenant Baranov	Belgische Werke	1905	5.11.1907	1908	(†) 18.6.1918
Leitenant Zatzarenni	Belgische Werke	1905	29.10.1907	1908	† 30.6.1917
Kapitan Saken	Belgische Werke	1905	14.9.1907	1908	1920 nach Bizerta

Von den Belgischen Werken, Nikolajew, für die Schwarzmeerflotte gebaute Boote. Die *Kapitan Saken* sollte ursprünglich den Namen *Leitenant Pushchin* erhalten. In ihrer äußeren Erscheinung wiesen sie Ähnlichkeit auf mit der *Gaidamak*-Klasse, hatten jedoch eine andere Geschützausrüstung. Die 12 cm stand vorne, eine 11 Pdr achtern, eine 11 Pdr an jeder Seite und die restlichen in Schwalbennestern seitlich der Brücke. Diese Geschütze wurden später gegen 2 × 12 cm/L 30, die vorne und hinten Aufstellung fanden und 2 × 3-Pdr-Flak ausgewechselt. Darüber hinaus konnte 40 Minen mitgeführt werden.

Die *Leitenant Zatzarenni* ging infolge eines Minentreffers verloren. Diese Klasse wird bei der Aufzählung von Unternehmungen des Ersten Weltkrieges im Schwarzen Meer nur selten erwähnt: Vermutlich wegen der mangelnden Geschwindigkeit. Als schnellstes Boot erzielte die *Saken* bei Probefahrten nur 24,8 kn, die einer Leistung von 7130 PSi entsprachen.

Torpedoboote

Die größeren russischen Boote sind nachfolgend im einzelnen beschrieben, aber mit Ausnahme der ersten Bootes ging ihnen bereits eine große Zahl kleiner Boote voraus. Die meisten davon wurden im russisch-türkischen Krieg von 1877/78 mit Spieren- oder Schlepptorpedos eingesetzt. Nur *Tchesma* mit ihrem unter dem Kiel eingebauten TR und *Sinop*, die ihre Torpedos von einem längsseits gesicherten Floß löste, verwendeten Whitehead-Torpedos. Keines der in diesem Krieg eingesetzten Boote war länger als 20,74 m, die meisten lagen darunter.

1877 begannen die russischen Werften im Ostseeraum mit dem Bau von 100 Booten nach Entwürfen von Yarrow. Diese Einheiten hatten eine Lüa von 22,88 m, Breite von 4,57 m. Sie verdrängten bei einer Geschwindigkeit von 17 kn mit 200–220 PSi Leistung etwa 24,5 ts und konnten per Eisenbahn zwischen der Ostsee und dem Schwarzen Meer hin und her transportiert werden. Einige von ihnen hatten ein Einzel-TR von 38,1 cm, die Mehrzahl besaß jedoch die Originalausrüstung mit Spierentorpedos und/oder die »fired« Torpedos. Letzteres war eine Art Torpedo mit 22,8 cm Durchmesser, der mittels einer Schwarzpulverladung etwa 60 m weit »geworfen« wurde. Yarrow baute keines dieser Boote selbst, sondern fertigte lediglich vier Satz Maschinenanlagen. Die Bauwerften waren: Baltische Schiffswerft und Baird. Alle erwähnten 100 Boote kamen 1877/78 zu Wasser. Gegen Ende der 80er Jahre erwarb man weitere 15 Boote unterschiedlichster Konstruktion und Verdrängung – in der Mehrzahl von Schichau. Zusätzlich wurden zwischendurch einige wenige kleine Boote gebaut. 1905 baute Nixon/New Jersey zehn 27,45-m-Boote und im Anschluß nochmals 37 weitere. Ihr Antrieb waren 300-PS-Petrolmaschinen. Sie liefen 20 kn, hatten ein drehbares 30,5-cm-TR, wurden aber für die russische Marine als unbrauchbar angesehen.

Eine Liste des Jahres 1896 führt 98 in Dienst befindliche kleine T-Boote an. Von diesen hatten offenbar 55 Einheiten je 1 × 38,1-cm-TR, der Rest Spierentorpedos. 1906 zeigt die gleiche Liste – nach Abzug der Petrolboote – eine von 74 auf 44 gesunkene Zahl. Die kleinen Torpedoboote führten ursprünglich Namen, aber ab etwa 1887 ging man zu Nummern über. Es fing an mit der Nummer *51*. In Wahrheit lauteten die Nummern für Boote mit Whitehead-Torpedos *46* bis *100* und die Boote mit Spierentorpedos begannen mit *101*. Im April 1895 wechselten die Nummern in *1* bis *100*. Für die alten Nummern war das offenbar ohne Bedeutung, denn zur gleichen Zeit erhielten die größeren Boote – ausgenommen das erste: *Vzruiv* – der Baltischen Flotte Nummern ab *101* und die der Schwarzmeerflotte ab *251*. Die nach Wladiwostok gehörenden Einheiten behielten noch kurze Zeit ihre Namen und führten dann die Nummern *201* bis *211*. Den in der Ostsee gebauten Booten gab man die Nummern *212* bis *223*. Nur das zuletzt gebaute Boot, die *Lastochka*, erhielt keine Nummer.

Vzruiv

Dieses erste russische Torpedo-boot erinnerte in seiner äußeren Erscheinung an eine Dampfjacht. Die TR befanden sich an jeder Seite der Mittschiffskante vorne und divergierten leicht zur Seite. Später verwendete man das Boot als Torpedoschultender. Hinsichtlich der angegebenen Geschwindigkeit gibt es einige Zweifel, denn spätere Daten lauten 800 PSi ≙ 12,3 kn.

Verdrängung:	160 ts
Abmessungen:	Lüa 36,47 m; B 4,93 m; Tg 3,38 m maximal
Maschinenanlage:	1 Lokomotivkessel, 1 Welle, Stehende Verbundmaschine, 1000 PSi ≙ 17 kn, maximal 16 ts Kohle
Bewaffnung:	2 × 1-Pdr-Revolverkanonen, 2 × 38,1-cm-TR
Besatzung:	33

Name/Spätere Kennummer	Bauwerft	Stapellauf	Schicksal
Vzruiv/–	Baltische Schiffswerft (?)	1877	1908 gestrichen

 *Batum* nach Fertigstellung.

Batum

Dieses unter der Baunummer 472 von Yarrow gebaute Boot hatte einen Rammbug, ein Schildkröten-backdeck, zwei nebeneinanderstehende Schornsteine und gehörte zur Schwarzmeerflotte. Das achtere Ruder schaute etwas aus dem Wasser heraus, und im Bug saß ein Fallruder. Die beiden Bug-TR waren unter dem Schildkrötendeck eingebaut und an Deck wurden zwei Spierentorpedos mitgeführt. Es war das erste T-Boot, das mit eigener Kraft von London ins Mittelmeer dampfte.

Verdrängung:	43 ts
Abmessungen:	Lüa 29,41 m; B 3,39 m; Tg 1,9 m maximal
Maschinenanlage:	1 Lokomotivkessel, 1 Welle, Stehende Verbundmaschine, 500 PSi ≙ 22,5 kn (bei Leerverdrängung), maximal 10 ts Kohle
Bewaffnung:	2 × (später 1 ×) 1 Pdr-Revolverkanonen, zuletzt 1 × 1 Pdr-QF, 2 × 38,1-cm TR
Besatzung:	15

Name/Spätere Kennummer	Bauwerft	Stapellauf	Schicksal
Batum/251	Yarrow	1880	1908 gestrichen

Sukhum

Das unter der Baunummer 167 von Thornycroft gebaute Boot hatte einen Rammbug, ein schild-krötenförmiges Vordeck, zwei nebeneinanderstehende Schornsteine und gehörte zur Schwarzmeerflotte. Die drei Masten konnten Fock- und Hintersegel führen. An den Seiten und auf dem Deck hatte man im Bereich der Maschinenanlage 6-mm-Stahl verbaut. Die beiden TR saßen in den Bugrundungen.

Verdrängung:	64 ts
Abmessungen:	Lüa 34,42 m; B 3,81 m; Tg 1,98 m maximal
Maschinenanlage:	1 Lokomotivkessel, 1 Welle, Stehende Verbundmaschine, 704 PSi ≙ 17,9 kn, maximal 10 ts Kohle
Bewaffnung:	2 × 1 Pdr, 2 × 38,1-cm-TR
Besatzung:	18

Name/Spätere Kennummer	Bauwerft	Stapellauf	Schicksal
Sukhum/257	Thornycroft	1883	1908 gestrichen

Poti

Das zur Schwarzmeerflotte gehörende Boot war eine sehr gelungene Konstruktion des normalen frühen Normand-Typs. Die Schornsteine standen nebeneinander und die TR waren in den Rundungen des Bugs eingebaut. 1902 stellte man den Kessel um auf Öl-feuerung.

Verdrängung:	63 ts
Abmessungen:	Lüa 37,97 m; B 3,05 m; Tg 2,03 m maximal
Maschinenanlage:	1 Lokomotivkessel, 1 Welle, Stehende Verbundmaschine, 575 PSi ≙ 18,5 kn, maximal 11 ts Kohle
Bewaffnung:	2 × 1 Pdr, 2 × 38,1-cm-TR
Besatzung:	18

Name/Spätere Kennummer	Bauwerft	Stapellauf	Schicksal
Poti/258	Normand	1883	1908 gestrichen

Ghelendjik

Ein Boot der Schwarzmeerflotte
mit drei kleinen Masten und zwei
nebeneinanderstehenden Schornsteinen. Die TR saßen in den Bugrundungen.

Verdrängung:	70,5 ts
Abmessungen:	Lüa 37,4 m; B 3,78 m; Tg 2,13 m maximal
Maschinenanlage:	1 Lokomotivkessel, 1 Welle, Stehende Verbundmaschine, 520 PSi ≙ 18 kn, maximal 11 ts Kohle
Bewaffnung:	1 × 1 Pdr, 1 × 1-Pdr-Revolverkanone, 2 × 38,1-cm-TR
Besatzung:	18

Name/Spätere Kennummer	Bauwerft	Stapellauf	Schicksal
Ghelendjik/255	La Seyne	1884	1908 gestrichen

Gagri

Boot der Schwarzmeerflotte mit
zwei eingebauten Bug-TR. Um
1902 wurde der Kessel auf Ölfeuerung umgestellt.

Verdrängung:	80 ts
Abmessungen:	Lüa 36,75 m; B 4,06 m; Tg 1,98 m maximal
Maschinenanlage:	1 Lokomotivkessel, 1 Welle, Stehende Verbundmaschine, 574 PSi ≙ 17,8 kn, maximal 12 ts Kohle
Bewaffnung:	1 × 1 Pdr, 1 × 1-Pdr-Revolverkanonen, 2 × 38,1-cm-TR
Besatzung:	18

Name/Spätere Kennummer	Bauwerft	Stapellauf	Schicksal
Gagri/254	Claparéde, Rouen	1884	1908 gestrichen

Kotlin

Der vorne abgerundete Bug trug
einen Sporn. Das Deck war gebo-
gen und zum Schutz der beiden
Bug-TR im vorderen Teil angehoben. Die beiden Schornsteine
standen nebeneinander. Die TR
waren schwierig zu laden, und die
angestrebte Geschwindigkeit von
18 kn erreichte man nie.

Verdrängung:	67 ts
Abmessungen:	Lüa 37,95 m; B 3,94 m; Tg 1,37 m maximal
Maschinenanlage:	1 Lokomotivkessel, 2 Wellen, Stehende Verbundmaschinen, 472 PSi ≙ 16,5 kn, maximal 14 ts Kohle
Bewaffnung:	2 × 1-Pdr-Revolverkanonen, 2 × 38,1-cm-TR
Besatzung:	21

Name/Spätere Kennummer	Bauwerft	Stapellauf	Schicksal
Kotlin/101	Baltische Schiffswerft	1885	1907 gestrichen

Viborg nach Fertigstellung.

Viborg

Abgerundeter Rammbug mit vorderem Schildkrötendeck, drei Masten und zwei nebeneinanderstehenden Schornsteinen und Balanceruder. Zwei TR befanden sich
eingebaut im Bug und ein drittes
stand drehbar hinter den Schornsteinen. Insgesamt konnten sechs

Verdrängung:	166 ts
Abmessungen:	Lüa 43,43 m; B 5,18 m; Tg 2,13 m maximal
Maschinenanlage:	2 Lokomotivkessel, 2 Wellen, Stehende Verbundmaschinen, 1300 PSi ≙ 20 kn, maximal 40 ts Kohle
Bewaffnung:	2 × 1-Pdr-Revolverkanonen, 3 × 38,1-cm-TR
Besatzung:	24

Torpedos mitgeführt werden. Um 1893 erfolgte die Umrüstung auf Ölfeuerung. Die Bunker konnten neun ts Öl aufnehmen.

Name/Spätere Kennnummer	Bauwerft	Stapellauf	Schicksal
Viborg/102	Clydebank	1886	1910 gestrichen

Abo-Klasse

Einschornsteinboote mit drei Signalmasten, einem vorderen und achteren Kommandostand und zwei Rudern. Der Bug war gerade und das Heck abgerundet. Die beiden TR befanden sich fest eingebaut im Bug. Außerdem konnten vier Spierentorpedos mitgeführt werden.

Verdrängung:	76 ts
Abmessungen:	Lüa 39,5 m; B 4,52 m; Tg 1,9 m maximal
Maschinenanlage:	1 Lokomotivkessel, 1 Welle, Stehende Verbundmaschine, 640 PSi ≙ 19,3–20 kn, maximal 18 ts Kohle
Bewaffnung:	4 × 1-Pdr-Revolverkanonen, 2 × 38,1-cm-TR
Besatzung:	21

Name/Spätere Kennnummer	Bauwerft	Stapellauf	Schicksal
Abo/108	Schichau	1886	1910 gestrichen
Vindava/109	Schichau	1886	1910 gestrichen
Libava/110	Schichau	1886	1910 gestrichen

Yalta-Klasse

Boote der Schwarzmeerflotte einer verbesserten Abo-Klasse, deren Unterschied insbesondere in der Dreifachexpansionsmaschinenlage bestand. Zeitweise waren 4 × 1 Pdr-Revolverkanonen eingebaut. Zwischen 1899 und 1902 wurden bis auf Nr. 263 alle mit Ölfeuerung ausgerüstet.

Verdrängung:	85–90 ts
Abmessungen:	Lüa 38,55 m (Reni 39,15 m); B 4,57 m; Tg 1,88–2,06 m maximal
Maschinenanlage:	1 Lokomotivkessel, 1 Welle, Stehende Dreifachexpansionsmaschine, 900 PSi ≙ 20–20,8 kn, maximal ts Kohle
Bewaffnung:	2 × 1-Pdr-Revolverkanonen, 2 × 38,1-cm-TR
Besatzung:	18

Name/Spätere Kennnummer	Bauwerft	Stapellauf	Schicksal
Yalta/266	Schichau	1886	1911 gestrichen
Novorossisk/263	Schichau	1886	1913 gestrichen
Tchardak/265	Schichau	1886	1911 gestrichen
Kodor/261	Schichau	1886	1911 gestrichen
Kilia/262	Schichau	1886	1911 gestrichen
Reni/264	Schichau	1886	1911 gestrichen

Izmail-Klasse

Die Izmail gehörte zur Schwarzmeerflotte. Bei diesen Booten handelte es sich um russische Nachbauten der Poti-Klasse. Sie erwiesen sich als nicht zufriedenstellend, und die drei bei der Neuen Admiralitätswerft gebauten Boote rüstete man 1899 um auf Yarrow-Kessel. Die Izmail erhielt um 1902 Ölfeuerung.

Verdrängung:	73–76 ts
Abmessungen:	Lüa 38,89 m; B 3,53 m; Tg 2,18–2,28 m maximal
Maschinenanlage:	1 Lokomotivkessel, 1 Welle, Stehende Verbundmaschine, 296 PSi ≙ 15,8 kn (Izmail 520 PSi ≙ 17,5 kn), maximal 17 ts Kohle
Bewaffnung:	4 × 1-Pdr-Revolverkanonen (Izmail 2 × 1 Pdr), 2 × 38,1-cm-TR
Besatzung:	21

Name/Spätere Kennnummer	Bauwerft	Stapellauf	Schicksal
Izmail/267	Nikolajew	1886	1908 gestrichen
Lakhita/105	Neue Admiralitätswerft	1886	1907 gestrichen
Luga/106	Neue Admiralitätswerft	1887	1909 gestrichen
Narva/107	Neue Admiralitätswerft	1888	1910 gestrichen

Sveaborg-Klasse

Sehr zufriedenstellende Boote mit zwei eingebauten Bug- und einem drehbaren TR. Später verbrachte man sie in Sektionen zerlegt auf dem Seeweg nach Wladiwostok.

Verdrängung:	*Sveaborg* 96 ts, *Revel* 107,5 ts
Abmessungen:	Lüa 46,8 m; B 3,43 m *(Sveaborg)*, 3,73 m *(Revel)*; Tg 2,64 m maximal *(Sveaborg)*, 2,51 m maximal *(Revel)*
Maschinenanlage:	1 Normand-Kessel, 1 Welle, Stehende Dreifachexpansionsmaschine, 737 PSi $\triangleq$ 19,2 kn *(Sveaborg)*, 837 PSi $\triangleq$ 19,7 kn *(Revel)*, maximal 29 ts Kohle
Bewaffnung:	2 × 1-Pdr-Revolverkanonen, 3 × 38,1-cm-TR
Besatzung:	21

Name/Spätere Kennnummer	Bauwerft	Stapellauf	Schicksal
Sveaborg/205	Normand	1886	1911 gestrichen
Revel/206	Normand	1886	1911 gestrichen

Sutchena-Klasse

Einschornsteinboote mit geradem Bug und Heck, drei Masten und der bei Schichau gebauten *Abo*-Klasse ähnlich. Sie hatten zwei eingebaute Bug-TR und wurden später in Sektionen nach Wladiwostok verschifft.

Verdrängung:	76 ts
Abmessungen:	Lüa 39 m; B 4,52 m; Tg 1,85 m maximal
Maschinenanlage:	1 Lokomotivkessel, 1 Welle, Stehende Verbundmaschine, 970 PSi $\triangleq$ 16,8–17,2 kn, maximal 29 ts Kohle
Bewaffnung:	2 × 1-Pdr-Revolverkanonen, 2 × 38,1-cm-TR
Besatzung:	21

Name/Spätere Kennnummer	Bauwerft	Stapellauf	Schicksal
Sutchena/202	Nevskiwerft	1887	1911 gestrichen
Yantshikhe/201	Nevskiwerft	1887	21.8.1904 gestrandet

Anakria

Äußeres Kennzeichen dieses zur Schwarzmeerflotte gehörenden Bootes waren der Einzelschornstein und die drei Masten, typisch für Schichautypen. Ein Torpedorohr befand sich festeingebaut im Bug, eines drehbar an Deck. 1900 erfolgte die Umrüstung auf Ölfeuerung.

Verdrängung:	100 ts
Abmessungen:	Lüa 38,55 m; B 4,78 m; Tg 2,08 m maximal
Maschinenanlage:	1 Lokomotivkessel, 1 Welle, Stehende Dreifachexpansionsmaschine, 1100 PSi $\triangleq$ 21 kn, maximal 18 ts Kohle
Bewaffnung:	2 × 1-Pdr-Revolverkanonen, 2 × 38,1-cm-TR
Besatzung:	16

Name/Spätere Kennnummer	Bauwerft	Stapellauf	Schicksal
Anakria/260	Schichau	1889	1917 gestrichen

Sungari-Klasse

Die Boote wurden in Sektionen nach Wladiwostok verschifft. Ein Bericht aus dem Jahre 1901 schreibt ihnen zwei eingebaute Heck-TR zu. Das scheint jedoch ein Druckfehler gewesen zu sein. *Nr. 204* lief bei Yensan auf Grund und wurde von der Besatzung gesprengt.

Verdrängung:	175 ts
Abmessungen:	Lüa 41,2 m; B 5 m; Tg 2,64 m maximal
Maschinenanlage:	2 (?) Lokomotivkessel, 2 Wellen, Stehende Dreifachexpansionsmaschinen, 1956 PSi $\triangleq$ 20,3 kn *(Sungari)*, 2039 PSi $\triangleq$ 19,5 kn *(Ussuri)*, maximal 30 ts Kohle
Bewaffnung:	3 × 1-Pdr-Revolverkanonen, 3 × 38,1-cm-TR
Besatzung:	21

Name/Spätere Kennnummer	Bauwerft	Stapellauf	Schicksal
Sungari/203	Crichton, Abo	1889	1911 gestrichen
Ussuri/204	Crichton, Abo	1889	(†) 30.6.1904

Adler

Zur Schwarzmeerflotte zugehörig und eine vergrößerte Ausgabe des Einschornsteintyps von Schichau. Ein Torpedorohr war fest in den Rundungen des Bugs eingebaut, und die beiden anderen standen drehbar an Deck. Um 1900 erfolgte die Umrüstung auf Ölfeuerung.

Verdrängung:	164 ts
Abmessungen:	Lüa 46,9 m; B 5,05 m; Tg 2,03 m maximal
Maschinenanlage:	1 Lokomotivkessel, 1 Welle, Stehende Dreifachexpansionsmaschine, 2000 PSi $\triangleq$ 26,7 kn, maximal 20 ts
Bewaffnung:	2 × 1-Pdr-Revolverkanonen, 3 × 38,1-cm-TR
Besatzung:	22

Name/Spätere Kennnummer	Bauwerft	Stapellauf	Schicksal
Adler/259	Schichau	1890	1917 gestrichen

Ekenes-Klasse

Die Borgo wurde in Sektionen nach Wladiwostok verbracht.

Verdrängung:	106 ts
Abmessungen:	Lüa 41,66 m; B 4,47 m; Tg 2,57 m maximal
Maschinenanlage:	1 Lokomotivkessel, 1 Welle, Stehende Dreifachexpansionsmaschine, 1245 PSi $\triangleq$ 20 kn
Bewaffnung:	2 × 1-Pdr-Revolverkanonen, 2 × 38,1-cm TR
Besatzung:	21

Name/Spätere Kennnummer	Bauwerft	Stapellauf	Schicksal
Ekenes/117	Crichton, Abo	1890	1910 gestrichen
Borgo/207	Crichton, Abo	1890	† 1900

Bierke-Klasse

Boote mit Rammbug und zwei Masten, an denen Fock- und Hintersegel gesetzt werden konnten. Die beiden TR konnten vom Bug jeweils 35° seitlich gedreht werden. Nr. 112 wurde 1899 mit ölbefeuerten Yarrow-Kesseln ausgerüstet, und auch Nr. 114 erhielt eine Ölfeuerung.

Verdrängung:	81 ts
Abmessungen:	Lüa 38,4 m; B 4,47 m; Tg 2,57 m maximal
Maschinenanlage:	1 Lokomotivkessel, 1 Welle, Stehende Dreifachexpansionsmaschine, 1000–1100 PSi $\triangleq$ 17,8–19 kn, maximal 17 ts
Bewaffnung:	2 × 1-Pdr-Revolverkanonen, 2 × 38,1-cm-TR
Besatzung:	21

Name/Spätere Kennnummer	Bauwerft	Stapellauf	Schicksal
Bierke/111	Putilovwerft	1890	1910 gestrichen
Rotchensalm/112	Putilovwerft	1890	1910 gestrichen
Gapsal/113	Putilovwerft	1891	1910 gestrichen
Moonzund/114	Putilovwerft	1891	1910 gestrichen

Bierke etwa 1900. (CPL)

Dago-Klasse

Die *Kotka* gehörte zur Schwarzmeerflotte. Ein TR war fest im Bug eingebaut, das andere stand drehbar achtern. Man vermutet, daß *Nr. 256* später zum Seeflugzeugtender *Lietchik* wurde und als solcher bis 1937 in Dienst blieb.

Verdrängung:	100–104 ts
Abmessungen:	Lüa 46,5–46,8 m; B 3,91 m; Tg 2,34–2,44 m maximal
Maschinenanlage:	1 Lokomotivkessel, 1 Welle, Stehende Dreifachexpansionsmaschine, 1000–1030 PSi ≙ 16,2–19 kn, maximal 15 ts Kohle
Bewaffnung:	2 × 1-Pdr-Revolverkanonen (*Dago* 2 × 3 Pdr-Revolverkanonen), 2 × 38,1-cm-TR
Besatzung:	21

Name/Spätere Kennummer	Bauwerft	Stapellauf	Schicksal
Dago/118	Crichton, Abo	1891	1910 gestrichen
Kotka/256	Crichton, Abo	1891	1917 als T-Boot gestrichen
Kronshlot/123	Izhora	1891	1910 gestrichen
Seskar/124	Izhora	1891	1910 gestrichen

Anapa-Klasse

Schwarzmeerflotte

Verdrängung:	91,5–96 ts
Abmessungen:	Lüa 38,4 m; B 4,47 m; Tg 1,45–1,52 m maximal (wahrscheinlich nicht über den Propeller reichend)
Maschinenanlage:	1 Lokomotivkessel, 1 Welle, Stehende Dreifachexpansionsmaschine, 1000–1100 PSi ≙ 17,2–19 kn
Bewaffnung:	2 × 1 Pdr, 2 × 38,1-cm-TR

Name/Spätere Kennummer	Bauwerft	Stapellauf	Schicksal
Anapa/252	Bellino-Fendrich, Odessa	1891	1917 gestrichen
Aitodor/253	Bellino-Fendrich, Odessa .	1891	1917 gestrichen

Pernov

Ein Zweischornsteinboot, ähnlich der französischen → *Dragon*-Klasse. Ein TR war im Bug eingebaut, die anderen beiden standen als Einzelrohre zwischen den Schornsteinen und achtern. 1899 erfolgte die Umrüstung auf Yarrow-Kessel. Die angeführte Geschwindigkeit scheint etwas übertrieben zu sein, denn bei den Probefahrten lauteten sie mit einer Verdrängung von 116,5 ts und 1800 PSi nur 25,46 kn.

Verdrängung:	120 ts
Abmessungen:	Lüa 42 m; B 4,5 m; Tg 2,06 m maximal
Maschinenanlage:	2 Du Temple-Kessel, 2 Wellen, Stehende Dreifachexpansionsmaschinen, 2000 PSi ≙ 26 kn, maximal 16 ts Kohle
Bewaffnung:	2 × 1-Pdr-Revolverkanonen, 3 × 38,1-cm-TR
Besatzung.	21

Name/Spätere Kennummer	Bauwerft	Stapellauf	Schicksal
Pernov/103	Normand	1892	1910 gestrichen

Sestroretsk

Etwas kleiner als → *Pernov* mit eingebautem Bug-TR und drehbarem Decks-TR. Die Probefahrten ergaben mit 76,5 ts Verdrängung und 1350 PSi 24,5 kn Geschwindigkeit.

Verdrängung:	80 ts
Abmessungen:	Lüa 36 m; B 3,96 m; Tg 2,44 m maximal
Maschinenanlage:	1 Du Temple-Normand-Kessel, 1 Welle, Stehende Dreifachexpansionsmaschine, 1300 PSi ≙ 23 kn, maximal 17 ts Kohle
Bewaffnung:	2 × 1-Pdr-Revolverkanonen, 2 × 38,1-cm-TR
Besatzung:	21

Name/Spätere Kennnummer	Bauwerft	Stapellauf	Schicksal
Sestroretsk/104	Normand	1893	1910 gestrichen

Tosna-Klasse

Russische Version des Schichau-Bootes → *Anakria*. Die vier Putilov-Boote erhielten ab 1899 ölbefeuerte Yarrow-Kessel.

Verdrängung:	85–99 ts
Abmessungen:	Lüa 38,84–39,07 m; B 4,65–4,72 m; Tg 1,9–2,08 m maximal
Maschinenanlage:	1 Du Temple-Kessel, 1 Welle, Stehende Dreifachexpansionsmaschine, 1000 PSi ≙ 20 kn, maximal 17 ts Kohle
Bewaffnung:	2 × 1-Pdr-Revolverkanonen (*Tosna* und *Domesnes* 2 × 3Pdr), 2 × 38,1-cm-TR
Besatzung:	21

Name/Spätere Kennnummer	Bauwerft	Stapellauf	Schicksal
Tosna/115	Putilovwerft	1893	1910 gestrichen
Domesnes/116	Putilovwerft	1893	1910 gestrichen
Aspe/125	Putilovwerft	1893	1910 gestrichen
Tranzund/126	Putilovwerft	1893	1910 gestrichen
Nargen/121	Izhora	1894	1910 gestrichen
Gogland/122	Izhora	1894	1910 gestrichen

Polangen-Klasse

Nr. 270 bis *Nr. 273* gehörten zur Schwarzmeerflotte. Diese Boote waren die russische Version des Normand-Bootes → *Pernov*. Die in Nikolajew gebauten Boote unterschieden sich von den anderen: Sie trugen drei Masten. *Nr. 119* und *Nr. 120* erhielten 1899 Yarrow-Kessel und wurden gemeinsam mit *Nr. 127* bis *Nr. 130*, *Nr. 138* und *Nr. 139* auf Ölfeuerung umgestellt. Das gleiche geschah mit den Schwarzmeerbooten.

Verdrängung:	120 ts
Abmessungen:	Lüa 42 m; B 4,5 m; Tg 2,06 m maximal
Maschinenanlage:	2 Du Temple-Kessel, 2 Wellen, Stehende Dreifachexpansionsmaschinen, 2000 PSi ≙ 19,5–23,2 kn, maximal 10–20 ts Kohle
Bewaffnung:	2 × 1-Pdr-Revolverkanonen, 3 × 38,1-cm-TR
Besatzung:	21

Name/Spätere Kennnummer	Bauwerft	Stapellauf	Schicksal
Polangen/119	Crichton, Abo	1894	1913 als T-Boot gestrichen
Pakerort/120	Crichton, Abo	1894	1913 als T-Boot gestrichen
–/127	Izhora	1896	1911 gestrichen
–/128	Izhora	1896	1921 gestrichen
–/129	Izhora	1897	1921 gestrichen
–/130	Izhora	1897	1911 gestrichen
–/133	Nevskiwerft	1896	1911 gestrichen
–/134	Nevskiwerft	1896	1914 gestrichen
–/135	Nevskiwerft	1896	1911 gestrichen
–/136	Nevskiwerft	1896	1913 gestrichen
–/137	Izhora	1897	1911 gestrichen
–/138	Izhora	1897	1911 gestrichen
–/139	Izhora	1897	1911 gestrichen
–/140	Izhora	1897	1914 gestrichen

Name/Spätere Kennummer	Bauwerft	Stapellauf	Schicksal
–/141	Nevskiwerft	1897	1911 gestrichen
–/142	Nevskiwerft	1897	1921 gestrichen
–/270	Nikolajew	1895	1917 gestrichen
–/271	Nikolajew	1895	1917 gestrichen
–/272	Nikolajew	1896	† 28.8.1914 n. Kollision
–/273	Nikolajew	1896	1917 gestrichen

Nr. 131, Nr. 132, Nr. 268, Nr. 169

Kleinere, mit einem Bugrohr und einem drehbaren Decksrohr ausgerüstete Version der → *Polangen*-Klasse.

Verdrängung:	100 ts
Abmessungen:	Lüa 38,55 m; B 4,77 m; Tg 2,08 m maximal
Maschinenanlage:	2 Du Temple-Kessel, 2 Wellen, Stehende Dreifachexpansionsmaschinen, 1000 PSi ≙ 21 kn, maximal 20 ts Kohle
Bewaffnung:	2 × 1-Pdr-Revolverkanonen, 2 × 38,1-cm-TR
Besatzung:	18

Kennummer	Bauwerft	Stapellauf	Schicksal
131	Izhora	1895	1910 gestrichen
132	Izhora	1895	1910 als T-Boot gestrichen
268	Nikolajew	1895	1911 gestrichen
269	Nikolajew	1895	† 1896 nach Kollision

Nr. 208 bis Nr. 211

Ähnlich der → *Polangen*-Klasse, jedoch langsamer und mit größeren Bunkern. Sie wurden in Sektionen nach Wladiwostok verschifft. *Nr. 208* ging durch Minentreffer verloren.

Verdrängung:	120 ts
Abmessungen:	Lüa 42 m; B 4,5 m; Tg 2,06 m maximal
Maschinenanlage:	2 Du Temple-Kessel (?), 2 Wellen, Stehende Dreifachexpansionsmaschinen, 1460 PSi ≙ 18,5 kn, maximal 40 ts Kohle
Bewaffnung:	2 × 1 Pdr, 3 × 38,1-cm-TR
Besatzung:	21

Kennummer	Bauwerft	Zusammenbau in Wladiwostok	Schicksal
208	Neue Admiralitätswerft	1899	† 17.7.1904
209	Neue Admiralitätswerft	1899	1911 gestrichen
210	Neue Admiralitätswerft	1899	1911 gestrichen
211	Neue Admiralitätswerft	1899	1911 gestrichen

Nr. 212, Nr. 213

Dreischornsteinboote des Yarrow-Typs und größer als die meisten T-Boote. Sie hatten einen vorderen und achteren Kommandostand und wurden im Ersten Weltkrieg in der Ostsee als Minensucher eingesetzt.

Verdrängung:	186 ts
Abmessungen:	Lüa 52,35 m; B 5,25 m; Tg ~ 1,47 m
Maschinenanlage:	4 Yarrow-Kessel (?), 2 Wellen, Stehende Dreifachexpansionsmaschinen, 3800 PSi ≙ 24 kn, maximal 60 ts Kohle
Bewaffnung:	3 × 1 Pdr, später 2 × 3 Pdr, 3 × (später 2 ×) 38,1-cm-TR
Besatzung:	26

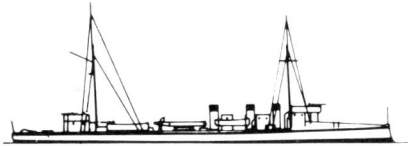

TB 213 nach Fertigstellung.

Kennummer	Bauwerft	Stapellauf	Schicksal
212	Crichton, Abo	1901	1921 gestrichen
213	Crichton, Abo	1901	Abbr 1925

Nr. 214 bis *Nr. 223*

Russische Kopien der französischen → *Cyclone*-Klasse. Die TR standen als Zwillingssatz drehbar an Oberdeck. Alle verbliebenen Einheiten dienten im Ersten Weltkrieg als Minensucher in der Ostsee.

Verdrängung:	150 ts
Abmessungen:	Lüa 45 m; B 4,65 m; Tg 2,67 m maximal
Maschinenanlage:	2 Normand- oder Yarrow-Kessel, 2 Wellen, Stehende Dreifachexpansionsmaschinen, 3700 PSi ≙ 29 kn, maximal 30 ts Kohle
Bewaffnung:	2 × 3 Pdr, 2 × 38,1-cm-TR
Besatzung:	28

Kennummer	Bauwerft	Stapellauf	Schicksal
214	Nevskiwerft	1902	1930 gestrichen (?)
215	Nevskiwerft	1902	1921 gestrichen
216	Nevskiwerft	1902	1921 gestrichen
217	Nevskiwerft	1902	1930 gestrichen (?)
218	Nevskiwerft	1902	1921 gestrichen
219	Crichton, Abo	1903	1930 gestrichen (?)
220	Crichton, Abo	1902	1930 gestrichen (?)
221	Crichton, Abo	1902	† 1904
222	Crichton, Abo	1902	1921 gestrichen (?)
223	Crichton, Abo	1902	1912 gestrichen

Lastochka

Dieses Boot wurde von Yarrow als Experiment gebaut und hieß *Caroline*. Die Bootskörperform stimmte überein mit der 1902 von Yarrow für Vanderbilt gebauten Jacht *Tarantula*. Die HD-Turbine war auf die Bb-Welle geschaltet und die ND-Turbine auf die Stb-Welle. Die Dreifachexpansionsmaschine trieb die Mittelwelle. Die TR standen an Stb und Bb vor dem vorderen Schornstein und achtern in der Bootsmittellinie. Die *Lastochka* war das erste Fahrzeug der russischen Marine mit Turbinenantrieb.

Verdrängung:	140 ts
Abmessungen:	Lüa 46,5 m; B 4,65 m; Tg ~ 1,52 m (?)
Maschinenanlage:	2 Yarrow-Kessel, 2 Rateau-Turbinen, 1 Stehende Dreifachexpansionsmaschine, 3 Wellen, 2000 WPS + 250 PSi ≙ 26,39 kn
Bewaffnung:	2 × 3 Pdr, 3 × 38,1-cm-TR
Besatzung:	23

Name	Bauwerft	Stapellauf	Von Rußland erworben	Schicksal
Lastochka	Yarrow	1903	1905	1914 gestrichen

Schiffs- und Bootsnamenregister

224

Lastochka, russ. T-Boot 215, 221
Latnik, russ. Monitor 156
Lava, russ. Monitor 156
Lawrence-Klasse, amerik. Zerstörer 86
Lawrence/8, amerik. Zerstörer 86
Lawton → Badger, amerik. Hilfskreuzer 104
Lazo → Tverdi, russ. Zerstörer 207
Lebet → Strogi, russ. Zerstörer 205
Legki, russ. Zerstörer 208
Lehigh, amerik. Monitor 21, 22
Leitenant Burakov, russ. Zerstörer 206
Leitenant Burakov, russ. Zerstörer 208
Leitenant Ilin, russ. Torpedokanonenboot 198, 199, 200
Leitenant Malyeev, russ. Zerstörer 208
Leitenant Pushchin → Zadorni, russ. Zerstörer 207
Leitenant Pushchin → Kapitan Saken, russ. Zerstörer 212
Leitenant Schmidt → Sviryepi, russ. Zerstörer 205
Leitenant Sergyeev, russ. Zerstörer 209
Leitenant Shestakov-Klasse, russ. Zerstörer 212
Leitenant Shestakov, russ. Zerstörer 212
Leitenant Zatzarenni, russ. Zerstörer 212
Lembit → Bobr, russ. Kanonenboot 198
Lemnos → Mississippi/BB 23, amerik. Schlachtschiff 63
Lenapee, amerik. Radkanonenboot 41
Letuchi, russ. Zerstörer 208
Levant, amerik. Sloop 18
Leyte, amerik. Kanonenboot 102
Libava/110, russ. T-Boot 215
Likhoi, russ. Zerstörer 208
Lietchik → Kotka/256, russ. T-Boot 218
Losos → Grosovoi, russ. Zerstörer 206
Louisiana, amerik. Radpanzerschiff 47
Louisiana/BB 19, amerik. Schlachtschiff 61, 62
Louisville → St. Louis, amerik. Hilfskreuzer 103
Lovki-Klasse, russ. Zerstörer 208
Lovki, russ. Zerstörer 208
Luga/106, russ. T-Boot 215
Lvitza, russ. Sloop 192

Macdonough/9, amerik. Zerstörer 86, 87

Macedonian, amerik. Segelkorvette 18
Machias-Klasse, amerik. Patrouillen-/Kanonenboote 97
Machias/PG 5, amerik. Patrouillen-/Kanonenboot 97
Mackenzie-Klasse, amerik. T-Boote 92
Mackenzie/TB 17, amerik. T-Boot 92
Mackinaw, amerik. Radkanonenboot 40, 41
Madawaska, amerik. Kreuzer 13, 28, 29
Mahaska, amerik. Radkanonenboot 40
Mahopac, amerik. Monitor 25
Maine/ACR 1, amerik. Schlachtschiff 51, 54, 68
Maine-Klasse, amerik. Schlachtschiffe 51, 52, 59
Maine/BB 10, amerik. Schlachtschiff 52, 59, 60
Majestic-Klasse, brit. Schlachtschiffe 110, 115
Makikumo → Vsadnik, russ. Torpedokanonenboot 199
Makrel → Burni, russ. Zerstörer 207
Malacca → Tsukuba, jap. Schraubenkorvette 132
Manassa → Florida, amerik. Kaperschiff 48
Manassas, amerik. Ramme 47
Manayunk, amerik. Monitor 25
Manazuru, jap. T-Boot 143
Manco Capac → Oenota, amerik. Monitor 25
Mandjur, russ. Kanonenboot 196
Manhattan, amerik. Dampfer 92
Manhattan, amerik. Monitor 25
Manileno, amerik. Kanonenboot 102
Manitou, amerik. Schraubenfregatte 31
Manley/TB 23, amerik. T-Boot 94
Maratanza, amerik. Radkanonenboot 40
Marblehead/C 11, amerik. Kreuzer 79
Marblehead, amerik. Kanonenboot 38
Mariano Moreno → Nisshin, jap. Panzerkreuzer 123
Marietta/PG 15, amerik. Patrouillen-/Kanonenboot 100
Marion, amerik. Sloop 18
Marion (II), amerik. Schraubensloop 34
Marisal Sucre → Isla de Cuba, amerik. Kanonenboot 100
Mariveles, amerik. Kanonenboot 102
Markin → Voiskovoi, russ. Zerstörer 210

Marti → Zavidni, russ. Zerstörer 207
Martin, amerik. Schlepper 42
Martinov → Vnushitelni, russ. Zerstörer 209
Maryland/ACR 8, amerik. Panzerkreuzer 70
Massachusetts/BB 2, amerik. Schlachtschiff 55, 56
Massachusetts → Kalamazoo-Klasse, amerik. Monitore 26
Massaoit, amerik. Radkanonenboot 41
Matsushima, jap. Kreuzer 108, 112, 118, 125, 126
Matsushima-Klasse, jap. Kreuzer 108, 125
Mattabesett, amerik. Radkanonenboot 41
Matti Kurki → Posadnik, russ. Torpedokanonenboot 199
Maumee, amerik. Kanonenboot 38, 39
Maya-Klasse, jap. Kanonenboote 139
Maya, jap. Kanonenboot 107, 139
Mayflower, amerik. Yacht 104, 105
McKee/TB 18, amerik. T-Boot 92
Medusa → Nantucket, amerik. Monitor 21
Medvied, russ. Schraubenkorvette 151
Memphis → Tennessee/ACR 10, amerik. Panzerkreuzer 72
Mendota, amerik. Radkanonenboot 41
Meredosia → Alaska-Klasse, amerik. Schraubensloops 34
Merrimack, amerik. Schraubenfregatte 14, 19, 46
Metacomet, amerik. Radkanonenboot 41
Miami, amerik. Radkanonenboot 40
Miantonomoh, amerik. Monitor 23
Miantonomoh-Klasse, amerik. Monitore 12, 13, 23, 24, 25
Miantonomoh/BM 5, amerik. Monitor 66
Michigan → Wolverine, amerik. Raddampfer 17
Mikasa, jap. Schlachtschiff 110, 117, 206
Milwaukee-Klasse, amerik. Monitore 26
Milwaukee, amerik. Monitor 26
Milwaukee/C 21, amerik. Kreuzer 71
Mina → Opyt, russ. Torpedokanonenboot 200
Mindoro, amerik. Kanonenboot 102
Mingoe, amerik. Radkanonenboot 41

Minin, russ. Turmschiff/Panzerkreuzer 148, 155, 156
Minneapolis/C 13, amerik. Kreuzer 79, 80
Minnesota, amerik. Schraubenfregatte 14
Minnesota/BB 22, amerik. Schlachtschiff 62, 63
Minnetonka → Naubuc, amerik. Monitor 27
Minnetonka, amerik. Schraubenfregatte 30, 31
Mishima → Admiral Seniavin, russ. Küstenpanzer 165
Mississippi, amerik. Radpanzerschiff 47
Mississippi, amerik. Radfregatte 17
Mississippi-Klasse, amerik. Schlachtschiffe 63
Mississippi/BB 23, amerik. Schlachtschiff 63, 64
Missoula → Montana/ACR 13, amerik. Panzerkreuzer 72
Missouri/BB 11, amerik. Schlachtschiff 59, 60
Mitra → Kasuga, jap. Panzerkreuzer 123
Miyako, jap. Kreuzer 137
Modoc, amerik. Monitor 27, 42
Mohawk, amerik. Schraubendampfer 15
Mohican, amerik. Schraubenfahrzeug 15, 35
Mohican (II), amerik. Schraubensloop 34
Mohongo-Klasse, amerik. Radkanonenboote 12, 42
Mohongo, amerik. Radkanonenboot 42
Molodetzki, russ. Zerstörer 208
Monadnock, amerik. Monitor 23
Monadnock/BM 3, amerik. Monitor 66
Mondamin → Contoocock-Klasse, amerik. Schraubenfregatten 31
Monitor, amerik. Monitor 12, 20, 21, 46
Monocacy, amerik. Radkanonenboot 42
Monongahela, amerik. Schraubensloop 33
Montana/ACR 13, amerik. Panzerkreuzer 72
Montauk, amerik. Monitor 21
Monterey/BM 6, amerik. Monitor 51, 67
Montgomery/C 9, amerik. Kreuzer 79
Montgomery-Klasse, amerik. Kreuzer 52, 79, 81
Moodna → Keokuk, amerik. Gepanzertes Schiff 28
Moonzund, russ. T-Boot 217
Morgan, amerik. Kanonenboot 49
Morris/TB 14, amerik. T-Boot 91